国家级一流本科课程配套教材

微课版

MANAGEMENT

“十四五”普通高等教育公共管理精品规划教材

管理学原理

孙　岩　王丽丽　◎主　编
姜　影　于晨炜　王　琪　◎副主编

大连理工大学出版社
Dalian University of Technology Press

图书在版编目(CIP)数据

管理学原理 / 孙岩，王丽丽主编. -- 大连 ：大连理工大学出版社，2024. 8(2024.8 重印). -- ISBN 978-7-5685-5099-4

Ⅰ. C93

中国国家版本馆 CIP 数据核字第 2024WX2567 号

GUANLIXUE YUANLI

大连理工大学出版社出版

地址:大连市软件园路 80 号　邮政编码:116023

发行:0411-84708842　邮购:0411-84708943　传真:0411-84701466

E-mail:dutp@dutp. cn　URL:https://www. dutp. cn

大连天骄彩色印刷有限公司印刷　大连理工大学出版社发行

幅面尺寸:185mm×260mm　印张:16.5　字数:419 千字

2024 年 8 月第 1 版　2024 年 8 月第 2 次印刷

责任编辑:邵　婉　朱诗宇　责任校对:张　娜

封面设计:方　茜

ISBN 978-7-5685-5099-4　定　价:58.00 元

前　言

“管理学”是管理学科的一门基础课程，其实践性和艺术性十分突出，因此对于提高学生的综合素质和能力具有重要意义。编者一直从事本科生和研究生管理学大类平台课程和专业基础课程的教学工作，所授课程“管理学原理”于2020年11月被评为首批国家一流本科课程。在多年教学实践中，我们深刻地认识到，“管理学原理”课程的教学，不仅要使学生全面了解管理学的体系结构，掌握管理学的基本理论，熟悉管理活动过程中的主要工作内容以及基本原理与方法，更重要的是训练和提高学生在实践活动中灵活应用所学知识的能力、从事实际工作的管理能力、团队合作中的沟通协作能力、善于分析问题和解决问题的研究能力和创新能力。当前，社会、经济及科技领域正处于百年之大变革中，这对管理学的理论发展与应用产生了巨大而深远的影响。为了积极响应新形势下管理学发展及管理专业人才培养的需求，我们开始编写这本教材。

在编写过程中，我们以夯实学生知识和能力双重基础为宗旨，致力于出版一本集基础性、研究性、前沿性、趣味性、创新性于一体的管理学基础教材。在每章开篇设置了“学习导航”和“引例”，使学生清楚本章的基本知识点并带着问题开始学习。对于各章的基础知识，我们力求通俗易懂、简明清晰、重点突出，利于学生对其全面把握；同时，在各章中分别编入了拓展阅读、管理故事，设置了案例链接、角色模拟、实战演练等模块。在每一章末，设置了供学生课堂讨论的案例，引导学生学以致用和拓展思维。我们还为全书共47个主要的理论知识点提供了微课讲解，学生可以通过扫码即时听讲。通过这样的内容编排，使不同层次的学生都有信心和兴趣学好管理学，同时，供学有余力的同学自主拓展学习，充分发挥个人的学习能力。因此，这本书不仅适合于本科生和研究生对管理学的基础学习，也适合于其他需求者自学使用。

本书的编写分工如下：王丽丽编写了第一章；孙岩编写了第二章至第六章；姜影编写了第七章；于晨炜编写了第八章；王琪编写了第九章。其中，孙岩、王丽丽对“管理学”课程教学进行了前期调研；孙岩撰写教材提纲，组织编写并统稿；姜影和于晨炜协助进行了案例甄别和补充工作。所有编写成员共同审校了稿样。感谢卢小君教授和李鹏教授对本书编写的指导和帮助！感谢大连理工大学出版社高等教育分社人文出版中心邵婉和朱诗宇两位老师对本书出版的大力推动以及高效负责的工作！感谢研究生胡榆椋、史沫然、李婉如、白娜在资料搜集、整理、文字校对等方面做的工作！

本书的出版得到了大连理工大学教材出版基金和公共管理学院的支持和帮助。另外,在本书编写中,广泛吸取了国内外同类教材的可取之处,引用了一些学者的案例和观点,尤其是得到了中国管理案例共享中心(CMCC)的大力支持,在此一并表示衷心的感谢。本书也是大连理工大学公共管理学院支持保山学院政府管理学院学科建设的成果之一。

由于编者水平和经验有限,书中难免有遗憾和差错,恳请专家、学者以及各位读者不吝赐教,多提宝贵意见,以利于我们不断改进。

编 者

2024 年 7 月

目 录

数字资源列表

名称		二维码	名称		二维码
第1章	管理的定义与对象		第4章	头脑风暴法	
	管理的基本职能与一般过程			方向性决策法	
	管理者			风险型决策法	
	管理学的研究方法			非确定型决策	
第2章	泰勒和科学管理理论		第5章	组织、组织结构的概念与特征	
	一般管理理论与组织管理理论			职务设计、指挥链、管理幅度	
	霍桑实验和人际关系学说			职权和职责	
第4章	计划的概念与特点			集权和分权	
	计划的内容、分类和要素			部门化	
	计划的原则			组织结构的基本类型	
	专家调查法			影响组织结构的权变因素	

（续表）

名称		二维码	名称		二维码
第5章	组织变革		第8章	领导生命周期理论	
第6章	人力资源管理概述			费德勒的权变领导理论	
	人力资源规划的内容与程序			“目标一途径”理论	
	人力资源的供需预测			从“经济人”到“复杂人”的假设	
	人员招聘			X理论和Y理论	
	绩效管理			马斯洛需要层次理论	
	薪酬设计与管理			双因素理论	
	员工培训			公平理论	
第8章	领导的概述			期望理论	
	利克特的四种管理方式			行为改造型激励理论：强化论	
	管理方格理论			激励的基本方法	

（续表）

名称		二维码	名称		二维码
第9章	控制的概念及重要性		第9章	控制的原理	
	控制的类型				

第1章 绪　论

学习导航

- 管理的概念、含义
- 管理的实质及重要性
- 管理的一般过程及管理的职能
- 管理学的特点
- 管理学的研究方法
- 管理者的基本素质要求

引例　企业管理、政府管理与班级管理

张厂长

张欣大学毕业三年后自己创办了一家铝合金生产厂。工厂规模不大，生产工人是从当地招聘的农民工。张欣亲自组织生产，只聘了一名会计。张欣大学学的是冶金专业，他觉得管理一个小小的工厂不成问题。他把工人分成了三个生产班，每班一个班长，实行三班倒。他给每班下达了工作定额、指标，对员工的管理主要通过定额和指标进行控制。工厂的销售由他亲自抓，所以，他经常出差。当他在工厂时，生产考核由他亲自抓；他不在时，委托会计记录各班完成定额的情况。由于张欣只顾抓生产，结果车间生产环境很快就变得脏、乱、差。不过，张欣并不在意，他觉得只要产品卖得出去，钱不少赚，就行了。

可是，好景不长。由于国内一些小冶金厂数量的增多，工厂的产品出现了滞销和积压。于是，张欣想做出口业务。他通过同学找到一家外贸公司，外贸公司提出去他的工厂考察一下，看看产品质量。结果，因为生产环境差、产品质量不稳定，外贸公司拒绝与其合作。张欣这才意识到，工厂这样管理下去不行了。

李镇长

李浩宇担任阳光镇镇长已经2个月了。他一直是个雷厉风行、说干就干的人。前任镇长是他的高中学长，他们分别考入了不同的大学，但两人关系一直很好。他对学长很敬重和崇拜，所以，在他当副镇长与镇长搭档工作期间，只要镇长有什么指示，他都尽心竭力地照办，绝无二话。李浩宇觉得这种简单的“命令—执行”式工作方式很爽快，效率很高。他的实干也赢得了上上下下的好评。于是，当原镇长调迁后，他顺理成章地当上了阳光镇新的镇长。但当上镇长后，他觉得工作并不顺心。他也学习原镇长的工作方式和作风，遇事总是自己先做决定，然后直接指派副镇长或者其他下属去做。李浩宇是个工作狂，周末他自己很少

休息，也常常给下属打电话分派工作。但他觉得这些下属的工作大多不能令他满意，而且他觉得下属对他并没有对原镇长那么忠心，大家对他都敬而远之。而且，他自己也觉得很累，每天，几个副镇长和机关处室的负责人以及各个行政村的村主任总有若干的大事小情向他汇报，等他定夺和发布指令……他虽然很忙，但却觉得效率不高。

王班长

王斐没想到刚上大学就当上了班长，之前他对班级管理可没什么经验，因为他在中学阶段只顾埋头学习，除了学习委员，没当过其他学生干部。来到大学，他想好好锻炼一下自己的社会工作能力。他抱着好好为同学服务的思想努力工作，每项工作他都亲自策划，亲自去做。结果自己累得够呛，还耽误了学习，期末出现了两门课程不及格。其他班委对他的工作并不满意，班级管理也时常出现一些纰漏。就说中秋节的海边烧烤吧，他又借炉子、又买菜，忙得不亦乐乎，最后吃饭时还是出现了混乱。他一边组织大家表演节目，一边招呼同学烧烤，结果炉子不够用，烧烤供不上，一些同学根本没吃到多少东西，只能饿肚子。偏偏天公不作美，忽然下起了雨。因没有带帐篷和雨伞，同学们淋着雨不欢而散。

问题

1. 请你思考，管理是否就是下达定额和标准，并以此控制生产？管理是否就是“命令—执行”，管理是否就是亲力亲为？
2. 管理究竟是什么？

> 管理，从根本意义上讲，意味着用智慧代替鲁莽，用知识代替习惯和传统，用合作代替强制。
>
> ——现代管理大师　彼得·德鲁克(Peter F. Drucker)

管理在我们的社会中起着重要作用。对于渴望成为管理者的人来说，学习管理学可以获得管理的基础知识，这将有助于他们成为有效的管理者；对于那些不打算从事管理的人来说，学习管理学能使他们领悟其上司的行为方式和组织内部的运作方式。

那么，究竟什么是管理？

1.1 管　理

1.1.1 管理的内涵

“管理”在大家的心目中已经是一个非常熟悉的字眼，但什么是管理呢？不同的人也许有不同的想法。有人认为管理就是和人打交道，让人把事情办好；也有人把管理和决策、命令、权力联系在一起。

从上面的案例可以看出，管理无时无处不在。一切组织都存在管理。管理是一个过程，是让别人和自己一起去实现既定的目标，是一切有组织的集体活动所不可缺少的要素。管理者必须认识到管理是一种组织活动，管理有目标，有方法，管理的艺术在于最有效地综合运用不同的方法达到目标。

1. 管理的界定

管理是人类生活中最常见、最普遍和最重要的活动之一。

从词义上，管理通常被解释为主持或负责某项工作。人们在日常生活中是这样理解管理，也是在这个意义上去应用管理这个词的。

由于管理的概念本身具有多义性，它不仅有广义和狭义的区分，而且还因时代、社会制度和专业的不同，产生了不同的解释和理解。长期以来，许多中外学者从不同的研究角度出发，对管理做出了不同的解释，然而，不同学者由于所处时代不同，在研究管理时出发点不同，因此，他们对"管理"一词所下的定义也就不同。直到目前为止，管理还没有一个统一的定义。从 19 世纪末至今，各种不同的管理学派，由于理论观点的不同，对管理概念的解释也有所不同。

在管理学发展过程中，许多管理学家都提出了自己的见解。下面，我们通过分析中外管理学家的观点和对现实的思考，提出管理的定义，见表 1-1。

表 1-1 国内外学者对管理的定义

代表人物	管理定义
弗雷德里·泰勒	提倡科学管理，运用工作定额和标准化等方法提高生产效率
亨利·法约尔	管理就是实行计划、组织、指挥、协调和控制
赫伯特·西蒙	管理就是决策，一个组织是由决策者所组成的系统
哈罗德·孔茨	管理就是设计和保持一种良好环境，使人在群体里高效率地完成既定任务
斯蒂芬·罗宾斯	管理是指同别人一起或通过别人使活动完成得更有效的过程
周三多	管理是社会组织中为了实现预期目标，以人为中心进行的协调活动
杨文士	管理是一定组织中的管理者，通过实施计划、组织、人员配备、指导与领导、控制等职能来协调他人的活动，使别人同自己一起实现既定目标的活动过程
芮明杰	管理是对组织的有限资源进行有效整合以达成既定目标与责任的动态创造性活动
汪克夷	管理是各级管理者在执行计划、组织、人事、领导和控制五项基本职能的过程中，通过优化配置和协调使用组织内的人力、财力、物力和信息等资源，有效地达到组织目标的过程

外国学者的主要观点有：

泰勒提出，"确切知道要别人去干什么，并注意他们用最好最经济的方法去干。"①他提倡的科学管理，改变了过去管理企业的传统方式，运用工作定额和标准化等方法大大地提高了生产效率，这种通过科学分析来提高生产效率的方法很快被推广到社会的其他部门。

法约尔认为，管理是所有的人类组织（不论企业或政府）都有的一种活动，这种活动由五项要素组成：计划、组织、指挥、协调和控制。管理就是实行计划、组织、指挥、协调和控制。

小詹姆斯·唐纳利提出，管理就是由一个或更多的人来协调他人活动，以便收到个人单

① ［美］F. 泰勒. 科学管理原理. 韩放，译. 北京：团结出版社，1999：104

独活动所不能收到的效果而进行的各种活动。

西蒙认为决策贯穿管理的全过程，管理就是决策，一个组织是由决策者所组成的系统。

孔茨则提出“管理就是设计和保持一种良好环境，使人在群体里高效率地完成既定目标。”①孔茨认为，管理适用于一切组织的各级管理者。

罗宾斯的看法与孔茨相似，他认为管理是指同别人一起，或通过别人使活动完成得更有效的过程。

彼得・德鲁克认为，“归根到底，管理是一种实践，其本质不在于‘知’而在于‘行’，其验证不在于逻辑，而在于成果；其唯一权威就是成就。”②

丹尼尔・A. 雷恩认为管理是发挥某些职能，以便有效地获取、分配和利用人的努力和物质资源，来实现某个目标。

哈佛大学行政管理学院行政教程系列中对管理的解释是，“管理是现代组织的一种特殊器官，只有这种器官有所作为，组织才能有所作为和生存”；“管理是经由员工使工作做好的程序”。

我国管理学家提出的代表性观点有：

周三多教授认为，“管理是社会组织中，为了实现预期目标，以人为中心进行的协调活动。”

杨文士教授提出，管理是“一定组织中的管理者，通过实施计划、组织、人员配备、指导与领导、控制等职能来协调他人的活动，使别人同自己一起实现既定目标的活动过程。”

芮明杰教授给管理下的定义是，“管理是对组织的有限资源进行有效整合，以达成组织既定目标与责任的动态创造性活动。”

邢以群教授认为“管理是依据事物发展的客观规律，通过综合运用人力资源和其他资源，以有效地实现目标的过程。”

汪克夷教授的定义是，管理是各级管理者，在执行计划、组织、人事、领导和控制五项基本职能的过程中，通过优化配置和协调使用组织内的人力、财力、物力和信息等资源，有效地达到组织目标的过程。

结合各家学说包含的要素和对管理实践的现实考察，本书将管理的定义系统表述为一定的社会组织中的各级管理者，在一定的条件下，通过设计和保持一种良好的组织环境，实施计划、组织、人事、领导和控制等基本职能，优化配置和协调使用组织内(外)的各种资源(人力、财力、物力、信息、知识、时间等)，从而有效地实现组织目标的系统的动态的创造性活动过程。

2. 管理的特征

结合管理的定义，可以总结出管理的基本特征：

(1)管理存在于一切社会组织中

凡是人们组成团体共同活动的地方都存在管理，管理存在于正式组织中，也存在于非正式组织中。不仅如此，家庭乃至个体的活动中也有管理的问题。管理学以正式组织中的管

---

① [美]哈罗德・孔茨，海因茨・韦里克. 管理学. 北京：经济科学出版社，1998：2

② [美]彼得・德鲁克. 管理——任务、责任、实践(上)(国外经济管理名著丛书). 北京：中国社会科学出版社，1987：7

理为主要研究内容。

(2)管理具有特定的环境

管理活动的实施总是在特定的时间、地点和情境下发生的,管理环境对管理活动有重要影响。

(3)管理的主体为管理者

组织中的各级管理者无一例外地要承担管理任务,履行管理职能。高层管理者不应独揽一切,基层管理者也不应放任自流。

(4)管理的对象是组织的各种资源——人力、财力、物力、信息、知识等

管理对象也是管理的客体。组织中最重要的资源是人力资源,管理必须以人为中心,同时,也不可忽视对其他资源的管理,尤其是信息管理和知识管理。

(5)管理基本职能有计划、组织、人事、领导和控制

管理是循环的过程,几项职能相互衔接,相互渗透,构成循环。计划职能是管理者的首要职能。相对其他职能来说,计划职能也具有首位性,为其他职能提供目标和方向。

(6)管理工作服务于组织目标

管理产生于实现组织目标的需求,其出发点和归宿都指向组织目标。

管理的实质是通过计划、组织、人事、领导、控制等职能协调配置、优化使用各种资源,有效地实现组织目标,如图1-1所示。

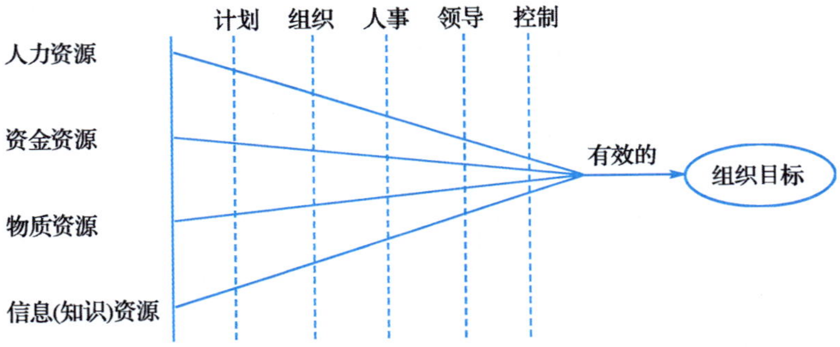

图1-1 管理的实质示意图

(7)管理具有有效性

管理的有效性在于充分利用各种资源,以最少的消耗(效率)正确(效果)地实现组织目标。效率是指用尽可能少的投入,得到尽可能多的产出。管理效果是指目标的实现程度。如果效率指向管理目标并且是高的,那么管理效果就是好的。

管理效果=管理目标×管理效率

管理效益是指社会认可和接受的管理效果。管理目标对管理效益起着决定性作用。

拓展阅读

德鲁克与泰勒

在德鲁克心目中,弗雷德里克·泰勒具有非常特别的地位。德鲁克认为,泰勒才是文明社会的真正英雄。当然,德鲁克言之有据。

德鲁克在《后资本主义社会》中指出:“在第一阶段的100年里,知识被应用于工具、生产过程及产品,从而产生了工业革命。但是,这一阶段也产生了马克思所称谓的‘异化’和阶级斗争,以及伴随而来的共产主义运动。开始于1880年左右而于第二次世界大战后达到高潮的第二阶段里,知识在其新赋予的含义下被用于工作分析,这就引发了生产力革命,在75年间使无产者转化为享有接近上层阶级工资收入的中产阶级中的一员。这也让阶级斗争和共产主义运动让位于生产力革命。最后阶段始于第二次世界大战后,知识被用于知识本身,这就是管理革命。”可见,在德鲁克看来,生产力革命就是通过泰勒的科学管理与系统培训来提高体力工作者的生产力。正是泰勒积30年之功致力于推广“科学管理”,才引发了生产力革命,75年间帮助发达国家将体力工作的生产力提高了50倍之多,不仅决定了第二次世界大战中美国的战略优势地位,最终还为西方乃至全世界带来了物质生产的极大丰富。

泰勒的科学管理理论浓缩在一本薄薄的小册子中,即大家熟悉的《科学管理原理》。泰勒的科学管理理论是指导实际工作的,它是面向工厂、工人和一般管理人员进行的一种工作分析、任务研究,最终的成果是一套提升工人生产效率的方法理论与实践手段。泰勒的《科学管理原理》不仅仅是一本理论著作,本质上也是一本指导实践的理论读本,更是行动的指南。

德鲁克反复强调,正是生产力革命的全面成功为生产力革命画上了休止符。因为随着体力劳动生产力的提高,制造业与运输业中所需劳动工人的数量越来越少,在发达国家劳动人口中只占有百分之十几的比例。再怎样强调提高体力劳动者的生产力,也已经不能提升整个国家的生产力了。在现代国家中,知识工作者的数量越来越占多数。所以,要提高一个国家总的生产力和竞争力,只有通过提高知识工作者的生产力来实现。

而接下来管理革命的使命,就是通过帮助知识工作者训练学会卓有成效的管理,从而提高知识工作的生产力。

德鲁克希望在泰勒贡献的基础上再前进一步。如果说泰勒的科学管理仅仅旨在提高体力工人的生产力,则现在管理的任务需要从三个方面着手:一是管理企业,我们需要研究企业组织的运转机制和基本原则,从而完成组织的特定目的和使命。对企业而言,其特定目的就是产生经济绩效。二是管理知识工作和知识工作者,我们需要帮助提升知识工作和知识工作者的生产力,并使员工——包括技术专家和管理人员——有所成就。三是管理社会责任,社会的问题最终必须落实到组织及其管理者身上。

知识工作者必须要做到卓有成效。所有的知识工作者除了学习自己本专业的知识外,还需要学习如何使自己在组织工作中变得卓有成效。不同于艺术家或过去的知识分子,现在的知识工作者都是在组织中进行协同工作,知识工作者往往不产生直接的成果,他必须将自己的工作与组织中其他人的工作结合起来才能获得最终成果,因此必然需要与他人合作、沟通并做出某种决策。所以,知识工作者再也不能眼中只有自己的专业,而不见其他。德鲁克通过几十年在世界范围的咨询生涯发现,知识工作者不是天然有效的,有些管理者具有很高的才智、丰富的想象力,但他们往往最为无效。德鲁克指出:“一个人的才能,只有通过有条理、有系统的工作,才有可能产生效益。”

南京大学商学院赵曙明院长曾当面与德鲁克交流:“如果要您向中国的读者推荐您的著作,您首先会选择哪一本?”德鲁克脱口而出:“我希望大家看看《管理的实践》和《卓有成效的管理者》”。赵曙明认为德鲁克的深意在于,管理教育一方面需要让管理者明白现代管理制度建立的基本原理和准则，同时也需要培养一批卓有成效的管理者，两者缺一不可。《管理的实践》及《卓有成效的管理者》是分别对应这两种管理教育需求的奠基之作。

至此，如果说《科学管理原理》是一本指导如何提高体力劳动者生产力的理论指南的话，则《管理的实践》和《卓有成效的管理者》就是一套指导知识工作者提高生产力的实践指南。这几本著作也真正体现了德鲁克管理的理念，即管理不在于“知”，而在于“行”。

1.1.2 管理的基本职能

1. 管理的职能

管理职能一般是根据管理过程的内在逻辑，划分为几个相对独立的部分。划分管理的职能，并不意味着这些管理职能是互不相关、截然不同的。划分管理职能，其意义在于：管理职能把管理过程划分为几个相对独立的部分，在理论研究上能更清楚地描述管理活动的整个过程，有助于实际的管理工作以及管理的研究和教学工作。划分管理职能，有助于实现管理活动的专业化，使管理人员更容易从事管理工作。在管理领域中实现专业化，如同在生产中实现专业化一样，能大大提高效率。

关于管理的职能，许多学者提出了自己的见解，见表1-2。

表1-2 国内外学者对管理职能的划分

代表人物	管理定义
法约尔	管理职能划分为计划、组织、指挥、协调和控制
古利克	管理职能划分为计划、组织、人事、指挥、协调、报告和预算
孔茨	管理职能划分为计划、组织、人事、领导和控制
罗宾斯	管理职能划分为计划、组织、领导和控制
徐国华	管理职能划分为计划、组织、控制、激励和领导
张今声	管理职能划分为计划、组织和控制
何道谊	管理职能划分为目标、计划、实行、反馈、控制、调整、人力、组织和领导

最早系统提出管理职能的是法约尔。他认为管理是企业经营的六种职能活动（技术活动、商业活动、财务活动、安全活动、会计活动和管理活动）之一。法约尔首次把管理活动划分为计划、组织、指挥、协调和控制五大要素，并对此进行了详细的分析。他指出：“计划就是探索未来和制订行动方案；组织就是建立企业的物质和社会的双重结构；指挥就是使其人员发挥作用；协调就是连接、联合、调和所有的活动和力量；控制就是注意一切是否按已制定的规章和下达的命令进行。”

在法约尔之后，许多学者根据社会环境的新变化，对管理的职能进行了进一步的探究，有了许多新的认识。但当代管理学家们对管理职能的划分，大体上没有超出法约尔的范围。

古利克等进一步提出了管理七职能论——POSDCRB。这七项职能分别是：计划（Planning）、组织（Organizing）、人事（Staffing）、指挥（Directing）、协调（Coordinating）、报告（Reporting）和预算（Budgeting）。取这些职能的英文单词的第一个字母缩写成POSDCRB。

孔茨等在以往学者研究的基础上，将管理的职能划分为计划、组织、人事、领导和控制。人事职能意味着管理者应当重视利用人才，注重人才的发展以及协调人们活动，这说明当时管理学家已经注意到了人的管理在管理行为中的重要性。

20 世纪 60 年代以来，随着系统论、控制论和信息论的产生以及现代技术手段的发展，管理决策学派的形成，使得决策问题在管理中的作用日益突出。西蒙等人在解释管理职能时，突出了决策职能。他认为组织活动的中心就是决策。制订计划、选择计划方案需要决策，设计组织结构，人事管理等也需要决策，选择控制手段还需要决策。他认为，决策贯穿于管理过程的各个方面，管理的核心是决策。

罗宾斯在其《管理学》中将管理职能精简为计划、组织、领导、控制四项，实际上他把对人的管理工作归并到组织职能和领导职能中。

还有一些国外学者在总结前人对管理职能分析的基础上，提出了创新职能，突出了创新可以使组织的管理不断适应时代发展的论点。

我国徐国华教授认为管理的五项职能是计划、组织、控制、激励和领导；张今声教授则把管理的职能简化为三项，即计划、组织和控制；何道谊在《论管理的职能》中，依据业务过程把管理分为目标、计划、实行、反馈、控制、调整六项基本职能，加之人力、组织、领导三项人的管理方面的职能，系统地将管理分为九大职能。

关于管理职能，学者们的说法不尽一致。其实，不管将管理职能分成几项，它们所包含的内容是一致的，只是分法不同而已。不论管理者如何划分管理职能，管理的基本过程都是一致的。

因此，可以从计划、组织、人事、领导和控制五项职能来理解管理活动的一般过程。

如果把组织的管理活动抽象为一个过程，可以用图 1-2 表示管理的一般过程和基本职能，具体来说：

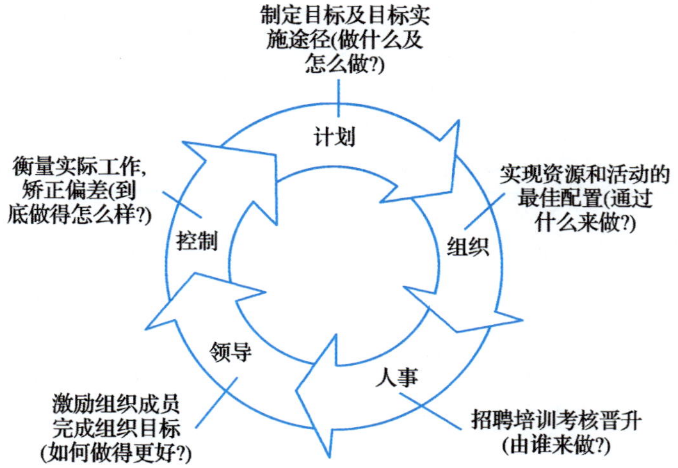

图 1-2　管理的一般过程和基本职能

(1)计划(Planning)。管理者必须规定组织的目标以及如何实现目标。计划职能包含制定组织目标；制定整体战略以实现这些目标；将计划逐层展开，以便协调和整合各种不同类型的活动。

(2)组织(Organizing)。管理者还承担着设计组织结构的职责，包括决定组织要完成的任务是什么;谁去完成这些任务;这些任务怎样分类组合;谁向谁报告以及各种决策应由哪一层级制定。

(3)人事(Staffing)。根据组织目标所确定的任务和组织结构中各种职位的要求去招聘合适的人员,对招聘来的人员进行培训,上岗后确定工资和考核标准,对职工的绩效进行考核。根据考核结果和需要对职工进行选拔、提升、安置、调离、解聘。当代管理中人事职能最重要的任务是不断开发人力资源。

(4)领导(Leading)。每一个组织都是由人组成的,管理的任务是指导和协调组织中的人,调动人的积极性,努力实现组织目标。当管理者指导下属的活动,激励下属,选择最有效的沟通渠道,解决组织成员之间的冲突时,他就是在进行领导。

(5)控制(Controlling)。为了保证工作按既定的计划进行以达成目标,必须监控人员的行动和组织的绩效,必须将实际的表现与预定的目标进行比较。如果出现任何显著的偏差,管理的任务就是使组织回到正确的轨道上来。这种监控、比较和纠正就是控制职能的含义。

从以上对五项职能所包含内容的简单介绍可以看出,要想达到组织的目标,这些职能缺一不可,并且这些职能是相互联系和相互影响的。同时,管理所面临的环境也是不断变化的。要根据情况的变化采用新的激励措施,或是采用不同的领导方式。因此,管理是一个围绕实现组织目标而展开的系统的复杂的动态创造性活动过程。

2. 管理职能的相互关系

(1)职能间相互联系、相互制约、交叉渗透。

(2)计划是管理的首要职能,是组织、人事、领导和控制职能的依据。

(3)组织、人事、领导和控制职能是有效管理的重要手段,是计划以及目标得以实现的保障。

(4)管理活动一般都是由计划开始,经过组织、人事、领导到控制结束。

1.1.3 管理的重要性

1. 管理的重要性之一体现在管理的普遍性之中

许多人在一个组织内共同工作,首先要靠一个共同的目标把成员维系在一起,按一定的结构组织起来,在共同遵守的规章制度下协调工作,这就需要管理。

企业、学校、医院、银行等各种不同的组织和许许多多的家庭又构成了更大范围的社会,这也要靠管理来保证社会的各个部分能有序地运行。

总之,凡是有人群从事活动的地方都需要管理。社会、组织、家庭、个人都离不开管理,管理无时无处不在。

2. 管理是一种生产力

生产力取决于许多因素。就社会而言,生产力取决于社会的政治经济体制、拥有的自然资源及资源的合理和有效使用、国民素质和受教育水准等。就企业而言,生产力取决于企业的经营体制和运行机制、拥有的各类资源和资源的有效利用、职工队伍的素质和员工积极性的发挥等。而这些因素之间如何协调起来,充分发挥作用就离不开管理①。

① 汪克夷,等.管理学.4版.大连:大连理工大学出版社,2006:8

管理的实质是协调配置、优化使用各种资源，有效地实现组织的目标。因此，良好的管理可以大大提高资源的使用效率，或是通过激励政策调动组织成员的积极性，从而更有效地实现组织目标。可见，管理出生产力。

邓小平说，科学技术是第一生产力。有人说，科学技术的发展离不开管理，要把科学技术和生产力的其他要素很好地结合起来转化为生产力也离不开管理。所以，可以肯定，管理也是一种生产力。

3. 管理水平决定一个组织的实力和生死存亡

一般管理（过程管理）之父法约尔于 1888 年出任法国康门塔里—福尔香堡采矿冶金公司总经理。当时这家公司正面临着破产的危机，法约尔用新的管理方式挽救了危机，在法国产业史上留下了光辉的业绩。法约尔自己说："尽管矿井、工厂、财源、销路、董事会、职工同原来都是一样的，只是运用了新的管理方式，公司才以同衰落时一样的步调复兴和发展。"他认为，"不管规模大小，也不管工业、商业、政治、宗教等事业如何，在一切事业的经营中，管理发挥着极其重要的作用。"

当今时代，在激烈的市场竞争中，一个企业实力的大小、竞争力的强弱，更加决定了这个企业的命运。一个企业能否适应变化着的环境，能否生产出合乎市场需求的产品，能否以较低的成本生产出合乎质量要求的产品，能否以有效的促销方式打开市场，能否建立起完善的售后服务体系……都要看一个企业管理水平的高低。

4. 管理是一种基础国力

尽管资源和其他方面的基础（如地理位置）对一国的繁荣具有很大影响，但这并非决定性的。事实上，一个国家是否繁荣取决于该国生产率状况，即对人力、土地、机器、原材料和其他资源的有效利用程度。实质上，这是管理水平与管理效率问题。

最典型的例子莫过于日本了。第二次世界大战战败后，日本近乎一片废墟，虽在美国发动的朝鲜战争中日本的经济开始恢复，但日本毕竟是一个岛国，面积狭小，自然资源贫乏。可是在几十年间日本的经济飞速发展，日本的汽车、家电产品、照相机等许多产品遍布全世界，国民生产总值已居世界第二位。这一经济奇迹的出现引起了西方企业界的紧张和管理学界的兴趣[1]。

研究的结果是日本人在自己民族文化和历史的基础上形成了一套有效的管理方法。美国学者在比较了美国大公司和日本松下电器公司的管理后，提出了管理的"7S 模型"，即结构（Structure）、战略（Strategy）、系统（System）、作风（Style）、人员（Staff）、技能（Skills）、共同的价值观（Shard Values）。显然日本的管理与西方的管理相比独具特色。日本人甚至提出了生产第四要素理论，即与土地、劳动力和资本一样，管理也是生产要素之一。

• 案例链接 1-1

"三只松鼠"的发展困局

>>>>>>

① 汪克夷，等. 管理学. 4 版. 大连：大连理工大学出版社，2006：8-9

5. 在市场经济体制中，管理是“摸得着的手”

在市场经济条件下，至少有三种力量影响着经济运行：一是市场机制或价格机制（无形之手），二是政府（看得见的手），三是管理。前两只手都有失灵的时候（前者如环境污染问题，后者如政策失误、政府机构臃肿而效率低下），管理则在各个层次、各个方面不停地具体运作着，在一定程度上可以减少前两只手失灵所带来的问题。①

1.1.4 管理的二重性

1. 管理二重性的含义

管理二重性是指管理的自然属性和社会属性。管理的二重性最早由马克思在《资本论》中提出：直接生产过程的特点是社会融合，而不是独立生产商的单独工作，监督工作是不可避免的，那么其就具有二重性。一方面，管理是由许多人进行协作活动而产生的，是有效组织协作活动所必需的，具有同生产力和社会化大生产相联系的自然属性；另一方面，管理又体现着生产资料所有者指挥劳动、监督劳动的意志，因此，它又有同生产关系和社会制度相联系的社会属性。

管理的二重性是马克思主义关于管理问题的基本观点，它反映出管理的必要性和目的性。所谓必要性，就是说管理是生产过程固有的属性，是有效的组织劳动所必需的；所谓目的性，就是说管理直接或间接地同生产资料所有制有关，反映生产资料占有者组织劳动的基本目的。

那么，管理是否有国界呢？在国外适用的管理方式在中国是否适用呢？从管理的自然属性来说，管理无国界，管理的基本原理和一般规律适用于任何国家的任何组织；从社会属性来说，管理有国界，在国外适用的管理方式不能完全照搬到中国，而是应该根据中国国情和管理情境的要求灵活处理。

2. 掌握管理二重性的重要意义

掌握管理的二重性，对于我们学习管理学和从事管理工作具有重要意义。

第一，认真总结我国多年来在管理中正反两方面的经验教训，更好地发挥社会主义制度的优越性。管理体现着生产力与生产关系的辩证统一关系。我国在很长一段时期内的“左”的错误思潮，在管理上表现为重社会属性轻自然属性、重生产关系轻生产力，曾严重地阻碍了我国经济的健康发展，影响了社会主义制度优越性的发挥。我们应当引以为鉴，总结历史的经验教训，形成具有我国特色的管理学，更好地指导我国的管理实践。

第二，注意学习、引进国外对我们有益的管理理论、技术和方法。要建设具有中国特色的社会主义，发展和完善社会主义市场经济，就必须充分利用国内和国外两种资源，开拓国内外市场，学会组织国内建设和发展对外关系两套本领。这就要求管理者掌握管理的二重性，正确地评价资本主义的管理理论、技术和方法，取其精华、去其糟粕，洋为中用，博采众长，使其成为我国管理理论体系的有机组成部分。需要注意的是，任何管理理论、技术与方法的出现，都有其时代背景，都是与当时的生产力及社会条件相适应的。因此，我们在应用某些理论、技术与方法时，必须结合本部门、本单位的实际情况，因地制宜、随机制宜，这样才能取得良好的效果。

① 席西民. 经济管理基础. 北京：高等教育出版社，1998：146-148

1.2 管理者

• 案例链接 1-2

宗庆后:时代选择了他,他见证了时代

>>>>>>

1.2.1 管理者的定义

管理者是所有组织的特殊需要,是所有组织的特殊器官。他们使得组织成为一个整体并且正常运转。离开了管理者,没有哪个组织能够正常运转。政府机构中的行政官员(Administrator)、军队中的指挥官(Commander)以及其他组织中的执行官(Executive)等都是管理者。那么,究竟什么是管理者?

组织成员可以分为两种类型:操作者和管理者。操作者(Operatives)直接从事某项工作和任务,不具有监督其他人工作的职责;管理者(Managers)是负责对人力、资金、物资和信息情报进行计划、组织、领导、控制的人员,是指挥别人活动的人。管理者也可以担任某些作业职责,其本身也可能是一位操作者。但作为一个管理者,一定要有下级。

由此,我们对管理者做出界定,是指从事管理工作,负有领导和指挥下级去完成任务职责的组织成员,是对履行管理职能并且对实现组织目标负有责任的人。

1.2.2 管理者的角色

按照管理职能(或过程)论,管理者的管理活动是有序的、连续的。20 世纪 60 年代末,加拿大学者明茨伯格对总经理的工作进行了一项仔细的观察和研究。他的发现对长期以来人们关于管理者的看法提出了挑战。例如,当时普遍认为管理者是深思熟虑的,在决策时总是仔细、系统地处理有关信息。而他的研究发现,与多数非经理人员所做的工作相比,经理的活动具有简短、多样和琐碎等特点,大事小事交叉在一起,干扰是极其寻常的。他们倾向于工作中更为活跃的组成部分,即现行的、具体的、明确规定的、非例行的活动。处理文件被视为一种负担,他们所重视的是那些需要采取行动的文件。非常新的信息,如闲谈、传闻和推测等受到欢迎,例行报告则不然。工作的紧张和压力不鼓励他们成为计划者,而是促使他们成为具有适应性的信息处理者。他们在刺激一反应的环境里工作,并优先处理具有现实意义的工作[①]。在大量观察的基础上,1973 年,H. 明茨伯格提出了一个管理者究竟在做什么的分类纲要。他认为管理者扮演着 10 种不同的,但却高度相关的角色。这 10 种角色可以从总体上分为三大类型[②]。

1. 人际关系方面的角色

这是指作为正式负责或管辖一个具体的组织单位并具有特别的职务地位的人,所有管

---

① [加]H. 明茨伯格. 经理工作的性质. 孙耀群,译. 北京:团结出版社,1999:79-82

② [加]H. 明茨伯格. 经理工作的性质. 孙耀群,译. 北京:团结出版社,1999:86-87

理者都要履行礼仪性和象征性的义务。

(1)代表者。这是最简单的一种角色。管理者负有在所有礼仪事务方面代表其组织的责任。

(2)联络者。管理者同组织以外的管理者或其他各种类型的人交往,以便从外部获得支持和信息。

(3)领导者。涉及管理者与其下属的关系,如激励、调配等。

2. 信息方面的角色

管理者的人际关系角色使他具有获得信息的独特地位。他同外部的接触带来了外部信息,而他的领导工作则使他成为组织内部信息的集中点。其结果是,管理者成为组织信息的重要神经中枢。

(1)监听者。管理者作为信息的接收者和收集者,使他对于组织的状况有一个全面的了解。

(2)传播者。管理者把特别的信息向他的组织内传播。

(3)发言人。管理者把组织的信息向组织所处的环境传播。

3. 决策制定方面的角色

管理者掌握信息的独特地位和特别的权力使他在重大决策(战略性决策)方面处于中心地位。

(1)企业家。管理者在企业家角色中发动组织的变革,不断进行创新。

(2)故障排除者(混乱驾驭者)。在组织受到威胁时,管理者要处理紧急情况。

(3)资源分配者。这一角色决定组织向哪一方向发展。

(4)谈判者。这一角色表现为管理者在他感到有必要时代表组织同外界打交道。

拓展阅读

德鲁克的管理思想——管理者的五项工作及八大领域

德鲁克认为管理者的工作涉及五项工作、八大领域。管理者的五项工作是设定目标、组织、激励与沟通、评估绩效、培养人才。涉及的八大领域是市场营销、创新、人力资源、财务资源、实物资源、生产力、社会责任以及利润需求,管理者必须在这八大领域设立目标。

美国《财富》评选"全球最受尊敬的公司"的评价指标包括:创新、公司资产使用、全球化程度、质量管理、员工才干、财务可靠性、长期投资价值、社会责任感和产品与服务质量。

《财富》继"世界500强"的评选后,又评选了"美国最受尊敬的公司",评价指标包括:创新、管理质量、员工素质、产品/服务质量、长期投资价值、财务状况、社会责任感以及公司资产运作。

从2001年起,北大案例中心和《经济观察报》联合举办"中国最受尊敬企业"的评选,其评价指标包括:人力资源、财务能力、社会责任感、公司形象、领导、管理质量、发展潜力、创新能力、国际竞争力和对中国的长期承诺。

以上这3项评选活动都是基于德鲁克在1954年提出的企业设立目标的八大领域而设计的评价指标。由此可见,德鲁克的管理思想在许多领域深刻地影响着全球的企业。

(资料来源:根据《IT经理世界》2005年第17期和2005年第18期相关资料整理)

1.2.3 管理层次与管理技能

1. 管理层次

一些人可能认为，管理职能仅由组织等级的最高层行使。实际上，管理工作必须在组织的各个层次展开，也就是说，其涉及的层次是从执行总裁到一线管理人员。尽管组织中的层次结构可以被划分为若干垂直结构层次，但通常只引用三个层次：高层管理、中层管理和基层管理（或一线管理）。

这三个层次管理的任务和职责随组织不同而各异，这取决于组织的规模、技术和其他因素。因此，依据管理层次，管理者可以划分为高层管理者、中层管理者和基层管理者。

管理职位的多少通常随管理层次的不同而变化。在大多数组织中，基层管理职位最多，中层管理职位较少，高层管理职位最少。这样，管理层次就构成了一种金字塔式结构。

“首席执行官”（CEO，Chief Executive Officer）这个职位是西方发达国家，主要是美国对企业第一经理人的称呼，与我国的总经理/总裁（General Manager/President）在本质上是一致的。在中英文中可以互译，都是企业的第一雇员，是为董事会和股东服务的。任何 CEO 都不能凌驾于董事会之上[①]。

2. 管理层次与管理职能

就职能而言，随着管理者在组织中的晋升，他们从事更多的计划工作和更少的直接监督工作。所有管理者，无论他处于哪个层次上，都要制定决策，履行计划、组织、领导和控制职能，只是他们花在每项职能上的时间不同[②]。

高层管理者的主要职能：制订和评价长期计划与战略；评价不同部门的总体运作业绩，保证合作；重要人员的选择；就全局的项目或问题与下级管理人员磋商。

中层管理者的主要职能：制订长期计划和中期计划，供高层管理人员审查；分析管理工作的业绩，考查和确定提升人员的个人能力和合格情况；建立部门政策；审查日常和每周的生产和销售情况；与下级管理人员磋商生产、人事和其他情况；选择和招募员工。

基层管理者的主要职能：确订详细的短期经营计划；考查下级的工作业绩；管理和监督日常经营运作；制订详细的任务分配计划；与操作员工保持密切联系和接触。

可见，不同层次的管理者在执行管理职能时是有所差别的。

国外学者马奥尼等通过调查管理者在不同管理职能上所花费的时间，对管理者层次与管理职能的关系进行了研究[③]。其研究结果如图 1-3 所示。图 1-4 是将图 1-3 进行汇总的结果。从图 1-4 中我们可以直观地看出对不同层次管理者履行各项职能的要求。

3. 管理层次与管理技能

为履行管理职能，所有管理者都需要拥有一定的管理技能。罗伯特·卡茨认为管理者必须具备如下三种类型的技能[④]。

---

① 周永亮. 中国企业前沿问题报告. 北京：中国社会科学出版社，2001：82

② [美]Joseph M. Putti，Heinz Weihrich，Harold Koontz. 管理学精要：亚洲篇. 北京：机械工业出版社，1999：31-32

③ T. A. Mahoney，T. H. Jerdee，S. J. Carroll. The Jobs of Management. Industrial Relations (February 1965)：97-110

④ 杨文士，张雁. 管理学原理. 北京：中国人民大学出版社，1994：244

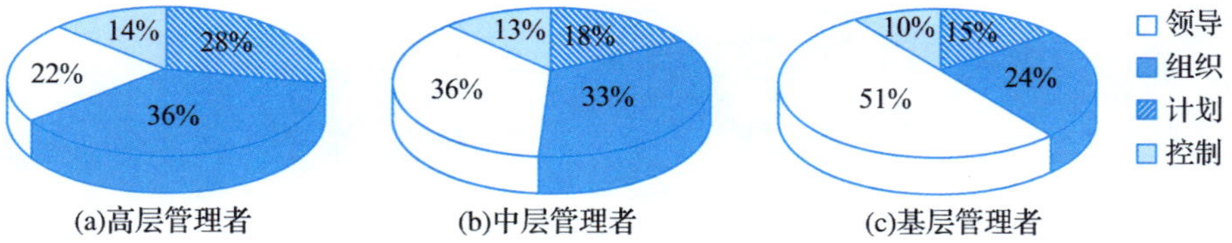

图 1-3 管理者花费在各项职能上的时间

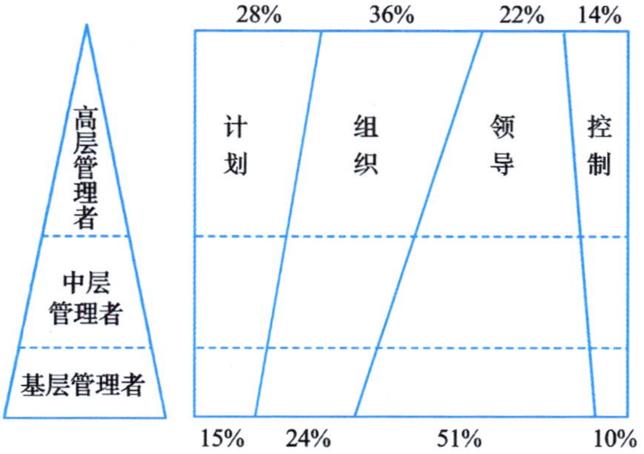

图 1-4 各个层次的管理者花在各个管理职能上的时间

(1)技术技能(Technical Skills)。即与特定专业领域有关的知识和能力。一般而言,所处的管理层次越低,对技术技能的要求越高;所处的管理层次越高,对技术技能的要求越低。管理人员没有必要使自己成为某一技术领域的专家,因为他们可以借助于有关专业人员来解决技术性问题。但他们需要了解或初步掌握与其专业领域相关的基本技术知识,否则他们将很难与其所主管的组织内的专业技术人员进行有效的沟通和交流,从而无法对其所管辖的业务范围内的各项管理工作进行具体的指导。这会严重影响决策的及时性、有效性。

(2)人事技能(Human Skills)。即处理与他人包括个人和团体关系的能力。管理最主要的任务是管理人,这就要求管理者必须具有识别人、任用人、团结人、组织人和调动人的积极性以实现组织目标的能力。对于各个层次的管理者来说,人事技能都同样重要。管理者不仅要处理好与下级的关系,学会影响和激励下级的工作,还要处理好与上级、同级之间的关系,学会如何说服领导,如何与其他部门有效合作。

(3)概念化技能(Conceptual Skills)。概念化意味着对模糊的、不明确的复杂问题进行分析,明确问题的本质和问题的根源,确定问题的关键变量,理解变量与问题之间的关系,从而使问题清晰化。概念化技能是对问题进行思考和推理的能力。

概念化技能可以理解为一种将组织视为一个整体,对组织所面临的复杂问题建立起适当的分析框架,设想组织如何适应外部环境变化的能力,即分析、判断和决策能力。概念化技能也称为“决策技能”。这种能力具体包括:把握全局的能力;理解事物的相互关联性,从而识别关键因素的能力;权衡方案优劣及其内在风险的能力。

如图 1-5 所示,管理者所处的层次越高,其面临的环境和问题越复杂,越无先例可援,从而越需要高超的决策技能。

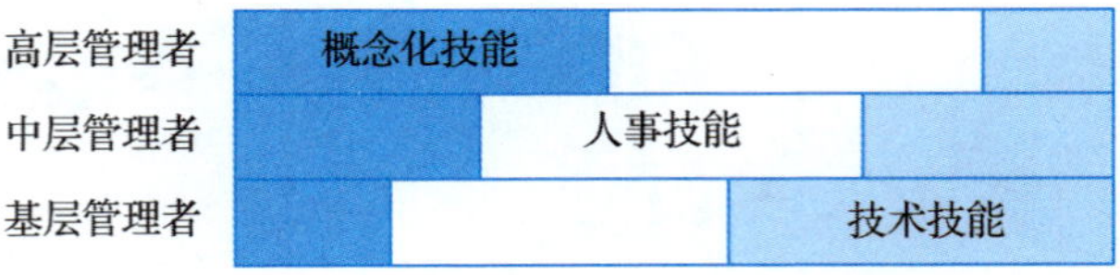

图 1-5 管理层级与管理技能的关系

孔茨将概念化能力进一步分为①：认识、分析解决问题的能力和规划决策能力。认识、分析与解决问题的能力对于各个层次的管理者是同等重要的。概念化能力与技术技能——局限于某一专业领域不同，这种能力建立在丰富的经验、灵敏的直觉和多学科知识背景之上；与规划决策能力——受到决策者风险偏好的深刻影响，同时决策者必须为决策行为承担责任不同，认识、分析与解决问题的能力只为承担任务的执行结果负责，不对决策行为承担责任。因此，认识、分析与解决问题的能力是一种“大智”，而规划决策能力则是一种“大勇”。

当今时代，知识经济给企业经营和管理带来了根本性的变革，使得企业的生存基础、生产要素、生产方式、组织结构等都发生了转变。面对不断变化的环境和不断出现的新问题，管理者应该具备创新能力。管理者的层次越高，遇到新问题会越多，对其创新能力的要求也越高。

拓展阅读

创新与创新能力②

创新包括三层含义：第一，创新是推动经济社会发展的动力；第二，创新是一个过程，从科学技术知识的产生，到产品设计、试制、生产、营销，乃至实现产业化，形成规模经济；第三，创新还是一个体系，包括技术创新、管理创新、组织创新和服务创新等。而具有中国特色的“自主创新”有三种模式：原始创新、集成创新和引进消化吸收再创新。

虽然国家、区域、企业和个人都可以成为创新主体，但只有企业才能成为技术创新的决策主体、投资主体、活动主体和受益主体。而实现创新的关键是人才，创新需要技术人才、经营人才和管理人才。在此基础上，可以把创新能力定义为：运用知识进行创新的能力。

创新能力的内涵十分丰富。

一是要有良好的思想品德，能把自己融入中华民族腾飞的伟大事业中，从中汲取无穷的动力。

二是要有良好的心理素质，能正确对待失败和挫折；要有承受的能力和坚韧不拔的毅力；要有自我控制的能力，能正确对待荣誉，正确处理集体和个人的关系。

三是要有扎实的知识基础和自我学习的能力。在当今世界，新生事物层出不穷，新的知识不断涌现，要使自己能跟上时代就得不停地学习，活到老，学到老。

四是要有收集、处理、运用信息的能力。科学技术发展快，社会进步快，带来的后果之一是信息爆炸。要在信息的海洋中善于、及时发现有用的信息，使这些信息为自己所用。

---

① 杨文士，张雁. 管理学原理. 北京：中国人民大学出版社，1994：244

② 汪克夷，等. 管理学. 4 版. 大连：大连理工大学出版社，2006：28-29

五是要对新生事物有敏锐的观察能力，要有强烈的创新欲望。有的人对周围发生的新问题、出现的新事物熟视无睹，一切都习以为常，那么他就不会去创新，也就谈不上有创新能力。我们常说失败乃成功之母，为什么结果会出乎我们的预想，是有什么因素没考虑到还是对客观规律认识不足？很好地思索这些问题，也许会带来创新的机会。

六是要有正确的思维方式和思维能力。在创新的开始阶段，需要的是形象思维和发散思维，形成新的思想火花和创新点。然后要运用逻辑思维和收敛思维来形成现实的方案，并在实践中不断加以完善。

七是要有组织能力和管理能力。除了那些小创造、小发明可以凭借个人的能力独自完成外，规模稍大一些的创造和发明必须要有具有不同知识和能力的成员组成的一个团队来完成。大家在一起工作，就离不了组织和管理工作。

1.2.4 管理者的素质

孙子兵法说，“将者，智、信、仁、勇、严也”。智能发谋，信能赏罚，仁能附众，勇能果断，严能立威。非智不足以料敌应变，非信不足以训人率下，非仁不足以附众抚士，非勇不足以决谋合战，非严不足以服强齐众。然则，专注智则贼，偏施仁则懦，固守信则愚，恃勇力则暴，令过严则残。

这是我国古代对军队管理者提出的素质要求。当今时代，企业面临多变的管理环境和层出不穷的管理问题。管理者掌握着企业发展所需资源的配置权力，决定了企业的发展方向，是企业发展目标的确认者、计划制订者、工作指导者，在企业中扮演着重要角色，从一定程度上说，企业管理者的水平高低、素质高低决定了企业的发展①。

1. 管理者素质的重要性

第一，企业管理者的素质关系到决策的正确与否和水平高低；第二，企业管理者的素质关系到企业的执行力；第三，企业管理者的素质关系到企业的经营成果和经济效益；第四，企业管理者的素质关系到企业的可持续发展；第五，企业管理者的素质关系到企业文化的建设和内涵；第六，企业管理者的素质决定了未来的战略定位和竞争力。

正是由于企业管理者素质的决定性作用，要求企业管理者除了具备知识（Knowledge）、经验（Experience）、能力（Ability）之外，还必须具备事业心、责任心、服务的热情、合作的意识、健康的身心等多种素质。

2. 现代企业管理者的素质结构

企业管理者的素质是企业管理者必须具备的多种条件的综合。素质是一个整体、综合性的概念，在素质中，各种不同的条件形成了不同的结构。

下面从企业管理者基本素质、专业素质、特质性素质三个大的方面具体阐述管理者的素质结构。

（1）基本素质

基本素质是指企业管理者必须具有的基本方面的要求和条件。基本素质不是对企业管

---

① 陈卓云. 现代企业管理者素质的必备与提高. 中国管理传播网，2005-11-29.

理者的特有要求，但基本素质的高低决定了企业管理者整体素质的高低，影响着企业管理者其他素质的发展和提升，包括道德伦理素质、心理人格素质、基础知识素质。

除了以上方面外，作为企业管理者应具有健康的体魄。国内媒体对企业管理人员做了一次调查，发现企业管理人员中，亚健康现象十分普遍，不少管理人员还患有不同的生理和心理方面的疾病。

(2)专业素质

专业素质是指企业管理者实施企业管理行动和活动所必备的素质，专业素质是企业管理者履行其职责的基本要求。

①对企业管理的专注和热情。对企业管理的专注和热情应该是对每一个希望走向成功的管理人员的重要要求。企业管理者只有具有这种精神和态度，才能把自己的精力放在其中，最大限度地发挥其潜力，贡献自己的聪明才智。同样，一个热情洋溢的企业管理者会感染广大员工，让广大员工用同样的热情去对待工作，只有这样，企业才会充满生机和活力。

②企业管理知识要求。企业管理是一门综合性的学问，也是一门实践性很强的学问，企业管理者必须不断钻研和了解企业管理知识，为实践打好基础。具体包括：计划、组织、协调、控制等基础管理知识；市场营销、采购、研究开发、服务、生产、质量、财务、人力资源、信息化建设等业务管理知识；产业、行业知识；其他相关学科知识。

③企业管理技能要求。企业管理技能指的是企业管理者根据企业所处环境、企业本身的实际情况，为了达到企业管理的目标而使用的各种管理方法、工具及技巧。随着企业的发展，环境的变化，管理技能要求也是变化着的。当前企业管理者所需的基本技能主要有：计划管理能力；沟通协调能力；激励能力；企业文化的管理能力；团队组织能力；领导能力；创新能力；危机管理能力。

(3)特质性素质

特质性素质是指企业管理者除了具有基本素质和专业素质之外，在管理实践中形成的具有比较突出的个体性优势的素质。特质性素质是不同的管理者相互区别的重要标志，不同的企业者具有不同的特质性素质，决定了不同管理的能力优势、管理作风、管理风格。如在实际管理工作中，有的管理者擅长战略运作，有的管理者在成本控制方面有较高的管理水平，有的管理者具有精益化生产的独特本领，等等。特质性素质来源于不同的企业管理者不同的生活和工作背景、工作经历和个体差异性。

优异的管理团队是具有不同特质性素质的管理者的有机结合。如果管理团队的成员中，每个人的管理水平、管理能力都一样，管理团队可供挖掘的优势就有限，如果管理团队中的成员具有不同的管理优势和不同的能力结构，那么，这个团队就具有人力资源整合优势。一支由具有不同特质性素质的管理者合理组合的团队一定会做出优异的成绩，显示其强大的竞争力，这就是优势互补的效力之所在，纵观国内外成功的团队，大多都是优势互补的结果。

基本素质是管理者的最基本要求，专业素质是管理者履行职责的专业要求，特质性素质是不同管理者所体现的个体管理优势。三者从整体上构成了管理者素质的有机体，缺一不可。一般来说，一名合格的管理者，其素质结构的组成应为：良好的基本素质、扎实的专业素质、具有竞争优势的特质性素质。因个体差异，不同的管理者在素质结构中也会有不同的结构，不同的结构就会构成不同的管理风格和管理能力。作为企业管理者，如果发现自己在素质结构中有缺陷或有差距，就应从学习中、实践中尽快提升自己，做一名优秀的企业管理者。

管理故事

(一)鹦鹉的价值

一个人去买鹦鹉,看到一只鹦鹉前标注:此鹦鹉会两门语言,售价二百元。另一只鹦鹉前则标注:此鹦鹉会四门语言,售价四百元。

该买哪只呢? 两只都毛色光鲜,非常灵活可爱。这人转啊转,拿不定主意。

结果突然发现一只老掉了牙的鹦鹉,毛色暗淡散乱,标价八百元。

这人赶紧将老板叫来:这只鹦鹉是不是会说八门语言?

店主说:不。

这人奇怪了:那为什么又老又丑,又没有外语能力,会值这个价钱呢?

店主回答:因为另外两只鹦鹉叫这只鹦鹉"老板"。

启示 这故事告诉我们,真正的领导人,不一定自己能力有多强,但能团结比自己更强的力量,从而提升自己的身价。

相反许多能力非常强的人却因为过于追求完美,事必躬亲,认为什么人都不如自己,最后只能做最好的公关人员、销售代表,成不了优秀的领导人。

(二)曲突徙薪

有位客人到某人家里做客,看见主人家的灶上烟囱是直的,旁边又有很多木材。客人告诉主人说,烟囱要改曲,木材必须移去,否则将来可能会有火灾,主人听了没有做任何表示。

不久主人家里果然失火,四周的邻居赶紧跑来救火,最后火被扑灭了,于是主人烹羊宰牛,宴请四邻,以酬谢他们救火的功劳,但并没有请当初建议他将木材移走、烟囱改曲的人。

有人对主人说:"如果当初听了那位先生的话,今天也不用准备筵席,而且没有火灾的损失,现在论功行赏,原先给你建议的人没有被感恩,而救火的人却是座上客,真是很奇怪的事呢!"主人顿时省悟,赶紧去邀请当初给予建议的那位客人来吃酒。

启示 一般人认为,足以摆平或解决企业经营过程中的各种棘手问题的人,就是优秀的管理者,其实这是有待商榷的。俗话说:"预防重于治疗",能防患于未然之前,更胜于治乱于已成之后,由此观之,企业问题的预防者,其实是优于企业问题的解决者。

1.3 管理学

1.3.1 管理学及其特点

1. 管理学

无论是在公司、商店、银行等企业单位,或是在学校、研究所、医院、电视台等事业单位,还是在政府、军队、公安等国家机关,尽管各个工作的性质千差万别,但都有人担任管理工作。

通过这些差别，我们仍然可以看到他们所从事的管理工作的共同基础——实现本单位的既定目标，通过计划、组织、领导、控制等职能进行任务、资源、职责、权力和利益的分配，协调人们之间的相互关系。

管理学是一门系统研究管理活动的普遍规律、管理基本原理和一般方法的科学。

管理活动是普遍存在的，但是不同性质的组织有其独特的内涵，管理的内容不同，方法也不尽相同，在此基础上进行科学的总结和概括可以形成各具特色、专门性强的各种管理科学。

可以根据是否以营利为目的，把各种组织分成两大类，一类是以企业为代表的营利性组织，如工业企业、银行、商场、酒楼、广告公司等；一类是非营利性的组织，如政府机关、学校、社会团体等。这两类组织的目的不同、性质不同、管理的思想不同，但作为普遍性的规律来研究的话，可以有企业管理学、行政管理学、教育管理学等；如果按所研究组织所处的行业或行业的细分来研究的话，可以去研究农业管理、林业管理、旅游管理、医院管理等；如果上升到整个国家整个社会层次的话，可以有国民经济管理学。

当然也可以去研究具体的管理活动，如人力资源管理、投资管理等。既然管理活动涉及整个社会的各个方面，不同的领域、不同的范围、不同的组织、不同的层次的组织者会有自己特殊的管理内容和方式，出现不同专业性的管理学是一点也不足为奇的，但是管理学所研究的是管理中的普遍规律和原理，因此这些基本原理加上所研究对象的特殊性，就构成了各种专门性的管理学，管理学是管理科学的基础。

管理学的研究内容很广泛，大体可以分三个层次或侧重点：

(1)管理活动总是在一定的社会生产方式下进行的，研究内容可分三个方面：一是生产力方面；二是生产关系方面；三是上层建筑方面。

(2)从历史的角度研究管理实践、管理思想及管理理论的形成与演变过程。

(3)着重从管理者的工作或职能出发来系统研究管理活动的原理、规律和方法问题。

拓展阅读

管理实践、管理思想与管理理论三者之间的关系

人类社会产生后，人们的社会实践活动表现为集体协作劳动的形式，而有集体协作劳动的地方就有管理活动。在漫长而重复的管理活动中，管理思想逐步形成。随着社会生产力的发展，人们把各种管理思想加以归纳和总结，就形成了管理理论。人们反过来又运用管理理论去指导管理实践，以取得预期的效果，并且在管理实践中不断修正和完善管理理论(图 1-6)。

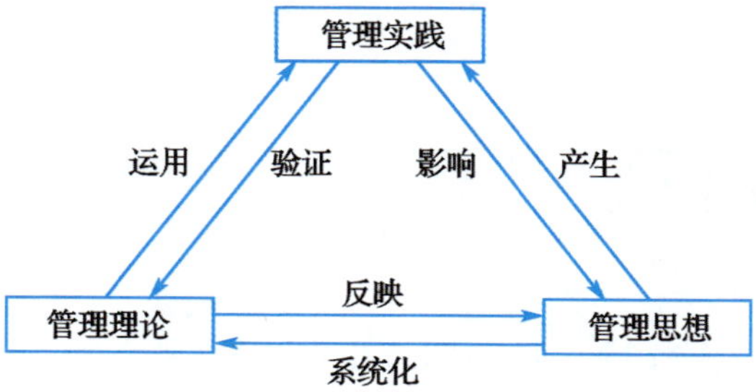

图 1-6　管理实践、管理思想、管理理论三者关系

2. 管理学的特点

(1)一般性

管理学有别于其他各种专门管理学,它试图从各种不同的组织中概括、抽象、提炼出共同的东西,并形成系统的理论。

(2)综合性

管理学广泛运用自然科学、社会科学以及其他现代科学技术成果,属于边缘科学。

(3)历史性

管理学是对前人的管理实践、管理思想和管理理论的总结、扬弃和发展。割断历史,不了解前人对管理经验的理论总结,就难以很好地理解、把握和运用管理学。

(4)实践性

管理学是一门应用性科学,它的理论与方法要通过实践来检验其有效性;同时,有效的管理理论与方法只有通过实践,才能带来实效,发挥其指导实际工作的作用,并在不断反复的实践中,完善管理学的理论和方法。

(5)管理学是一门软科学

如同计算机中有硬件、软件之分一样,一个组织里的人、财、物等有形的资源就是硬件,管理则成为软件,管理学被称为软科学。通过很好的管理工作,可以充分调动组织成员的积极性,更好地利用各种资源,来获得好的经济效益和社会效益。

管理学作为一门软科学,与其他的科学知识、工程技术有所不同。在企业里,工程技术人员可以运用他们的知识和技术改造现有的设备或改进现有的工艺过程或是设计新产品,在这一点上与管理是相同的:都要作用到有形的对象上,软的技术才能发挥作用。管理学除了要运用其他学科的知识作用于无生命的物上之外,更重要的是要充分发挥组织中最重要的资源——人力资源——的作用。管理者和管理工作的价值不能由自身来体现,而要通过其他的活动才能实现。如激励措施得当,要通过设计人员的积极性调动得好,设计出的产品技术含量高、价值高、销路好,才体现出激励措施的价值来。管理工作是否有效,在实施前往往要靠管理者根据经验或主观意识来判断,它的成效要在较长时间里才能体现出来。

1.3.2 管理学的研究方法

1. 辩证唯物主义的观点和方法

辩证唯物主义的观点和方法与历史唯物主义一起组成的马克思主义哲学的辩证唯物主义是我们观察世界、认识世界的唯一正确的指导思想和方法,它不但构成了自然科学、社会科学和工程技术科学的基础,也提供了正确的、有效的研究方法。从管理学形成的发展过程及其特点来看,确是如此。

管理学中的基本原理的形成完全符合辩证唯物主义认识论的规律。管理学的基本思想都是从人们的社会实践,特别是生产实践中来,经过总结和归纳形成了一些概念,又在实践中加以验证,不断完善和深化,经过许许多多的实践者和管理学者的共同努力,才形成了管理学这门学科,而且随着社会的进步和生产力的飞速提高,管理学也遇到了许多新的问题,如何进一步开发人力资源充分调动人的积极性、如何有效地吸取高新技术的各项成果来改进和完善管理的形式和方法等,管理学正努力在这些方面做出回答。

2.系统科学的观点和方法

"系统科学是并列于自然科学和社会科学的,是基础科学",系统科学是"研究系统的基础科学"。

系统是指由相互作用和相互依赖的若干组成部分结合而成的、具有特定功能的有机整体,系统本身又是它从属的一个更大系统的组成部分。从管理的角度看,系统有两个含义:一是指一个实体;二是指一种方法或手段。二者既有区别又有联系。

系统的方法是指用系统的观点来研究和分析管理活动的全过程。

把管理过程或活动看作实体的系统,具有如下的特性:

(1)整体性。有效的管理总能带来"整体大于部分"的效果。

(2)目的性。管理系统的整体目的就是要创造价值和提供服务,达到一定的经济效益与社会效果。

(3)开放性。管理过程必须不断地与外部社会环境交换能量与信息。

(4)交换性。管理过程中各种因素都不是固定不变的,组织本身也存在变革。

(5)相互依存性。管理的各要素之间是相互依存的,而且管理活动与社会相关活动之间也是相互依存的。

(6)控制性。有效管理系统必须有畅通的信息与反馈的机制,使各项工作能够及时有效地得到控制。

系统作为一种方法,在研究、分析和解决问题时必须具备以下观点:

(1)整体观点。整体的功效应大于各个个体的功效之和。

(2)开放性与封闭性。若系统与外部环境交换信息与能量,就可把它看成是一个开放的系统;反之,就可把它看成是一个封闭的系统。

(3)封闭则消亡的观点。凡是封闭的系统,都具有消亡的倾向。

(4)模糊分界的观点。将系统与其所处的环境分开的"分界线"往往是模糊的。

(5)保持"体内动态平衡"的观点。开放的系统要生存下去,至少必须从环境中摄取足够的投入物来补偿它的产出物和其自身在运动中所消耗的能量。

(6)信息反馈观点。系统要达到体内动态平衡,就必须有信息反馈。

(7)分级观点。每个系统都有子系统,同时它又是一个更大系统的组成部分,它们之间是等级形态。

(8)不断分化和完善的观点。

(9)等效观点。在一个社会系统内,可以用不同的输入方式或不同的过程去实现同一个目标,不存在唯一的最好的方式。

系统科学是基础科学,包含了丰富的内容,其本身又是由许多科学构成的,系统科学与管理学有着密切的关系。因此,要运用系统科学的观点学习和研究管理学。

"整体性"。系统是由许多要素构成的,研究要素和要素间的关系是为了研究系统。管理可分成五大职能,有许多的管理活动,任何一项管理活动都是整个管理工作的有机组成部分,都是为了更好地使用资源,有效地达到组织目标。

"系统性"。系统要素是有机地结合在一起的,不能孤立地就某个要素去研究,而是要把这个要素放在系统中去研究和分析。管理中的五大职能及许许多多的具体的管理活动,互相之间都紧密地联结在一起,要达到管理的目的,必须要协调组织好各种管理活动。管理的核心是协调就体现了这种系统性。

“系统是由子系统构成的”。一个巨型系统的构成要素不计其数，要素间的关系错综复杂，对这种系统的研究十分困难。运用这个观点，可以把巨型系统分解成几个大系统，大系统可再分解成小系统，一直分解下去，直到我们有办法研究为止，因为小系统的构成要素要少得多，要素之间的关系也会简单一些。当然，这种分解的工作绝非是一件容易的事，但至少是提供了一种可能有效地解决问题的方法。

“系统具有开放性，具有将输入转换成输出的功能”。系统与周围不断进行着物质、能量和信息的交换，这就是系统的开放性。与此相反，一个系统与环境不进行这样的交换，即是一个封闭的系统，将变得越来越无序，最终走向死亡。这种交换性体现在系统具有的转换特性上，这也提供了一种研究系统的方法。如果系统内的每个要素的特性已知，要素间的关系已知，就可建立起一个数学模型来描述此系统，这就像一个箱子里的东西清清楚楚，称之为“白箱”。如果一个系统非常复杂，或是用现有的科学知识描述不了系统内的要素和要素间的关系，就像一个箱子里的东西看不清，称之为“黑箱”，这时对系统的研究可以用系统的输入和输出之间的关系来进行。如果一个系统的内部有些是清楚的，有些是不清楚的，如同一个“灰箱”，我们也可以去研究系统的输入与输出间的关系。

“发展性”。系统要在环境中生存，要能适应环境。环境时时刻刻都在发生变化，有时变得快些，有时变得慢些；有时变化大些，有时变化小些。总而言之，变化是绝对的，不变是相对的。这种变化不以人们的意志为转移。环境变了，系统也要变，变得能适应新的环境，如果不能适应新的环境，系统就要灭亡。因此，我们要用发展的眼光来看待周围的事物和人，切忌持有一成不变的观点。

拓展阅读

关于系统科学

系统科学非常年轻，发展得非常迅速。

路·冯·贝塔兰菲把生物整体及其环境作为一个大系统来研究，于20世纪40年代创立了“一般系统论”，强调系统的开放性，把研究工作推广到研究人的生理、心理和许多社会现象。

普利高津于1969年提出了耗散结构理论，指出一个远离平衡的开放系统（甚至包括社会的、经济的系统）通过与外界不断交换物质和能量，可能从原来无序的混乱状态转变为在时间上、空间上或功能上的有序状态。

赫·哈肯于1971年提出了称为“协同学”的理论，指出无论什么系统从无序向有序的变化都是大量子系统相互作用又协调一致的结果，社会中的许多问题都可以用“协同学”来进行某种解释。

勒·托姆于1972年提出的“突变论”试图解释人类社会和自然界中不连续和突变的现象。

曼·艾根和彼·舒斯特于1979年出版了《超循环：一个自然的自组织原理》，系统阐述了超循环理论。该理论探讨了生命起源的一个关键问题——生物信息起源问题，提出了自然界演化的自组织原理，并指出在神经组织和社会组织中也存在超循环的组织形式。

特别要介绍一下蓬勃发展中的非线性科学。我们研究客观世界习惯于把复杂的现象进行分解，然后进行研究，最后再综合起来，但这意味着我们认为世界是线性的。客观世界是非线性的，线性只是非线性的一种近似。

我们只是简单地介绍了系统科学中一些新领域的发展，期待着这些理论的进一步发展，并能与管理学的研究逐渐结合起来，促使管理科学更好地发展。

用系统的观点和思想来改造自然界系统或创造出人类所需要的系统，这就是系统工程的任务，显然系统工程是工程技术。系统工程和专业相结合，形成许多门类的系统工程。除了各种专业知识和理论外，系统工程有共同的学科基础，包括：运筹学、控制论、计算科学学，它们的作用已提到了基础科学的地位。从管理学中的基本思想和基本原理来看，确实是建立在系统科学的思想、原理和方法之上的，系统科学与自然科学、社会科学和工程技术一样是管理学的基础。

3.理论联系实际

管理学是一门实践性非常强的学科，它来自以前人类对实践活动的科学总结，将进一步指导新的实践活动。

管理学的学习要理论联系实际，但更重要的是要指导今后的学习和工作。不断研究实践中遇到的新问题，总结自己的经验，把这些经验系统化、科学化，以至于抽象、概括上升到理论。

1.3.3 学习和研究管理学的重要性

管理学在总结前人管理工作实践的基础上，提出了管理工作中的基本思想和一般规律，为以后学习管理科学的其他学科，如组织行为学、人力资源管理、财务管理、市场营销、战略管理等打下了基础。因此，管理学这门课程成为管理类专业本科生和研究生的基础课程。

第一，管理的重要性决定了学习、研究管理学的必要性。管理是有效地组织共同劳动所必需的。随着生产力和科学技术的发展，人们逐渐认识到管理的重要性。从历史上看，经过了两次转折，管理学才逐步形成并发展起来。第一次转折是泰勒科学管理理论的出现，旨在加强生产现场管理，使人们开始认识到管理在生产活动中所发挥的作用。第二次转折是第二次世界大战后，人们看到，不依照管理规律办事，就无法使企业兴旺发达，因此要重视管理人员的培养，这促进了管理学的发展。管理也日益表现出它在社会中的地位与作用。管理是促进现代社会文明发展的三大支柱之一，它与科学和技术三足鼎立。管理是促成社会经济发展的最基本的、关键的因素。发展中国家经济落后，关键是由于管理落后。先进的科学技术与先进的管理是推动现代社会发展的“两个轮子”，二者缺一不可。管理在现代社会中占有重要地位。经济的发展固然需要丰富的资源与先进的技术，但更重要的还是组织经济的能力，即管理能力。从这个意义上说，管理本身就是一种经济资源，作为“第三生产力”在社会中发挥作用。先进的技术，要有先进的管理与之相配合，否则，落后的管理就不能使先进的技术得到充分发挥。管理在现代社会的发展中起着极为重要的作用。

第二，学习、研究管理学是培养管理人员的重要手段之一。判定管理是否有效的标准是管理者的管理成果。通过实践可验证管理是否有效，因此，实践是培养管理者的重要一环。而学习、研究管理学也是培养管理者的一个重要环节。只有掌握扎实的管理理论与方法，才能很好地指导实践，并可缩短或加速管理者的成长过程。目前我国的管理人才，尤其是合格的管理人才是缺乏的。因此，学习、研究管理学，培养高质量的管理者成为当务之急。

第三，学习、研究管理学是未来的需要。随着社会的发展，专业化分工会更加精细，社会化大生产会日益复杂，而日新月异的社会将需要更加科学的管理。因此，管理在未来的社会中将处于更加重要的地位。

学习和研究管理学应该遵循理论和实践相结合的原则、学术讨论的原则、相关学科横向联系的原则和比较研究的原则（古为今用和洋为中用）。

拓展阅读

科学研究方法的类型

一个完整的科学认识过程，往往要经历感性认识、理性认识及其复归到实践等阶段，而各个阶段都有与各种具体内容相对应的科学方法。随着现代科学的发展，特别是系统论、控制论和信息论等横向性学科的出现，极大地丰富了科学研究方法的内容。这些科学的研究方法为人们的科学认识提供了强有力的认识工具。

一般来说，科学研究法可以划分为三大类型。

1. 经验方法

一般说来，科学研究就是追求知识或解决问题的一项系统活动。有待解决的问题都是与研究对象的本质和规律有关的问题，而本质和规律是隐藏在现象中的，即在经验材料的背后。只有在关于对象的经验材料十分完备、准确可靠时，才能在这些材料的基础上建立正确的概念和理论，揭示对象的本质和规律，才能解决科研课题，即解决科学的问题。获得经验材料的方法就是经验方法，通常包括以下四个方面：

（1）文献研究法

教育技术学的发展有很强的历史继承性，文献研究就是为了对所要解决的问题有个全面的历史的了解。有了这种了解，才能站在前人的肩膀上，把前人和当代的成果作为进一步前进的起点，不重复前人已经做过的工作，避免前人已经走过的弯路，把精力放在创造性的研究上。

文献研究法就是有关专业文摘、索引、工具书、光盘以及互联网教育信息资源等文献的检索以及鉴别文献真伪、发挥文献价值与创造性地利用文献的方法。

（2）社会调查法

社会调查法就是人们有目的、有意识地对社会现象进行考察，从中获得来自社会系统中各种要素和结构的直接资料的一种方法。根据调查目的、调查对象和调查内容的不同，社会调查法可分为访问调查、问卷调查、个案调查等多种方法。在教育技术学研究中，经常使用问卷调查法。

（3）实地观察法

实地观察法是研究者有目的、有计划地运用自己的感觉器官或借助科学观察仪器，直接了解当前正在发生的、处于自然状态下的社会现象的方法。

（4）实验研究法

实验作为一种科学认识方法，开始是应用于自然科学领域，以后逐渐移植到社会科学领域。实验研究法是实验者有目的、有意识地通过改变某些社会环境的实践活动，来认识实验对象的本质及其规律的方法。实验研究法的基本要素是实验者，即实验研究中有目的、有意识的活动主体；实验对象，即实验研究所要认识的客体；实验环境和手段，即实验对象所处的社会条件和所运用的技术方法。在教育技术学实验研究中，实验环境就是利用现代信息技术进行教与学活动的特定社会条件；其实验手段就是借助现代信息技术进行刺激、干预、控制、检测实验对象的活动。实验研究的过程，就是这些要素相互作用、相互影响的过程。

2. 理论方法

要达到完整的科学认识，仅仅运用经验方法是不够的，还必须运用科学的理论方法对调查、观察、实验等所获得的感性材料进行整理、分析，对原来属于零散的、片面的和表面的感性材料进行加工，使之上升为本质的、深刻的和系统的理性认识。科学研究法中的理论方法就是提供这种从感性认识向理性认识飞跃的切实可行的、具体的思考方法与加工处理的步骤的方法。它主要包括两个方面：

(1)数学方法

所谓数学方法，就是在撇开研究对象的其他一切特性的情况下，用数学工具对研究对象进行一系列量的处理，从而做出正确的说明和判断，得到以数字形式表述的成果。科学研究的对象是质和量的统一体，它们的质和量是紧密联系，质变和量变是互相制约的。要达到真正的科学认识，不仅要研究质的规定性，还必须重视对它们的量进行考察和分析，以便更准确地认识研究对象的本质特性。在教育技术学研究中，数学方法主要是运用统计处理和模糊数学分析方法。

(2)思维方法

科学的思维方法是人们正确进行思维和准确表达思想的重要工具，在科学研究中最常用的科学思维方法包括归纳演绎、类比推理、抽象概括、思辨想象、分析综合等，它对于一切科学研究都具有普遍的指导意义。

3. 系统科学方法

20 世纪，系统论、控制论、信息论等横向科学的迅猛发展，为发展综合思维方式提供了有力的手段，使科学研究方法不断地完善。而以系统论方法、控制论方法和信息论方法为代表的系统科学方法，又为人类的科学认识提供了强有力的主观手段。它不仅突破了传统方法的局限性，而且深刻地改变了科学方法论体系。这些新的方法，既可以作为经验方法，作为获得感性材料的方法来使用，也可以作为理论方法，作为使感性材料上升到理性认识的方法来使用，而且作为后者的作用比前者更加明显。它们适用于科学认识的各个阶段，因此，我们称其为系统科学方法。

复习思考题

1. 请论述管理的定义和它的含义。
2. 为什么说管理是一个围绕实现组织目标而展开的复杂过程？
3. 组织最重要的资源是哪一个，为什么？
4. 请你论述一下管理的过程，及管理的基本职能有哪些。
5. 管理者在一个组织中担当什么样的角色？
6. 管理者为什么必须具备综合分析的能力？为什么必须具有创新能力？

7. 具备什么样的条件才能成为一个成功的管理者？
8. 管理学有什么特点？
9. 在管理学的研究中，要运用什么样的方法？
10. 在你的工作中，能否找到一个实例来说明管理的重要性？
11. 为什么要用系统的观点和思想来研究管理学？
12. 一个技术专家能不能当好一个管理者？一个管理者要不要成为本领域的专家？

案例讨论

抓机遇迎挑战：TikTok海外市场勇毅开拓之路

TikTok的海外发展之旅可以从2015年字节跳动创始人张一鸣对海外市场进行前瞻布局说起。2015年8月，字节上线新闻聚合平台TopBuzz(今日头条海外版)，先后进入美国、日本等国的市场。2016年9月，衍生的视频新闻平台TopBuzz Video成功上线，同年12月控股Babe这一印尼新闻聚合平台。这些都为字节跳动后来成功进军海外短视频领域打下坚实基础，积累了宝贵的国际化经验和人才体系。到2017年，资讯类产品出海困难，张一鸣眼光敏锐地意识到短视频正处于快速发展期，并且国外市场还没有像抖音一样的短视频应用，于是便决定转型投向短视频行业。2017年8月，TikTok正式上线，以国内抖音的产品形态为基础，迅速进入日本等亚洲市场。同年11月，公司收购了Musical. ly。2018年8月，TikTok与Musical. ly正式融合，成功进军欧美高端市场并迎来了用户快速增长期。

(一)占得先机，天时地利人和

Twitter旗下短视频产品Vine上线于2013年1月，用户可拍摄最长6秒钟的短视频并在Twitter上与他人分享。同年6月，Facebook旗下应用Instagram上线视频分享功能Video on Instagram，在Vine的基础上延长时长并提供13种滤镜以及剪辑功能。后继者Dubsmash上线于2014年11月，是全球首款对口型短视频产品，上线后即迅速走红。但其技术能力有限，仅能打造出“用完即走”的工具型产品，因此在短暂经历2015年的爆发后再次退潮。可以看出，海外用户对于短视频娱乐的接受度极高，创意产品可在短时间内迅速爆发。但是在用户数快速增长的同时，若研发迭代、高并发等技术能力不能及时跟进，将严重影响用户体验并进而流失用户。这些产品的迅速涌现和爆红即逝，让张一鸣等人敏锐地捕捉到了市场机会，看到了短视频在海外巨大的市场潜力，于是他们便萌生了开拓海外短视频市场的想法。

2017年11月，字节跳动以10亿美元收购Musical. ly，将算法能力注入Musical. ly成熟的产品躯壳并助其淡化青少年标签，同时Musical. ly在欧美市场的优势地位补齐了字节跳动的全球化版图。2018年8月，TikTok与Musical. ly合并为一款产品，正式取代后者，将最后一位新锐对手“化敌为友”。对于TikTok的崛起，Meta并未引起警惕，一方面彼时广告收入及用户数量均维持高速增长；另一方面，表面上看从Facebook流入TikTok的用户并不能在短时间内较好地留存。直至TikTok已经风靡全球后，Meta才开始发力短视频作为回击，先后于2020年8月、2022年2月在Instagram、Facebook上开放短视频栏目Reels。相比于TikTok的独立产品形式，内置于平台的Reels更像是社交生态系统的一个补充功能，其对用户增长的促进作用及商业化空间还有待进一步验证。很显然TikTok已经在全球市场占据先发优势。

TikTok是面向海外市场推出的产品，必须要由国际化经验丰富的优秀人才组成高管团队来经营。经多方考察后，字节跳动最终聘任周受资担任TikTok运营CEO。周受资为新加坡人，其留学与工作经历兼具中西文化背景，曾在担任国际投资基金DST高管期间参与了京东、小米、滴滴打车和阿里巴巴等企业的投资；2015年加入小米后历任CFO、高级副总裁、国际部总裁等高管职位。他既了解海外市场规则，同时对中国互联网企业的发展有充分认知。其他7名高管：用户增长、商业化、音乐版权三个核心部门的负责人均为外籍，加入TikTok前分别在Youtube、Facebook、索尼音乐及华纳音乐工作多年；产品研发、战略负责人均为资深的字节跳动老将，对集团业务熟稔于心。2020年以来，随着国际摩擦升温，出海产品遭遇海外政治审查的风险激增。TikTok招聘首席信息安全官罗兰·克劳蒂亚和全球法律总顾问埃里奇·安德森以保障本土化运营的安全与合规。这样，一支专业化、本土化、国际化的高管团队组建起来。

（二）披荆斩棘，站稳领先地位

面对来势汹汹的Instagram Reels，TikTok高管团队并没有自乱阵脚，经过讨论与思考后他们一致认为TikTok要打造自己独特的竞争优势。首先，TikTok利用Musical. ly的音乐版权资格扩充了自己的音乐库资源。其次，TikTok建立了多种效果、模板和滤镜，用户可以从多种效果、模板和滤镜中进行选择，同时TikTok创建了不同字体或表情符号的文本。最后，TikTok还创建了多种有趣的音效和画外音工具来给声音添加趣味效果。这些独特的竞争优势使得TikTok抗住Instagram Reels等产品的强势冲击。在Meta的迅速扩张下，TikTok守住了自己建立起来的市场地位。

TikTok面临的诸多挑战中，合规是核心问题之一。2020年，美国总统签署了一项行政命令，以用户数据收集可能对国家安全造成威胁为由，企图在美国禁用TikTok。2021年，美国用户对TikTok提起集体诉讼，称其已渗透到用户设备中并收集了大量的私人数据以实现广告定位和盈利等目的。最终，TikTok在第二年通过支付9 200万美元的隐私和解协议化解了这一数据隐私纠纷。类似的合规问题接踵而至。面对这种情况，高管团队分析认为，TikTok的用户基础庞大并且掌握分发信息权，这会导致TikTok遇到各类内容和信息安全方面的问题。同时TikTok的母公司在中国，这使得其发展受到地缘政治的影响。此外，由于TikTok的推荐算法离不开对用户数据的搜集，因此用户数据隐私与安全问题也是TikTok在海外受到监管与处罚的主要原因之一。面对愈加严格的监管，TikTok团队发挥集体智慧找到应对之策。在保护青少年健康方面，TikTok推出了专为13岁以下青少年设计的模式“TikTok for Younger Users”，通过系统开发判断是否为青少年用户并禁止其共享个人信息，同时约束青少年发布和共享内容的范围。在内容审核方面，TikTok针对易引起国际关注的敏感问题推出了分级制度，如挑战危险行为、美化厌食症或贪食症的内容以及跨性别等议题将被加强识别并进行限制。在数据安全方面，TikTok停止了“允许TikTok在未经用户同意的情况下存储其设备中数据”的数据隐私政策；同时，逐步将获取信息的范围从用户的全平台跟踪转换为以用户在TikTok内的行为为准。

虽多次因政治原因遭受打压，TikTok依然遵守国际法，按照国际惯例和市场规则积极应对并主动承担保护用户隐私等责任。回顾TikTok的海外开拓之路，有辉煌，有坎坷，每一步都不容易。这次听证会事件是众多困难中比较大的一个。相比商业竞争，东道国的政治风险更难控制和应对，前途依然艰辛。然而 TikTok 未言放弃。作为海外短视频领军者，它已经具备强大实力。凭借成熟的商业模式和丰富的市场经验，相信 TikTok 有能力去应对未来更加严峻的挑战。让我们拭目以待！

资料来源：杨红，初宏轶，杨蕊竹，等.抓机遇迎挑战：TikTok 海外市场勇毅开拓之路.中国管理案例共享中心，并经案例作者同意授权引用，有删改。

问题

1. TikTok 在开拓海外市场的过程中遇到了哪些机遇和挑战？
2. TikTok 的优势是什么？TikTok 如何在动态环境中保持自身优势？

第2章 管理理论的历史演进

学习导航

- 早期管理思想发展的历史演进
- 古典管理理论的基本内容
- 行为科学管理理论的基本内容
- 管理理论的现代观点和最新发展
- 管理理论"丛林"式发展阶段的主要流派

引例 关于招聘的故事

日本、美国、德国的几家公司分别要招聘10名员工，经过一段时间的严格笔试、面试，分别有10名员工从1000多名应聘者中脱颖而出。发榜这一天，日本的水原、美国的汤姆、德国的肖恩发现自己名落孙山。他们感到前途渺茫、万分悲痛，回到家后都不约而同地选择了自杀这条下策来平衡心中的不快。幸好家人及时发现，避免了悲剧的发生。正在此时，从招聘公司分别传来好消息：他们的成绩原本名列前茅，因计算机出错，才导致他们都榜上无名，公司表示歉意并决定录用他们。

你认为，水原、汤姆、肖恩在面对落榜、上榜，从大悲到大喜的变化时，会如何做？

日本的水原：塞翁失马，焉知非福？

消息传来，他及全家大喜过望。不久，公司又传来消息：不准备录用他。原因很简单："这点小小的挫折都经受不了，将来怎能干大事？"

水原很快从悲痛中走出来，先办了一个小的制作所，以后发展为综合商社，最终将没有录用他的那家公司收购了。

美国的汤姆：法治社会，依法行事

正当他及全家大喜过望时，美国许多州的知名律师接二连三地涌向汤姆家，千方百计地鼓动汤姆到法院告这家公司，让公司支付"精神赔偿费"，并自告奋勇地充当其辩护律师。最后，汤姆也选择了这条道路，并获得了赔偿。他用赔偿费开办了一个公司。

德国的肖恩：以小见大，言之有理

录用的消息传来，肖恩大喜过望。但他的父母坚决反对肖恩到这家公司上班。理由很简单，这家公司在这样的小问题上都出错，可见其管理也不怎么样。到这样的公司上班，哪有什么前途可言？肖恩又到别的公司应聘，最后成为出色的企业家。

管理理论无法伴随着管理实践的出现而出现，大体而言，管理理论唯有通过管理经验的积累和科学研究职业化的过程才能不断发展。从这种意义上来说，以问题为导向的管理科学可以理解为管理理论按照科学知识体系和理论建构的逻辑顺序而进行的叠加组合。为了深入理解和运用管理理论，不同时期的管理理论界和实践界不断将管理经验和跨学科的理论知识加以整合，从而塑造了如今丰富多彩、涉猎广泛、前景开阔的管理科学研究空间。当然，在回溯管理理论发展历程的过程中，不同时期的管理理论已经慢慢作古陈旧，许多理论也被后来的学者加以拷问和批判，但是其持之以恒的奉献精神和构建理论的思路及方法仍然值得被后来人广泛学习和借鉴。本章从管理理论的产生开始，回溯了19世纪末到20世纪20年代的古典管理理论阶段、20世纪20年代到20世纪50年代初的行为科学管理理论阶段、20世纪50年代到20世纪80年代"丛林式"的现代管理理论阶段及20世纪80年代后期的新管理理论阶段，梳理了管理理论发展历程中的主要理论观点和学派代表。本章在前人研究的基础上，继续沿用传统的理论阶段划分方法，为书中后续章节做好铺垫和导引。

带着以下问题去学习经典的管理理论和新的管理思想，会使你收获更多：

☆ 理论产生的背景是什么？
☆ 理论提出者有什么特点？
☆ 理论提出者遵循了什么样的分析思路？
☆ 理论提出者采取了何种解决办法？
☆ 这种解决办法的效果如何？
☆ 存在哪些值得改进的问题？
☆ 这种理论在今天的利用价值如何？

2.1 早期的管理思想

2.1.1 中国的早期管理思想

早在商周，中国就已经建立了组织完善、高度集中的权力结构。历任统治者的功绩是历史学家研究和评论的主题，但从管理角度来看，也留下了国家治理和军队建设方面的丰富经验和理论。中国传统管理理念可以分为两方面：宏观经济管理和微观管理。前者是适应中央集权的封建国家的需要，体现在税务、土地和市场管理方面。后者是通过人民在经济生产和发展基础上的实践中逐步积累起来的。

万里长城始建于秦朝，东起河北省的山海关，西至甘肃省的嘉峪关，横跨河北、北京、山西、内蒙古、陕西、宁夏和甘肃7个省、市、自治区，蜿蜒于崇山峻岭之中。这样浩大的工程必须靠严密的组织、完善的管理才能完成。据《春秋》记载，当时的计划十分周到细致，不仅计算了城墙的土石方量，连所需的人力、材料，以及从何处征集劳力，他们往返的路程、所需口粮，各地应担负的任务也都一一明确分配。万里长城不仅是古代中国人民留给世界的一个奇迹，也是古代中国人民最好的管理实践。在宋真宗祥符年间，由于皇城失火，宏伟的昭君宫被烧毁，大臣丁渭受命全权负责宫殿的修复。这在当时，工程浩大，不仅要进行完整的施工设计，还要解决诸多的困难：清理废墟的垃圾无处堆放、烧砖烧瓦无处取土、大型木材石料运输极其困难。丁渭对此提出了一个巧妙的方案：先在宫殿前的街道挖沟，用取出的土烧砖烧瓦；再把京城附近的汴水引入沟渠中，形成一条运河，用船把各地的木材石料等建筑材料运到宫前，解决了运输问题；最后沟渠撤水，把清理废墟的碎砖烂瓦就地回填，修复原来的街道。这个方案同时合理、高效地解决了三个问题。这也是中国古代成功的一次管理实践。

中国古代的许多著作都有管理思想的论述。春秋战国时期，杰出的军事家孙武的《孙子兵法》共13篇，充满着辩证法的智慧，许多策略思想不仅在军事方面能发挥巨大作用，在管理上也有重要意义。如今日本的许多公司把《孙子兵法》作为培训经理的必读书籍。春秋战国时期的另一部著作《周礼》对封建国家管理体制进行了理想化的设计，内容包括政治、经济、财政、教育、军事、司法和工程各个方面。特别是对封建国家的经济管理方面的论述和设计都达到了相当高的水平。中国古代关于领导艺术、经济管理方面的思想还可以在许多其他著作中找到，如《周礼》《墨子》《老子》《齐民要术》《天工开物》等。

2.1.2 国外的早期管理思想

亚当·斯密于1776年出版了《国民财富的性质和原因的研究》一书，系统地阐述了劳动价值理论及劳动分工理论。当时正值英国的工场手工业开始向机器工业过渡时期，斯密认为日用必需品的源泉是本国劳动。日用必需品供应情况好坏，取决于两个因素：一是这个国家的人民的劳动熟练程度、劳动技巧和判断力高低；二是从事有用劳动的人数和从事无用劳动的人数的比例。斯密在分析增进“劳动生产力”的因素时，特别强调了分工的作用：①劳动分工可以使工人重复完成单项操作，从而提高劳动熟练程度，提高劳动效率；②劳动分工可以减少由于变换工作而损失的时间；③劳动分工可以使劳动简化，使劳动者的注意力集中在一种特定的对象上，有利于创造新工具和改进设备。斯密在研究经济现象时，提出了一个重要的论点：经济现象是基于具有利己主义目的的人们的活动所产生的，社会利益正是以个人利益为基础的。

查尔斯·巴贝奇在《论机器和制造业的经济》一书中，概述了他的思想。巴贝奇赞同斯密的劳动分工能提高劳动效率的论点，但认为斯密忽略了分工可以减少支付工资这一好处。并且提出了“边际熟练”原则，即对技艺水平、劳动强度定出界限，作为报酬的依据。同时，巴贝奇认为工人同工厂主之间存在利益共同点，并竭力提倡所谓的利润分配制度，即工人可以按照其在生产中所做的贡献，分到工厂利润的一部分。提出工人的收入应该由三部分组成，即：①按照工作性质所确定的固定工资；②按照生产效率及所做贡献分得的利润；③为提高劳动效率而提出建议所应给予的奖励。提出按照生产效率不同来确定报酬的具有刺激作用的制度，是巴贝奇的重要贡献。

罗伯特·欧文经过一系列试验，提出在工厂生产中要重视人的因素，要缩短工人的工作时间，提高工资，改善工人的居住条件。他的改革试验证实，重视人的作用和尊重人的地位，也可以使工厂获得更多的利润。所以，也有人认为欧文是人事管理的创始人。

2.2 古典管理理论

管理理论产生于19世纪末20世纪初，是随着资本主义萌芽和大规模工厂管理经验逐渐丰富而发展起来的。通常认为，管理理论诞生于美国，迄今历经古典管理理论、行为科学管理理论、现代管理理论和当代管理理论四个阶段，这种划分有助于学生掌握管理理论和社会环境的互动关系。当然，学习这些理论也不能完全依靠时间规制来将管理理论加以人为划分。不同管理理论的并济相容、学术争鸣及前仆后继，才构成了呈现于今天的管理思想史。

通常而言，古典管理理论阶段由以泰勒为代表的科学管理理论、以法约尔为代表的一般管理理论和以韦伯为代表的组织管理理论共同构成。

2.2.1 泰勒和科学管理理论

1. 泰勒生平

泰勒是美国杰出的管理学家，曾为提升工厂效率做出了重大贡献，被后人尊称为“科学管理之父”和“第一位管理咨询专家”。泰勒出生于美国一个富裕的律师家庭，良好的家庭教育使他从小便培养了追求真理、观察核对事实的强烈欲望和根除浪费与懒惰弊病的热忱，对处理任何事情都想探究一种最好的方法。18 岁时，泰勒以优异的成绩考入哈佛大学，第二年因视力与健康原因而中止学业，到一家小机械厂当徒工。22 岁进入费城米德维尔钢铁公司当技工，后来迅速被提升为工长、总技师，28 岁时任钢铁公司总工程师。他对工人处境、劳动状况有着丰富的实践体验，并由此引发了他对通过提高低效率工作工人的劳动效率来改变企业工作状况的思考。工人低效率的原因是米德维尔和伯利恒钢铁公司“落后的管理”。因此，泰勒在企业中开展实践和实验，于 1911 年发表其代表著作《科学管理原理》。科学管理理论及主要观点汇聚于这本书中，他也因此成为效率主义运动的领袖之一。他和他的理论在美国进步时代具有广泛而深远的影响力。

2. 科学管理理论

科学管理理论的内容主要有：

(1)对生产效率的理解

在泰勒看来，所有科学管理活动的本质在于提高生产效率。通过工人搬运生铁等实验，泰勒发现普通工人每天搬运生铁的重量都是参差不齐的，但其收入却是相同的，其所获得的相同收入也成为影响生产效率的关键问题。为了提升生产效率，泰勒提出提高工人单位时间内的生产效率是保证整个工厂生产效率的根本问题。为此，科学管理理论如同一套优化生产关系、节省生产成本的机器一样，激发了工人工作的潜能，提升了工厂生产效率。

(2)一流工人的重要性

泰勒认为，为了提高劳动生产率，必须为工作挑选一流的工人。一流工人不只是强调工人应从事他所适合的工作，还要真心愿意从事这项工作。受个体天赋和才能的差异影响，工人在不同类型的工作中也表现出不同的能力和效率，如身体强壮的工人从事体力工作比较恰当，头脑灵活的工人从事精细工作也是理所应当。于是，如何根据不同能力和天赋择优分配相关工作岗位，使其在岗位上发挥最高生产效率，就成为选拔工人的关键。技能培训也成为培养一流工人的重要内容，领导者为了提高生产效率更应将其列为工作职责。

(3)标准化管理

通过工人搬运生铁实验，泰勒认识到在生产过程中工人的规范化动作、休息时间、技术及工具等的标准化配合共同构成了影响生产效率的因素。通过挑选合适的工人，设定合理的休息时间，使用正确的工具设备，规定标准的行走速度，明确指定的搬运位置，使工人确切地按规定方法劳动，实现生产过程的标准化。同样，工时研究也非简单地对工人完成一件规定任务的工时统计，而是将任务分解为各组成部分，通过重新安排和合理测定后，以确定最佳的工作方法。此外，除了工作方法标准化，还应对工具、机械、原料和作业环境等加以改进，使其与任务有关的所有要素都最终实现标准化。标准化和工时研究不仅为提高生产效率提供了科学途径，而且也奠定了定量分析的良好基础。

(4)差别计件工资制

差别计件工资制必须以标准定额为基础，这也是科学管理理论的基础之一。通过大量动作和工时研究，泰勒将每项工作都分成尽可能多的基本动作，通过观察熟练工人的操作过程，寻找每个基本动作的最佳操作方法，这便形成了工作定额的基础。当然，泰勒也没有忽视工作过程中无法避免的时间浪费等问题。在标准定额基础上，他建议实行差别计件工资制，这将优于传统的计时工资制和利润分享制。差别计件工资制是在"工资支付对象是工人而不是职位"思想的指导下，按照工人是否完成其定额而回报以高低不同的工资，这大大刺激了工人的工作积极性。

(5)职能工长制

泰勒心目中"全面"的工长应具备九种品质，即智力、教育、职业知识、强壮、机智老练、有干劲、刚毅不屈、忠诚老实、判断力。泰勒认为要找到一个具备上述三项品质的工长并不困难，找到具备五种或六种品质的工长就较为困难，而寻找具备七种或八种品质的工长几乎无法实现。为解决这种矛盾，他提出以职能划分和任务阶段来设定职能工长。通过工作的专业化分工和任职者的匹配，对工长的体力和脑力要求都大幅度降低，这也避免了多头领导现象和工人无所适从问题的出现。对于生产而言，每位职能工长只需履行规定的职责，其生产任务就能实现高效率。职能工长的职责划分为执行职责和计划职责。工厂执行部门可分解为工作分派负责人、速度管理员、检查员、维修保养员。计划部门可分解为工作流程管理员、指示卡片管理员、工时成本管理员、车间纪律管理员。

(6)组织管理的例外原则

泰勒强调经理在企业中的特殊作用，经理应避免管理中的常识性、惯例性问题，应把这些日常例行事务留给专门人员去处理，他只需关注组织管理中的例外问题。组织管理的例外原则强调经理应收到简洁明了且对比性强的报告，其内容应包括在过去正常情况下未出现过或非标准的各种例外情况，这样便于经理全面了解事态的发展过程和进退方法，也为方针制定和生产规划提供充分的时间保证。例外原则对于帮助经理摆脱细节事务的束缚，集中精力解决重大问题提供了保证。这项例外原则还可以检查究竟谁履行了他理应承担的职责，也更容易辨别谁没能及时完成工作任务。

(7)科学管理的"心理革命"

除以上六点之外，泰勒强调科学管理在工厂生产过程中的应用还要经历一场劳资双方的"心理革命"。劳资双方应将对立关系转变为合作关系，共同以生产效率为奋斗目标，如此才能实现科学管理理论的真谛。对于工人而言，科学管理理论百益而无一害，改善工作标准化和操作方法，既可以保证体力尽可能少的消耗，也能保证收入的增加；对于管理者而言，只有实现科学管理，不断降低成本，满足雇主的利润需求，才是提高生产效率的根本。

科学管理的理论体系如图 2-1 所示。

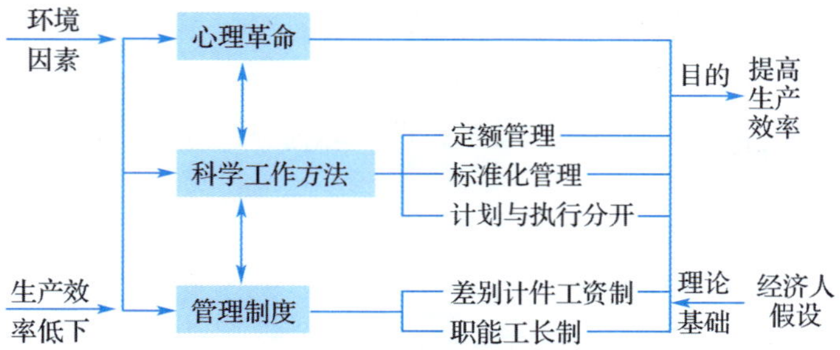

图 2-1 科学管理的理论体系

拓展阅读

泰勒论科学管理的实质

科学管理不是一种计算成本的新制度，不是一种支付工人工资的新办法，不是一种计件工作制，不是一种奖金制度，不是一种付酬制度，也根本不是一种支配工人的计划；科学管理不是拿着秒表观察一个人的工作并记下他的情况；科学管理不是工时研究，不是动作研究或对工人动作的分析；科学管理不是印制一大批表格并将表格发给一些人，而且说，"这就是你们的制度，照着办吧"；科学管理不是职能工长制。一般人在听到"科学管理"这个词时就会想到一种或几种上面所谈到的方法，但是科学管理不是其中任何一种方法。我主张采用这些方法，但是我所强调的是，不管是所有这些方法还是这些方法中的一部分，都不是科学管理，它们只是科学管理有益的辅助手段。

科学管理在发展上要求在任何一个具体机构或企业中工作的工人进行一场全面心理革命——要求他们在对待工作、同伴和雇主的义务上进行一种全面的心理革命。此外，科学管理也要求管理部门的人——工长、监工、企业所有者、董事会，同样要进行一种全面的心理革命。双方心理上发生的这场伟大的革命使双方把注意力从被视为最重要的分配剩余的问题上转移开来，而共同把注意力转向增加剩余上。他们会看到，当他们双方不再相互敌视，而是肩并肩地向同一方向迈进时，通过他们的共同努力所创造的剩余将多得令人目瞪口呆。他们双方都会认识到，当他们以友好合作来代替对抗和斗争时，工人工资和雇主利润就有大大增加的余地。

（资料来源：丹尼尔·雷恩. 管理思想的演变. 北京：中国社会科学出版社，1997）

3. 其他学者对科学管理理论的贡献

弗兰克·吉尔布雷斯和莉莲·吉尔布雷斯以及亨利·甘特在寻找最优作业方法的过程中，创造的许多实用管理方法和进行的动作研究，至今在管理心理学研究中仍然得到传播与发展。

(1)甘特对科学管理理论的主要贡献

① 提出实行"工作任务和奖金"的工资制度(早于泰勒的差别计件工资制)；

② 提出用图表来帮助管理(后人将这种用于标明计划与实际作业情况的图称为"甘特图")；

③ 提出实践是对工人进行指导而不是驱使的管理思想；

④ 在晚年，甘特强调企业的重点是服务而不是追求利润。

(2)吉尔布雷斯夫妇对科学管理理论的主要贡献

① 分解各种最基本的操作,进行细致的动作研究;

② 进行疲劳研究,寻找工作时间和休息时间的最佳搭配方式;

③ 强调进行制度管理;

④ 探讨工作、工人和环境之间的互动关系;

⑤ 重视管理人员的培训和发展。

2.2.2 法约尔和一般管理理论

1. 法约尔生平

亨利·法约尔是法国的采矿工程师,因其职业生涯经验丰富,提出了一般管理理论,是法国古典管理理论阶段的杰出代表,为现代管理科学研究内容的扩展做出重要贡献。法约尔出身于富裕家庭,1860 年毕业于矿业学校,进入法国一家矿业公司任职,1888 年任该公司总经理,直到 1918 年退休。法约尔由"办公桌前的经理"出发,实现其理论"自上而下"发展的不同思路,从最高层视角来探讨组织管理问题体现出一般管理理论的系统性和整体性价值。在科学管理理论大行其道的年代,法约尔提出的一般管理理论对西方管理理论的发展具有重大影响,成为所谓管理过程学派的理论基础,也是以后各种管理理论和管理实践的重要依据之一。他从企业最高管理者的角度概括总结的管理理论具有普遍意义,也适用于其他管理领域,故称一般管理理论。法约尔的代表著作是于 1916 年发表的《工业管理与一般管理》。

2. 一般管理理论

一般管理理论的主要内容有:

(1)对经营的理解

一般管理理论认为,经营是指导或引导一个组织趋近目标的活动,经营由六部分活动构成,如图 2-2 所示。第一,生产、制造、加工等技术活动;第二,购买、销售、交换等商业活动;第三,资金筹措、运用等财务活动;第四,保护设备和人员的安全活动;第五,存货盘点、成本核算、统计等会计活动;第六,计划、组织、指挥、协调和控制的组织内部管理活动。这六项活动必须依靠专业化分工的组织成员来完成,所以不同组织内部的成员应具有不同的活动能力;同样,对不同层级和不同组织的人员来说,这些能力的相对重要性也不尽相同。法约尔认为,居于不同层次的人员,其各种活动能力应体现不同的重要性。相对而言,高层管理人员的管理能力的重要性越强,技术能力的重要性则相对趋弱;基层工作人员的管理能力的重要性逐渐趋弱,而技术能力的重要性相对增强。如果从组织规模视角来看,对领导人员而言,各种能力的相对重要性也各不相同,即组织规模越大,领导人员的管理能力的重要性愈强,而技术能力的重要性越弱;组织规模越小,领导人员的技术能力的重要性越强,而管理能力的重要性越弱。

(2)管理活动的五项职能

管理是一种普遍存在于各种组织的活动,这种活动对应着计划、组织、指挥、协调和控制五种职能。计划是指对有关事件的预测,并且以预测的结果为根据,拟订出一项工作方案。计划是最重要的管理职能,关系到组织的兴衰成败。良好的计划职能应以领导人员必备的

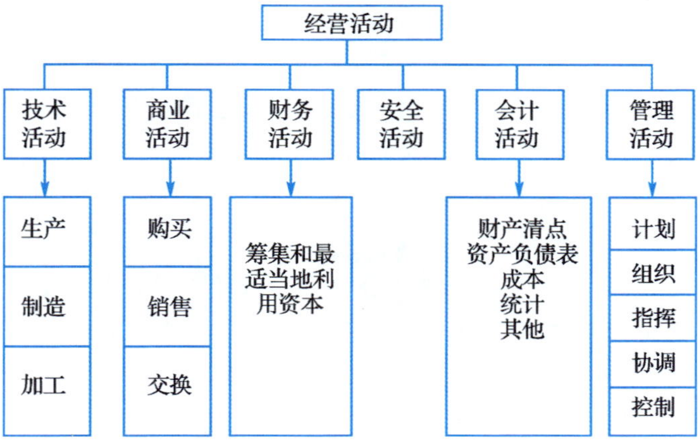

图 2-2 法约尔对企业经营活动的分类

条件和能力作为基础保证。组织职能为组织中各项劳动、材料、人员等资源提供一种结构。组织职能不仅包括对物资的组织职能,也包括对人力的组织职能。组织职能强调不同人员在组织中应完成的任务以及为更好地完成任务而必备的素质。组织职能离不开指挥职能,通过组织职能和指挥职能的相互配合,将工作任务分配给不同类型的工作人员,由其在各自岗位上承担职责,保证工作任务顺利完成。组织职能和指挥职能对负责组织和指挥活动的相关人员提出了较为重要的要求。协调职能是指为达成组织目标而进行的维持必要的统一的工作。控制职能保证了各项工作按既定计划进行。协调职能和控制职能,是要统一、调节、规范所有的活动,核实工作进展是否与既定计划和原则相一致,从而防止和纠正工作中可能出现或已经出现的偏差。管理活动的五项职能,反映出领导人员、管理人员、工人的重要作用。

(3)管理的十四条原则

①劳动分工。分工不仅限于技术工作,也适于管理工作,但专业分工要适度。

②权力与责任。责任是权力的孪生物,是权力的必然结果和必要补充,凡有权力行使的地方,就有责任。

③纪律。纪律对于组织取得成功是绝对必要的,同时还认为纪律是领导人创造的,组织的纪律状况取决于领导者的道德状况。

④统一指挥。无论什么时候,一个下属都应接受而且只应接受一个上级的命令。这是一条普遍的、永久必要的原则。

⑤统一领导。凡是具有同一目标的全部活动,应仅有一个领导人和一套计划。

⑥个人利益服从集体利益。要实现这一原则,领导者必须以身作则并经常监督,尽可能签订公平的协议。

⑦合理的报酬。人员的报酬是其服务的价格,应保证合理,尽可能使雇主和雇员都满意,但法约尔并没有提出一个明确的标准。

⑧适当的集权和分权。集权作为一项管理制度,本身无所谓好或坏,领导者应根据实际情况的不同把握集权的程度。

⑨秩序。一切要素应各有其位,特别强调按照事物的内在联系事先选择好要素的恰当位置,如设备、工具以至人员等。

⑩公平。公平是由善意和公道产生的，公道是指实现已订立的协定，但这些协定要经常加以阐明和补充。领导者应经常发挥自己最大的能力使公平感深入人心。

⑪保持人员稳定。人们熟悉自己的工作需要时间，这就要根据实际情况，有秩序地安排人员并补充人力资源。

⑫首创精神。全体人员的首创精神对企业来说，是一种巨大的力量，尤其是在困难时刻。

⑬人员的团结。团结就是力量，要努力在企业内部建立起和谐与团结的气氛。

⑭跳板原则。企业管理中的等级制度显示出命令统一是必要的，但这会产生信息延误现象。为解决这个问题，并且只有在相关方都同意且上级知情的情况下，跳板原则才能横跨权力执行的路线并发挥作用。

(4)管理教育的重要性

法约尔认为，人的管理能力可以通过教育来获得，管理能力像其他技术能力一样，首先在学校里，然后在车间里得到。在当时企业经营和管理实践过程中，不少企业领导人员认为，只有实践和经验才是走上管理职位的唯一途径，而他们却无法在企业发展过程中获得相同的实证检验。针对法国高校缺少管理学课程设置的实际情况，法约尔阐释了诸多组织管理困境的出现同缺少管理理论的支撑密切相关，不同管理者的行事方法、原则、判断等缺少共同性的认识，这就是管理理论和管理教育的必要性。

3.一般管理理论的代表人物

(1)古利克的管理七职能论

美国管理学家卢瑟·古利克把法约尔关于管理者在管理过程中所履行的职能进行扩展，提出了有名的管理七职能论——POSDCRB。

①计划是为了实现企业所设定的目标，制定出所要做的事情的纲要，以及如何做的方法。

②组织是为了实现企业所设定的目标，建立权力的正式机构，以便对各个工作部门加以安排、规定和协调。

③人事是有关人员的引入和训练，以及有利的工作条件的维护等整个人事方面的职能。

④指挥是做出决策并以各种特殊的和一般的命令和指示使之具体化，作为企业的领导者就是这样发挥作用的。

⑤协调是使工作的各个部分相互联系起来的极为重要的职能。

⑥报告是指那些经理人员得到相应对之负责的人正在进行的情况的报告，并使自己及其下属通过记录、调查和检查得到有关情报。

⑦预算包括所有以财务计划、会计和控制形式出现的预算。

(2)厄威克的管理八条原则

美国管理学家林德尔·厄威克在《组织的科学原则》一书中提出了管理的八条原则。

①目标原则。所有的组织都应当表现出一个目标。

②相符原则。权力与责任相符的原则。

③职责原则。上级对所属下级的职责是绝对的。

④等级系列原则。在组织中，要按照权力关系形成一个不中断的等级链。

⑤控制幅度原则。每一个上级领导所管辖的相互之间有工作联系的下级不应超过5人或6人。

⑥ 专业化原则。每个人的工作应限制为一种单一的职能。

⑦ 协调原则。各部门之间,工作的各个环节都要相互协调。

⑧ 明确性原则。对于每个职务都要有明确的规定。

2.2.3 韦伯和组织管理理论

1. 韦伯生平

马克思·韦伯是德国的政治经济学家和社会学家,被公认为是现代社会学和公共行政学最重要的创始人之一,也曾被誉为"组织理论之父"。韦伯出生于德国一个有着广泛政治和社会联系的富裕家庭,曾在柏林大学、维也纳大学、慕尼黑大学等高校任教,是一位对社会学、宗教学、经济学和政治学都怀有极大兴趣的学者。由于其在政治学、管理学等领域的贡献,他对德国的政治经济发展做出了巨大贡献,曾担任凡尔赛会议的德国代表,也参与了魏玛共和国宪法的起草工作。韦伯同泰勒、法约尔并称为古典管理理论阶段的管理先驱,他对西方资本主义社会、科层政治、组织管理等领域的贡献是巨大而深远的,曾先后完成《新教徒伦理》《经济史》《社会组织与经济组织理论》等著作。

2. 古典组织管理理论

三种古典管理理论的比较如图2-3所示。其中,韦伯的古典组织管理理论包括三部分内容。

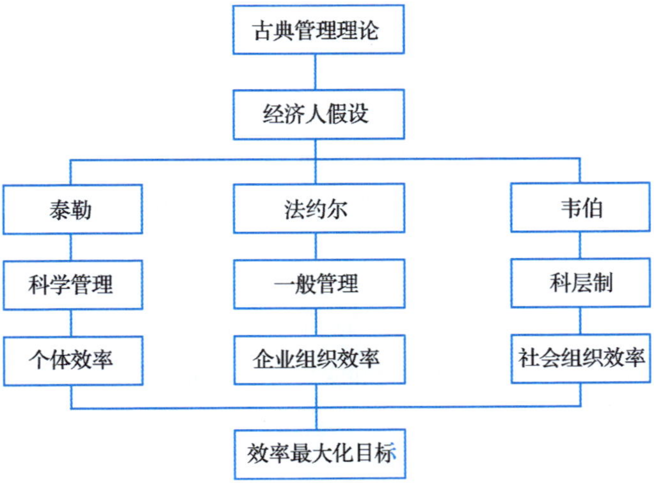

图2-3 三种古典管理理论的比较

(1)组织和权威的关系

权威是打破混乱社会秩序,重建良好社会秩序的基础。为了实现组织目标,任何组织都必须以某种权威为生存基础。由于组织权力来源、组织结构等不同,组织赖以生存的权威也各不相同。韦伯认为,古往今来,组织赖以建立的权威有三种类型。一是传统型权威,它以尊崇或信奉社会习惯、社会传统为基础;二是魅力型权威,它以崇拜或认同领袖人物的品格、信仰或智慧为基础;三是合法型权威,它以服从或遵守法律确立的职位权力为基础。以传统型权威或魅力型权威为基础的组织并非科学和理想的组织形态,唯有以合法型权威构建的组织形态才能较好地开展活动,即理想的组织形态。合法型组织形态在精确性、稳定性、纪律性和有效性等方面都优于其他组织形态。韦伯将其称为科层制组织,或官僚制组织。

(2)科层制组织的特征

科层制组织的基本特征包括劳动分工、等级严密、择优任用、选举制、职业化、独立性。所谓劳动分工,是指明确规定每一成员的权力与责任,并作为正式职责使之合法化;所谓等级严密,是指各种公职或职位按权力等级严密组织起来,形成指挥体系;所谓择优任用,是指通过正式考试或职位培训所获得的技术资格来挑选组织成员;所谓选举制,是指重要管理岗位或领导岗位应实现公推直选,这只适用于少数职位;所谓职业化,是指承担岗位工作的人员必须是职业化的,并获得同职业相当的固定薪金;所谓独立性,是指职务活动被认为是私人事务以外的事情,受规则和制度制约,而且是毫无例外地适于各种情况。

(3)科层制组织的结构

科层制组织的管理层次包括最高领导层、行政官员层和工作人员层。在科层制组织内部,最高领导层相当于组织的高级管理层或决策层,其主要职能是决策;行政官员层相当于中间管理层,其主要职能是贯彻最高领导层决策;工作人员层相当于直接操作层,其主要职能是从事各项具体的实际工作。科层制组织理论,是封建社会的手工作坊生产管理向工业社会的大规模工厂生产管理转变的组织形态。科层制组织理论是具有里程碑意义的。

3. 穆尼和赖莱的组织效率原则

穆尼原是美国通用汽车出口公司的总经理,他和历史学家出身的另一位企业经理赖莱在1931年出版了《工业,前进!》一书。在这本书中,他们提出了一些能达到"通过服务获得利润"这一工业目标的组织效率的原则。

(1)协调原则

协调原则是指"有秩序地安排团体力量,以便在对一个共同目标的追求中能有统一的行动"。贯彻协调原则要以权威为基础,同时要求组织成员对组织所要达到的目标要有明确的理解。

(2)等级原则

等级原则是指在每个组织中都应有一个权力和相应的职责的等级系列。通过这个等级系列,上级领导把权力授予下级,同时确定和安排等级系列中的每一个下级的工作任务和明确他们的职责。

(3)职能原则

职能原则指的是"各种不同职务之间的区分"。这个原则的意思是指在组织中要通过对各种职务的区分,使人们在组织中担任各种不同的职务,从而履行各种不同的职能,这些职能在组织中既相互分工又相互制约形成一个整体,为组织目标的实现发挥作用。

穆尼认为,在每一个有组织的企业中,必然有一种确定其目标的职能,另一种是完成该目标的职能,第三种职能按照既定的程序规则做出解释性决策。这些职能可以叫作确定性职能、应用性职能和解决性职能,其关系正如原则、程序和效果。在政府中就是立法职能、行政职能和司法职能。

2.2.4 古典管理理论的评价

在古典管理理论阶段，人类社会历史进程中首次使用科学方法来探讨管理问题，实质上反映了当时社会的生产力发展到一定阶段后对管理上的要求，要求管理适应生产力的发展。反过来管理思想的发展，管理技术和方法的进步，又进一步促进了生产力的发展。

1. 古典管理理论的伟大意义

(1)古典管理理论确立了管理学是一门科学

通过科学研究的方法能发现管理学的普遍规律，古典管理理论建立的管理理论使得管理者开始摆脱了传统的经验和凭感觉来进行管理。

(2)古典管理理论建立了一些有关管理理论的原理、原则、方法等

古典管理理论提出了一些管理的原则、管理职能和管理方法，并且主张这些原则和职能是管理工作的基础，对企业管理有着很大的指导意义，也为总结管理思想史提供了极为重要的参考价值。

(3)古典管理学家同时也建立了有关的组织理论

韦伯提出的官僚组织理论是组织理论的基石，因此，他被人们称为“组织理论之父”。韦伯提出了一种官僚管理体制的设想，而且，他还就应当建立的组织结构，以及为维护这种组织结构的正常运行，提出了一系列的原则。今天企业管理的组织结构虽然变得更加复杂，但是，古典组织理论设计的基本框架仍未失去其存在的意义。

(4)古典管理理论为后来的行为科学和现代管理学派奠定了管理学理论的基础

当代许多管理技术与管理方法皆来源于古典管理理论，古典管理学派所研究的问题有一些仍然是当今管理上所要研究的问题，是对古典的管理思想的继承和发展。

2. 不同管理理论对管理思想的贡献

(1)科学管理理论对管理思想的贡献

科学管理理论倡导在管理实践中运用科学方法和实验精神，尝试用调查研究和科学知识代替管理者个体的主观判断和管理经验。正是科学管理理论的出现，人类社会的管理才从经验判断转向科学研究。正是在效率主义运动的基础上，后续研究才创造和发展了一系列有助于提高生产效率的技术和方法，而这些技术和方法又反过来成为工厂管理和组织管理的基础。当然，科学管理理论也存在着诸多不足，除了受其代表阶级的利益局限性束缚之外，还体现为对工人需求、技术因素、生产管理三方面重视的局限性。工人绝不是创造经济利润的机器，工人最关心的也不仅是增加金钱收入，更不是管理指令执行的笨拙工具；科学管理理论也忽视了社会、正式组织和非正式组织等因素对工厂管理的重要影响，过分注重基层管理或车间管理，忽视组织系统如何运转、经营、销售等问题。

(2)一般管理理论对管理思想的贡献

作为古典管理理论的一个重要组成部分，法约尔的一般管理理论具有更强的理论性和系统性，他对管理职能的概括和分析为管理学提供了科学的理论框架和内容，对现代管理科学仍具有重大影响。因为选取不同类型组织的共性特征进行比较，一般管理理论也获得了部分共识性的研究结论，这些结论不仅适用于公司企业，也适用于军队、政府、宗教等社会团

体。在法约尔看来，管理理论是指“有关管理的、得到普遍承认的理论，是经过普遍经验检验并得到证明的原则、标准、方法、程序的一个体系”。

(3)古典组织管理理论对管理思想的贡献

从历史发展的视角分析古典组织管理理论，可以发现它是对封建传统管理模式的一种批判，也就是说要发展生产力、提高生产效率，必须打破封建传统管理的模式，用一种科学的方法对各种组织进行科学的管理。这是历史发展的必然，当生产力发展到一定的阶段，人们要进一步提高生产力就必须寻求新的管理理论来指导实践。尽管韦伯的理论在当时没有被广泛承认，但是随着生产不断发展，组织规模不断扩大，复杂性不断增加，当人们开始探索大型行政组织的管理时，终于发现了韦伯的伟大贡献。

3. 古典管理理论的反思

古典管理理论存在的问题表现在以下几个方面：

(1)古典管理理论基于当时的社会环境，对人性的研究没有深入进行，而仅仅停留在“经济人”的范畴之内

泰勒对工人的假设是“磨洋工”，而韦伯把职员比作“机器上的一个齿牙”。在古典管理理论中没有把人作为管理的中心，没有把对人的管理和对其他事物的管理完全区别开来；而在现代管理理论中，人是管理研究的中心课题，而正是因为对人性的深入探索，才使得现代管理理论显得丰富多彩。

(2)古典管理理论对组织的理解是静态的，没有认识到组织的本质

韦伯认为纯粹的官僚体制应当是精确的、稳定的、具有严格的纪律的组织。当代的组织理论家们普遍认为，韦伯所倡导的官僚组织体制只适合于以生产率为主要目标的常规的组织活动，而不适合于从事以创造和革新为重点的非常规的、非常灵活的组织活动。

法约尔认为：“组织一个企业，就是为企业的经营提供所必要的原料、设备、资本、人员。大体上说，可以分为两大部分：物质组织与社会组织。”当时人们认为，组织就是人的集合体。例如，一个企业组织，就是经营管理者与职工的集合体；一个医院，就是医生与病人的集合体等。由此可见，法约尔的组织概念还停留在对组织的表象和功能的表述上，并没有抓住组织的本质进行深入的研究。而后来的巴纳德不是从组织结构的角度，而是从行为的角度对组织下定义。他反对把组织看成是人的集团，他说：“组织不是集团，而是相互协作的关系，是人相互作用的系统。”

(3)古典管理理论的着重点是组织系统的内部，而对企业外部环境对组织系统的影响考虑得非常少

古典管理理论研究的着重点是企业的内部，把如何提高企业的生产率作为管理的目标，这对企业提高生产率是有相当大的指导意义的。然而任何一个组织系统都是在一定的环境下生存发展的，社会环境在不断变化，企业的生存发展是在不断和环境变化进行相互作用下前进的，企业的经营管理必须要研究外部环境因素和企业之间的相互适应关系，使管理行为和手段都随着社会环境的变化而变化。这些都是古典管理理论没有研究的，由于古典管理理论对组织环境以及环境的变化考虑较少，因此对管理的动态性未予以充分的认识和关注。

2.3 人际关系学说

20世纪初，随着古典管理理论的提出和广泛应用，西方大工业时代取得了辉煌的成就，大规模、低成本、高效率的美国经济模式得以实现。在工业社会解决了生产与效率问题的背景下，企业中新的矛盾不断涌现出来，如劳资纠纷问题、工人积极性问题、管理文化问题、领导作风问题等，以梅奥为代表的一批管理学者将人类学、社会学、心理学引入企业管理工作中，进行了长达十余年的霍桑实验，提出了以人际关系理论为代表的一系列管理理论，被后人称为行为科学管理理论阶段。

2.3.1 人际关系理论

随着古典管理理论在管理实践过程中的低效表现，促使更多企业家和学者开始探寻提高生产效率的方式方法。以梅奥为代表的学者拉开了行为科学管理理论阶段的序幕。通过人际关系理论和心理学实验的研究，行为科学管理理论也获得了更为科学的研究结论。

1. 梅奥生平

乔治·梅奥是原籍澳大利亚的美国心理学家、社会学家和组织理论学者，美国艺术与科学院院士。1911年至1923年期间，梅奥在昆士兰大学任教，随后进入宾夕法尼亚大学任教。1926年至1947年期间，梅奥一直在哈佛工商管理学院任教，主要研究领域为工厂管理研究。相对于效率主义运动的进行，梅奥侧重于工人工作绩效的研究，并将研究重心由生产工具转向工人，即工人对生产过程的认知和管理者对投入产出的追求才是组织的根本矛盾。梅奥认为，工人的工作绩效不仅是工厂内部的问题，也要包括社会因素和职业情境等内容。虽然长达十年的霍桑实验未能得出梅奥所预期的任何结论，但是实验却真正拉开了组织中人的行为研究的序幕。梅奥是“人际关系运动”的奠基人，通过著名的霍桑实验，提出了人际关系理论，主要代表著作包括《工业文明中的人》《管理和士气》等。

2. 人际关系理论的主要内容

(1)霍桑实验

霍桑实验的初衷是试图通过改善工作条件与环境等外在因素，找到提高劳动生产率的途径，从1924年到1932年，先后进行了四个阶段的实验：照明实验、继电器装配室试验、大规模访谈和接线板接线工作室试验。

第一阶段：照明试验(1924—1927年)。此项试验旨在证明工作环境与生产率之间有无直接关系。研究人员将接受试验的工人分为两组：一组采用固定照明，称为控制组；另一组采用变化照明，称为试验组。研究人员原来以为试验组的产量会由于照明的变化而发生变化。但结果是，两组的产量都大为增加，而且增加数量几乎相等。由此得出结论，照明度与生产率之间并无直接关系，工厂照明灯光只是影响员工产量的因素之一。两组产量都得到提高的原因，是被测试人员对测试产生了兴趣。

第二阶段：继电器装配室试验(1927—1928年)。此项试验的目的是发现各种工作条件变动对生产率的影响。研究人员将装配继电器的6名女工从原来的集体中分离出来，成立单独小组，同时改变原来的工资支付办法，以小组为单位计酬，撤销工头监督，工作休息时间免费供应咖啡，缩短工作时间，实行每周 5 日工作制，等等。结果发现工人的产量增加了。接着，又逐渐取消这些待遇，恢复原来的工作条件，这 6 名女工的生产率并没有因此而下降，反而仍在上升。这一试验是在工作中分期改善工作条件，如改进材料的供应方式、增加工间休息、供应午餐和茶点、缩短工作时间、实行集体计件工资制等，这些条件的变化刚开始使女工的产量上升，但过了一年半，工人的产量仍维持在较高水平，这说明这些因素对劳动生产率的提高影响也不大。据此梅奥推测，督导方法的改变会改善员工的态度，从而使产量提高。这成为霍桑试验的一个转折点。

第三阶段：大规模访谈（1928—1931 年）。研究人员在上述试验的基础上进一步在全公司范围内进行访问和调查，历时两年多的时间，涵盖 2 万多名员工，被访问者可以就自己感兴趣的问题自由发表意见。结果发现，任何一位员工的工作成绩都要受到周围环境的影响，即每个人的工作成绩不仅取决于个人自身，还取决于群体成员。影响生产力的最重要因素是工作中发展起来的人际关系，而不是待遇和工作环境。

第四阶段：接线板接线工作室试验（1931—1932 年）。为了搞清楚社会因素对激发工人积极性的影响，研究人员选择了由 14 名工人组成的生产小组进行观察试验。这个小组以集体产量计算工资，根据组内人员的情况，完全有可能超过他们原来的实际产量，可是，研究人员进行了为期 5 个月的统计，小组产量仍维持在一定水平上。经过观察，研究人员发现小组内存在一种默契：往往不到下班时间，大家已经歇手；当有人超过日产量时，别人就会暗示他停止工作或放慢工作进度；不应向上司告密同事中发生的事情等。梅奥等由此得出结论：实际生产中，存在一种“非正式组织”，并决定每个人的工作效率。

试验结果却出乎意料：无论工作条件（照明度强弱、休息时间长短、工厂温度等）是改善还是没有改善，试验组和非试验组的产量都在不断上升；在试验计件工资对生产效率的影响时，发现生产小组内有一种默契，大部分工人有意限制自己的产量，否则就会受到小组组员的冷遇和排斥，奖励性工资并未像传统的管理理论认为的那样使工人最大限度地提高生产效率，而在历时两年的大规模的访谈试验中，职工由于可以不受拘束地畅谈自己的想法，发泄心中的闷气，从而态度有所改变，生产率相应地得到了提高。

对这种“传统假设与所观察到的行为之间神秘的不相符合”，梅奥做出了如下解释：①影响生产效率的根本因素不是工作条件，而是工人自身。参加试验的工人意识到自己“被注意”，是一个重要的因素。这种意识助长了工人的整体观念、有所作为的观念和完成任务的观念。而这些是他在以往工作中不曾得到的，也导致了劳动生产率的提高。②在决定工作效率因素中，工人在团体中所感受到的融洽性和安全感较之奖励性工资有更为重要的作用。

（2）人际关系理论内容

霍桑实验的研究结果否定了传统管理理论中对于人的假设，表明了工人不是被动的、孤立的个体，他们的行为不仅仅受工资的刺激，影响生产效率的最重要因素不是待遇和工作条件，而是工作中的人际关系。

①工人是“社会人”而不是“经济人”

人们的行为并不单纯出自追求金钱的动机，还有社会方面的、心理方面的需要，即追求人与人之间的友情、安全感、归属感和受人尊敬等，而后者更为重要。因此，不能单纯从技术和物质条件着眼，必须先从社会心理方面考虑合理的组织与管理。

②企业中存在着非正式组织

企业中除了存在着古典管理理论所研究的为了实现企业目标而明确规定各成员的相互关系和职责范围的正式组织之外，还存在着非正式组织。这种非正式组织的作用在于维护其成员的共同利益，使之免受其内部个别成员的疏忽或外部人员的干涉所造成的损失。非正式组织中有自己的核心人物和领袖，有大家共同遵循的观念、价值标准、行为准则和道德规范等。

非正式组织与正式组织有重大差别。在正式组织中，以效率逻辑为其行为规范；在非正式组织中，以感情逻辑为其行为规范。如果管理人员只是根据效率逻辑来管理，而忽略工人的感情逻辑，必然会引起冲突，影响企业生产率的提高和目标的实现。因此，管理当局必须重视非正式组织的作用，注意在正式组织的效率逻辑与非正式组织的感情逻辑之间保持平衡，以便管理人员与工人之间能够充分协作。

③新的领导能力在于提高工人的满意度

在决定劳动生产率的诸多因素中，置于首位的因素是工人的满意度，而生产条件、工资报酬只是第二、第三位的。职工的满意度越高，其士气就越高，从而生产效率就越高。高的满意度来源于工人个人需求的有效满足，不仅包括物质需求，还包括精神需求。

2.3.2 人类动机和需求理论

1. 马斯洛生平

亚布拉罕·马斯洛是美国布兰代斯大学、布鲁克林学院、社会研究新学院、哥伦比亚大学的心理学教授，第三代心理学的开创者。马斯洛在纽约的布鲁克林出生并长大，其父母都是从苏联移民到美国的犹太人。他自己描述自己儿时的性格是害羞、胆小、尴尬，他儿时的朋友也非常少。马斯洛提出了融合精神分析心理学和行为主义心理学的人本主义心理学和美学，虽然没有专门的美学著作，但是其美学思想却融合在其心理学中，他的学术作品也让人本心理学的观点更加丰富和清晰。由此，他也被称为"人本心理学之父"。他在管理学上的主要贡献是进一步发展了亨利·默里将人的需要分为20种的研究，提出了人类的基本需要等级论，即需求层次论。马斯洛的著作颇丰，代表作品包括《动机和人格》《存在心理学探索》《科学心理学》《人性能达到的境界》。

2. 人类动机和需求理论

(1)关于人性的认知

人性模式一般是建立在人们对人的基本性质的认识基础上的。心理学家和管理学家经过长期研究，总结了以下几种典型的关于人性的理论模式。

①理性的还是感性的

持理性模式观点的学者认为，管理人员和工人通常都会在理性的基础上进行交流，组织内部的所有人都是理智的个体，其行为依据他们的理性判断和选择。管理人员和工人都具有较强的思维能力，处事严肃认真。一旦面临某种情况时，他们会首先系统地收集评价各种资料，对各种可供选择的方案进行客观分析，然后做决策，确定应如何行动。

持感性模式观点的学者认为，所有人员的行为主要是由感情支配的，其中的许多感情是不可控制或者是无意识的。通常在组织环境的影响下，管理人员和工人都会无意识地形成自己的行为。因此,管理人员在和工人打交道的时候,应该力图揭示出支配员工行为的心理因素。

②行为主义的还是人本主义的

持行为主义观点的学者认为,人只能根据其行为来进行描述,其行为的形成主要取决于所处的环境。优秀的管理人员和工人的培养,同个体的天资、爱好、性格、能力、倾向、种族等无关,而与后天的生存环境和组织环境密切相关。

持人本主义观点的学者认为,人是复杂的高级动物,人能通过自觉的思维来克服非理性的冲动,从而控制自己的行为和命运。从工厂管理的视角来看,管理人员和工人的潜力都是无限的,管理人员需要通过教育、培训、锻炼等方式提高工人的觉悟,工人积极性的激发也必须通过双方的良性互动得以实现。

③追逐利益的还是自我实现的

根据经济人的人性假说,人的行为受自我利益的支配。每个人都是理性的,都在努力估算着他所采取的行动所能换来的最大收益,努力达到以最小的代价获得最大的满足。持这种观点的管理人员,常常把金钱作为促使下属努力工作的主要手段,并努力创造一种促使人们只关心个人利益的竞争环境。

根据自我实现人的人性假说,人都是渴望成长、发展和自我完善的。人都会通过提高其自身能力,进而不断发挥其内在潜能。持这种观点的管理者一般致力于建立一种使人们能实行自我指导并因而得以充分发挥其才能的环境。

(2)关于行为动机的研究

人之所以会采取某种特定的行为是由其动机决定的。

①动机的来源

动机是驱使人产生某种行为的内在力量,它是由人的内在需要所引起的。需要是使某种结果变得有吸引力的一种心理状态,是指人们对某种目标的渴求。正是这种欲望驱使人去采取某种行为。而人之所以会有某种需要,是因为人自身的某些要求没有得到满足。当人要得到这些未满足的需要时,就会努力追求所需要的东西。

②动机的形成

动机是个体需要和环境相互作用的结果,有的工人之所以消极怠工,并不是他们没有需要,而是因为他们的动机无法通过工作得以激发。人的行为举止,在正常情况下都是有动机的。动机是在需要的基础上产生的,动机的产生必然是因为其有某种未满足的需要。人的需要是促使人产生某种动机的根本原因,但人的动机还需要一定的诱因,才能真正实现动机。形成动机的条件一方面是内在的需要,另一方面是外部的刺激。

③动机的功能

根据动机理论,动机具有以下特征:

第一,动机是一种内在力量,具有内隐性。我们无法直接了解别人的动机,只能通过观察其行为来判断一个人的动机。

第二,动机是高度个性化的。同样的行为,可能出自不同的动机。因为不同的需求可以通过同样的个性得到满足。

第三,动机是受目标控制的。人之所以愿意做某事,是因为做这件事本身能满足其个人的某种需要,或完成这件事能给他带来某种需要的满足。动机在人类活动中具有唤起、维持、强化人的行为的功能。

第四，动机能唤起人的行为。人的行为总是由一定的动机引起的，动机可驱使一个人产生某种行为。

第五，动机能维持人的行为趋向一定的目标。动机不仅能唤起行为，而且能使人的行为具有稳定的和完整的内容，沿着一定的方向行进。

第六，动机能巩固或修正行为。动机会因良好的行为结果，使这种行为重复出现，从而使行为得到加强；动机也会因不好的行为结果，使这种行为减少以至不再出现。

(3)关于个体需求的研究

最具代表性的是马斯洛的需求层次理论。马斯洛将人的各种需要归纳为由低到高的五个层次。即，生理上的需要；安全上的需要；感情和归属上的需要；地位或受人尊敬的需要；自我实现的需要。关于这些需要的具体内容将在第七章中详细介绍。

2.3.3 系统组织管理理论

1. 巴纳德生平

切斯特·巴纳德是西方现代管理理论中社会系统学派的创始人，他不仅是一位优秀的企业管理者，也是一位出色的钢琴演奏家和社会活动家。他担任过巴赫音乐学会的主席，也帮助过美国原子能委员会制定部分政策，在经济大萧条时期担任过新泽西州减灾委员会总监。1942 年，巴纳德创立了联合服务组织公司并出任总裁。随后，他又担任过美国洛克菲勒基金会董事长。巴纳德在漫长的工作实践中，不仅积累了丰富的经营管理经验，而且还广泛地学习了社会科学的各个分支。1938 年，巴纳德出版了著名的《经理人员的职能》一书，此书被誉为“美国现代管理科学的经典之作”。1948 年出版的《组织与管理》一书是巴纳德管理学理论的代表作。巴纳德的系统组织管理理论为建立和发展现代管理科学做出了重要贡献。除了以上两本经典著作外，巴纳德还写过许多论文和报告，如《经理人员能力的培养》《人事关系中的某些原则和基本考察》《工业关系中高层经理人员的责任》《集体协作》等。由于巴纳德在系统组织管理理论方面的杰出贡献，曾被授予七个荣誉博士学位。

2. 系统组织管理理论

(1)组织的概念

巴纳德独创性地提出了组织的概念。社会的各级组织都是一种社会协作系统，是一种人的相互关系的协作体系，是社会系统中的一部分，受到社会环境各方面因素的影响。经理人员是这个协作系统的中心人物，在组织中起着沟通、协调和领导的作用，使组织能够顺利运转。组织的差异在于物质和社会的环境、成员的数量和种类、成员为组织做出的贡献等。组织由人组成，而这些人的活动是互相协调的，因而成为一个系统。一个系统要作为一个整体来对待。系统有各种级别，一个组织内部的各个部门或子系统是低级系统，由许多系统组成的整个社会，是一个高级系统。

以此为基础，巴纳德又阐述了正式组织的定义、基本要素以及正式组织与非正式组织的关系。正式组织是有意识地协调两个以上的个人活动的一个体系。如此理解的正式组织可以适用于各种形式的组织，从公司内部的各部门到由跨功能的多系统构成的人类社会。不管哪一级或哪一类系统，都包含三种共识性要素，即协作意愿、共同目标和信息沟通。

(2)协作意愿

协作意愿是组织不可缺少的要素。所谓协作意愿,是指组织成员愿意为组织的目标做出贡献的意志。没有协作意愿,就无法把个人的努力一致起来,也无法使个人的努力持久下去,从而组织的目标也无法达到。组织内每个成员的协作意愿的强度是不相同的。由于成员的协作意愿的强度是由组织成员自己衡量所确定的,组织成员对于自己在协作中的贡献同所得到的诱因进行比较后,如果其净效果(即个人欲望的满足)是正数,则产生协作意愿;如果是负数,则协作意愿消失,而趋于消极;如果大部分成员因为"满足"是负数,他们就不再愿意做贡献而自动退出组织,使组织失去均衡。同时,成员的协作意愿,还受这一特定组织所提供的诱因效果与代替性机会(即参加其他组织或独立地进行生产活动)所提供的诱因净效果相比较所得结果的影响。所谓诱因是指组织给成员个人的报酬,这种报酬可以是物质的,也可以是精神的。所谓贡献是指个人为组织目标的实现而做出的贡献和牺牲。组织要求均衡达到最优化,就必须使所有组织成员的"满足"总和达到最大化。为了保证完成组织目标,必须确保和维持各个成员的贡献能力,以使组织保持均衡而继续存在与发展。

(3)共同目标

组织目标是整个组织的基本要素,也是组织生存的灵魂,更是组织发展的方向。组织目标不是一成不变的,它随着组织规模的变化、人员的变化、外界环境的变化和发展而随时调整。组织目标制定得好坏对组织目标能否实现的影响也非常大。在制定组织目标的过程中,应具备综合性、总体性、清晰性、可分性和层次性等特点。确定组织目标时应遵循灵活性与一致性相结合的原则,要有一定的可能性,同时也要有一定的挑战性。强调共同目标的重要性,就是强调统一决策和统一组织过程中各成员的相互配合。没有明确的共同目标,成员的协作意愿就无从产生。这种共同目标必须被组织成员广泛接受。组织成员,具有组织人格和个人人格双重属性。管理人员的一项重要任务就是消除组织目标和个人目标的背离,消除对组织目标的两种不同理解的矛盾,使组织目标与个人目标相一致。为了组织的生存和发展,必须适应环境变化,及时对组织目标做出相应的调整。巴纳德将组织目标与个人目标结合起来的思想,被公认为是管理思想史领域具有里程碑意义的理论。巴纳德强调个人目标与组织目标之间相互协调的问题,并指出管理人员必须能够协调个人目标与组织目标之间的矛盾。

(4)信息沟通

信息沟通是连接和调节组织共同目标及成员协作意愿的机制,使组织成为动态过程。不通过信息联系使组织成员对共同目标有所了解,共同目标即使存在也没有意义,为了使组织的成员有协作的意愿而能合理地行动,也必须有良好的信息联系。总而言之,一切活动都是以信息联系为基础的。为了有效地进行信息沟通,巴纳德列出了几条必须遵循的原则:一是信息沟通的渠道要被组织成员所了解;二是每个组织成员要有一个正式的信息沟通路线;三是信息沟通的路线必须尽可能直接而快捷;四是必须依循正式的路线沟通信息,不要在沟通过程中跳过某些环节,以免产生矛盾和误解;五是作为信息沟通中心的各级管理人员必须称职;六是组织工作期间信息沟通的路线不能中断;七是每一次信息沟通都必须具有权威性。在现代技术条件下,实际变化非常迅速,但原则是一样的。信息沟通有正式和非正式、书面与口头等不同的方式。很多情况下,信息往往要经过若干环节才能到达最终需要者手中,在信息传递过程中,不管是有意还是无意,都可能会产生信息的失真和误导。管理者必须采用各种手段纠正信息失真，譬如让信息表达得清楚明了、缩短信息传递路线、采用先进的科学技术等。由于非正式组织没有正式的结构，成员之间的联系非常松散，所以组织常常不能自觉地意识到共同的目的，而是通过同工作有关的接触或者是共同的兴趣爱好产生的，并因而确立了一定的习惯和规范。企业的管理者如果也能是非正式组织的领导者，那么这个组织管理过程是非常成功的。

2.3.4 行为科学管理理论的评价

行为科学管理理论是在古典管理理论阶段的基础上发展起来的，它突破了古典管理理论的束缚，行为科学管理理论首次将管理科学研究的重点汇聚于管理活动中人的因素上来，不仅在理论上对古典管理理论做了修正和补充，开辟了管理研究的新理论阶段，还对管理实践产生了深远的影响。

1. 人是企业发展的动力之源

人、财、物是企业经营管理必不可少的三大要素，而人力又是其中最为活跃、最富于创造力的因素。即便有最先进的技术设备，最完备的物质资料，没有了人的准确而全力的投入，所有的一切都将毫无意义。对于人的有效管理不仅是高效利用现有物质资源的前提，而且是一切创新的最基本条件。尤其是在高科技迅猛发展的现代社会，创新是企业生存和发展的唯一途径。而创新是人才的专利，优秀的人才是企业最重要的资产。谁更有效地开发和利用了人力资源，谁就有可能在日益激烈的市场竞争中处于不败之地。

但是人的创造性是有条件的，是以其能动性为前提的。硬性而机械式的管理，只能抹杀其才能。“只有满意的员工才是有生产力的员工”，富有生产力的员工才是企业真正的人才，才是企业发展的动力之源。因此，企业的管理者既要做到令股东满意、顾客满意，更要做到令员工满意。针对不同的员工的不同层次的需求分别对待。要悉心分析他们的思想，了解他们的真正需要：不仅要有必要的物质需求的满足，还要有更深层次的社会需求的满足，即受到尊重，受到重视，能够体现自我存在的价值。例如，在管理过程中为了满足员工的社会需求，可以提高员工参与管理的程度，通过民主管理，民主监督的机制，加强他们对企业的关注，增加其主人翁的责任感和个人成就感，将他们的个人目标和企业的经营目标完美地统一起来，从而激发出更大的工作热情，发挥其主观能动性和创造性。

2. 沟通是管理活动中的艺术

管理是讲究艺术的，对人的管理更是如此。新一代的管理者更应认识到这一点。那种高谈阔论，教训下属，以自我为中心的领导方式已不适用了。早在霍桑访谈实验中，梅奥就已注意到亲善的沟通方式不仅可以了解到员工的需求，更可以改善上下级之间的关系，从而使员工更加自愿地努力工作。倾听是一种有效的沟通方式。具有成熟智慧的管理者会认为倾听别人的意见比表现自己渊博的知识更重要。他要善于帮助和启发他人表达出自己的思想和感情，但不主动发表自己的观点，他善于聆听别人的意见，激发他们的创造性思维，这样不仅可以使员工增强对管理者的信任感，还可以使管理者从中获取有用的信息，更有效地组织工作。适时地赞誉别人也是管理中极为有效的手段。在公开的场合对有贡献的员工给予恰当的称赞，会使员工增强自信心和使命感，从而努力创造更佳的业绩。采用“与人为善”的管理方式，不仅有助于营造和谐的工作气氛，而且可以提高员工的满意度，使其能继续坚持不懈地为实现企业目标而努力。

3. 寻求效率逻辑与感情逻辑之间的动态平衡的有效途径

强调非正式组织的作用是行为科学管理理论的重要贡献。作为企业的管理者，也应对企业内部的非正式组织予以足够的重视。工人不是作为一个孤立的个体而存在的，而是生活在集体中的一员，他们的行为很大程度上是受到集体中其他个体的影响。怎样消除非正式组织施加于工人身上的负面影响也是当代管理者必须正视的一个问题。只有个人、集体、企业三方的利益保持均衡时，才能最大限度地发挥个人的潜能。培养共同的价值观，创造积极向上的企业文化是协调好组织内部各利益群体关系，发挥组织协同效应和增强企业凝聚力最有效的途径。

总之，管理活动不仅是对物质生产力的管理，更重要的是对有思想、有感情的人的管理。人的价值是无法估量的，是社会上最宝贵的资源，是生产力中最耀眼的明珠。最大限度地开发人力资源将成为现代企业前进的主旋律，"重视人、尊重人和理解人"的管理活动才会为企业创造美好灿烂的明天。

拓展阅读

霍桑实验的"访谈研究"

在霍桑实验中，"访谈研究"产生了十分重要的成果。为了解工人的情况，梅奥认为应该采用一种交谈式的或非指导性的方式来与工人交流。在最初访谈中，观察人员注意到，女工"怕有权的人"，但是，只要实验人员较为关心其需要，她们的羞怯和惧怕就会消失，会更自由地与公司职员和观察人员交谈。在进一步的实验中，访谈被改变为事先不规定内容的方式，工人可以任意发表意见。访谈者的任务就是让人讲话，而每次访谈的平均时间从原计划的30分钟延长到一个小时至一个半小时。在做了这样的改变后，工人在随后的访谈中表示，工作条件已有所改进(事实上并无变化)，工作报酬也有了改善(其实工资标准仍然一样)。由此看来，这是一个"出出气"的机会，使工人感到她们的处境改善了。

访谈中工人的"诉苦"被搜集研究后发现，这些诉苦同所讲到的事实一般没有什么关系。例如，一个工人诉说他工作环境中的噪音、温度和烟尘，而进一步的考察表明，他真正关心的是这样一个事实：他的兄弟不久前死于肺炎而他担心自己的健康也受到损害。因而从实质上来说，诉苦不是处理某个事件的具体诉求，而是一种探讨个人或社会情况的需要。根据这样的发现，监工开始接受新的训练，他们被要求成为"访谈者"，多听少说，善解人意。这种新型的监工重视人的因素，掌握了处理社会和个人情况的技巧，这种关注人际关系的领导方式对士气提高和产量增长产生了明显的作用。

(资料来源：丹尼尔·雷恩. 管理思想演变. 北京：中国社会科学出版社，1997)

2.4 现代管理理论丛林

第二次世界大战以后，对管理学研究有兴趣的人越来越多，心理学家、社会学家、人类学家、经济学家、哲学家、数学家等等，都从各自不同的角度出发，用不同的方法对管理问题展开探索，由此带来了管理理论的空前繁荣，并具体表现为多种理论同生共存。哈罗德·孔茨把这种现象形象地描述为管理理论的“丛林”。

2.4.1 现代管理理论概述

与传统科学管理相比，现代管理已经发生了很大变化，主要表现出以下几个特点。

1. 强调系统化

现代管理理论强调使用系统思维以及相关的分析思路指导管理实践，解决管理难题，避免偏见和受局部影响。

2. 更加重视人的因素

管理的核心是对人的管理，现代管理与传统管理的最大不同在于以人为中心。现代管理理论越来越重视人的因素，重视对人的需要的研究与探索及非正式组织的作用，以保证组织成员齐心协力地完成组织计划而自觉做出贡献。

3. 注重“效率”与“效果”的结合

现代管理理论的内容不仅限于“效率”的提高，也不是注重“如何正确地做事”，而是把“效率”和“效果”结合起来，关注经营的实际效力，注重“做正确的事”。要求组织从整个组织的角度来考虑组织整体效果及对社会的贡献。

4. 权变优势

权变即权宜应变。由于外部环境复杂多变，组织需要不断地改变自己的管理方法，以适应环境变化。这种管理方式为管理科学带来诸多新的管理理论。随着社会的发展和科学技术水平的迅速提高，现代管理理论发展了一套现代管理方法，如线性规划、投资决策、博弈论、总体规划、队列理论、仿真方法和系统分析。在研究和使用管理工具方面，也取得了诸多进展，例如办公自动化，电子计算机在产品设计、组织生成、质量控制、物料管理、财务管理以及人力资源管理方面的应用，提高了管理水平。

5. 强调不断创新

随着计算机网络的高速发展，一些依赖于网络的“虚拟企业”逐渐涌现并占据相关市场，这是管理面临的新课题。因此，管理需要有创新，要保证在“惯性运行”的状态下，不死守现状，利用一切机会进行变革，使得组织适应和追随社会环境的变化，立足于市场不倒。总之，现代管理理论是一个综合管理理论体系，它在很大程度上吸收了社会科学和自然科学的最新研究成果，从而更有效地管理组织，帮助组织完成既定目标和履行相应的责任。

2.4.2 现代管理理论学派

1. 行为科学理论

作为一门独立的学科，行为科学产生于20世纪40年代末，即1948年在美国芝加哥召开的世界跨学科会议上创立了行为科学。20世纪30年代，在霍桑实验基础上创建的人际关系理论获得了企业组织的广泛重视，使得从事这方面研究的人和理论层出不穷。1943年，美国心理学家马斯洛提出了需要层次理论；1960年，道格拉斯·麦格雷戈提出“X理论-Y理论”；赫茨伯格提出了双因素——激励因素和保健因素理论；罗伯特·布莱克和吉姆·莫顿创立了管理方格图理论等，都不断丰富了行为科学的理论内容。

行为科学理论以心理学、社会学、社会心理学及人类学等学科为理论基础，强调用观察和实践的方法去研究人类行为的产生、发展和控制，探求行为与需要、动机、目标及环境之间的关系，揭示人的行为的规律，以提高对组织成员行为的预见性和有效控制，试图为管理者提供领导和激励组织成员的有效方法。行为科学理论与科学管理理论的不同点表现在：由以“物”为中心的管理，发展为以“人”为中心的管理；由对“纪律”的研究，发展为对“行为”的研究；由以“监督”为主的管理，发展到以“自主激励”为主的管理；由“专制式”管理，发展到“参与式”管理。

20 世纪 60 年代中叶，行为科学的又一重要动向是组织行为概念的出现，其特征是既注重职工个人的因素，又注重组织的因素（如工作任务、组织结构、隶属关系等）。德国库特·卢因的“团体力学理论”和美国克里斯·阿吉里斯的双环学习理论等，都着重研究组织中的群体行为和群体行为模式，强调管理的民主性和职工参与管理的重要性，即通过利用各种形式，让各级管理人员和职工有提出建议、参与决策、参与管理的机会。这样，职工可以在实现组织目标的同时，也能获得个人社会需要和心理需要的满足。

行为科学理论虽五彩缤纷，但归纳起来主要集中在四个领域：

（1）对人的需要、动机和激励的研究

包括需要层次理论、双因素理论、成就激励理论、期望理论、公平理论、强化理论、归因理论等。

（2）与管理方式有关的“人性”问题的研究

主要包括：美国社会心理学家麦格雷戈提出的“X 理论-Y 理论”，围绕“人的本性”来论述人类行为规律及其对管理的影响；美国的行为科学家阿吉里斯把马斯洛的需求层次理论加以发展，提出了双环学习理论。他认为，在人的个性发展方面，如同婴儿成长为成人一样，也有一个从不成熟到成熟的连续发展过程，最后发展成为健康的个性。

（3）有效的领导方式问题的研究

主要包括三大类，即有关领导性格理论、领导行为理论和领导权变理论等。

（4）有关组织团体行为的研究

团体是由两人或两人以上组成并通过人们彼此之间相互影响、相互作用而形成的。团体可分为正式团体和非正式团体，也可划分为松散团体、合作团体和集体等等。团体行为理论主要研究团体发展动向的各种因素以及这些因素的相互作用和相互依赖关系。比如，团体的目标、团体的结构、团体的规模、团体的规范以及信息沟通和团体意见冲突理论等。

拓展阅读

当代管理理论的大师：克瑞斯·阿吉里斯

克瑞斯·阿吉里斯，1923 年 7 月 16 日出生于美国新泽西州的纽瓦克。1949 年，在堪萨斯大学获得心理学和经济学硕士学位。1951 年在康奈尔大学工业和劳动关系学院获得组织行为学博士学位。曾任教于耶鲁大学行政科学系、哈佛大学教育学院和商学院。1994 年获美国管理科学院“管理学科终身成就者”称号。阿吉里斯在从教生涯中，以管理咨询而出名。许多知名大公司聘请他担任管理顾问。如 IBM、壳牌石油公司、通用食品公司、新泽西标准石油公司、利弗兄弟公司等等。20 世纪 50 年代，他以研究个人与组织的关系而一举成名。

阿吉里斯认为,现实中的员工各种各样,千差万别,“生活中没有完全相同的两片树叶”。所以,组织总会要求它的员工适应组织,而不是组织适应员工。如果要按照每个员工的喜好和偏爱来设计组织,那么,组织就会变成由一片片补丁拼凑起来的“百衲衣”。在阿吉里斯眼里,泰勒的“精神革命”,法约尔的“团队精神”,一概都是改造个人,使个性适合于组织的手段。为此,阿吉里斯提出,正式组织遵循的那些原则,是阻碍人性健康发展的罪魁祸首。

1957年的《个性与组织》一书,对组织与个人关系的研究独辟蹊径,在管理学界声名鹊起,提出了以下“定理”:

定理一:正式组织的要求和健康个性的发展是不协调的。规范的正式组织,与成熟的(即独立自主的、积极的、个性彰显的)员工组合到一起,只会造成混乱。因为正式组织要求员工具有依赖性和被动性,循规蹈矩,严格遵从组织的规章制度。由此可以由定理一导出推论:组织的混乱程度与健康个性的发展程度、与个性同组织的不协调程度成正比。

定理二:组织与个性的不协调,将导致员工的挫折、失败、短期行为和思想矛盾。对于追求健康、成熟,追求自我实现的员工来说,结果必然是产生挫折感;由于不能根据自身需要来确定奋斗目标以及实现目标的道路,员工会感到无能和失败;由于无法确定和控制自己的未来,员工只能做短期打算;这种冲突,还会使员工产生种种思想焦虑,作为具备健康个性的人,希望取得成就,但他们的遭遇却是经常遇到挫折、失败和不得不只顾眼前。即使感到不满,想离开现在的组织,也会付出重新就业的代价。即使能够顺利重新找到工作,情况未必有什么不同,说不定是把原来的状态重演一遍。

定理三:正式组织的原则会导致竞争和压力,产生并激化人际冲突,割裂工作的整体性。员工自我实现的目的,要通过下属对领导者的依赖性和从属性来达到,通过提升职务来获得承认。而上级岗位有限,员工为了提升,就会拼命表现自己,相互仇视甚至相互攻击。组织的原则要求下属只要做好本职工作就给予奖励,下属因此会变得只注重局部而忽视整体。组织为了维护整体性,协调局部和整体利益的矛盾,又会加大领导的控制力度,这又进一步加强了下属的依赖性和从属性。由此,组织管理会陷入一种恶性循环。

(资料来源:现代班组,2010年第7期第27页)

2. 管理科学理论

管理科学理论的代表人物主要是美国的埃尔伍德·伯法等人。该理论认为管理工作可以用数学模型来表示、分析,他们反对凭经验、直觉、主观判断来进行管理,主张采用科学的方法,探求最有效的工作方式或最优的方案,以达到最高的工作效率,用最短的时间、最小的支出,取得最好的效果。管理科学理论以现代自然科学和技术科学的最新成果,如先进的数学方法、电子计算机技术、系统论、控制论、信息论等为手段,运用数学模型,对管理领域中的人、财、物和信息、时间等资源进行系统的定量分析,并做出最优规划和决策,使整个管理从以往的定性描述转变为定量的科学预测。

管理科学理论的内容主要体现在三个方面:运筹学、系统分析和决策科学化。

运筹学是管理科学理论的基础,管理科学理论的发展与运筹学的研究和应用是分不开的。在第二次世界大战期间,由于军事上对德作战的需要,从1939年开始,首先在英国成立了许多运筹学小组,随后美国也很快开始从事这方面的研究。第二次世界大战后,各国继续进行研究,并应用于生产管理,高等学校也开设了这方面的课程,并出版了一系列教科书。

1948年,英国成立了“运筹学学会”,1950年出版了《运筹学季刊》。美国在1952年也成立了“运筹学学会”,1953年又成立了“管理科学协会”,开始出版《管理科学》杂志。这些学会的成立和杂志的创办,使“管理科学”在理论上的发展十分迅速。到20世纪70年代,运筹学的发展重点转向实际应用,其影响更加广泛,也取得了显著的成效。由于研究重点的不同,运筹学形成了许多新的分支学科,如规划论、库存论、排队论、博弈论、搜索论、网络计划技术等。

系统分析是由美国兰德公司1949年首先提出的,主要是把系统的观点和思想引入管理当中,其特点是解决问题时要从全局出发进行分析和研究,制定出正确的决策。

决策科学化是指要以充足的事实为依据,采取严密的逻辑思考方法,对大量的资料和数据按照事物的内在联系进行系统分析和计算,遵循科学程序,做出正确决策。

目前,“管理科学”的研究,已经突破了操作方法、作业水平的范围,向整个组织的所有活动方面扩展,对组织的所有活动进行整体性、系统性、全面性的研究。

3. 管理过程理论

管理过程理论的主要代表人物是哈罗德·孔茨、西里尔·奥唐奈等。这一理论的特点是把管理学说同管理人员的职能工作过程联系起来,因此称为“管理过程理论”。管理过程理论认为,不论组织的性质和所处的环境多么不同,但管理人员的职能是相同的。确定管理人员的职能作为理论的概念结构,是该学派的共同点,如法约尔把管理划分为计划、组织、指挥、协调、控制五种职能。其他学者对管理职能的划分虽不完全一致,但也大同小异,如厄威克主张计划、组织、控制三职能说;古利克提出了有名的POSDCRB即“计划、组织、人事、指挥、协调、报告、预算”等七种职能说。

孔茨和奥唐奈把管理解释为“通过别人使事情做成的职能”,他们认为管理的职能有计划、组织、人事、指挥、控制五种,并按此来分析、研究和阐明管理理论。他们指出,有人认为这些职能是按顺序执行的,但事实上管理者是同时执行这些职能的。他们强调,这些职能中的每一种都对组织的协调有所贡献,但协调本身并不是一种独立的职能,而是有效地应用了这五种管理职能的结果。他们对每个职能按若干基本问题展开分析。第一,这个职能的性质和目的是什么?第二,它在结构上的特性是什么?第三,如何执行?第四,在它的领域里,主要的原则和理论是什么?第五,在它的领域里,最有用的技术是什么?第六,执行这一职能有什么困难?第七,完成这一职能的环境是怎样造成的?两位学者还认为,管理理论要吸收社会学、经济学、生理学、心理学、物理学和其他学科的技术和知识,因为它们都与管理工作者有关。但是又不能把这些学科所涉及的所有领域都概括到管理理论中去,因为科学的进步要求把知识分门别类,有所区别。

4. 经验管理理论

经验管理理论,又称案例管理学派。这一学派的代表人物主要有大企业的顾问、大公司的董事、大学教授等,如彼得·德鲁克、欧内斯特·戴尔、威廉·纽曼、艾尔弗雷德·斯隆等。

该学派以向西方大企业的经理提供管理企业的成功经验和科学方法为目标,他们以成功或失败的大企业的管理经验作为案例,分析其成功的管理经验和失败的教训,然后加以概括,找出它们成功经验中的共同点以及失败的原因,然后使其系统化、理论化,并据此向管理人员提供实际的建议。他们认为,古典管理理论和行为科学理论都不能完全适应企业发展的实际需要,有关企业管理的科学应该从企业管理实际出发,以大企业的管理经验为主要研究对象,以便在一定的情况下可以把这些经验加以概括和理论化,在更多情况下,提出实际的建议。该学派强调管理的艺术性,强调从管理的实践出发,试图通过分析各种成功和失败的管理案例,为人们提供解决具体管理问题的有效方法。这一学派的研究者对某些管理问题的看法不尽相同,但是以管理经验为主要研究对象是这一学派的共同特点,所以统称为经验学派。

5.决策理论

决策理论的主要代表人物是曾获诺贝尔经济学奖的赫伯特·西蒙,他的代表作是《管理决策新科学》(1960 年出版)。西蒙原属于巴纳德的社会系统学派,后又致力于决策理论、运筹学、电子计算机在企业管理中的应用等方面的研究,获得丰硕成果,所以另成一派。西蒙对决策的作用、过程、类型、标准等都进行了深入的研究。

(1)决策的作用

决策理论学派特别强调决策在管理中的作用,认为管理就是决策,管理是以决策为特征的;决策是管理人员的主要任务,管理人员应该集中研究决策问题,决策贯穿于整个管理过程。组织的全部活动都是集体活动,对这种活动的管理实质上就是制定一系列决策。制订计划的过程是决策,在两个以上的可行性方案中选择一个也是决策,组织设计、机构选择、权力分配属于组织决策,实际同计划标准的比较、检测和评价标准的选择属于控制决策等等。

(2)决策的过程

过去,人们对决策的认识过于狭窄,认为决策就是对现成的几个方案进行选择决定的过程。人们往往把着眼点放在最后对决策方案的决定上,而忽视了在这之前的大量的信息资料的收集、决策方案的拟订和评价等工作。西蒙认为,决策是一个包括四个阶段的完整的过程。这四个阶段是:①情报活动,其任务是收集和分析反映决策条件的信息;②设计活动,在情报活动的基础上设计、制订和分析可能采用的行动方案;③抉择活动,从可行方案中选择一个适宜的行动方案;④审查活动,对已做出的抉择进行评估。

(3)决策的准则

决策的核心是选择,而要进行正确的选择,就必须有合理的标准。西蒙认为,人们习惯上运用“最优”或“绝对的理性”作为决策的准则。根据这个准则进行决策需要三个前提:①决策者对可供选择的方案及其执行结果“无所不知”;②决策者具有无限的估算能力;③决策者的脑中对各种可能的结果有一个“完全而一致的优先顺序”。这事实上是不可能的。因此,人们在决策时,不能坚持要求最理想的解答,常常只能满足于“令人满意的”决策。因此,在确定方案时应采用“令人满意的准则”,来代替传统决策理论的“最大化原则”。“满意化原则”是比“最优化原则”更为现实合理的决策原则。

(4)程序化决策和非程序化决策

西蒙根据一个组织的决策活动是否重复出现,将决策分为程序化决策和非程序化决策。在西蒙的决策理论中,对非程序化决策的方法进行了细致的研究。他用心理学的观点和运筹学的手段,提出了一系列指导企业管理人员处理非程序化决策的技术,从而在西方企业界产生了重要影响。

6.系统管理理论

系统管理理论产生于 20 世纪 60 年代初,它是在一般系统理论的基础上发展起来的。一般系统理论为理解和综合各种专门领域的知识提供了基础。系统管理理论的主要代表人物是弗里蒙特·卡斯特和詹姆斯·罗森茨韦克，两人的代表作是合著的《组织与管理：系统与权变的方法》(1973年出版)。

系统管理理论是用系统理论的范畴、原理，全面分析和研究企业和其他组织的管理活动和管理过程，重视对组织结构和模式的分析，并建立起系统模型以便于分析。

系统理论学派认为企业是一个由人、物资、机器和其他资源在一定的目标下组成的、开放的社会技术系统，是社会这个大系统中的一个子系统，它受到周围环境(顾客、竞争者、供货者、政府等)的影响，也同时影响环境。它只有在与环境的相互影响中才能达到动态平衡。在企业内部又包含着若干子系统，它们是：①目标和准则子系统，包括遵照社会要求和准则，确定战略目标；②技术子系统，包括为完成任务而必需的机器、工具、程序、方法和专业知识；③社会心理子系统，包括个人行为、动机、地位、作用关系、组织成员的智力开发、领导方式以及正式与非正式组织系统等；④组织结构子系统，包括对组织及其任务进行合理划分和分配、协调他们的活动，并进行组织工作流程设计、职位和职责规定、章程与制度说明，还涉及权力类型、信息沟通方式等问题；⑤外界因素子系统，包括各种市场信息、人力与物力资源的获得，以及外界环境的反应与影响等。此外，还有经营子系统、生产子系统等，这些子系统还可以继续分为更小的子系统。

系统理论学派强调应用系统理论的范畴、原理，全面分析和研究企业和其他组织的管理活动和管理过程，强调组织整体效率的提高。由于组织是由一个相互联系的若干个子系统组成、为环境所影响并反过来影响环境的开放的社会技术系统，所以必须以整个组织系统为研究管理的出发点，应用系统理论的范畴、原理，全面分析和研究企业与其他组织的管理活动和管理过程，重视对组织结构和模式的分析，重视组织中各系统之间、系统与环境之间的关系，并建立起系统模型以便于分析。他们认为以往的各个学派都是孤立地对组织的各分系统进行研究，缺乏整体研究。

7.经理角色理论

经济角色理论学派的代表人物是加拿大的管理学家亨利·明茨伯格。这个学派着重研究管理者在组织中扮演的角色和管理任务。在20世纪60年代末期，明茨伯格通过对5位总经理的工作进行仔细研究后，发现管理者扮演着10种不同但却是高度相关的角色。明茨伯格认为，这些角色对于所有经理的工作都具有普遍性，因此，可以通过对经理人员在管理过程中所充当的角色的研究来形成管理的理论体系，这样才能使理论对实践有指导意义。明茨伯格把管理者所担任的10种角色进一步组合成三个方面：人际角色、信息角色和决策角色。

8.权变管理理论

权变理论是继系统理论之后，于20世纪70年代在西方出现的另一个试图综合各个管理学派的理论。可划归权变学派的管理学家及其理论观点很多，其中影响比较大的有：约翰·莫尔斯和杰伊·洛什的“超Y理论”；罗伯特·豪斯的“路径-目标理论”；弗雷德·费德勒的领导方式权变理论；卡曼的“领导生命周期理论”等。美国尼布拉加斯大学教授卢桑斯在1976年出版的《管理导论：一种权变学》一书中曾系统地概括了权变管理理论的主要观点。

第一，权变理论把环境对管理的影响作用具体化，把管理理论与管理实践紧密地联系起来。过去的管理理论可分为四种，即过程学说、计量学说、行为学说和系统学说，这些学说由于没有把管理和环境妥善地联系起来，造成管理观念和技术在理论与实践上相脱节，所以都不能使管理有效地进行。而权变理论将环境对管理的作用具体化，并使管理理论与管理实践紧密地联系起来。

第二，权变理论描述了环境变化与管理对策之间的关系。权变管理理论认为，环境（包括组织的内部因素和外部因素）变化是自变量，管理对策（包括管理模式、方案、原则、方法、措施等）是因变量。在一定的环境条件下，只要采用相应的管理对策即可实现管理目标。这就是说，如果某种环境条件出现，为了更快地完成组织目标，就要采用某种管理原理、方法和技术。比如，如果在经济衰退时期，企业在供过于求的市场中经营，采用集权的组织结构，就更适于达到组织目标；如果在经济繁荣时期，在供不应求的市场中经营，那么采用分权的组织结构可能会更好一些。权变管理理论就是要考虑到有关环境的变数同相应的管理对策之间的关系，使采用的管理对策能有效地达到目标。

第三，权变理论认为环境变量与管理变量之间的关系是函数关系，即权变关系，这是权变管理理论的核心内容。权变理论具有整体化优势，集中融合了各个不同学派的观点，强调应在不同的环境下提出不同的管理对策和措施，采用不同的管理模式和方法。这种强调随机应变，主张灵活运用各学派学说的观点，为管理学的发展做出了一定的贡献。

20 世纪 80 年代后，在新的经济形势和信息化背景下，一批管理学家通过反思而建立适应时代的“后现代管理”理论，包括企业文化、战略管理、比较管理、全面质量管理、供应链管理、客户关系管理、数字化管理、公司治理、企业流程再造、企业能力、目标管理、精益企业、企业重组、社会资本、人力资源、人本管理、变革管理、竞争管理、和谐管理、创新管理、知识管理、团队管理、学习型组织、领导力管理、新组织模式、可持续管理、全球化管理等诸多理论。“后现代管理”理论是现代系统科学在管理理论研究中应用的结果，其主要特点是系统性、权变性、艺术性、实用性、战略性、文化性，其发展前景为多样化、学科化、柔性化、集成化、人本化、东方化。较之 20 世纪中期的“管理理论丛林”，“后现代管理”理论更加繁荣，并且仍在持续发展。

拓展阅读

人的非理性及其管理问题

心理学家在他们称之为“控制的幻觉”这一领域中，对人们要求自我决策的需要进行了研究。结果表明，人们只要感到他们自己能够控制自己的命运，哪怕只能稍加控制，他们在完成任务方面就会勇往直前，并比较尽责。有一项心理学实验为此提供了佐证。实验是让几位成年的测试对象去解几道复杂的难题和做一些清样校对的事情，可是他们周围都不时出现一些使人分心的噪音。有人在讲西班牙语，有人在讲亚美尼亚语，油印机、打字机都在发出声响，还有大街上传来的嘈杂声。测试对象被分成两组，其中一组每个人都配备了一个可以切断噪音的按钮，另一组则没有。结果前者所解的难题是后者的 5 倍，校对中所出的差错也大大少于后者。实验者解释说，令人好奇的是，拥有切断噪音按钮的测试对象，没有一人动用过它。导致成绩差异的原因，仅仅在于这一组的人知道自己对噪音能够加以控制而已。

优秀的公司都是遵循这种不够“理性的”理论行事的。有一家百人左右规模的销售分理处的经理，有天晚上租用了新泽西州的米多兰体育场举行活动。下班以后，他手下的推销员一个个从运动员入场通道跑进体育场，谁从入口出现，电子计分板就向全场亮出他的名字。公司总部的高级经理们，其他部门的员工们，以及入场员工的亲戚朋友，全都在喝彩助威，场上欢声雷动。这家销售分理处属于国际商用机器公司，这种做法既满足了个人想要融入某一伟大群体的需要，又显示了对个人希望突出自我这种心理的关切。如果说出色的公司有什么显著特点的话，那就在于它具有善于处理这类矛盾情况的能力。我们那些坚守着理性主义立场的朋友告诉我们的那些断不可为的事，在出色的公司里层出不穷。

（资料来源：托马斯·彼得斯，小罗伯特·沃特曼. 成功之路. 北京：中国对外翻译出版公司，1985）

复习思考题

1. 西方管理理论在不同发展阶段所关注的焦点问题各是什么？

2. 简述古典管理理论不同学派的基本观点和主要内容。

3. 什么是霍桑效应？人际关系理论有哪些重要贡献？

4. 管理理论的“丛林”式发展包含哪些学派？能否分别简述不同学派的代表性观点及相关内容？

案例讨论

LMT公司

弗兰克. W. 贝茨是LMT公司的总裁，这个公司是一家规模很大的公司，生产的产品有飞轮、制动器、弹簧、无线电和其他为汽车制造公司配套的零部件。这家公司还有一个分部从事开发和制造宇航计划的零部件。LMT宇航计划活动是由一位总经理朱莉娅·桑德斯担任领导。她的人事经理刘易斯·莱姆基向她提出建议，为使这个分部中的各级主管人员得到发展，应该让他们在心理学和人际关系方面进行学习并给以训练。他提出这个观点是因为，归根到底，管理工作是“人”的问题，而要人们能成为一名有效的主管人员的唯一方法，就是要完全理解他们自己，并且理解同他们在一起工作的主管人员和职工。

桑德斯小姐为这种思想所感动，她告诉莱姆基先生，同意他的计划并要他立即实行。于是这位人事经理尽力而认真地贯彻执行。几年以后，这个分部从最高层到基层的全部主管人员，都通过了一系列课程的学习和训练，理解自己和别人，也理解了人际关系的所有方面。

然而，桑德斯小姐发现，纵然清楚地表明人们之间有了更好的了解，但这个分部的管理质量并没有因此而有所改进。事实很明显，LMT公司其他部门的成绩要比宇航分部好得多。贝茨总裁对此也很注意，并且要求桑德斯小姐解释她的部门是怎样培训主管人员的。贝茨先生在听完该计划的内容后说：“我怀疑，你们是否走在正确的轨道上！”

讨论题

1. 你认为这个宇航分部的训练方法是否抓住了管理的实质。

2. 如果你是贝茨先生，你是否会向桑德斯小姐建议应该做什么？

第3章 当代管理理论的发展

学习导航

- 当代管理理论发展趋势
- 新的管理思想的形成背景
- 新的管理思想的内涵及应用

引例 云南腾药：中华老字号品牌文化何以生生不息

1. 云南腾药与腾药文化

云南腾药是一个老牌的国有制药厂，坐落在秀美的“极边第一城”——云南腾冲，成立于1956年。当时腾冲医药供应社联合了几家有名的私营药店后，以公私合营的方式，在药王宫内成立国营制药厂，并开始使用“腾药”商标，后被认定为中国驰名商标，并被商务部授予“中华老字号”称号。云南腾药以诚信制药作为发展之本，以为人类健康创造卓越价值作为企业使命。药王宫是腾药文化的发祥地，始建于明朝天启六年(1626年)，为明朝万历年间随江西丰城邓子龙将军平叛至腾的军医李仲春所倡建，得医药界同道相赞，祀唐代名医孙思邈并建有邓子龙将军祠。2003年4月，药王宫被腾冲县人民政府确定为县级重点文物保护单位，2005年被保山市人民政府确定为市级重点文物保护单位，2019年被云南省人民政府确定为省级重点文物保护单位。据传在民国时期，腾冲中医药制作传承着前店后厂的经营模式，有一家人在做药的过程中，偷偷减少了一味贵重药的剂量，以为不会有人发现，谁知事情还是被人披露出来，在当年的医师公会上，受到了大家的严厉谴责。大家商议应惩罚这家人，最终决定由他们家出资在药王宫的莲池之上修建思过亭：一是要让当事人悔过自新；二是要警戒医药界同行不可再犯。一代又一代腾药人每年在思过亭前宣誓“人命关天，诚信制药”，为百年腾药打下坚实的人文基础。思过亭上有一副对联“宁为上药三分利，莫负良医九折肱”，这已成为近400年来腾药的训言。“诚信制药，做良心药”业已成为腾药的制药精神。

2. 腾药品牌文化定位

集团总经理深知腾药文化对于企业的重要意义，于是开展一期关于腾药品牌文化战略专题研讨会，邀请公司所有中高层领导、部分高校的专家和学者出席。

会上，销售部门负责人介绍了经验交流会上销售人员反映的问题，并以PPT形式详细介绍了腾药近3年的销售情况、市场占有率等。紧接着，质检部门负责人发言，他说，腾药作为一家现代中药制药企业，其制药过程一直遵循“精选道地药材、秉承古法炮制、健全标准体系、保障优质供给”的原则，经历50多年历史积淀，具备了雄厚的制药技术基础，在不断汲取现代科学技术的基础上具备了一流的检测手段,使"腾药"产品拥有过硬的质量。因此,建议腾药品牌文化应聚焦于"质量上乘""精品""诚信"。

主管生产的副总监发言,说:"在腾药,'宁为上药三分利,莫负良医九折肱'是人人熟知的训言。公司一直教育职工,制药关乎人的健康和性命,必须精益求精。因此,腾药品牌文化应强调'古法炮制''精益求精'。"

接着,总经理发言,说:"我们的传统优秀普药产品(如安宫牛黄丸、藿香正气水、六味地黄丸等)的生产加工,一直秉承道地选材、遵古炮制的剂型加工生产,这些成药由于配方合理、用料讲究、遵古制剂,最终成为疗效显著的精品良药。"她喝了一口水,继续阐发自己的观点:"一些独具特色的工艺作为我们腾药的精髓一直流传至今,这些技艺单靠书面规程及控制参数无法成功制作,必须通过言传身教的'制药经验+参数化',采用'传帮带'模式,实行'以老带新'及'轮岗制度',让传统制药工艺最大限度地保留及传承。这些传统的制作技艺已列入云南省非物质文化遗产,并正在申报国家非物质文化遗产。因此,我认为,秉承古方、精品良药是腾药独特的制药风格和品牌文化。"经过与会者的热烈讨论,大家达成了共识:将腾药品牌文化定位为"中华老字号""百年腾药""精诚腾药"。"中华老字号"品牌文化呈现的是中华民族优良传统,体现的是腾药精益求精的工匠精神;"百年腾药"体现的是腾药悠久的历史文化传承和品牌价值;"精诚腾药"中的"精"指的是"遵古炮制、精品良药","诚"指的是"诚信制药""真诚服务于人类健康"。

3. 老字号+新时代:腾药品牌文化的精进

顾名思义,"中华老字号"是指历史比较悠久的企业,拥有世代传承的产品、技艺或服务,具有鲜明的中华民族传统文化背景和深厚的文化底蕴,取得社会广泛认同,形成良好信誉的品牌等。老字号之所以经久不衰是凭借诚信、品质、拼搏、创新,并举几代人精益求精、艰苦奋斗打造出来的。

腾药人在总经理的带领下统一了思想,全体管理者和员工必须树立现代传播意识、公关意识、互联网思维,制定腾药品牌文化弘扬战略,对内要走出腾冲、云南,向全国拓展;对外要先向东南亚、南亚进军,积累经验后再向全球推广。在数字化、智能化、日新月异的新时代,要尽快改变传统的线下单一渠道传播腾药品牌文化的做法,尽快拥抱互联网,利用"线上网络平台+线下传播渠道"等全方位打造腾药品牌文化价值。

新经济时代对腾药人来说既是机遇又是挑战。其总经理说,所谓机遇,是指人们对中药的价值有了更深的认识,这对以生产中药为主的腾药今后的发展大有裨益。所谓挑战,是作为深居云南边陲的中华老字号,尽管腾药产品品类在不断增多、市场在逐步扩大、社会公众认同度在逐步提高,有了一定的知名度、美誉度、忠诚度,但与云南白药、同仁堂等老字号相比较,的确还有很大差距,这是腾药面临的现实挑战。要让腾药品牌文化生生不息,腾药人任重道远!

资料来源:杨会良,等. 管理学[M]. 北京:科学出版社,2020,有删改。

问题

腾药品牌文化何以生生不息?

腾药的案例告诉我们，在市场经济中，想让一个组织长盛不衰不能使用一成不变的管理模式，必须与时俱进，创新发展方式，结合政治和经济背景，走出一条有自己特色的发展道路。

3.1 管理理论发展趋势

信息化的新经济给企业的生产方式、构成要素、生存基础、组织结构、发展目标等带来了前所未有的变化，同时也引起了管理思想的变革。20 世纪 80 年代，西方管理学界曾出现一股强大的并影响至今的“非理性主义”思潮，对除经验主义学派以外的其他现代管理学派一概否定，甚至否认“管理科学”的存在，另一些管理学家则从反思走向后现代化，促使现代管理理论向前发展。

自第二次世界大战以来，现代科学技术不断发展，生产力迅速增长，经济全球化、国际化的进程不断加快，人类进入了信息化的新经济时代。这也为当代的管理工作带来了新问题与新挑战，寻找合适的管理理论与管理方法引起了世界范围内管理者的重视。

后现代管理时期，管理理论呈现出“百花齐放”的繁荣状态，新的管理理论层出不穷，例如企业文化、战略管理、比较管理、供应链管理、客户关系管理、数字化管理、企业流程再造、目标管理、人本管理、领导力管理、学习型组织等诸多理论。管理理论新发展的主要特点是系统性、权变性、艺术性、实用性、战略性、文化性，并逐渐呈现出多样化、学科化、柔性化、集成化、人本化、东方化等发展前景。

3.1.1 管理理论发展的必然性

1. 主动适应新技术的发展是管理理论发展的必然选择

社会发展的原动力是科学技术。科学技术促进生产力的发展，生产力的发展促进社会的发展，而社会的发展又进一步促进科学技术的快速发展，以此形成螺旋式上升的循环发展，21 世纪这种循环发展的速度大大加速。由于以信息技术为代表的当代科学技术的快速发展，社会的生产方式、社会组织形式乃至于人们的生活方式也将发生根本性的变化。主动探求这种变化的客观规律，并且适应这种变化对管理理论发展提出的新需要，是管理理论工作者不可推卸的历史责任。

(1)劳动者的知识化使人力资本的作用和地位提升，导致资本的多元化以及企业产权结构多元化和治理结构制衡化；

(2)人力资本投资、知识的生产和传播以及科研、教育事业，成为国家和地区、企业竞争实力的主要内容；

(3)生产组织和社会组织形式的扁平化、网络化、虚拟化以及自适应性组织是社会组织的主要形式；

(4)工业经济向知识经济转变引起竞争性质的变化，知识经济下的竞争与合作并存，合作多于竞争；

(5)广泛的多方合作要求各种社会力量既沟通融合，又相互制衡，导致社会力量多极化；

(6)多极社会的发展趋势必然是从对抗走向合作、从强权掠夺走向平等互惠。

2. 强化环境因素研究是管理理论发展的重要基础

一方面科，学技术的快速发展使事物之间的相互关系变得越来越复杂，影响的程度越来越深刻。最为明显的是信息技术本身的发展，信息传递的快捷、便利，大大减少了人们之间联系的时间；而交通运输手段的现代化又大大缩短了人们相互联系的空间距离，即时信息、快速反应以及事物发展相互影响的链式反应，使得管理环境的变化迅速且复杂。

另一方面，信息技术的发展和广泛运用强化了“蝴蝶效应”。世界上每一件事情的变化都会引起相关事物的变化，也就是说管理绩效对环境具有敏感性。而信息技术的广泛应用与普及强化了这种效应。

因此，加强对管理所依赖的环境因素的研究，增强组织对环境的自适应性、生物性，这是管理理论发展的重要基础。

3. “和而不同”是管理理论发展的主流

世界经济一体化带来的跨文化管理是当代管理理论发展必须面对的现实，这就要求东西方文化的融合，不同国家、地区之间的文化的融合，传统文化与当代文化的融合。融合的实质是各种文化的相互影响，各自吸取对方或者他方的有利于己的东西，改造自己不适应发展需要的东西。但是无论如何融合，都不能“趋同”或者“同一”，各自都会保留着自己固有的特色与传统中优秀的部分。“和谐以共生共长，不同以相辅相成”，一种管理理论如果只适用于一国、一地、一个民族，而不适用于他国、他地、其他民族，这样的理论就不能称其为理论，最多只能是经验。所谓中国式管理、美国式管理、日本式管理无非是带有各国哲学思想与传统文化特征的管理方式，绝不是一种管理理论。而同一种管理理论在不同环境中的运用，无不体现出其与各国、各地、各民族、各企业、各个组织的特征相结合的特色。这也是管理学“人本主义范式”的必然表现，是管理学既是科学又是艺术的主要原因。

管理科学本身所具有的科学性又要求管理理论的“科学主义范式”或者“工具理性”；而作为管理者和管理对象的人的行为与情感的不确定性以及不同人群的不同人文特征，加上管理者和管理对象的知识化，又必然要求管理的“人本主义范式”或者“人文理性”。两者缺一不可，我们既不赞成极端的科学主义范式，也不赞同极端的人本主义范式，因为前者是绝对主义，而后者是相对主义，它们的错误在于非此即彼。我们认为，管理学始终强调把科学性与人性这两种基本的追求联系在一起，管理学的两极始终同时存在；但在一定的时期，这两极是相互排斥的。这种内在冲突在于管理学有不同于其他学科的基因和生存条件。产生于 20 世纪 60 年代的混沌学为两种范式的融合提供了可以利用的理论和方法。

4. 实现组织与个人目标的双赢以及合作各方共赢是管理理论发展的基本原则

由于经济性质变化引起的竞争性质的变化，使管理绩效的达成已经不同于战争和竞技体育，那种你死我活、一家独赢的恶性竞争状况将得到根本改变，实现福利经济学的帕累托改进成为可能。管理绩效的达成应该是一种效率为主，兼顾公平的发展。适用于工业社会的某些理论(如竞争理论、战略管理理论)将受到挑战。这使得组织的管理者不但要关心组织的绩效，而且还必须关心员工及其家庭的需要。在今后很长一段时间内，市场经济仍然是资源配置的基本手段。从经济学的观点看，“自利”是经济发展社会进步的动力。如果没有人类对自身利益的追求，也就不会有社会的发展。

另外，没有员工个人及其家庭的个人利益，不顾员工个人及其家庭的需要，组织的发展也是不能持久的；没有合作各方的共赢，合作也是不能持久的。因此，管理理论的发展必须坚持这一基本原则。

5. 促进人的全面发展是管理理论发展的终极目标

科学管理理论以效率为目标，因此，泰勒被称为“效率大师”；而行为科学关心人的需求但仍然关心企业的效率；现代管理理论不论哪个学派都主要追求企业的效率和效益。但是20世纪80年代之后出现的一些管理理论，已经突破了这一思维定式。德鲁克认为，利润不是企业的唯一追求；彼得·圣吉则提出了让员工活出生命意义的理论；托马斯·彼得斯等人在1982年共同出版的《追求卓越》一书中，以强烈的个人主义色彩，宣扬个人自治将取代组织化的监督，标榜创意与行动高于一切，个人而非数字与制度将成为一切商业行为的核心。我们从未来社会发展的观点来看，不论是企业的效率、利润，还是组织的绩效，其最终目标都是落脚于满足人类的物质、文化生活的需要。实现全人类物质、文化生活需要的不断满足的终极目标就是马克思主义理论的“人的全面发展”。

在人的多种需求中，自我实现的需求是最无止境的，也是个人和组织发展的永不枯竭的动力。知识型员工不仅是一个生理存在、心理存在，而且更是一个精神存在，创新是知识型员工的本质，创新是生命的最高级状态。对于知识型员工而言，创新已成为他们的日常行为，也就是说自我实现是他们的本质生存状态，他们打破了马斯洛需求层次论中对需求层次的机械界定，当然更远远超越了“社会人”假设中对人性的界定。知识型员工只有在不断的创新与创造中才能真正体现出自身生命的价值，活出生命的意义。而信息社会与知识经济为这种创新和创造提供了肥沃的土壤和宽松的环境。未来组织管理必须是建立在人们的自我管理基础上的文化管理，这种管理追求的目标已经不是单一的经济目标、效率目标，而更多的是组织发展的文化目标。这就开辟了通向“人的全面发展”这一终极目标的宽广道路。当然，通向人的全面发展的道路是漫长的。回顾人类社会，奴隶制社会中，奴隶依附于奴隶主；封建社会中，农民依附于地主；资本主义社会中，工人依附于资本家；现代社会中，人们依附于权力。人们只要一天不摆脱人身依附问题，就不可能实现真正的全面发展。而只有在知识经济时代，当人们只依靠自身的人力资本而生存的时候，这种人身依附才能得到根本摆脱，才能逐步实现“人的全面发展”。

3.1.2 当代管理理论发展的趋势

为适应管理实践的发展要求，管理研究正在呈现出全新的发展趋势。

1. 管理学发展的哲学化、伦理化、合规化趋势

管理学的哲学化趋势，表现在从哲学的高度，对管理进行了最高层次的考察与解释，将管理与哲学联系起来。管理学的伦理化是指管理的理念等应与道德伦理相结合，企业借助伦理道德达到更好的管理效果。此外，现代企业还应注重法律理念的塑造与培养，通过合规管理，树立契约精神、诚信意识和社会责任理念，保障企业生存和发展的持续稳定和安全。

2. 新的管理学分支的发展将更加迅速

知识经济时代对知识资本的管理，信息共享的体系的建设与管理，人力资本管理的创新，新型的组织结构，如知识管理、学习型组织、战略联盟、虚拟企业等的管理，正在形成一些新兴管理学分支。此外，还有对企业寿命周期，对企业的成长方向、成长速度等问题进行系

统研究的可持续发展与企业的成长管理，由于企业环境不确定性而导致危机管理、风险管理等。这些分支均从不同视角、不同层面对企业内部的管理活动进行总结、研究。

3. 管理研究将更多地与经济学、心理学、社会学、数学等紧密结合

管理学本身就是一门综合性学科。其发展除了管理实践创新的不断推动之外，还有其他相近学科的推动，其中经济学、心理学、社会学、数学等学科发展的最新成果都在管理学研究中得到了运用。

4. 科学管理与人本管理相结合

提高生产效率是泰勒科学管理思想的出发点和归宿。泰勒认为："最佳的管理是一门实在的科学，基础建立在明确规定的法律、条件和原则上。"科学管理实际上是一种规范化、标准化的管理，用培训来教给工人完成任务的技能，用科学研究制定标准和规章制度规定下达的任务，用奖惩等激励机制保证任务的完成。规范化、制度化是企业大规模生产的基本要求，是任何先进管理思想得以实施的基础。可以说，没有管理的标准化、规范化，就没有管理的现代化。

在知识经济时代，决定企业、国家前途和命运的将越来越取决于人才的数量和质量，研究如何充分开发人的智力和体力，将成为管理学更为重要的任务。特别是将人作为一种知识的载体的研究将更为突出。人本管理是指一切管理活动以人为根本出发点，调动人的积极性，做好人的工作；管理的归宿是人的自由、充分、全面发展。强调人的需求是多种多样的，尽量发挥人的自我实现精神，充分尊重人性，人人都是管理者。现代管理强调把对人的理性管理同感性管理有机地结合起来，把企业中正式组织以及员工间非正式组织的作用结合起来进行管理。

总之，随着社会生产力的进步和社会关系的转变，新的管理理论内容和管理方法层出不穷。在管理工作实践中，我们应灵活运用这些理论，这将有助于提高现代化管理的科学水平。

3.2 当代管理理论与思想

3.2.1 企业文化与企业伦理

1. 企业文化的产生

企业文化理论的产生，最早可追溯到 20 世纪 60 年代。1960 年以来，世界企业发展呈现出三个主要特征：一是企业经营发展出现国际化浪潮；二是跨国公司组织形式愈来愈复杂；三是发迹于 20 世纪 60 年代的日本企业蓬勃发展。这三个特征，在 20 世纪 70 年代表现尤为突出。而恰好在 20 世纪 70 年代初，由于石油危机的冲击，世界头号经济强国——美国的企业竞争能力被大大削弱。而第二次世界大战的战败国之一日本，经过短短的二三十年的发展，以锐不可当的态势，迅速成为世界经济强国之一。为什么资源匮乏的狭小的岛国，能取得如此成就？日本的发展引起了美国学界和企业界的关注。许多美国专家开始对日本成功企业进行考察和研究，并将美国公司的管理理论和实践与之比较。通过比较和分析得出

了一个结论:日本与美国的企业管理思想和管理方式有很大不同。日本很好地把民族传统文化融合到企业管理中,形成企业全体员工共有的集体价值观念,在企业中营造一种和谐共处、感情色彩浓厚的文化氛围。正是这种文化,使员工树立起与企业荣辱与共的信念和团队精神,从而努力工作,效忠于企业。而美国企业看重的是技术和装备,在管理中注意理性化,在管理技术上强调严密的组织结构和规章制度以及定量分析,与日本的管理相比没能重视精神的作用和文化的力量。于是,在学者们对日本成功企业管理实践的研究和与美国企业管理的比较中,发展起了企业文化理论。

其中颇有影响力的一部著作是威廉·大内的《Z 理论——美国企业界怎样迎接日本的挑战》。在这本著作中,威廉·大内对日、美两国典型企业进行深入的调查和对比研究,他将美国企业典型的管理模式称为 A 型组织管理模式,将日本成功企业的管理模式称为 J 型组织管理模式,之后他提出,美国的企业应该借鉴日本成功企业的经验并结合美国文化的特点,构建 Z 型组织管理模式,见表 3-1。

表 3-1　三种企业管理模式的比较

	A 型组织管理模式	J 型组织管理模式	Z 型组织管理模式
雇佣制	短期雇佣制	终身雇佣制	长期雇佣制
决策方式	个人决策	集体决策	集体决策
负责制	个人负责	集体负责	个人负责
评价和提升的速度	短期而快速	长期而缓慢	长期而缓慢
控制过程	明确的控制	含蓄的控制	含蓄与明确兼用
职工的发展	专业化方向发展	多面性发展	适当地向多面性发展
对员工的关怀	只关心在职期	长期关心	关心在职期的个人和其家庭

同一时期,美国出版的另一部重要著作是:理查德·帕斯卡尔和安东尼·阿索斯的《日本企业管理艺术》。在书中,作者通过对日、美许多行业的 32 家企业的调查,提出了"7S 理论":结构(Structure)、战略(Strategy)、制度(System)、技能(Skills)、风格(Style)、人员(Staffs)和最高目标(Superordinate Goals)。这 7 个 S 构成了以最高目标为核心的网络,如图 3-1 所示。

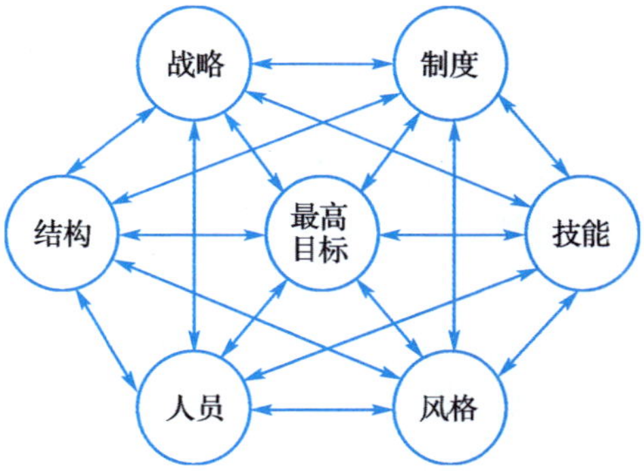

图 3-1　7S 理论示意图

除此之外,20 世纪 80 年代初,美国还先后出版了其他两部有关企业文化的重要著作。分别是:特伦斯·迪尔和爱伦·肯尼迪的《企业文化》、彼德斯和小罗伯特·沃特曼的《追求卓越——美国管理最佳公司的经验》。

1980 年秋,美国《商业周刊》的一期报道中首先使用了"企业文化",而后"企业文化"为企业界和理论界认同。

2. 企业文化理论的发展

与企业文化理论相联系的是组织文化理论。组织文化理论的代表人物是美国艾德佳·沙因,代表作是 1985 年出版的《组织文化研究》。在组织文化领域,沙因率先提出了关于文化本质的概念,对于文化的构成因素进行了分析,并对文化的形成、文化的同化过程提出了独创的见解。他认为真正的文化是隐含在组织成员中的潜意识,而且文化和领导者是同一硬币的两面,当一个领导者创造了一个组织或群体的同时也创造了文化。沙因认为文化由三个相互作用的层次组成:①物质层:可以观察到的组织结构和组织过程等;②支持性价值观,包括战略、目标、质量意识、指导哲学等;③基本的潜意识假定,即潜意识的、暗自默认的一些信仰、知觉、思想、感觉等。目前的文化研究大多停滞在物质层和支持性价值观的层面,对于更加深层的事物挖掘不够。为了更好地了解一个组织的文化,沙因建议利用群体面谈和群体讨论的方法,从文化的不同维度进行分析。他认为,解释组织文化的生成过程要综合使用群体力学理论、领导理论和学习理论。沙因在提出以上的理论框架后分别应用这些理论对小群体中文化的出现、组织的创始者是如何创造文化的、领导者是如何根植和传达文化的等进行了论述。

美国戴维斯的《企业文化的评估与管理》、德国海能的《企业文化理论和实践的展望》、美国科特和赫斯克特的《企业文化与经营业绩》等,都是这一潮流的主要代表作。目前,企业文化理论的研究方兴未艾。

• 案例链接 3-1

英良石材:“真心石意”以人为本

>>>>>>>

3. 企业伦理思想的产生与发展

随着改革开放的不断深入,发展经济成为全国上下的首要任务,伴随而来的各种利益关系重新分化组合,同时人们提高了对物质的需求水平,增强了对自身利益的维护。长期以来,“企业是追求利润最大化的经济实体”被认为是天经地义的,不择手段的经济行为也被视为顺理成章。

有的企业和经营者在经济活动中不守信用、不讲商誉及个人在其行为中信用缺失,这是反经济道德和反伦理经营的行为。企业经营管理者及相关机构的从业人员在经营过程中不遵守道德伦理的问题令人担忧,许多企业和经营者只顾自身利益而漠视社会责任。许多人认为,对市场的管理与调控是政府和法律的行为,市场经济就是法治经济。因此,人们虽然深恶痛绝经济生活中的反道德、反伦理现象,但只是被动地等待着某一天市场经济能用完善的法制来规范,这实际上是放弃了至少是忽视了道德在经济活动中的作用,从而也放弃了管理过程中的道德努力。

在研究管理道德的过程中,人们还提出了一个相关概念——管理伦理。有学者认为“管理道德”和“管理伦理”是两个不同的概念,也有学者认为它们是两个含义相同可以相互替换的概念。我们在此不探讨两者的异同问题。

为明确管理道德的含义,我们先来看什么是道德。“道”是中国“轴心时代”各派思想家公认的一个概念。儒家讲“大道之行也,天下为公”,老子讲“人法地,地法天,天法道”,这里的道是一种规律。但是,道与德不是等同的,孔子说“志于道,据于德”;老子说“道生之,德畜之”;朱熹说“德者,得也,行道而有得于心者也”。因此,道德也就是人在求道中形成的内在体会及外显的品格,即人们认识“道”遵循“道”,内得于己,外施于人。道德通常指用来明辨是非的规则或原则，它是社会用于调整人与人之间及人与社会之间关系的行为准则和规范的总和。管理道德或称为道德规范，是指规定管理行为是非的惯例或原则的总和。简而言之，就是人们判断已结束事情的对与错的原则和信条。这些原则与信条是企业处理与他人和社会关系的指导，也是判断自己行为是否正确或恰当的基础标准。

正如德国古典哲学家黑格尔所说，“道德是一种伦理上的造诣”，即道德要建立在伦理的基础上。社会体系中，任何组织都首先是一个伦理实体，精神是伦理的文化内核，即所谓“伦理精神”“民族精神”“企业精神”“企业文化”“家风”“校风”等。伦理与道德作为人类文明的基本因子，是指评价人类行为善与恶的社会价值形态，在日常生活中具体表现为一定的行为规范和准则。任何社会、任何组织要想长期生存，不仅需要遵守法律，同时还必须遵守一定的道德规范，重塑自身企业的行为伦理。

企业伦理的建立与企业的社会责任紧密相关。随着时代的快速发展，近年来广大公民对于重视企业社会责任的呼声愈发强烈。企业社会责任与员工、顾客、投资者、竞争者、社区、环境等密切相关，构成了经济利益共同体。

3.2.2 数字经济与组织管理

数字经济时代的来临使得管理学运行环境发生巨变，管理学在其基础理论受到巨大冲击的同时，也通过各行各业的管理实践总结经验，凝结新理论以丰富自身。数字技术的发展和应用，使得各类社会生产活动能以数字化方式生成可记录、可存储、可交互的数据、信息和知识，数据由此成为新的生产资料和关键生产要素。这些数据、信息、知识在不同主体间流动、对接、融合，深刻改变着传统生产方式和生产关系，推动社会经济活动效率迅速提升，社会生产力快速发展。管理者的重要性体现在：“组织比任何时候都更加需要管理者的管理技能和能力以有效识别关键问题并提供快速响应；管理者不仅在确保让工作得到落实方面至关重要，同时也是公司走向未来道路的关键角色；管理者不仅直接影响生产流程本身的效率和质量，且对于员工的产出和忠诚度影响巨大。”相较于文明发展演进过程中的其他时代而言，数字时代的管理更注重人类与自然的融合，并具有如下不同于其他时代的理念：

1. 管理理念中强调以人为本

伴随生产方式的革命性变革，比如，生产工具的数字化、生产场地的分散化、产品功能的服务化等，云计算、大数据、互联网等新技术不断涌现，生产资源的网络化、共享化特征将越来越显著，创新人才、管理智慧等创新要素的决定性作用将越来越凸显。在多种要素体系中，人才是最具活力、潜力与影响力的核心因素之一。以人为中心的管理，是指把自然人视为一切社会活动的主体，把人作为管理工作中心的一种理念。

2. 注重协同赋能的价值创造

新科技革命带来的不确定性，使组织外部环境成为影响组织绩效的关键因素。传统的理论和管理者难以胜任新科技革命后的组织效率问题。新时期，效率不再主要来源于分工，而是来源于协同；必须激励价值创造，不能只做绩效考核；组织文化的重要性和内涵发生了重大改变，与组织理念和战略相符合的新文化，有更大包容性、开放性、容错性特点的新文化，往往决定组织管理的成败。如何提高企业或组织的效率、效益和价值，要依靠新的思路和方法。

3. 创新是第一生产力

科技革命带来的新技术、新成果日新月异、层出不穷。任何企业、社会组织都必须高度关注未来发展的大趋势和管理创新。创新也成为影响全局的核心问题。创新的管理完全不同于工业文明下"从一到多"的流水线管理理念和范式。创新活动尤其是如何管理从 0 到 1 的原始性创新,对管理界来说仍然是令人困扰的难题。数字经济时代的重要特征,首先是创新行为越来越依赖市场需求,目光要盯住市场,广泛从市场和顾客中吸取灵感。其次是创新正逐渐从平行式的量的创新向纵深式的质的创新转变。因此,企业家的创新更多地表现在信息整合、知识集成上。此外,数字时代的管理者应该引领组织坚持"持续创新",尤其是在技术和管理方面。

4. 高度关注新产业、新业态

新科技革命的直接结果是新产业、新业态对原有产业的重新洗牌,甚至完全替代更新。而随着新材料、新能源、生物工程、量子通信等颠覆性技术群的突破,大批新产业、新业态必定如雨后春笋。因此,产业结构的调整、升级,不是一般意义上的企业管理课题,必须从战略管理的高度给予充分关注。关注行业发展的趋势,关注新产业、新业态的出现,是现代企业管理者的基本功之一。

全球范围内的新科技革命、西方管理理论与实践的张力和中国特色管理实践,正推动管理学迅速发展。数字时代的管理学是系统观引领的科技与哲学相融合、东西方理论与实践相融合的管理学理念的崛起。摆脱单一的经济思维和封闭的局部思维,从人和社会的全面可持续发展这一新价值理性出发,重新思考管理的本质与终极目标,是新时代管理学理论的立足点,也是世界级企业经营管理的价值原点。

3.2.3 绿色管理与可持续性

新时代的管理理念摒弃了传统管理观念中将自然视为管理对象的观点,而是将自然视为社会关系的集合之一,将人类视为自然界中最有主动性、最具活力的组成部分,从而高度重视环境问题、生态系统以及可持续发展,关注科技伦理与社会伦理的协调。

1972 年,罗马俱乐部发表《增长的极限》(*The Limit of Growth*),提出地球环境和资源因其有限性而无法承载人口和经济呈指数曲线的增长。同年召开的联合国第一次人类环境大会,通过了《人类环境宣言》等文件,成为国际社会重视环境保护的一个重要里程碑。世界环境与发展委员会于 1987 年通过《我们共同的未来》(*Our Common Future*)提出了可持续发展(Sustainable Development)的概念。1992 年,联合国在巴西里约热内卢召开的环境与发展大会上发表《环境与发展宣言》,并形成《21 世纪议程》等行动计划,其中强调了工业企业的责任。国际标准化组织(ISO)从 1991 年开始研究企业环境管理的标准化问题,1993 年成立由包括中国在内的 80 个成员团体组成的环境管理技术委员会(ISO/TC207),随后确定了标准的构成,并成立了环境管理体系、环境审核与监测、环境标志、环境表现评价、生命周期评价以及术语与定义 6 个小组委员会。1995 年,ISO14000 系列环境管理标准颁布实施,这是形式上比较系统、具有可操作性的企业绿色管理规范形成的一个标志。广义的绿色管理应包括公共环境管理和企业环境管理两部分内容。本书取狭义的绿色管理概念,即企业作为管理的主体从企业自身出发进行有关自然环境资源和生态保护的管理活动。当然,政府通过行政、法律和经济等途径对企业的观念和行为进行调整，以求达到企业的发展与自然环境的承载能力相协调，也会对企业的环境管理产生直接影响。

在实践方面，绿色管理的核心是把对环境因素的考虑纳入企业管理的全过程中，使环境保护成为企业的重要决策因素。其主要途径是建立内部的环境管理规章制度体系，并对产品设计、包装运输、产品消费以及消费后的处理等全过程进行管理。

绿色管理涉及诸多方面的内容，比如，生态效率、投资决策、社会责任、信息披露、技术进步、环境管理体系等。本书主要探讨在各种企业环境行为背后的一般规律，比如，企业绿化的驱动力是什么，目标是什么，通过何种手段实现其目标，绩效如何，等等。与企业管理的其他领域相对应，企业环境战略、环境伦理、企业价值链分析、环境会计和审计、环境运营管理、环境营销、绿色供应链管理、企业环境风险管理等都是绿色管理研究的主要内容。

3.2.4 危机管理

危机研究一直以来是国内外学者关注的焦点。荷兰危机管理研究专家乌里尔·罗森塔尔将危机定义为“对一个社会系统的基本价值和行为准则架构产生严重威胁，并且在时间压力和不确定性极高的情况下，必须对其做出关键决策的事件”。美国国际政治学家赫尔曼对危机的定义也得到学界的广泛认可：“危机就是一种情境状态，其决策主体的根本目标受到威胁，在改变决策之前可获得的反应时间非常有限，其发生也出乎决策主体的意料。”国内学者薛澜等也提出了类似的概念，认为“危机通常是在决策者的核心价值观念和行为准则框架受到严重威胁或挑战、相关信息匮乏、事态发展高度不确定且需在短时间内迅捷决策等不利因素下所导致的非常态社会情境”。

长期以来，国内外学者对于危机及其管理进行了诸多方面的研究，包括危机的分类、危机的诱因、危机的生命周期等。对于危机管理(Crisis Management)的含义，学者从各自研究的侧重点提出了多种不同的见解，但他们都强调了以下两点：第一，危机管理是一个时间序列，既包括危机爆发前的管理，也包括危机爆发后的管理；第二，危机管理的目的在于减少或消除危机可能带来的危害。通过对上述定义进行总结，我们认为，对于政府而言，公共危机管理是指一种有组织、有计划持续动态的管理过程。政府针对潜在或当前涉及面较广、影响层面较大的共同危机，在危机发展的不同阶段采取一系列的有效措施，以有效预防和消解危机。

罗森塔尔和柯兹敏指出：“危机管理的理论和实践渐次接受了更广泛和更复杂的视角。”危机不再被看作是有着清晰起点和终点的事件，危机是一个过程，不仅是为了获得“‘危机后的危机’或者‘灾难后的灾难’的感觉，而且因为理论和实践都呈现出一个增长的意识，那就是，危机应该放在更广的时间范围内来被认识和管理。”根据危机在不同时间段中所表现出来的特点，以及危机管理主体所采取的措施或者对策的不同，可以将危机管理的全过程划分为不同的阶段，这样做有利于更加迅速和有效地管理危机。因此，在公共危机管理的研究中，针对危机事件发展和管理过程的各个环节出现了诸多危机管理过程与阶段理论。其中，被普遍认可并流行的观点是史蒂文·芬克的四阶段生命周期模型(F模型)、伊安·米特罗夫的危机管理五阶段理论模型(M模型)、罗伯特·希斯的4R模型以及诺曼·R.奥古斯丁的危机管理模型等。

3.2.5 全球化中的管理

1. 全球化中的管理的概念

全球化是指一个组织跨越国家边界发展其影响力或业务的过程。它的显著特点是国家间的开放边界和自由贸易。例如一国政府对从另一个国家流入本国的商品征收最低贸易关税。当全面运行后，全球化将允许人员、商品、投资和信息技术自由跨境流动。与民族主义相对立，全球化要求各国政府在相互依存的关系网络中合作。全球中心论（Geocentric Attitude）这种全球导向的观点强调使用全球范围内的最佳方法和人员。持有这种态度的管理者有全球观，寻求最佳方法和人才，不论他们来自哪里。要求人们消除狭隘的态度，培养对跨文化差异的理解。这也通常是跨国公司在选择全球经理人时的标准。

尽管学界对于全球化的态度褒贬不一，但随着世界变局的不断发展，全球化仍将长期持久存在，大多数学者仍坚信全球化的收益大于成本。因此管理者和他们的追随者需要确保他们具备全球化管理所需要的态度和技能。

管理者要继续发展全球中心论的态度，增强跨文化的敏感性。其必须习惯与拥有其他文化背景的员工工作。他们也需要灵活多变——要坦然接受语言、人格特质、动机、工作习惯和管理风格的差异。

全球化环境和全球化经营对管理的主要职能，如计划、组织、领导和控制，都提出了新的挑战。

2. 全球化组织模式的选择

从图 3-2 中可以看出有四种可供选择的全球化组织模式，即多国组织模式、国际组织模式、全球组织模式和跨国组织模式。采用不同组织模式的企业在资产和能力配置、海外业务的角色、知识的开发和扩散等方面有着不同的特点。

全球化的压力	当地化的压力：低	当地化的压力：高
高	全球组织模式 (Global Organization Model)： 将全球视为单一的市场，由公司总部统一经营	跨国组织模式 (Transnational Organization Model)： 专业化工厂符合本地化的要求，通过复杂的协调机制进行全球一体化管理
低	国际组织模式 (International Organization Model)： 利用现有能力向国际市场拓展	多国组织模式 (Multinational Organization Model)： 将设在多个国家的子公司作为独立的业务单位来运营

图 3-2　全球化组织模式

（1）多国组织模式

这是第二次世界大战前公司用来海外扩张的古典组织模式，也是最普及的一种组织模式。多国组织模式中母公司虽然也行使最终控制权，但它赋予子公司很大的自主权。多国组织模式有三大特点：一是对资产与责任都实行分权联盟；二是在非正式人际协调基础上用简单财务系统进行控制的管理思想；三是将公司海外经营视为相互独立业务所构成的投资组合的主导战略思想。多国组织模式被许多欧洲公司，如联合利华和壳牌石油公司所采用。

(2)国际组织模式

国际组织模式是一种由母公司开发现有的核心能力并传递到子公司的战略模式。在国际组织模式下,子公司虽然有一定程度根据当地情况革新产品的自由,但像研发这样的核心能力倾向于集中在母公司。子公司在新产品、新工艺、新概念上依赖于母公司,需要母公司进行大量的协调和控制。这种组织构架也被称为协同联盟(Coordinated Federation)。在国际组织模式下,母公司向世界各地的子公司转移技术和知识。美国公司的管理文化与这种结构非常吻合。如IBM、施乐公司和柯达公司均受益于把其核心技术向海外转移。国际组织模式的一个突出的缺点是它不能为子公司提供最大限度的自由,以使它们能够根据当地的情况做出反应。此外,它通常不能以规模经济实现低成本。

(3)全球组织模式

全球组织模式的特点是由母公司集中决策,并对海外的大部分业务实行严格控制。那些采取低成本全球竞争战略的公司通常采用这种模式。采用全球组织模式的公司通常在成本最低和技术最好的地方进行生产,将标准化的产品向全球市场销售。这些公司把全球作为一个单一的市场,认为不同国家的消费者的品位和喜好没有实质性的差别。这种结构也被称作集权中心(Centralized Hub)。全球化经营的先行者们,如亨利·福特和约翰·洛克菲勒最早采用这种模式。

采用全球组织模式的公司为了寻求低成本,通常选择少数几个成本低廉的地方建立全球规模的加工设施以实现规模经济。规模经济可以通过在新产品开发、工厂和设备以及全球营销中分摊投资中的固定成本而实现,通过集中制造和全球市场战略而实现。索尼公司是采取全球组织模式取得成功的经典范例。

(4)跨国组织模式

在全球经济中,要想获得竞争优势,需要同时从适应当地情况、转移技术和节约成本中追求利润,从而使得企业能够获得全球扩展的所有利益。这就产生了一个新的组织模式——跨国组织模式。跨国组织模式的特点是,将某些职能集中在最能节约成本的地方,把其他一些职能交给子公司以便更多地适应当地的情况,并促进子公司之间的交流以及技术的转移。在采用跨国组织模式的公司中,某些职能特别是研发倾向于集中在本国进行,其他一些职能也集中,但不一定必须在本国。这种结构也可称为一体化网络(Integrated Network),强调了人、财、物、信息的国际流动。子公司之间为了互利,相互转让技术和知识,同时集中化的加工厂与各地的组装厂相互协调,从而高效率地运行全球集成的生产体系。

拓展阅读

智能制造系统

20世纪90年代初,由日本构思并发起了一项有关制造业和国际合作研究计划——智能制造系统(IMS)计划,该计划重点研究下一代制造技术的国际联合研究、竞争力的开发、系统组织和标准化等问题。IMS计划包括六个研究项目:①加工业的清洁生产;②工程设计的全球协作;③21世纪的全球企业整合方式;④产品快速开发;⑤整体性制造系统(HMS);⑥知识系统化及设计制造的结构系统。其中第五个项目,也就是整体性制造系统(HMS)由日立公司主持,美国、英国、瑞士、澳大利亚、比利时、意大利等国家的32个公司与大学共同进行研究。

日本的前川公司常常被作为研究整体性公司的典型。1967 年,匈牙利作家和哲学家凯思特勒研究发现,在活的有机体和社会组织中,完全自给、不发生相互作用的实体是不存在的。组织中的每一个可能分辨的单位都是由更基本的单位构成的,同时又是更大的组织单位的组成部分。

整体性组织的优点在于它能够构建非常复杂的系统,并使之在高效利用资源、对内部和外部的干扰保持高度强性、适应所处环境的变化方面表现出色。整体性管理是一种在有效作用资源基础上管理高度复杂系统的方法。虚拟组织具有明显的整体性组织特征。

拓展阅读

(一)公司治理理论

1. 公司治理理论的产生

公司治理理论是研究公司治理结构的管理理论。关于公司治理的争论,20 世纪 80 年代中后期首先在美国兴起。公司治理,又称公司治理结构、法人治理结构,是现代企业制度中最重要的问题之一。狭义的公司治理结构是指在所有权与经营权相分离的情况下,关于所有者和代理人之间关系的制度安排,由股东大会、董事会、高层管理人员及监事会等组成。广义的公司治理结构是一种对公司进行管理和控制的体系。它明确规定了公司的各个参与者的责任和权利分布,诸如,董事会、经理层、股东和其他利害相关者,并且清楚地说明了决策公司事务时所应遵循的规则和程序。同时,它还提供了一种结构,用以设置公司目标,也提供了达到这些目标和监控运营的手段。更广义的公司治理结构是企业所有权安排的具体化,企业所有权是对公司治理结构的一个抽象概括。

2. 公司治理理论的主要内容

(1)公司治理结构的核心问题

①剩余索取权和控制权对应,均归属于股东;②削弱“内部人控制”,即公司由受所有者控制转变为受经营者控制,可通过接管、代理权竞争、大股东、竞标制度、财务结构、产品市场竞争、雇员参与管理、雇员持股计划等因素抑制“内部人控制”现象。

(2)公司治理结构设计中应考虑的要素

①股东权利;②对股东的平等待遇;③利害相关者在公司治理结构中的作用;④信息披露和透明度;⑤董事会的责任。

(3)公司治理模式

公司治理模式是关于公司的权利、利益和义务等在股东、经理层、董事会、监事会和公司其他利益相关者之间的分配规则和调节方法。

公司治理理论认为,不同类型的企业有着不同的治理结构,其基本原则是韩第 1992 年提出的“公司权利平衡论”。两权合一型企业(称为 A 型企业)治理结构的特点是所有者兼经营者,集所有权、经营权、控制权和收益权于一身,不存在委托-代理问题。两权分离型企业又可分为三种类型:第一种是由一个或几个大股东(自然人)控制的股份公司,称为 B 型企业。这种企业的特点是董事会作用很大,能有效地控制经营者。第二种类型是股权高度分散的股份公司，称为C型企业，在英美等国比较多见，又称为英美模式。其特点是：①股权结构高度分散化，机构持股力量在公司治理结构中作用较小；②股权具有高度流动性；③公司不设监事会，由董事会履行监督职责；④公司以股票期权制度作为激励经理人员的主要手段。第三种类型是机构控制公司的模式，称为D型企业，在日本和德国比较常见，亦称为日德模式。它的特点是由机构股东如银行或非银行金融机构、各种基金等将千百万小投资者的资金汇集在自己的手中，集中购买公司股票，从而成为股份公司的大股东，掌握足以控制股东会和董事会的股权，可以直接任免经营者。

(二)价值链管理

1.价值链管理的提出

价值链(Value Chain)的概念是迈克尔·波特在他1985年出版的《竞争优势：创造和保持卓越绩效》一书中提及的，其论点聚焦于单个组织的活动，目的是让经理理解他掌控的公司为客户创造价值的活动的途径和进程序列。

价值链管理的对象是在价值链上流动的产品有序的相互关联的活动和信息的全部过程。管理的目标是在协调工作活动的进程中，使高效率和高效果相辅相成，更好地实现组织的目标。

美国哈佛商学院著名的战略管理学家波特认为，企业的每项生产经营活动都是一个创造价值的经济活动，企业所有的互不相同但又相互联系的生产经营活动，构成了创造价值的一个动态过程，即价值链。

价值链的开始是原材料供应，然后是零配件的生产、制造和装配，批发分销，最后是零售产品或服务到达最终用户。价值链的各项业务活动间的联系不仅存在于企业价值链内部，而且存在于企业价值链与供应商和渠道的价值链之间。这个链条中包括一定的利润空间，这是因为在开展各项创造价值的活动所需的成本之上还存在着购买者所承担的价格的一个部分。价值链的每一项活动都承担一定的成本，都会占用公司的资产，将公司的经营成本和资产在价值链的每一项活动中进行分配可以估计出每一项活动的成本。

价值链管理就是将企业的生产、营销、财务、人力资源等方面有机地整合起来，做好计划、协调、监督和控制等各个环节的工作，使它们形成相互关联的整体，真正按照链的特征实施企业的业务流程，使得各个环节既相互关联，又具有处理资金流、物流和信息流的自组织和自适应能力，使企业的供、产、销形成一条珍珠般的“链”——价值链。

2.价值链管理的实践

价值链管理的意义就是优化核心业务流程，降低企业组织和经营成本，提升企业的市场竞争力。它意在帮助企业建立一套与市场竞争相适应的、数字化的管理模式，弥补我国企业长期以来在组织结构设计、业务流程和信息化管理方面存在的不足，从整体上降低组织成本，提高业务管理水平和经营效率，实现增值。

要成功地实施价值链管理，就必须改变传统的管理方式、业务流程和组织结构，把企业的外部价值链与企业的内部价值链有机地整合起来，形成一个集成化的价值链条，把上下游企业之间以及企业内部的各种业务及其流程看作是一个整体过程，形成一体化的价值链管理体系。从采购原材料开始，到制成中间产品以及最终产品，最后由销售网络把产品送到消费者手中，最终将供应商、制造商、分销商和零售商，直到最终用户连成一个整体的功能网链和组织结构模式。这条价值管理链条不仅包含了企业内部各部门、各分公司和办事处，而且包括了所有联盟的上下游企业；不仅是一条连接供应商到用户的物料链、信息链、资金链，而且是一条增值链。它更加注意企业内部和企业之间的合作，使企业内部和外部分担的采购、生产、分销和销售等职能和流程协调发展。

价值链并不是一个独立活动的集合，而是由相互依存的活动构成的一个系统。

价值活动是由价值链的内部联系连接起来的，这些联系是某一价值活动进行的方式与成本或与另一活动之间的关系。例如购买高质量剪切好的钢板可以使生产简化并减少废料。联系可以通过最优化和协调一致这两种方式带来竞争优势。联系反映出为实现企业总体目标的活动之间的一种权衡取舍。企业往往需要在价值链的各环节上进行最优化选择，以获得竞争优势。在协调方面，企业通过协调各环节的关系，来增加产品的差别化程度或降低成本。在最优化与协调的过程中，企业需要大量的信息去识别价值链当中形式多样的内在联系，因而需要建立自己的信息系统。

价值活动的各种联系不仅存在于企业价值链的内部，而且存在于企业与企业的价值链之间，这些联系我们称为“纵向联系”。纵向联系与价值链内部的各种联系相似，即供应商或销售渠道的各种活动进行的方式影响企业活动的成本或效益，反之亦然。供应商除了生产某个企业用于其价值链的产品或服务，其价值链也在其他接触点影响着企业。供应商价值链与企业价值链之间的各种联系为企业增强其竞争优势提供了机会。通过影响供应商价值链的结构，或者通过改善企业和供应商价值链之间的关系，企业与供应商常常会双方受益。在企业与其供应商之间分配由于协调或优化各种联系所带来的收益时，收益的分配情况取决于供应商的讨价还价能力，分配给供应商的收益体现为供应商的利润，因此，为收益的分配而进行的与供应商的协调和讨价还价对于竞争优势的影响十分重要。

销售渠道的各种联系与供应商的联系类似。销售渠道对企业产品价格的抬价经常在最终销售价格中占有很大比例。销售渠道进行的各种促销活动可以替代或补充企业的活动。企业和销售渠道价值链之间也有很多的接触点，其与供应商的联系一样，对于销售渠道的联系进行协调和综合优化能够削减成本或增强产品的差异化。

复习思考题

1. 企业文化的核心是什么？为什么？
2. 你认为企业文化塑造过程中，什么是最重要的因素？
3. 企业伦理在当代社会中发挥的作用是什么？
4. 数字经济时代的组织管理具有哪些特点？与以往有怎样的不同之处？
5. 什么是可持续性？结合实际思考绿色管理有怎样的重要性。
6. 绿色管理思想对公共管理具有哪些启示？
7. 什么是危机管理？举例说明危机管理的具体作用。
8. 你认为政府与企业在危机管理上的不同之处有哪些？
9. 请描述组织走向国际化的不同方式。
10. 实践练习：选择你所在城市的一家大型企业和一家中小型企业，通过观察等方式，分析该企业主要运用哪种管理理论来指导管理活动，大型企业和中小型企业有何不同之处。

案例讨论

沃尔玛满足不同的市场需求

作为一家拥有60多年历史的全球零售“霸主”，在进入中国市场后，始终在不断自我进阶，满足中国市场和中国消费者的“特殊性”。当沃尔玛深入中国市场后，发现中国人的购物习惯和欧美人有很大的不同。在美国的大卖场，食物和熟食制品通常只占店面的10%以下，而在中国的大卖场，这一比例在50%左右；在送货问题上，中国复杂的城市交通状况也导致顾客自助提货的时间成本更高。

2008年，沃尔玛根据大量的顾客反馈发起了“影响力项目”，专为改善顾客体验而改造店面，去掉了过道里难看的货盘和货架两端的展示，货架上也不再塞得满满当当。随后，顾客满意度果然得到了提升，但门店销售额却纷纷下跌，且下跌持续时间打破了公司有史以来的纪录。沃尔玛首席财务官查尔斯·霍利说：“多数顾客还是会来我们店里买东西的，但也开始更多地去别的店里买东西。”

沃尔玛中国电子商务及科技高级副总裁霍斯博表示：“如果你看看欧美国家，你会发现人们的生活方式比较简单，消费者一般只会去实体门店购物。90%的美国消费者距离购物场所所需的开车时间不超过20分钟，所以自助提货方案很适合美国。但中国人的生活方式相对多样化，同时这里的物流成本仅仅是美国的十分之一，因此我们要改变战略。”

在电商和物流发达的中国，网络购物和移动支付已经在一定程度上改变了中国的零售商业生态。因为相对于欧美普及已久的信用卡支付习惯，移动支付具有不可替代性。中国是一个非常数字化的市场。在美国，人们不可能说：“我想去这个零售门店，因为它使用了人工智能(AI)和区块链技术。”

通过解决顾客排队结账的痛点，提升顾客购物体验，沃尔玛与腾讯智慧零售合作，在2018年1月推出“扫玛购”。其在本质上相当于一个虚拟购物车，消费者可以通过小程序扫描商品上的条形码将商品加入“购物车”，再通过微信支付自助结算，生成离场二维码。截至2018年12月初，“扫玛购”用户数突破2 000万。可见对于外资企业来说，了解中国消费者是多么重要。沃尔玛释放出一个积极的信号：一个更加开放的沃尔玛，必将更加适应中国。

资料来源：沃尔玛：一切创新都将围绕个性化顾客体验.哈佛商业评论，2019-01-25.

讨论题

1. 你认为沃尔玛满足不同市场需求的案例体现了哪种新的管理理论？
2. 结合案例谈谈如何让企业提高自身适应性并长久不衰？

第4章 计划的原理与方法

学习导航

- 计划的概念和类型
- 计划的特征和作用
- 目标管理的基本思想和步骤
- 预测的行为过程及其意义
- 对比定性预测法和定量预测法
- 决策的步骤和类型
- 决策方法及其适用范围

引例 长期主义者，没有对手

今天的云计算领域中，阿里云排名亚太第一，世界第三。百度按理说在这方面更具优势，可是百度云为什么远远不如阿里云？当年云计算所需的投入非常大，每年十几亿元，连续几年的时间，这给阿里造成了巨大的资金压力，而且还看不到希望。当时在阿里负责云计算的王坚，现在是中国工程院院士，当年一度被认为是个骗子。那几年阿里每年的战略会上都要讨论一个问题：要不要取消这个项目或解散这个团队？云计算团队很长时间都是惶恐不安的，不知什么时间会被解散。

最终阿里决定要做云计算，而且要投100亿元。整个团队的士气一下子就上来了，大家知道没事儿了。2012年，认为云计算前途无望的百度解散了自己的云计算团队，这个团队后来被阿里完整接收。云计算的最终结局，从那一刻基本就已经确定了。阿里做的所有决策，都是为了七八年以后战略布局的。

阿里云的最终胜出，靠的就是这种长期主义的战略。在长期与短期之间、在全局与局部之间、在追求使命与追逐眼前利益之间，当这些纠结出现的关键时刻，你究竟如何抉择，最能暴露你深层次的追求究竟是什么，也最能决定你和组织的最终命运。

资料来源：郑刚，林文丰. 天空中飘来一朵"阿里云"：中国自主云计算技术如何从0到1. 中国管理资料共享中心，并经案例作者同意授权引用，有删改。

从以上案例中不难看出，仅仅对已经遇到的问题进行决策是远远不够的，"人无远虑，必有近忧"。人们的任何行为都是一个持续的过程，当我们要做一件事情时，必然要对未来可能出现的问题进行决策。

这种以未来可能出现的问题为对象的决策方案就是计划。计划是各类组织谋求未来发展不可缺少的预先设计和安排。计划为组织提供了未来的行动远景。计划工作的质量好坏集中体现了组织管理水平的高低。本章主要通过对计划的内容、体系以及计划流程和方法等方面的阐述,使读者对计划这项管理的基本职能有个全面的了解,掌握必要的计划工作方法和技能,从而提高管理效率。

4.1 计划概述

4.1.1 计划的概念和特点

1.计划的概念

"计划"一词,既可以是名词,也可以是动词。作为名词,计划是指通过文字或数字指标表示出来的工作或行动的具体内容和步骤;作为动词,计划是指事前拟订计划的工作过程。在管理学中,计划是指为了实现组织目标而事先制定工作的内容和步骤,它是全体组织成员在一定时期内的行动纲领。

计划的概念有广义和狭义之分,广义的计划概念包括制订计划、执行计划、检查计划执行情况和调整计划四个相互关联的过程。其中制订计划是一个包括环境分析、目标确定、方案选择的过程,预测和决策都是这一过程中某一阶段的工作内容。狭义的计划概念仅指制订计划。本书所说的计划是指广义的计划。

计划是各种组织管理不可缺少的工作过程和环节,不论是工商企业组织,还是政府组织、非政府组织,如果想在竞争的环境和条件下生存和健康发展,就离不开计划工作。计划的功能主要有以下几方面:

(1)能够为管理者和被管理者指明前进的方向。组织的计划包括组织目标和活动步骤。组织目标和活动步骤能使组织成员清楚自己的工作方向和任务,为达到目标,组织成员会进行协调和配合。因此,计划能够提高组织工作效率,促进组织目标实现。

(2)可以减少不确定性对组织的影响和冲击。计划是在预测的基础上对未来所做的安排,尽管预测不可能很准确,但计划仍可以对一些不确定因素做出预测,采取必要的措施加以防范,进而减少了一些不确定因素的影响,并可以使管理者预见到行动的结果。

(3)减少无序和浪费。在计划实施之前往往会掩盖许多浪费和冗余,由于计划有明确的目标和活动步骤安排,因而使组织活动变得有序而经济,减少了无序和浪费。

(4)有利于管理控制。在计划工作中,目标是不断发展的。在管理的控制职能中,绩效往往需要与目标相对比。一旦识别出明显的偏差,就可以进行纠正。若没有计划工作,就很难进行有效控制。

2.计划的特点

(1)目的性。任何计划,不论是政府计划,还是企业计划,都有明确的目的性,即通过计划对组织发展目的和行动步骤做出安排,促使组织总目标和阶段目标顺利实现。

(2)首位性。就管理的各项职能而言,计划是首要职能,是其他各项职能的基础和依据。

从管理过程的实际来看，计划工作领先于组织、人事、领导和控制等其他管理职能。从计划在管理过程中的作用来看，计划工作影响和贯穿于组织、人事、领导和控制职能之中。因此，要做好管理工作，计划工作必须先行。

（3）普遍性。虽然管理者的工作性质、管理层次各不相同，但每一位管理人员的工作中都少不了计划职能，各层次的管理活动都需要进行计划。如高层管理者要制订战略计划，中层管理者要确定施政计划，基层管理者要实施作业计划，所以说，计划是各级管理人员的基本职能，具有普遍性。

（4）效率性。计划的效率性主要指时间和经济性两个方面。任何计划都有计划期的限制，也有实施计划时机的选择。经济性是指计划应该以最小的资源投入获得尽可能多的产出。计划工作的任务不仅要确保组织目标的实现，而且要在实现目标的途径中选择比较好的行动方案，以减少组织活动的无序和浪费，提高组织工作的绩效。也就是说既要“做正确的事”，又要“正确地做事”。因而，计划工作本身具有讲求效率的内在要求。

（5）创新性。计划工作是面向未来的设计和安排，未来充满变数，各种不确定因素层出不穷。计划工作总是针对需要解决的新问题和可能发生的新变化、新机会而做出决定，因而它是一个创造过程。无论什么计划，一味因循守旧是不可能应对变数的，因此，寻求创新也是制订计划的特性和要求。

4.1.2 计划的内容、分类和要素

1. 计划的内容

一项完整的计划，通常包括做什么、为什么做、何时做、何地做、谁去做和怎么做这几方面的内容，即“5W1H”，计划必须清楚地确定和描述这些内容。具体含义如下：

（1）做什么（What）：对计划的目标和任务的确定。例如：对于企业生产计划而言，是指企业在一定时期内生产什么产品，生产多少，要达到多少产值。对于政府国民经济发展计划而言，是指一定时期内国民生产总值达到多少，国民经济发展应采取什么措施，应优先发展哪些产业。

（2）为什么做（Why）：明确计划工作的原因和目的，使计划执行者了解、接受和支持这项计划，把“要我做”变为“我要做”，以充分发挥下属的积极性、主动性和创造性，实现预期目标。实践表明，只有组织成员明确组织计划工作的原因和目的，他们工作时才有积极性和主动性。

（3）何时做（When）：规定计划工作的时间限制，如何时开始，何时结束。时间的规定是计划工作必不可少的内容，它是组织工作讲求效率、合理安排组织各种资源的重要依据。

（4）何地做（Where）：规定计划的实施地点或场所，明确计划实施的环境条件和限制因素，以便合理安排计划实施的空间。

（5）谁去做（Who）：对计划执行者的确定。这需要划分各部门和组织单位的任务，明确规定实施计划的部门和人员，包括每一阶段的责任者、协助者，各阶段交接时由谁鉴定、审核等。

（6）怎么做（How）：如何行动。这需要明确计划实施的具体行动措施、政策、规则，以及对人力与物力资源分配和使用的规定。

2. 计划的分类

依据不同的分类标准可以把计划分成不同的类型。常见的计划分类标准有四种:按计划的广度分类,可分为战略计划和行动计划;按计划的时间分类,可分为长期计划、中期计划和短期计划;按计划的明确程度分类,可分为指导性计划和具体计划;按计划的内容分类,可分为综合计划和专项计划。

(1)战略计划和行动计划

战略计划是组织设立的总体目标,是寻求组织长远发展的宏观性质的计划。它由高层管理者负责制订,体现了组织在未来一段时间内总的战略构想和总的发展目标及其实施的途径。战略计划具有长远性、全局性、指导性等特征,它决定了在相当长的时间内组织资源的运行方向和设计组织的各个方面,并在较长时间内发挥指导作用。

行动计划是在战略计划所规定的方向、方针、政策框架内,确保战略目标的落实和实现、确保资源的取得和有效运用的具体计划,它主要描述如何实现组织的整体目标,是战略计划的具体化或战略计划的实施计划。表 4-1 是战略计划与行动计划的比较。

表 4-1 战略计划与行动计划的比较

比较项目	战略计划	行动计划
时间跨度	三年或三年以上	三年以内(周、月、季、年)
范围	涉及整个组织	限于特定的部门或活动
侧重点	确定组织宗旨和目标、明确战略和重大措施	明确实现目标和贯彻落实战略、措施的各种方法
目的	提高效益	提高效率
特点	长远性、全局性、指导性	局部性、指令性、一次性

(2)长期计划、中期计划和短期计划

长期计划通常又称为远景规划,期限一般在 5 年以上,是为实现组织的长期目标服务的具有战略性、纲领性、指导性、综合性的发展规划。它规定在这段较长的时间内组织以及组织的各部分从事活动应该达到什么样的状态和目标,即组织的发展蓝图。

中期计划来自组织的长期计划,期限一般为 1～5 年,是根据长期计划提出的战略目标和要求,并结合计划期内实际情况制订的计划。它是长期计划的具体化,同时又是短期计划的依据。

短期计划是最接近于实施的行动计划,期限一般在 1 年左右,是为实现组织的短期目标服务的。短期计划是执行性计划,内容更加具体、详尽,是对长期和中期计划的具体落实,同时又对中期计划起着反馈作用,其执行情况是修订中期计划的依据。

(3)指导性计划和具体计划

指导性计划只规定一般的方针和指导原则,指出重点,但不为管理者限定具体的目标或特定的行动方案。

具体计划则具有明确规定的和可衡量的目标以及一套可操作的行动方案。组织通常根据面临的环境的不确定性和可预见程度的不同,制订这两种计划。

(4)综合计划和专项计划

综合计划是指对组织活动所做出的整体安排,包括的内容是多方面的,涉及组织的多个部门、多个目标，如企业的年度生产经营计划包括销售、生产、财务、研发等计划。

专项计划又叫专题计划，是指为完成某一特定任务而拟订的计划，例如基本建设计划、新产品开发计划等。

综合计划与专项计划之间是整体与局部的关系，专项计划是综合计划中某些重要项目的特殊安排。

3. 计划的要素

从抽象到具体，计划可以形成一个层次体系，它们依次是宗旨或使命、目标、战略、政策、程序、规则、规划、预算等，如图 4-1 所示。

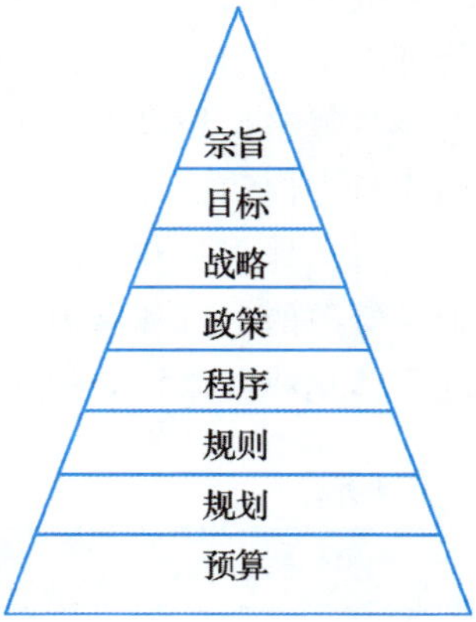

图 4-1　计划的层次体系

(1)宗旨

宗旨描述组织的价值观、组织的抱负和组织存在的原因。宗旨就是着重表明社会对该组织的基本要求、组织的基本作用和根本任务的计划。宗旨对组织的各项任务只做最一般的表述，其重点是明确组织是干什么的。

一个表述清楚明确的宗旨是组织目标和计划的基础。通常宗旨应该包括定义组织区别于其他类似组织的基本业务范围。宗旨的内容常常指向市场、顾客和识别经努力可以达到的领域。

(2)目标

目标是组织一切活动的出发点和归宿。如果说宗旨是一个组织最根本的目的，那么它需要通过目标的具体化才能成为行动的指南。目标具体规定了组织在一定时期内要达到的具体成果，一般需要用定量数据表述。通常目标是分层次的，组织不仅应该有自己的总目标，也应有不同层次、不同部门的分目标，并构成一个目标系统。

(3)战略

战略是组织为实现长远目标而选择的发展方向、所确定的行动方针以及资源分配的一种总体规划。战略是指导全局和长远发展的方针，它不是要具体说明组织如何实现目标，而是指明方向、重点和资源分配的优先次序。对组织来说，都有各自的战略，如企业有企业战略，政府有政府战略。组织要想有较好的发展，必须慎重制定战略。

(4)政策

政策是组织为实现组织目标，规范组织成员行为所规定的行动准则。政策往往是针对某些问题事先规定的，因而属于计划的内容。组织都有自己的政策：政府制定公共政策，如经济政策、政治政策、文化教育政策等。非政府组织也有自己的管理政策。组织的政策对组织成员具有引导、规范、控制等功能，是组织管理必不可少的工具。

(5)程序

程序是处理问题的例行方法、步骤，通俗地说程序就是办事手续。程序也是计划的一种，任何组织都有自己的管理程序，如政府对土地审批有自己的程序，企业财务管理也有复杂的程序。程序的实质在于处理事情的时间顺序性。程序不仅能够减轻管理者的工作负担，也能够使管理规范化，减少各种问题发生的概率。

(6)规则

规则是一种简单形式的计划，它为组织的具体工作做出一系列限制和规定，详细阐明哪些是必需的行动或者非必需的行动，并且没有酌情处理的余地。规则不同于政策，它使组织成员面临特定情况时只有一种选择，没有自由处置权。规则也不同于程序，程序强调活动的时间顺序，规则没有时间顺序的规定。

（7）规划

规划是综合性计划，包括目标、政策、程序、规则、任务分配、要采取的步骤、要使用的资源，以及为完成既定行动方针所需要的其他因素。规划有大有小，大到国家规划，如国民经济发展十年规划，小到班组规划，如人员培训规划。一个主要的规划可能需要一系列的支持计划，以某城市建设规划为例，由于需要建设许多市政设施，如果要使投资得当，就需要很多支持计划，如：必须详细制订土地使用规划、城市公共交通规划、城市环境规划、城市卫生规划、城市发展规划等。

（8）预算

把预期的结果用数字化的方式表示出来就形成了预算，它是一种“数字化”的计划。预算可以帮助组织的上层和各级管理部门的主管人员，从资金和现金收支的角度，全面细致地了解组织经营管理活动的规模、重点和预期成果。在许多公司型组织中，预算是基本的计划工作手段，它通常是为规划服务的，同时预算也是一种控制手段。预算工作的主要优点是它促使人们去详细制订计划，去平衡各种计划。

4.1.3 计划的原则

计划工作作为管理的首要职能，有自己的特征，因而也要遵循一定的原则去制订和执行计划。计划的原则主要有以下几方面：

1. 限制性因素原则（木桶原理）

所谓限制性因素是指妨碍计划实现的因素。限制性因素原则也被人们称作“木桶原理”，其含义是木桶能装多少水，不取决于桶壁上最长的那块板条，而取决于最短的那块板条。因此，在组织制订计划时，管理者要认真分析影响计划实现的限制性因素，并针对限制性因素，制订相应的行动方案和措施，以保证计划的实现。在计划工作中，越是能够了解和找到对目标起限制性和决定性作用的因素，就越能准确地、客观地选择可行的方案。

2. 合理期限原则（许诺原理）

合理期限原则也被人们称为“许诺原理”，许诺原理是指任何一项计划都是对完成各项工作所做出的承诺，因而许诺越大，实现许诺的时间就越长，实现许诺的可能性就越小。这一原则涉及计划期限的问题，要求管理者针对计划的内容，合理制定计划的期限。计划对太长或太短的期限都是无效的。许诺原理的含义是：对合理的计划工作要确定一个未来的时期，这个时期的长短取决于实现计划中所许诺的任务所必需的时间。

3. 灵活性原则（弹性原则）

这一原则是计划工作中最重要的原则。所谓灵活性原则是指管理者在制订计划时要留有余地，不要把计划定得过死，以便应对各种不测事件。一般情况下，计划的灵活性越大，组织应对各种不测事件的能力越强。强调计划的灵活性，必须把握一个合适的度，否则灵活性过大，计划就失去了意义。

4. 权变原则（改变航道原理）

这一原则是强调管理者在执行计划的过程中，根据管理环境和条件的变化，可以对计划做必要的检查和修正，以增强计划的应变能力。一般来说，计划对未来的预测不可能完全和准确，因此在执行计划的过程中不能持教条主义的态度，而应该根据环境和条件的变化对计划做适当的修正，以保证计划工作的正常进行。就像航海家一样，必须经常核对航线，一旦遇到情况可绕道而行，故此原则又称为“改变航道原理”。需要注意的是，权变原则与灵活性原则二者之间既有区别，又有联系。其区别在于，权变原则适用于计划的执行过程，灵活性原则适用于计划的制订过程；其联系在于，二者的目的是一致的，都是为了保证组织目标的实现。

4.2 计划的程序和方法

4.2.1 计划的程序

计划制订的程序如图 4-2 所示。

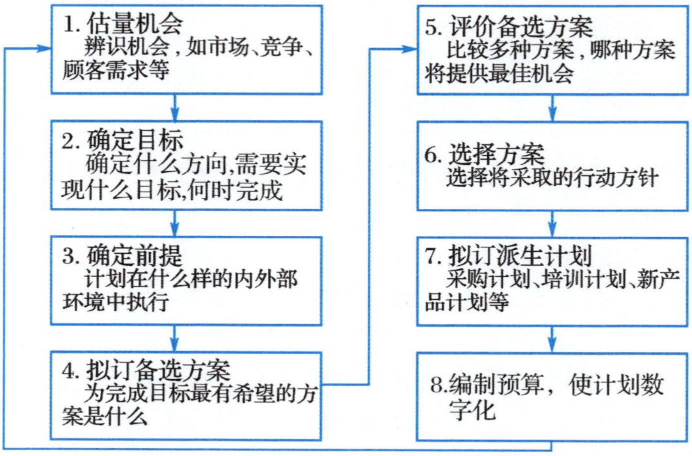

图 4-2 计划制订的程序

1. 估量机会

这是计划工作的起点，其主要内容包括：广泛搜集信息资料，在调查研究和社会需要分析的基础上，对组织将要面临的机会、获得成功的内外条件、成功的可能性大小进行分析和估计，比较本组织的有利条件和不利条件，弄清楚目前所处的地位及面临的不确定因素，并对未来可能取得的成果进行展望。一个组织能否把切实可行的目标确定下来，关键就在于能否准确地估量机会。

2. 确定目标

对形势和机会进行正确估量之后，就要具体确定组织未来行动的目标，包括总体目标的设定、目标的分解、目标结构和重点的分析、具体目标值的确定等，以指明将要做的工作及其重点，告诉员工要完成的任务是什么。可见，在计划管理过程中，一方面要将目标转换为手段，另一方面还要同时把广泛的目标细化为更具体的目标，可以说确定目标贯穿于整个计划工作过程之中。

3. 确定前提

计划工作的前提就是计划工作的假定条件，也就是执行计划时的预期环境，这是靠预测得来的。作为长期计划的基础，科学预测不仅能减少未来环境不确定性的影响，而且能为更好地利用已知环境的管理决策规定范围。由于计划的未来情况非常复杂，所以计划前提的预测要比通常的基本预测内容多得多，但要想对每个细节都提出假设是不现实的，也是不经济的，因此，前提的确定应该选择那些对计划工作具有关键性的、有战略意义的、对计划情况最有影响的预期环境因素。

4. 拟订备选方案

一个计划往往同时有许多可供选择的方案，计划制订者的首要工作就是要考察大量可供选择的方案，排除希望最小的方案，选择最有成功希望的几个方案，减少可供选择方案的数目，以便能集中精力和时间对希望最大的方案进行充分的论证。但在排除希望最小的方案时，应十分谨慎，因为有时不太引人注意的方案反而却是最好的方案。

5. 评价备选方案

评价备选方案时往往会发现几个可供选择的方案各有利弊，且都存在大量的变量和约束条件，因而需要运用运筹学、决策分析等技术进行处理。在这一过程中，应注意发现每个方案的制约因素或隐患；在将一个方案的预测结果和原有目标进行比较时，既要考虑到许多有形的可以量化的因素，也要考虑许多无形的不能量化的因素；要用总体效益观点来衡量方案。

6. 选择方案

经过分析和评价，从备选方案中找出最令人满意的方案，这也是决策的关键性步骤，是决策的实质性阶段。当可供选择的方案不止一个时，管理者应先确定一个较佳方案作为计划方案，而把其他几个方案作为预备方案，一旦计划实施的条件有变，管理者能够从容应对，迅速适应变化的环境。

7. 拟订派生计划

选择方案后，就要拟订派生计划。派生计划就是总计划下的分计划，一个基本计划往往总是需要若干个派生计划来扶持，只有派生计划完成了，基本计划的实现才有保证。

8. 编制预算，使计划数字化

要把决策和计划转化为预算，使之数字化。实质上，预算是资源的分配计划，它一方面为汇总和综合平衡各类计划提供有力的依据，使计划的指标体系更加明确，另一方面也为衡量计划完成进度提供了重要标准，便于对计划的执行过程进行控制和约束。

4.2.2 计划的方法

1. 滚动计划法

滚动计划法是一种定期修订未来计划的方法。这种方法根据计划的执行情况和环境变化情况定期修订未来的计划，并逐期向前推移，将短期计划、中期计划和长期计划有机地结合起来。由于计划工作中很难准确地预测影响未来发展的各种因素的变化，而且计划期越长，这种不确定性就越大，因此，若硬性地按几年前制订的计划实施，可能会导致重大的损失。滚动计划法则可避免这种不确定性可能带来的不良后果。

滚动计划法的具体做法是，在计划制订时，同时制订未来若干期的计划，但计划内容采用近细远粗的办法，即近期计划尽可能详尽，远期计划的内容则可较粗略；在计划期的第一阶段结束时，根据该阶段计划执行情况和内外部环境变化情况，对原计划进行修订，并将整个计划向前滚动一个阶段，以后根据同样的原则逐期滚动。图 4-3 就是一个五年的滚动计划制订方法。

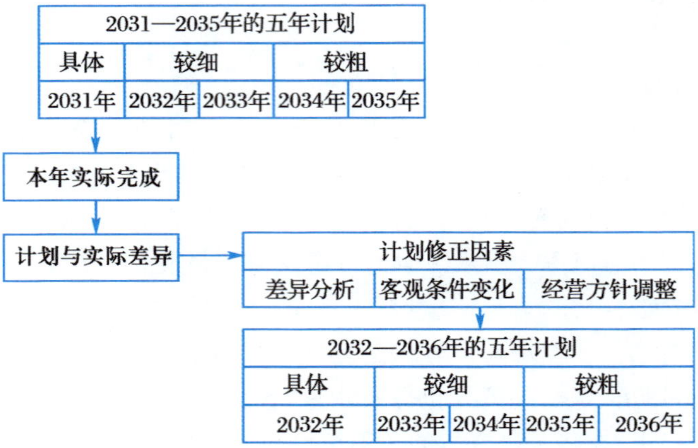

图 4-3　滚动计划法示意图

滚动计划法适用于任何类型的计划，其优点是：

第一，使计划更加切合实际，由于滚动计划相对缩短了计划时期，加大了对未来估计的准确性，能更好地保证计划的指导作用，从而提高了计划的质量。

第二，使长期计划、中期计划和短期计划相互衔接，短期计划内部各阶段相互衔接。这就保证了能根据环境的变化及时地进行调节，并使各期计划基本保持一致。

第三，大大增强了计划的弹性，从而提高了组织的应变能力。

滚动计划法的缺点是计划编制的工作量较大。

2. 甘特图

甘特图(Gantt Chart)是在 20 世纪初由亨利 · 甘特开发的，基本上是一种线状图，横轴表示时间，纵轴表示安排的活动，线条表示在整个期间计划的和实际的活动完成情况。甘特图直观地表明任务计划在什么时候进行，以及实际进展情况与计划要求的对比。

它虽然简单但却是一种重要的工具，甘特图具有简单、醒目和便于编制等特点，在组织管理工作中被广泛应用。它使管理者很容易搞清楚一项任务或项目还剩下哪些工作要做，并且能够评估工作是提前了还是拖后了，或是按计划进行。

图 4-4 绘出了一个图书出版的甘特图，时间以月为单位，在横轴上表示，主要活动从上到下列在图的左边。计划时需要确定图书出版包括哪些活动、这些活动的顺序，空白的线框表示活动的实际进度。

甘特图作为一种控制工具，帮助管理者发现实际进度偏离计划的情况。在图 4-4 中，除打印长条校样以外，其他各项活动都是按计划完成的，而长条校样比计划进度落后了两周。给出这些信息，项目的管理者就可以采取纠正行动，或是赶出落后的两周时间，或是保证不再有延迟发生。

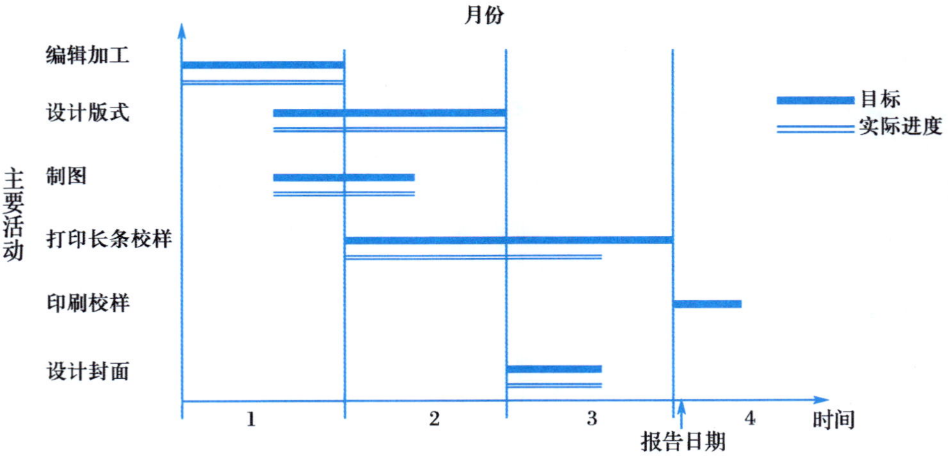

图 4-4 图书出版甘特图

此外，当计划中项目个数很多时，需要协调成百上千个活动，而且活动之间存在紧密的时间序列关系时，计划评审技术——PERT(Program Evaluation and Review Technique)网络分析法就成为一种十分有效的计划方法。PERT 是一种类似流程图的网络图，它标出了各项活动间的先后次序和完成时间，从而可使管理者借助 PERT 网络图找出完成计划目标的关键路径，以便比较各种不同行动方案在进度和成本方面的效果。

运筹学方法是计划工作最全面的分析方法之一。就内容讲，运筹学又是一种分析的、实验的和定量的科学方法，用于研究在物质条件(人、财、物)已定的情况下，为了达到一定的目的，如何统筹兼顾整个活动所有环节之间的关系，为选择一个最好的方案提供数量上的依据，以便为最经济、最有效地使用人、财、物做出综合性的合理安排，取得最好的效果。

4.3 确定目标

拓展阅读

目标的故事

在一堂培训课上，有个同学举手问老师："老师，我的目标是想在一年内赚 100 万元！请问我应该如何计划我的目标呢？"

老师便问他："你相不相信你能达成？"他说："我相信！"老师又问："那你知不知道要通过哪个行业来达成？"他说："我现在从事保险行业。"老师接着问他："你认为保险行业能不能帮你达成这个目标？"他说："只要我努力，就一定能达成。"

"我们来看看，你要为自己的目标做出多大的努力，根据我们的提成比例，100 万元的佣金大概要做 300 万元的业绩。一年：300 万元业绩。一个月：25 万元业绩。每一天约 8 300 元业绩。"老师说。" 每一天约 8 300 元业绩，大概要拜访多少位客户？"

"大概要 50 人。"同学回答。老师接着分析，"那么，一天要 50 人，一个月要 1 500 人；一年呢？就需要拜访 18 000 位客户。"

这时老师又问他："请问你现在有没有 18 000 位客户？"他说没有。"如果没有的话，就要靠陌生拜访。你平均一个人要谈上多长时间呢?”他说:“至少20分钟。”

老师说:“每个人要谈20分钟,一天要谈50个人,也就是说你每天要花16个多小时在与客户交谈上,还不算路途时间。请问你能不能做到?”

他说:“不能。老师,我懂了。这个目标不是凭空想象的,是需要凭着一个能达成的计划而定的。”

这个故事告诉我们,目标的达成需要成熟的工作思路和明确的工作计划支撑,而工作计划的有效性决定着目标的成败。作为管理者,在目标制定过程中,你的任务不是作为一个上级对下属的目标高低做出判断,而是一个合作者,作为下属的绩效合作伙伴,帮助下属分析目标是什么,目标值是多少,为什么,如何做。

资料来源:赵日磊.轻松做绩效,让员工和组织一起成长.中国电力出版社,2012

4.3.1 目标的性质和作用

1.目标的性质

(1)目标的层次性。组织目标是组织目的或宗旨的具体体现。从组织结构的角度来看,目标形成一个有层次的体系,包括社会经济目标和特定的个人目标。从纵向看,组织的目标可以划分为组织的整体目标、不同层次的目标和组织成员的个人目标。

(2)目标的多元性。组织目标是一个复杂的综合系统。由于分类标准多样化,故目标的类型繁多。企业组织的目标可以分为社会责任、利润率、市场份额、员工福利、产品质量、效率、财务稳定性等,政府组织的目标可以分为秩序、公平、正义、效率、安全、民主等。管理者要追求的目标不是单一的,应该是多元目标的综合。如果只追求单一目标,就会造成许多方面的遗憾,严重者会危害组织的存在和发展。

(3)目标的次序性。目标的次序性是指组织的众多目标存在优先的次序。一般来说,目标的先后次序与目标的时间有直接的关系。但有时也与时间无关,而与目标的重要性有关。确定目标的先后次序是一项重要的工作,但排列目标的先后次序并非易事,因为:①目标的性质可能不同,如政治的、伦理的、经济的、社会的目标,不便于比较其先后次序;②目标的数量多,相互关联性强,所以给目标排序比较困难;③目标排序受目标的明确性影响,如果目标模糊不清,排序则存在困难;④目标排序应与标准一致,如果标准不统一,排序则很困难。

(4)目标的时间性。许多组织为不同的时期制订不同的计划,就是考虑到目标的时间性。目标的时间性是指实现目标的时间长短不同,一般情况下,目标有短期目标、中期目标和长期目标之分。组织的短期目标是中长期目标的基础和手段,中长期目标是一系列短期目标的目的,是一系列短期目标按先后次序排列的结果。因此,在制定短期目标时应着眼于中长期目标,服务于中长期目标,中长期目标为短期目标的制定提供指导,长期目标与中长期目标之间形成一个相互关联的体系。为保证目标体系的实现,必须为组织的一个个短期目标制订计划,并把这些计划汇成总计划,以考查它的合理性、可行性。

(5)目标的明确性。一般来说,组织目标越明确、具体,对组织成员的引导作用越大。目标越明确,组织的管理绩效评估越容易。组织的目标可以分为定性目标与定量目标两种,定性目标多为描述性的目标,比如“好”“较好”等,定量目标则比较明确,多以数字表示,如企业年利润要达到1 000万元。采用何种目标，取决于组织活动的特性。企业目标以定量目标居多，政府目标和非营利组织目标以定性目标居多。定性目标与定量目标相比，考核起来有一定难度，但绝不能仅仅为考核方便把不适宜使用定量目标的组织目标硬性规定为定量目标，以免给组织带来各种麻烦和损失。

(6)目标的协调性。组织的纵向目标与横向目标构成了一个纵横交错的目标系统。在组织目标设计过程中，为发挥目标系统的最优功能，应注意组织目标要协调，尽量减少和避免目标的矛盾与冲突。但确实无法避免目标冲突时，要根据目标的优先次序进行取舍，保留重要目标，取消或降低矛盾目标，以保证目标系统的协调性，使目标系统整体功能最优。

2. 目标的作用

(1)引导作用。目标既可以为管理者指明管理工作的方向，也可以为组织成员指明工作努力的方向，因而具有引导作用。

(2)激励作用。明确的组织目标能够激励个人为之奋斗，也能够激励组织成员进行群体协作和群体奋斗。而且一旦目标实现，对个人及群体都有极大的鼓舞，因而具有明显的激励作用。

(3)考核标准。实践活动中，评价管理者和组织成员绩效的标准有许多，但相对科学的标准应该是目标，目标是考核管理者和组织成员管理绩效和工作绩效的客观标准。依据目标考核不仅易于操作，而且具有较大的可靠性。

实战演练

设定目标

考虑自己关于学好“管理学”课程的目标。为了得到高分，都需要做什么？自学并了解“有效目标的标准”，并根据这些标准进行目标设定。另外，还需要制定一套系统来监控过程。表4-2中列举了你可能选择的目标类型，可将此作为参照。

表4-2 管理学课堂学习计划表

目标	教学周			
	第1周(从现在起)	第2周	第3周	第4周
1. 100%出勤率				
2. 课堂笔记				
3. 阅读指定的章节				
4. 概括章节大意				
5. 定义/术语				
6. 回答章末问题				
7. 课堂参与情况				
8. 小组讨论参与情况				
……				

4.3.2 目标管理

1.传统的目标设定方法

传统的目标设定一般由组织的最高层管理者进行，然后分解成子目标落实到组织的各个层次上，这是一种单向的过程：由上级给下级规定目标，是典型的“命令式管理”。其管理的特点是具有非操作性，即目标在从抽象性转化为具体性的过程中，必须经过层层过滤，在每一层加上可操作性含义，例如：

最高管理当局：我们需要改进公司的绩效。

事业部经理：我希望看到我们事业部利润显著增长。

部门管理者：增加利润，不管用什么方法。

雇员个人：不必担心质量，只管快干。

显然这种目标设定方法，丧失了目标清晰明确以及一致性的特点，是不科学的，也是不好的。人们逐步发现，要使组织上下目标一致，且全体成员完全了解，应由组织成员亲自参加工作目标的制定，实现“自我控制”，并努力完成目标。这样目标管理就产生了。目标管理提供了一种将组织的整体目标转换为每一单位和每个成员目标的有效方式。

2. 目标管理的形成与发展

目标管理(Management by Objectives，MBO)是 20 世纪 50 年代中期出现于美国，以泰勒的科学管理和行为科学理论(特别是其中的参与管理)为基础形成的一套管理制度。

1954 年，彼得·德鲁克在《管理实践》一书中首先使用了这个概念，并在其后的论述中，提出了“目标管理与自我控制”的主张。德鲁克认为，一个组织的目的和任务，必须转化为目标，如果一个领域中没有明确的目标，则这个领域必然被忽视。而目标管理最大的好处是，它使员工能够控制他们自己的成绩，这种自我控制会激励员工尽自己最大的努力把工作做好。因此，他提出，让每个员工根据总目标的要求，制定个人目标，并努力达到个人目标，这样能使总目标的实现更有把握。在目标管理的实施阶段和成果评价阶段，应做到充分信任员工，实行权力下放和自我管理，发挥每个员工的主动性和创造性。德鲁克的分析在当时的管理领域产生了巨大的影响，并为目标管理的实际应用打下了坚实的基础。

1954 年，几乎在德鲁克出版《管理实践》一书的同时，美国通用电气公司进行改组，在分散化的管理决策中，要求用具体的客观目标和目标实施进程的客观计量来代替主观评价和个人监督。在这里，公司使用了目标管理的各种要素，突出了目标的可考核性，并用定量的、客观的标准去衡量管理绩效和进行工作评价，从而丰富了目标管理的内容，使目标管理很快地成为工作评价的主要方法。

3. 目标管理的概念与特点

目标管理的概念可以从以下几方面的特点来理解：

(1)目标管理是参与管理的一种形式

上下级在一起共同确定目标。首先确定出总目标，然后对总目标进行分解，逐级展开，通过上下协商，制定出企业各部门、各车间直至各个员工的目标，用总目标指导分目标，用分目标保证总目标，形成一个“目标-手段”链。

(2)管理目标强调“自我控制”

目标管理的主旨在于用“自我控制”代替“压制性管理”,使管理人员能够控制自己的成绩。这种自我控制可以成为更强烈的动力,推动他们尽最大的力量把工作做好。

(3)管理目标注重管理绩效,是一种成果管理

目标管理非常强调成果,注重目标的实现,重视目标的评定,因此也叫“根据成果进行组织管理的方法”。

4. 目标管理的具体过程

(1)目标的制定与展开

目标管理从制定目标开始。制定目标包括制定企业的总目标及总目标的展开,即根据总目标自上而下分别制定部门目标和个人目标。

(2)目标的实施

为保证目标的顺利实现,在目标实施阶段要着重抓好两个方面的工作:

第一,权限下放与自我控制。目标管理强调重视成果与目标一致的原则。在目标实施的过程中,上级关心的应该是下级是否能够完成目标,取得最终成果,至于下级采取什么方法和手段,通过什么途径来达成目标,应该由下级自己决定。实施过程中,上级尽可能下放权限,给下级自由处理的余地,权限下放的同时,强调下级执行责任和报告的义务。下级在实施过程中,一面对照自己的目标检查行动,一面要依靠自己的判断充分行使下放给自己的权限,努力达到目标,这就是自我控制。

第二,实施过程中的检查与控制。没有检查,就会变成放任自流。检查可以促进各部门和个人认真地实现目标。目标实施过程的检查一般实行由下级自查报告和上级巡视指导相结合,对目标实施采取动态控制。

(3)目标成果的评价

主要通过评价活动,总结经验教训,使员工不仅获得自我实现的满足感,更能认识自己的不足。目标成果的评价一般实行自我评价与上级评价相结合,共同协商确认成果。

目标成果的具体评价一般采用综合评价法,即对每一项目标按目标的达成程度、目标复杂程度和达成目标的努力程度三个要素来评定。

5. 对目标管理的评价

目标管理是应用非常广泛的一种管理方法,概括起来主要有以下优点:

(1)有利于提高管理效率和管理水平。目标管理对目标的强调保证了组织的所有管理活动围绕着完成组织的经营目标。这种有的放矢的管理一方面保证各层次管理人员权责明确,各行其是,增加管理工作的规范性,另外通过员工的广泛参与,保证了管理的科学性和有效性。

(2)有利于暴露组织结构的缺陷,进行机构改革。目标的归口管理要求组织结构权责明确,目标管理的自我控制原则要求组织结构的设定要以分权为基础,要授权充分,权责明确。目标管理其实是分权制的结果。

(3)有利于调动员工的积极性、创造性和责任心,有效激励员工完成组织目标。

(4)有效实现监督和控制,减少无效劳动,同时消除组织内部的平均主义。

目标管理的自我控制与上级控制相结合的目标控制体系,保证了在目标执行过程中及时纠正各种偏差,从而确保了劳动的有效性。

目标管理在应用中也有一定的局限性，主要不足体现在以下几个方面：

(1)目标制定与分解时，员工参与较费时、费力。

(2)目标制定较为困难，导致目标成果的考核与奖惩不能完全一致。

目标定低了，容易达到，进行奖励时，容易引起其他部门的不满；目标定高了，难以达到，进行奖励时，容易打击员工的积极性。

(3)员工素质参差不齐影响目标管理的实施。

(4)具体实施中目标一般是短期的，可能会导致短期目标与长期目标的相互脱节。

4.4 预 测

4.4.1 预测的概念、作用、重要性和意义

1. 预测的概念

预测是人们立足于现实，根据过去的经验，并运用某些技术和方法，对未来环境和事物变化趋势做出的推测和估计。

预测的历史由来已久。早在我国远古时代，由于知识和经验的缺乏。国王在做出重大决策前通常要通过占卜来进行预测。这种方法一直沿袭到近代中国，部分封疆大吏通过占卜做决定，由于方法不科学，许多预测不可避免地遭到了失败。当然，在几千年漫长的历史发展过程中，我国劳动人民凭借自己的聪明才智也积累了丰富的预测经验，掌握了许多预测方法，但这些预测经验和方法属于经验预测的范畴，几千年来概莫如此。

随着现代科学技术的发展，预测早已摆脱了落后的、非科学的方法，而发展出许多先进的、科学的方法和技术，预测也由过去的经验预测发展为科学预测。科学预测是以科学理论为指导，以知识和经验为依据，在科学分析的基础上，运用各种预测方法和技术，对所掌握的信息进行分析和判断，从而对预测对象在未来的状态及变化趋势进行估计和推测的过程。它具有不确定性、科学性、近似性和局限性等特点。

2. 预测的作用

预测的作用在于：①帮助管理者认识和控制未来的不确定性，使对未来的无知降低到最低程度；②使计划的预期目标同不断变化的外部环境与条件尽可能保持一致；③事先了解计划实施后的结果。

对于一个组织来说，无论是制订计划，还是做出决策，都需要对未来的组织状况做出估计，并以这种估计作为计划与决策的依据。一个国家在制订国民经济发展的长期计划时，如果不预测国际经济发展趋势，不预测本国的经济发展潜力，就很难制订出有指导性的国民经济发展计划。一个企业不做好预测工作就很难在竞争激烈的市场中立足和发展。日本汽车工业的振兴就得益于他们的远谋和预测。早在20世纪60年代，日本汽车工业还处在购买外国零部件进行组装阶段时，就预测到70年代会出现石油危机的问题，于是便做了设计和生产低油耗汽车的准备。以丰田汽车公司为首，瞄准美国市场，做出了设计和生产小型省油轿车的决策。果然如其所料，当1972年中东石油涨价以后，石油危机震动西方世界，丰田汽

车公司凭借其低油耗的优势，一举打进并占领美国和西欧市场。日本汽车工业的迅速发展，并不是因为它原有基础好，而是得益于科学的预测，有长远的决策，可见预测的重要性不可小视。

3. 预测的重要性和意义

概括起来，预测的重要性和意义主要体现在以下几方面：

(1)预测是使管理具有预见性、减少管理不确定性的一种手段

预测既是计划工作的前提，又是计划工作的一个重要环节。科学的预测是应用科学的理论和方法，对客观事物的发展过程及其变化趋势进行预见、推测，为制订计划和做出决策提供客观、不带偏见的数据和资料，给计划工作创造良好条件，使人们能够充分合理地运用人力、物力、财力等各种资源和机会，制订出一个最佳方案，并能以较大把握来实现它。可见，科学预测是计划的先决条件，能提高管理的预见性。

(2)科学的预测可以使计划和决策避免片面性和局限性

预测过程必须对管理系统的内外情况及其内在联系进行全面的分析、估计，对事物发展可能出现的各种可能情况进行全面考虑，这样，科学的预测才可以使计划和决策避免片面性和局限性。这不仅为管理者制订计划和进行决策提供了科学的依据，而且在发生非常情况时，使管理者具有适应客观条件变化的能力，或者把损失减少到最低程度的应变能力。

(3)预测有利于管理者高瞻远瞩

通过预测，可以促使各级管理人员把目光放得更远，面向未来，为应对未来的挑战做好充分准备。

(4)预测有助于及时发现问题和解决问题

通过预测，能够帮助人们发现工作在哪些方面缺乏必要的控制或者失去控制，以便及时采取措施加以解决和改进。

4.4.2 预测的分类

预测所涉及的领域极其广泛，种类繁多，按不同的范围、不同的对象、不同的时间，可以将预测分为不同的类别。

1. 按预测的内容分为社会预测、经济预测、技术预测和科学预测

(1)社会预测

社会预测是用科学的方法，对各种社会现象及其发展趋势进行分析、预见和设想，从而控制和利用社会的发展趋势，预防社会发展中产生的不良后果。

(2)经济预测

经济预测是通过研究经济现象的客观规律性，对经济过程及其发展前景进行展望和推测。从宏观来看，经济预测是为国民经济长远规划、年度经济计划和经济政策服务的，主要预测国民收入的变动情况，财政、税收、信贷、价格等因素的变动对社会生产和市场供求的影响；预测科技发展前景对经济的影响；预测自然资源和劳动资源的情况；预测最终产品的需求量、各种非生产性的社会需要及再生产的社会条件等。从微观来看，企业组织的经济预测主要是经营预测，包括对经营方向、市场需求、产品销售等方面的预测，为企业决策提供依据。

(3)技术预测

技术预测是根据科学技术发展水平和社会实际需要的变化趋势,对技术发展趋势、技术发明、应用效果以及由此引起的技术结构变化进行估计、推测和判断。由于技术进步的速度越来越快,要求管理者要有战略眼光,密切关注新技术发展的动向。技术预测的内容包括:新工艺、新材料、新产品及其在各领域中推广应用的可能性,社会各领域对新产品的需求状况及其应用后的社会经济影响等。

(4)科学预测

科学预测是通过研究现代科学发展的客观规律及其各个领域的内在联系,对科学的未来发展进行预测、估计、分析和推测。因此,科学发展的趋势、基础研究和应用研究之间的比例关系、重点科研项目和研究课题的选定等,都是科学预测的内容。

2.按预测的时间分为长期预测、中期预测和短期预测

(1)长期预测

长期预测的时间一般在 5 年以上,大多属于长期宏观预测,它是组织制订长远规划的科学依据。

(2)中期预测和短期预测

中期预测的时间一般是 3 个月到 2 年,短期预测的时间一般在 3 个月以内。它们大多属于微观预测,是制订年度计划、季度计划、月度生产经营计划的依据。

3.按预测的性质分为定性预测和定量预测

(1)定性预测

定性预测主要是依据以往的经验和现有的资料对现象进行主观的判断和估计,它着重于对事物发展方向的分析和推测,而不是对事物进行数量上的估计。

(2)定量预测

定量预测是在大量调查的基础上,对资料进行处理,将一系列定性问题都转化为定量问题,然后运用数学方法,研究事物发展的状况及其结构关系,建立数学模型,并通过模型推测出数量预测值。它着重于对事物数量方面的分析判断和推测。如分析生产、销售和市场需求等各种趋势,并探索它们之间的内在联系和客观规律,对未来的市场发展做出定量的估计。

4.4.3 预测的步骤

预测的种类多样,不论是什么类型的预测,采用什么方法,预测的程序或步骤都是基本相同的,大致可分为以下几个主要步骤:

(1)确定预测的目标、课题和任务。要明确为什么预测和预测什么。

(2)调查、收集和整理资料。根据问题的性质和预测目标的要求,注意把握信息资料的数量、覆盖面和可靠程度。既要收集有关预测对象历史的、当前的资料(包括统计数据、调查报告等),也要收集大量的预测的背景资料,即有关的科学技术、经济、社会、政治和文化等方面的资料,而且,有时还要收集国内外同类预测研究的成果。在资料收集工作完成后,还要对资料进行分类整理,做到去粗取精,去伪存真。

(3)建立预测模型。要根据不同的分析类型建立适当的分析模型。对于因果分析中相

关关系的分析，要依据有关经济理论，利用数理统计技术，建立回归模型或计量经济模型。对于时间序列的分析，要区分趋势变化、季节变化、周期性波动和随机波动的因素，抓住主要变化因素建立数学模型。

(4)进行预测分析。将实际数据输入数学模型，通过计算求出结果。由于存在随机性，因此还应对结果的置信区间进行估计。

(5)评价预测结果。要将预测结果与定性分析的一般性结论进行对照，检验其合理性和可信程度。对于预测的精确性要求，应根据所要达到的目标合理地确定。

(6)提交预测报告。需要注意的是，预测步骤是一种相互关联的分析程序，每一步的工作质量都对最后的预测结果有着重要的影响，随意忽略某个步骤，都会给预测和计划工作带来严重后果。

4.4.4 预测的方法

不论哪种类型的预测，都需要使用一些预测技术或方法。20世纪60年代以来，人们已经研究出150多种预测方法，常用的也有十余种。各种方法都有自己的适用范围和对象，有时为提高预测的准确性，也会用几种方法预测同一对象。

预测方法众多，但从方法本身的性质来说，大体可分为定性预测与定量预测两大类。二者的区别在于是否使用数学模型和计算公式。定量预测要借助数学模型，定性预测则不需要使用数学模型。

1. 定性预测方法

定性预测方法是常用的一种方法，它适用于缺乏预测数据和资料的情况，更多地依靠预测人员的经验与分析能力，属于宏观性的预测。主要的定性预测方法包括：专家会议法、德尔菲法、典型分析法、类比法及相关图法等。

(1)专家会议法

它是指以专家会议为获取信息的手段，对预测对象的发展趋势和状况进行分析与判断的预测方法。专家会议法适用于比较复杂的预测对象和预测情境，特别是在缺少足够的统计数据和没有任何经验可资借鉴的前提下具有较好的预测效果。其优点是集思广益、思维共振、优势互补、信息共享。其最突出的缺点是容易出现乐队效应或从众效应。当专家们的意见自觉或不自觉地屈从于个别权威专家的意见时即产生了乐队效应。当专家们自觉或不自觉地以多数人的意见为准则，做出判断形成观点时即产生了从众效应。这两种心理效应都不利于科学预测。因此，在使用这种方法时应辅以其他方法。

(2)德尔菲法

德尔菲是古希腊的宗教崇拜中心，城中有阿波罗神殿，是祭祀阿波罗的宗教中心。阿波罗的预言成为全希腊最具权威的神谕，可以预卜未来，据说众神每年到德尔菲集会以预言未来，故借用此名。

1948年美国兰德公司和道格拉斯公司合作，研究一种通过有控制的反馈有效地收集专家意见的方法，并将其命名为德尔菲法。此后，德尔菲法被广泛应用于公共部门和私人部门的预测活动。

这种方法是采用匿名通信和反复征求意见的形式，使专家们在互不知晓、彼此不见面的情况下交换意见和信息，这些意见和信息在经过技术处理后就是预测的结果。概括地讲，德尔菲法就是有反馈的函询调查法，即将所要预测的问题和必要的背景资料，通过信函寄给专家，请他们提出意见或看法，在不泄露决策人倾向的条件下，将收到的专家答复意见加以综合整理，然后以不注明姓名的形式将归纳后的结果寄给专家，继续征询意见，如此反复几次，直到对预测问题的意见趋于集中为止。其实施过程如下：

①在有关领域内确定专家名单，一般以 30～50 人为宜，以信件的形式，向专家提出所要预测或决策的问题，并附上有关这个问题的各种背景资料，请他们书面答复。应该注意的是，问题的提出不应带有任何倾向性。

②采取背靠背的方式。各专家在回答问题时，不与其他专家交换意见，只表达自己的意见和看法。

③将各专家第一次回函所得的意见进行统计、归纳、综合并列表，不注姓名，再交给各位专家，请他们修正或坚持自己的意见，并书面答复调查人员。

④将各专家反馈回来的意见或判断置于修正表内，制成第三轮表格，再一次交给各专家，以便他们参照比较，再一次修正或坚持自己的意见。

⑤专家们的意见几经反馈后，通常预测或决策的结果渐趋一致，这个意见或判断即可作为预测或决策的基础。

这种方法最大的优点是：既依靠专家，又避免了专家会议法的不足。它的缺点是：信件往返时间长，可靠性不高，容易对不明确的问题过分敏感。

2. 定量预测方法

(1)时间序列法

时间序列法是根据统计数据的时间序列，对事物未来的变化趋势进行预测，其基本假定是预测对象在过去随时间变化趋势与其在未来随时间变化趋势相同。时间序列由四种因素构成，即长期趋势变化、季节变化、周期变化和随机波动。

长期趋势变化如国民生产总值的增长趋势；季节变化主要体现于一些季节性消费的产品上，如服装、冷饮、空调等；周期变化如经济周期、政策周期、粮食产量的周期变化等，这三种变化趋势可以预测。而随机波动没有时间规律，与社会上某种特殊因素有关，难以预测。如 2003 年春夏的“非典”时期，防“非典”中药材价格急剧波动，在河北某药材批发市场上，金银花由每公斤 20 元上涨到每公斤 300 多元，在广东省，一瓶食醋竟然卖到 400 元的天价。这种物价的随机大幅波动都是短期内的，预测价值不大。但前三种因素很有预测价值。

变化趋势的预测技术与方法通常用指数平滑模型、移动平均模型。

指数平滑公式如下：

$$Y_{t+1} = Y_t + \alpha(X_t - Y_t)$$

式中：Y_{t+1} 为对下一期的预测值；Y_t 为上一期对本期的预测值；X_t 为本期的观察值；α 为平滑指数，其范围为[0,1]。

在采用指数平滑公式进行预测时，要注意数值的确定，其作用是修正观察值与预测值的偏差。当观察值变动较大时，数值应选小一些，以便减少随机因素的干扰；否则，数值可以选大一些。

如果还要进行季节性预测，可以将上述指数平滑公式乘上一个季节指数，得到的公式为：

$$Y_{t+1}(j)=[Y_t+\alpha(X_t-Y_t)]S_j$$

式中：S_j 为季节指数；j 为季节序号，它可以是一年12个月中某个月的数字。

季节指数平均值的求法分三步进行：①求变化趋势。从时间序列中求出变化趋势。②求季节指数。用一年中各月的实际数据分别除以各月的趋势值，可得到各月的季节指数。③求季节指数平均值。为消除随机波动给季节指数计算造成的误差，提高季节指数的准确性，可以收集几年的数据，然后将求得的各年对应月份的季节指数相加再求平均值。

(2)因果预测法

该方法是根据事物间的因果关系对事物的未来变化进行分析和预测的方法。在现实中，人们发现某些变量间存在一定的因果关系，一个变量的变化会导致另一个变量的变化。如气候状况与农作物产量的关系。当人们能够准确地测定变量间的数量关系时，它们之间的关系就表现为函数关系；当人们难以准确地测定其数量关系时，它们之间的关系就表现为相关关系。对相关关系进行预测的方法有回归分析法、计量经济学法等。

回归分析是从事物变化的因果关系出发来进行预测的一种方法。回归分析的步骤为：①确定相关因素。②收集相关因素的数据资料，求出各相关因素之间的相关系数和回归方程，根据回归方程预测未来。③回归分析有一元回归分析和多元回归分析。凡求一个变量对另一个变量的回归方程叫一元回归分析；凡求一个变量对另外几个变量的回归方程叫多元回归分析。

一元回归方程的表达式为：

$$y=a+bX$$

式中，a 和 b 为回归系数。

二元回归方程的表达式为：

$$y=b_0+b_1X_1+b_2X_2+\cdots+b_pX_p$$

式中，b_0 为常数；$b_1,b_2,\cdots,b_p$ 为 y 对 $X_1,X_2,\cdots,X_p$ 的回归系数。

当某种预测结果受到多种原因变量影响时，可采用多元回归模型。而当预测变量与原因变量均不止一个，且相互间互为因果关系时，就需要将多个回归方程联立求解。

4.5 决 策

4.5.1 计划与决策

计划与决策的关系是一个有争议的问题。亨利·西斯克认为：计划是一个较为宽泛的概念；决策是计划过程中的一项活动，是在两个或两个以上的可选择方案中做一个选择。以西蒙为代表的决策理论学派则认为，管理就是决策，决策贯穿于整个管理过程中，因此，决策不仅包括计划，而且也包括整个管理活动。这两种相互对立的观点反映出学者们对计划与决策关系的不同理解，本章节在讨论决策问题时，采纳前一种观点，把计划看作一个较为宽泛的概念，是一个包括环境分析、目标确定、方案选择的过程，决策只是这一过程中某一阶段的内容，是计划过程中的一个环节。

角色模拟

读研究生或就业还是出国?

站在大三十字路口的张华面对激烈的竞争环境十分焦急,看着身边的同学有目标地忙碌着自己的事情,准备考研的都在紧张地复习,决定工作的或实习或联系合适的单位,还有一部分则在拼命地攻关英语为出国做准备。但到目前为止,学习管理的张华却还是很迷茫,不知道自己该走哪条路。

张华深感在这个“牛人”辈出的年代,即使自己这种名牌大学的毕业生也不一定能找到好工作。如今本科毕业生的资历实在是“小菜一碟”,加上自己的实战能力又不强,很难争取到一份既有挑战性又有不错薪金的工作。因而自己是一定需要再充电的,但如果先工作再考研就怕自己的精力不够,很难“面面俱到”,最好是现在就考。有了更高的学位,应该能够比本科生容易找工作。

而面对巨大的就业压力,高校毕业生报考研究生的趋势越来越明显,每年的考研百分比都在增长,难度相当大,而且考研的机会成本也高。两年的研究生生涯,要做研究、写论文,自己在技能方面不一定能得到很大的提升,等到毕业时就业形势会怎样谁也不能预料,说不定到时候更难找工作。这样一想,倒不如尽早找一份工作,走一步算一步,今后再决定自己该如何发展。

那么,是否可以考虑出国深造呢?随着国际交流越来越密切,现在许多企业、单位对于归国留学人员还是比较欢迎的,留学生似乎无形中就比国内的学生多一层优势,国外的学校相对来说也更重视对学生能力的培养和经验的积累,因此去国外长长见识对于自己今后找个好工作应该也是非常有利的,何况自己生活自理能力还可以,英语底子还不错。

思来想去,张华一方面认为自己的知识、能力还不够,有必要继续考研或出国深造,提升自己;另一方面,又怕出国或考研不成,到时候再找工作更被动。那么,对于最终想寻得一份好工作的张华而言,到底应该如何来做出决定呢?

在上述情景中,张华面临的是阶段性目标决策问题。类似的情景也常常出现在管理者面前。管理者在从事各项管理工作时,会遇到各种各样的决策问题,例如,今年的目标如何确定?由谁来接替某一部门经理比较合适?如何调动研发人员的积极性?如何保证某项重要工作的顺利进行?这些问题有的大,有的小;有的简单,有的复杂,但它们都需要被解决,都需要管理者做出决策,就如同张华的决策在一定程度上会影响其今后的人生道路一样,管理者决策的正确与否也在很大程度上影响组织的运作。

4.5.2 决策的含义

组织所处的外部环境中有许多因素都会对管理者及其组织带来机遇和威胁,在组织内部,管理者也必须处理在利用组织资源的过程中所产生的机遇和威胁。为了应对这些来自组织内外的机遇和威胁,管理者必须进行决策。

决策可以是指狭义的行动,也可以是指广义的过程。决策作为行动,是指在一系列方案中做出选择决定的行为。例如，张华对读研究生或就业还是出国的选择、决定买一款怎样的电脑、加入哪一个社团，以及管理者对于如何应对组织内外部环境的决定等。决策作为一种行动，在中文中的同义词是“决定”。

决策在更多的情况下是指发现问题或机遇，然后加以解决或利用的过程。做出决定是决策的重要组成部分，但只是其中的一个部分，而不是全部。因此，决策从本质上而言，是人们为了达到某一目的而从若干个备选方案中选择一个满意或最佳方案的分析判断过程。

这一定义告诉我们：

1. 决策的前提：要有明确的目的

决策是为了解决某个问题或实现一定的目标。没有问题，没有目标，就无须决策，也无从决策。因此，在决策前，首先要明确所需解决的问题或所期望达成的具体目标。问题的类型不同，目标的明确程度不一，适用的决策方式就不同。

2. 决策的条件：有若干个可行方案可供选择

一个方案无从比较其优劣，也无须选择，“多方案抉择”是科学决策的重要原则；决策要以可行方案为依据，决策时不仅要有若干个方案来相互比较，而且要确定这些方案必须是可行的。

3. 决策的重点：方案的分析比较

每个可行方案既有其可取之处，又有其不利的一面，因此必须对每个备选方案进行综合分析与评价，确定每一个方案对目标的贡献程度和可能带来的潜在问题，以明确每一个方案的利弊，为方案的选择奠定基础。

4. 决策的结果：选择一个满意方案

通过各个方案的分析比较，最终要做到“心中有数”，从而在此基础上选择出一个最好、最合适的方案。由于各方面因素的影响，追求技术上、逻辑上或理论上的所谓最优方案，既不经济也不现实。选择最优方案需要获得完整的信息，这在现实中往往是不切实际的，而且最优方案往往要求从诸多方面满足各种苛刻的条件，只要其中有一个条件稍有差异，选择最优方案的目标便难以实现。因此在最终决策时，不管我们是否以理性的方式进行决策，都要从现实角度出发，确定决策的最终结果是选择一个“满意方案”，即在现实条件下，能够使主要目标得以实现、其他次要目标也足够好的可行方案。

5. 决策的实质：主观判断过程

决策有一定的程序和规则，但它又受诸多价值观念和决策者经验的影响。在分析判断时，参与决策的人员的价值准则、经验会影响决策目标的确定、备选方案的提出、方案优劣的判断及满意方案的选择。因此，决策从本质上而言，是决策者基于客观事实的主观判断过程。

4.5.3 决策的类型

实践中组织管理活动涉及决策问题的范围十分广泛，内容较多，且各有特点。为便于决策者从不同层次上把握各类决策的特点，在决策中达到预期目的，科学地划分决策的类型，合理地采用不同的决策方法和手段是十分重要的。组织决策按照不同的角度可以分为以下几种类型：

1. 战略决策与战术决策

从决策的对象和涉及的时限来看，组织的决策可分为战略决策和战术决策。

战略决策是指组织适应时刻变化着的外部环境的一种决策，具有全局性、长期性、纲领性和方向性的特点。战略决策实施是组织活动能力的形成与创造过程，是组织的根本性决策，一般由高层管理者做出。

战术决策是在既定方向和内容下的活动方式，解决的是组织的某个或某些具体部门在未来各个较短时间内的行动方案，战术决策是战略决策的落实，属于执行性决策。战术决策由组织的中层和基层管理者做出。

2. 程序化决策和非程序化决策

程序化决策又叫规范性决策或重复性决策，是指对常规的、经常重复发生的问题的决策。这种决策多属于业务决策，由于这类决策问题经常是重复出现的，涉及一些例行活动，因而可以规定出一定的程序，建立决策模式，按规定的程序、方法和标准进行处理，甚至可以由电子计算机处理。程序化决策是管理人员按照上级制定的规章进行的决策，比较简单，一般在基层工作中比较常见。

非程序化决策又叫一次性决策，是指对不经常重复发生的业务工作和管理工作所做的决策。这种决策不是经常反复进行的，多为偶然发生或首次出现而又非常重要的问题，缺乏准确可靠的统计数据和资料，没有先例，无章可循，由于解决这类问题的经验不足，在很大程度上依赖于决策者的知识、经验、洞察力和逻辑思维。一般来说，高层管理者所做的决策多属于非程序化决策。

3. 确定型决策、风险型决策和不确定型决策

确定型决策是指各方案实施后只有一种自然状态的决策。在这类决策中，各种可供选择方案的条件都是已知的和确定的，而且各种方案未来的预期结果也是非常明确的，只要比较各个不同方案的结果，就可以选择出满意的方案。

风险型决策的各种备选方案都存在着两种以上的自然状态，不能肯定哪种自然状态会发生，但可以测定各种自然状态发生的概率。对于这种决策，决策者无法准确判断未来的情况，无论选择哪个方案都有一定的风险。

不确定型决策是指各种备选方案都存在两种以上可能出现的自然状态，而且不能确定每种自然状态出现的概率的决策。在这种决策中，存在着许多不可控的因素，决策者不能确定每个方案的执行后果，主要凭个人经验估计进行决策。

4.5.4 决策的影响因素

决策受到多种因素的影响，这些影响因素主要有：

1. 环境

环境对决策的影响是显而易见的。每当组织所处的外部环境发生变化时，为适应新的变化，组织往往要做出新的决策选择。例如，亚洲金融危机发生后，我国对东南亚地区的贸易受到严重影响。外贸受阻，影响国内经济增长，我国政府因此做出扩大内需的决策。2003年春夏之交我国遭遇“非典”危机，国内航空业受到极大冲击，各航空公司做出各种决策，采取多种措施尽可能把损失降低到最低程度。可见，环境变化是决策产生的基础和主要原因。

至于做出什么决策，不同的组织、不同的领导者会有不同的选择，这与组织和个人的反应模式有关。

2. 过去的决策

组织的大多数决策是在过去决策的基础上做出的，过去决策的实施不仅造成了各种资源的消耗，而且改变了组织的内外环境，因此，大多数决策的特点之一是“非零起点”。这种状态使决策会受到过去决策的很大影响。此外，决策受过去决策影响的程度也与决策者有关。如果决策者是过去决策的制定者或与之关系密切的人，那么，决策不会有太大的更替与变化，如果决策者不是过去决策的制定者，新决策出台的可能性、决策的变动性都会大大增加。

3. 组织文化

组织文化是组织成员在组织的发展过程中形成的共同的价值观、信念和情感，它对组织决策具有潜移默化的影响。任何决策都会给组织带来某种变化，组织成员对组织决策也会持有欢迎或抵制两种态度。在习惯于保守、怀旧的组织文化氛围中，人们总是根据过去的标准来判断现行的决策，唯恐失去眼前利益，决策的贯彻与执行都有相当的难度；而在具有开拓创新精神的组织文化氛围中，组织成员会适应组织的变革，决策的制定与执行相对容易。因此，决策受组织文化的影响是无可否认的事实。

4. 决策者对风险的态度

决策是对未来活动的目标、内容与活动方式的选择与安排，因而是建立在预测基础之上的，预测难以准确，有时还会失败，因此，决策必然要承担一定的风险。有的决策本身就是风险型决策或不确定型决策，所以决策时要承担很大的风险，如果决策者有敢于创新、敢于冒险的精神，决策便容易制定与执行，反之，决策难以制定与执行。

5. 决策时间的紧迫性

有些时候，决策受时间约束，必须当机立断做出决策才能抓住机遇，而抓住机遇意味着成功。例如20世纪50年代后期，中国香港地区经济复苏，各国的投资者和生意人纷纷涌入香港地区，当时经营塑料花的李嘉诚看到其中潜在的机遇——房地产。他认为，经济复苏，不论是生产用房、办公用房还是居民住宅都将随之兴旺。他为此进行了深入细致的调查，及时做出了经营房地产的决策。他把经营塑料花的资金转移出来，并通过向银行贷款，赶在土地涨价前买下大片土地，兴建楼宇，由于香港地少人多和经济的迅速发展，他经营的长江实业公司的楼房十分抢手，只几年光景，李嘉诚就成了亿万富翁。当然，并非所有的决策受时间的影响都很大，有些决策对时间的要求不明显，主要对决策者拥有的知识多少要求高。因此，美国学者威廉·R. 金和大卫·I. 克里兰把决策类型分为时间敏感决策和知识敏感决策。

4.5.5 决策的程序

决策需要通过一系列的步骤与程序来进行。颇具代表性的是赫伯特·A. 西蒙对决策程序的划分方法。他将决策程序分为情报活动、设计活动、抉择活动和审查活动四个主要阶段。其中情报活动阶段主要是探查环境，找出决策的理由，寻找决策的条件；设计活动阶段主要是制订和分析各个可供选择的行动方案；抉择活动阶段主要是从诸多备选方案中选择一个特定的行动方案；审查活动阶段主要是在实施决策后对以前的选择进行审查评价。

由此可见，决策的核心是在研究现实的基础上，制订和选择方案的过程。一般来说，决策过程包括以下几个步骤(图 4-5)。

图 4-5 决策制定过程

1. 发现和诊断问题

问题是理想与现实的差距。没有问题，就不需要决策，问题不清，也无法做出正确的决策。所以，决策必须是在发现问题并对问题有明确认识基础上进行的。

由于客观事物的复杂性和人主观认识的局限性，发现问题往往并不容易。因此，决策者要有深入实际观察问题的意识和能力，从而及时发现存在的问题。在管理领域，当组织的实际运行状况与原有目标之间出现了差异，如产品的不合格率突然上升，员工的情绪发生变化，消极怠工等，这就意味着某个地方出现了问题，必须对异常现象进行深入研究和分析，找出症结所在，并以此作为决策的出发点。

此外，当环境发生显著变化时，往往会出现很多新情况，也容易产生某种问题需要决策者做出决策，加以解决。因此，对组织和环境的变化进行分析，不仅有利于及时发现组织存在的关键问题，而且可以直接发现一些需要进行决策的问题。

常用的发现问题的方法是将事情的现状和某些标准进行比较，即比较现实与期望状态之间的差距。在差距被发现之后，决策者就可以开始对问题进行系统分析，确认问题的内涵和界限，界定问题的性质和特征、深度和广度、严重程度和与其他问题的关联程度，抓住问题的要害，以便寻求解决问题的办法。

2. 明确决策目标

决策目标就是决策者在未来一段时间内希望达到的某种效果。确定正确的决策目标十分必要，因为它意味着成功。美国著名企业家亚默尔由一个农夫成为一位著名的企业家就得益于决策目标的正确选择。亚默尔年轻时正值加州发现黄金之际，人们纷纷涌入加州淘金，亚默尔也加入了淘金者的队伍。他历尽千辛万苦后发现淘金梦难圆，但却从淘金者渴望饮水的抱怨中受到启发，转而由淘金变为挖掘水渠。许多人嘲笑他的选择，但他坚持自己的选择，果然如他所料，当凉水送到淘金地时，一块块金币也流入了亚默尔的腰包。此时的资本积累为他日后经营大企业打下了基础。可见，正确的决策目标选择是成功的基础。

决策目标还有其他方面的作用，主要体现在以下几点：①保证组织内部各种活动的一致性；②为动员和配置各种组织资源提供依据；③形成稳定的工作秩序；④形成一个工作核心，有利于把任务分配到各个责任点上。

决策目标的设计应注意既要有先进性，又要有合理性，也就是要注意以下几点：①决策目标应具有明确性，切忌模糊性。一般来说，越是近期的目标，越要具体明确，而远期目标可以带有一定的模糊性。但总体来看，目标应具有明确性。②目标的确定要有可检验性。也就是说决策者对其预定达到的状态应当有具体的量化标准规定，以便为制订决策方案时提供参考依据，同时作为检查决策执行结果的标准。无论决策目标的内容及性质如何，都应尽量用数量来表示，以利于管理者监督、控制和检查评价。对于确实难以量化的目标，则应在质的分析基础上尽可能加以清晰描述。③决策目标的设计要具有系统性。也就是说要处理好决策目标的层次性及其结构关系。从纵向来看，决策目标具有层次性，也就是有总目标和子目标之分。为了实现决策的总目标，决策者要按照目标的层次性的不同，选择低层次的子目标首先实施，然后实施较高层次的目标。从横向来看，同一层次的目标之间也存在着既相互联系，又可能相互排斥的关系。所以，在设计决策目标时，还要明确目标之间的关系，以避免在决策的实施中将组织的主要资源和精力投放到非主要目标的活动中去。④决策目标应既具有合理性，又具有先进性。即决策目标应该是经过努力可以实现的目标，也就是说它有现实可行性，目标不能过高，过高实现不了，不是合理的目标；但若目标过低，无须经过奋斗就能实现，则不具有先进性。

3. 搜集信息，科学预测

搜集信息即搜集组织所处环境中有关经济、技术、社会各方面的信息以及组织内部的有关情况。通过搜集情况，发现问题，并对问题的性质、发展趋势做出正确的评估，找出问题的关键。很多时候我们的决策往往建立在不确切的信息基础上。平时我们面对的信息太多了，而一到决策时又发现信息不够了，结果很多主管的推测取代了事实，从而导致所说的话不是事实，或未必是事实。错误的信息往往会引导决策者做出错误的决策，这是极度危险的。

肯德基打入中国市场之前，公司派一位执行董事来中国考察市场。他来到北京街头，看到川流不息的人群，穿得都比较低档，就报告说，炸鸡在中国有消费者，但无大利可图，因为中国消费水平低，想吃的多，但能掏得起钱的少。由于他没有具体进行相关信息的搜集整理，仅凭直观感觉和经验做出预测，被公司以不称职为由给予了降职处分。接下来公司又派了另一位执行董事前来考察。他在北京几个街道上用秒表测出行人流量，然后请500位不同年龄、职业的人免费品尝炸鸡样品，并详细询问他们对炸鸡的味道、价格、店面设计等方面的意见。还对北京的鸡源、油、面、盐、鸡饲料行业进行了详细的调查，经过整体分析，得出结论：肯德基打入北京市场，从每个产品中虽然只能获微利，但因消费群巨大，仍能赢得高额利润。总公司据此做出决策，于1987年在北京开了首家肯德基店，此店开张不到300天，盈利就高达250多万元。

因此，在决策之前必须对决策对象及其所处的外部条件可能发生的变化进行预测。决策过程中所需要的信息和所要进行的预测，应随决策内容和决策对象的不同而有所不同。一般而言，任何决策都需要考虑以下几个方面的信息：决策对象的现状；决策对象的发展规律；决策对象外部条件的发展变化。

4. 拟订备选方案

拟订备选方案就是在确定目标的基础上，从多方面寻找和发现实现目标的途径和措施，通过创造性的活动，拟订出各种可行性方案以供进一步选择。方案拟订的数量和质量对于决策的合理性有很大的影响，是整个决策的中心环节。方案的拟订应满足整体上的齐全性和个体间的排斥性这两个条件。整体上的齐全性是指应把各种可能实现的方案尽可能都考虑到，以免漏掉那些可能是最好的方案。相互排斥性是指可行方案本身要尽量相互独立，不要相互包含。

5. 选择方案和实施阶段

选择方案即从可供选用的方案中选择一个行动方案。这时要根据当时的情况和对未来预测，从中选择最合适的一种方案。在选择方案时，首先要确定选择的标准，而且对各种方案应该保持清醒的估计，使决策保持一定的伸缩性和灵活性。方案选好了以后就要制订实施方案，这也是很重要的一个环节，在整个决策过程中，最费时的不是决策的本身，而是决策的推行。一项决策如果不能付诸行动，最多只是一种良好的意愿。在执行决策中，要制定相应的具体措施，保证方案的正确实施，并确保与方案有关的各种指令能被所有有关人员充分接受、彻底理解，创造出一种有利于实现决策的环境。

6. 检验与控制决策

决策过程是制定决策、实施决策、评价反馈决策的完整过程。在决策实施、执行过程中，即使决策方案事先经过了细致周密的考虑，也会由于各种因素的变化而出现偏离目标的情况，这就要求在决策执行过程中，实施控制反馈，进行追踪检查。通过评估和审查，可以把决策的具体实行情况反馈给决策者。如果出现了偏差，要及时纠正，保证决策能够顺利实施，或者有的时候要修改决策本身，以使决策更加科学合理，同时要保留执行决策的审查和使上级了解本组织、本部门的决策执行情况，为以后做决策提供信息。

上面讲了决策的几个程序，一般来说，决策时是要遵守这样的程序，但是也不能完全机械地按照上面的程序来一步步地做，比如，在拟订备选方案阶段，若出现了新的问题，这就需要重新返回第一阶段来发现和诊断问题。按理说决策应该先充分搜集信息，然后做一个科学的决策，但有时候没有足够的时间来搜集信息。例如，在经营中出现了突发事件，需要立刻解决，这时的决策就在很大程度上要根据管理者的经验和直觉来决定。从决策的过程可以看出，决策各个阶段中的每一个阶段本身都是一个复杂的决策过程。问题的确认需要决策，而拟订各种备选方案就会使决策的性质更加明显。所以，不能觉得只有决策活动才是最重要的。事实上，没有前几个阶段的正确决策，也就不可能做出最后的正确决策，而没有决策的执行，再好的决策也只是一纸空文。

4.5.6 决策的方法

决策方法可以分为两大类：定性决策方法和定量决策方法。随着决策实践和理论的不断发展，已经创造出许多科学可行的决策方法，但没有一种方法是万能的。管理人员要根据具体决策问题的性质、特点灵活运用，优势互补，才能提高决策的科学化水平。

1. 定性决策方法

定性决策方法，也称决策的"软技术"，是指在决策过程中充分发挥专家集体的智慧、能力和经验，在系统调查分析的基础上，根据掌握的情况和资料进行决策的方法。定性决策方法的目标只能做出抽象的描述和表达，主要依赖于决策者的分析判断，难以用数学方法来解决，例如，组织结构设置的变化、干部的选拔配备等决策。它较多地应用于综合抽象程度较高的高层次战略问题的决策。

定性决策方法常用的有头脑风暴法、哥顿法、方向性决策方法等。

(1)头脑风暴法

头脑风暴法是比较常用的定性决策方法，便于发表创造性意见，因此主要用于收集新设想。通常是将对解决某一问题有兴趣的人集合在一起，在完全不受约束的条件下，敞开思路，畅所欲言。头脑风暴法的创始人英国心理学家奥斯本(A. F. Osborn)为此决策方法的实施提出了四项原则：

①对别人的建议不做任何评价，将相互讨论限制在最低限度内；

②建议越多越好，在这个阶段，参与者不考虑自己建议的质量，想到什么就应该说出来；

③鼓励每个人独立思考，广开思路，想法越新颖、越奇异越好；

④可以补充和完善已有的建议以使它更具说服力。

头脑风暴法的目的在于创造一种畅所欲言、自由思考的氛围，诱发创造性思维的共振和连锁反应，产生更多的创造性思维。这种方法的时间安排应在1～2小时，参加者以5～6人为宜。

拓展阅读

电子头脑风暴法

最近出现了电子头脑风暴法，它既具有集体讨论的好处，同时又克服了集体讨论的一些缺点。电子头脑风暴法有时又叫作电子笔会，它的做法是通过计算机网络将大家集合在一起进行互动。一个人写下一个点子，另外一个人则对它补充和发展，依次下去……最近的研究发现，电子头脑风暴法要比一个人所产生的点子多40%，并且要比通常的头脑风暴小组所产生的点子多25%～200%（根据小组人数的多少定）。为什么会这样？因为参加电子笔会的人都是匿名的，因此可以随心所欲地畅所欲言。人们可以立即写下他们脑海里所浮现出的主意，不会像在面对面小组讨论会上那样，等到别人发言完了之后，轮到自己发言时，自己的想法可能已经忘记了。在网上，不善于社交或其他各种担心都可以避免，因此扩大了参与的范围。另一个优点是，电子头脑风暴法可以邀请分散在世界各地的员工一起参加，这就又进一步增加了所提出的解决方案的数量。

资料来源：[美]理查德·L. 达夫特. 管理学. 7版. 范海滨，王青，译. 北京：清华大学出版社，2009:335

(2)哥顿法

哥顿法又叫提喻法，是以会议形式请专家提出完成工作任务或实现目标的方案，但只有会议主持人知道要完成什么工作，目标是什么，与会者并不知道这些，以免他们受到完成特定工作或目标的思维方式的束缚，因此，可以把这一方法看成是一种特殊的头脑风暴法。之所以特殊，是因为会议主持人在会议开始时转弯抹角地提出了与要解决的问题相似的问题，经过充分讨论，主持人在适当的时候再把真正要解决的问题的具体内容提出来，以形成更有新意的开发方案。

(3)方向性决策方法

方向性决策方法是在综合考虑企业自身的特点和外部环境的特点的基础上，由决策者为整个企业或者企业中的某个部门确定其经营活动的基本方向和内容的决策方法。以下介绍两种方向性决策方法：经营业务组合分析法和SWOT分析法。

①经营业务组合分析法

这是由美国波士顿咨询公司于20世纪70年代初期为制定公司层战略开发的。这种方法将组织的每一个战略事业单位标在一种二维的矩阵图上，从而显示出公司该项经营业务的市场增长情况以及在该市场上的相对竞争地位。

运用这种分析方法的假设前提是企业的目标是追求增长和利润。基本思想是大部分企业经营有两项以上的业务，这些业务的经营方向应该立足于企业全局角度加以确定，使各项业务能够在现金需要和来源方面形成相互补充、相互促进的良性循环局面。该方法的关键是要从企业自身的特点和外部竞争环境出发，重点考查两项指标：

a. 经营业务的市场增长情况：该指标反映该业务所属市场的吸引力，它是通过整个行业最近两年的平均市场销售增长率来表示。平均市场销售增长率在10%以上的为高增长业务，10%以下的为低增长业务。

b. 相对竞争地位：以相对市场份额表示，即把公司在该项业务经营中所拥有的市场占有率与市场上竞争对手的市场占有率进行比较，求出比值。这一指标决定了公司在该项业务经营中获得现金回笼的能力及速度。

根据上述两项指标，可以把企业所有的经营业务区分为四种类型：金牛、明星、问号（幼童）和瘦狗，如图4-6所示。

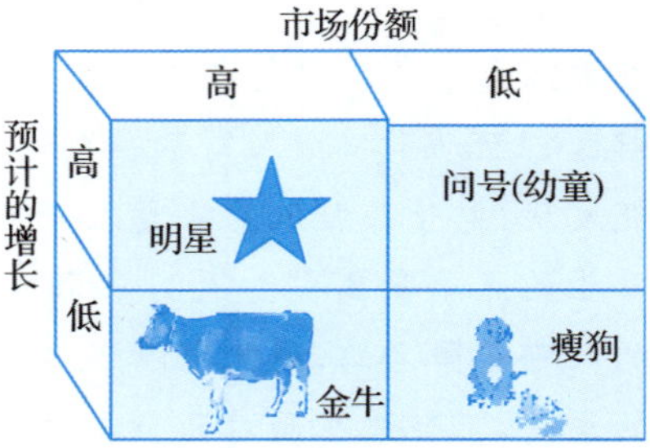

图4-6 波士顿矩阵

“金牛”为具有低增长、高市场份额的业务。处在这个领域中的产品能给企业带来很高的利润，但未来的增长前景是有限的。

“明星”为具有高增长、高市场份额的业务。这个领域中的产品处于较高的市场增长率和企业相对竞争地位，能给企业带来较高的利润，但同时也需要企业增加投资，以便跟上总体市场的增长速度，巩固和提高其市场占有率。

“问号（幼童）”为具有高增长、低市场份额的业务。处在这个领域中的产品是一些投机性产品，带有较大的风险。这些产品可能利润率很高，但占有的市场份额很小。

“瘦狗”为具有低增长、低市场份额的业务。处在这个领域中的产品既不能给企业带来很高的利润，没有希望改进其绩效。

②SWOT 分析法

SWOT 分析思想是由安索夫于1956年提出来的，后来经过发展而成为一个用于战略分析的实用方法。SWOT 分析法是对组织内部存在的优势与劣势、外部环境面临的机会与威胁进行整合分析，进而确定组织方向发展战略的方法。

使用 SWOT 分析法的前提条件是：企业对一个（或几个）业务已经有了初步的选择意向。SWOT 分析法的目的是进一步考查企业是否适合在这个（些）业务领域经营，能否建立长久的竞争优势。

S、W、O、T 分别是 Strengths（优势）、Weaknesses（劣势）、Opportunities（机会）和 Threats（威胁）的缩写，分别代表组织自身的优势和劣势以及外部环境的机会和威胁。

从图4-7所示的 SWOT 分析矩阵（也称“道斯矩阵”）可以看出，在上述四种因素不同组合的情境下，指导企业生存和发展方向的战略方案有四种：多样化战略（第一类型企业）、防御型战略（第二类型企业）、增长型战略（第三类型企业）和扭转型战略（第四类型企业）。

	组织自身的优势(S)	组织自身的劣势(W)
外部环境的机会(O)	(3)优势-机会 (SO)战略(增长型战略)	(4)劣势-机会 (WO)战略(扭转型战略)
外部环境的威胁(T)	(1)优势-威胁 (ST)战略(多样化战略)	(2)劣势-威胁 (WT)战略(防御型战略)

图 4-7 SWOT 分析矩阵

第一类型企业,虽然有强大的内部实力,但外部环境存在威胁,宜采用多样化战略,一方面使自己的优势得到更充分利用,另一方面使经营的风险得以分散。第二类型企业,内部存在劣势,外部面临巨大威胁,可以采用防御型战略,设法避开威胁和消除劣势。第三类型企业具有良好的外部机会和有利的内部条件,可以采取增长型战略(如开发市场、增加产量等)来充分掌握环境提供的发展良机。第四类型企业,虽然面临良好的外部机会,但是受内部劣势的限制,因此可以采取扭转型战略,设法清除内部不利的条件,以便尽快形成有效利用环境机会的能力。

③PEST 分析法

PEST 分析法本来是战略咨询顾问用来帮助企业检视其外部宏观环境的一种方法,后来被引入部门决策制定过程中。PEST 分析法是一个宏观分析模型,即在宏观上从政治(P)、经济(E)、社会(S)、技术(T)的角度收集和分析环境变化对本组织有影响的信息。

政治分析包括本国内部政治环境和国际情况。本国内部政治环境包括政治秩序的稳定性、国内重大政治问题的解决情况、政策执行的效果、国内法律体系的建立等;国际情况包括与邻国的关系、国际事件的话语权及政治地位等。

经济分析主要包括国内经济发展情况、利率与人员就业率、通货膨胀程度和人均 GDP 长远预期,以及国际经济发展和国家之间经济合作状况,特别关注国际性的金融风险,如全球金融危机事件。

社会分析主要是指一定时期整个社会发展的一般状况,包括社会道德风尚、文化传统、人口变动趋势、文化教育、价值观念、社会结构、国民文化教育程度以及国家与国家之间的文化交流融合程度。

技术分析主要是指国内外的科技创新,既包括新技术、新工艺、新产品的研发使用,也包括国家与国家之间的技术交流。

在组织进行决策的过程中,要从这四个方面进行分析,找出各方面涵盖的与决策制定相关的因素,列出各因素权重比例,采用专家问卷打分的方法,最终确定这些因素对于战略制定的影响程度。不同组织的战略因素会有所差别,战略因素的确定和每个组织的性质、职能、服务范围有很大关系。

实战演练

对个人升学或者就业进行 SWOT 分析。

2. 定量决策方法

定量决策方法属于决策中的“硬技术”，它是指应用数学模型，借助电子计算机进行决策的一种方法。和定性决策方法相比，运用这类方法进行决策能够提高决策的准确性、时效性和可靠性，它特别适用于常规性的程序化决策。

(1)确定型决策方法

确定型决策是指决策面对的问题的相关因素是确定的，从而在建立的决策模型中的各种参数是确定的。常用的方法主要有线性规划法和量本利分析法，下面主要介绍量本利分析法。

量本利分析法(也称保本分析法、盈亏平衡分析法)是通过考查产量(或销售量)、成本和利润的关系以及盈亏变化的规律来为决策提供依据的方法。

企业中任何产品的成本都是由固定成本和变动成本两部分组成的。固定成本包括生产该产品所需要的管理费用、基本工资、设备的折旧费用等，这些费用基本上是恒定的，不随产量的变化而变化。变动成本包括原材料费、能源费等，这些费用的增长与产品的产量成正比。

在激烈竞争的市场上，产品的价格不是由企业自己决定的，而是要根据市场的价格来销售产品。因此，当产量很少时，该企业单个产品的成本就会很高，这是因为固定成本不随产量变化，产量少则固定成本占总成本的比重就大，这时的成本可能高于市场价格，企业发生亏损。只有当产量达到一定水平时，才能收支相抵，超过这个水平企业方可获利。产量和成本以及收益的这种关系用平面坐标图表示就形成量本利关系图，如图 4-8 所示。

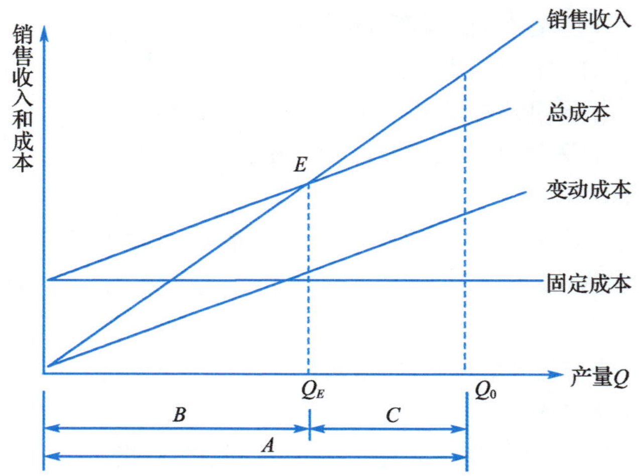

图 4-8　量本利关系图

由图 4-8 可以分析，变动成本加上固定成本是总成本，只有当销售收入大于总成本时方能盈利，而当销售收入小于总成本时就将亏损。在临界点 E，销售收入等于总成本，没有盈利也无亏损。E 点称为损益平衡点，所对应的产量 Q_E 为临界产量。Q_E 的计算公式为：

$$临界产量=\frac{总固定成本}{单位产品售价-单位产品变动成本}$$

(2)风险型决策方法

如果决策问题涉及的条件中有些是随即因素,它虽然不是确定型的,但我们知道它们的概率分布,这类决策被称为风险型决策。决策树法是风险型决策的常用方法,适用于未来可能有几种不同情况(自然状态),并且各种情况出现的概率可以根据资料来推断的情况。

例如,某公司为投产某种新产品拟订两个方案:一是建设规模较大的工厂,另一个是建设规模比较小的工厂。假设两者的使用期一样,但建大厂需投资 30 万元,建小厂只需投资 20 万元。这种新产品未来的销路有好坏两种情况,它们出现的概率分别为 0.7 和 0.3,相应的损益值预测结果是:建大厂方案下,如果销路好,生产经营这种新产品能带来 100 万元的收益,但如果销路差,则要损失 20 万元;建小厂方案下,如果销路好,经营收益能达到 40 万元,而如果销路差,则只有 30 万元的收益。试问,哪一种方案更可取?用决策树法分析的步骤如下:

首先,根据决策备选方案的数目和对未来环境状态的了解情况,绘出决策树图形。图 4-9 中,方形节点表示决策点,由决策点引出的若干条一级树枝叫作方案枝,它表示该项决策中可供选择的几种备选方案,分别以带有编号的圆形节点①、②等来表示;由各圆形节点进一步向右边引出的枝条称为方案的状态枝,每一状态出现的概率可标在每条直线的上方,直线的右端可标出该状态下方案执行所带来的损益值。

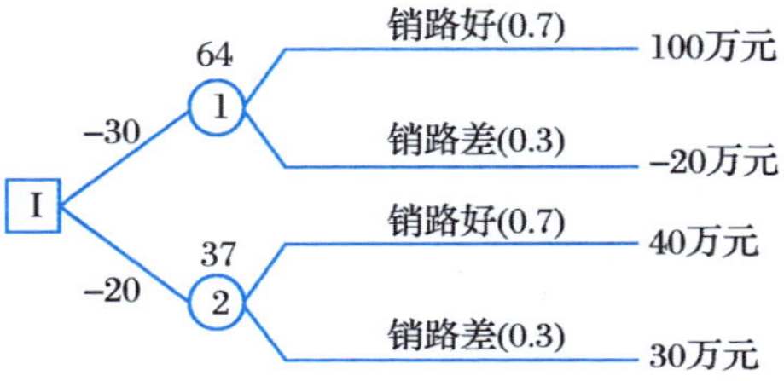

图 4-9 决策树示意图

其次,计算各个方案的期望收益值。先要计算方案各状态枝的期望值,即用方案在各种自然状态下的损益值去分别乘以各自然状态出现的概率;然后将各状态枝的期望收益值累加,求出每个方案的期望收益值。在上例中:

第一方案的期望收益=100×0.7+(−20)×0.3=64(万元)

第二方案的期望收益=40×0.7+30×0.3=37(万元)

最后,用每个方案的期望收益值减去该方案实施所需要的投资额,比较余值后就可以选出经济效益最佳的方案。在上例中,第一方案预期的净收益=64−30=34(万元);第二方案预期的净收益=37−20=17(万元)。比较两者,可看出应选择第一方案。

(3)不确定型决策方法

如果决策问题涉及的条件中有些是未知的,对一些随机变量,连它们的概率分别也不知道,这类决策问题被称为不确定型决策。常用的不确定型决策方法有:小中取大法、大中取大法、折中法、最小最大后悔值法等。

①小中取大法:对未来悲观,认为未来会出现最差的自然状态,因此不论采取哪种方案,都只能获取该方案的最小收益,也叫"小中取大规则"或"最小最大收益值规则"。

②大中取大法:对未来乐观,认为未来会出现最好的自然状态,因此不论采取哪种方案,都能获取该方案的最大收益,也叫"最大收益值规则"。

③折中法:根据决策者的判断,给最好自然状态一个乐观系数,给最差自然状态一个悲观系数,两者之和为 1。然后用各种方案在最好自然状态下的收益值与乐观系数相乘所得的积,加上各方案在最差自然状态下的收益值与悲观系数的积,得出各方案的期望收益值,然

后据此比较各方案的经济效果，做出选择。

④最小最大后悔值法：首先计算各方案在各自然状态下的后悔值（某方案在某自然状态下的后悔值＝该自然状态下的最大收益－该方案在该自然状态下的收益），并找出各方案的最大后悔值，然后进行比较，选择最大后悔值最小的方案作为最后方案（表4-3）。

表 4-3　　最大后悔值最小化决策方法

后悔值矩阵 / 经营方案	自然状态			后悔值			最大后悔值
	B_1	B_2	B_3	$24-B_1$	$21-B_2$	$28-B_3$	
A_1	13	14	11	11	7	17	17
A_2	9	15	18	15	6	10	15
A_3	24	21	15	0	0	13	13
A_4	18	14	28	6	7	0	7
相对收益最大值	24	21	28				
最大后悔值中的最小值							7
选取的决策方案				A_4			

以上四种非确定型决策方法都带有很大的随意性，对于同一决策问题，决策方法不同，决策所选用的方案也各不相同。所以决策方法的选择、决策的成败与决策者的知识、观念、综合分析判断能力和魄力有很大关系。

决策模拟综合练习

商务合同履行决策

甲乙两家公司，注册资金分别为1 000万元和500万元，双方经多次谈判，最终达成了一个总金额为400万元的年度交易合同。这一合同包含了六次交易，规定甲方每两个月在接到乙方汇款通知后即向乙方发一次货。在履行合同的过程中，双方遵循以下市场规则（以出红、黑牌为例，红牌表示诚实履行合同，黑牌表示欺诈）：

- 六次交易一笔一笔做，做完一笔再做下一笔。
- 每次交易双方同时出牌。若双方均为红牌，则各得利润30万元；若双方均为黑牌，则双方各亏20万元；若一方为红另一方为黑，则红方亏50万元，黑方得50万元。其中第三轮和第六轮的损益值加倍。
- 双方每一次出什么牌，由各方董事会集体决策，决议过半数同意有效。
- 在课堂模拟练习过程中，第一笔交易需在15分钟内完成，整个交易在45分钟内完成。在规定时间内没有做出相应决策的，做终止处理。若在课外进行，可放宽时间要求。

决策目标：为各自公司谋取最大的利润。

游戏目标：在全班的模拟决策练习中胜出。

奖惩措施：对于在全班模拟决策练习中取得最佳成绩的小组成员，每人给予相应的奖励

（可以是在课程成绩上加分，也可以是教师给奖品），而对于在全班模拟决策练习中成绩最差的小组的成员，给予相应的扣分或其他处罚。

练习组织要点：

• 组建决策模拟小组。可自由组合，每个小组由 3 人、5 人或 7 人组成，组数应为偶数；选举董事长负责主持决策讨论，选举董事会秘书负责记录决策过程和决策结果。由教师确定各组交易对象（也可由各小组自己选择），分别代表甲乙公司。交易双方在地理上应尽可能分开远一些。各小组成员理解题意，董事会秘书按以下格式画好表格，以便记录交易过程和结果。教师宣布交易开始，各小组开始决策讨论，董事会秘书要在参与讨论的同时做好决策思维过程记录。董事长则要注意在讨论中的适当时候提议付诸表决。在形成决议后，董事会秘书将表决结果（票数和结论）记录在表格中，并举手示意教师本组已经做出决策。当交易双方均示意完成决策后，教师通知双方的决策结果，董事会秘书将对方的决策记入表中，并计算该轮交易的损益值，填入表中。

• 在教师（第三方）的协助和公证下，双方做完一笔再做下一笔，直到完成六笔交易为止；整个交易结束后，各方计算损益，各自总结经验教训，然后在课堂上进行甲方与乙方的公开交流。也可由双方在课外进行交流，各小组形成一份模拟练习报告上交。

练习记录表单如下：

决策模拟练习记录

小组组号：　　　　　　　　　　代表公司：甲方或乙方

组成人员：（成员姓名）

董事长：　　　　　　　　　　　董事会秘书：

决策结果：

交易双方	第一轮	第二轮	第三轮	第四轮	第五轮	第六轮
甲方	红 5∶0 +30	红 4∶1 −50				
乙方	红 3∶2 +30	黑 3∶2 +50				

决策过程：（说明每轮决策是如何做出的，经过了怎样的思考，最终决策的理由是什么）

经验教训：（反思决策过程，总结该次练习中所得到的启示、经验教训，最终归结成几点）

复习思考题

1. 计划制订过程必须注意什么问题？如何制订计划？
2. 目标管理的内容是什么？其优点和缺点是什么？
3. 预测的重要性是什么？如何进行预测？
4. 影响科学决策的因素有哪些？常用的决策方法有哪些？

案例讨论

"全"新出发,"豆"志昂扬——广西六点半豆奶品牌升级之路

早餐来一杯豆浆是两广地区消费者的习惯之一,很多家庭都有过自制豆浆的经历,但大部分家庭到最后都放弃了自己动手而选择直接购买成品,原因是用小家电研磨出来的豆浆需要过滤豆渣才能保证细腻的口感,流程麻烦费时,还造成营养流失,不如直接买成品来得方便快捷。同样的问题也发生在豆奶行业。豆奶的制作需要对大豆进行超微粉碎,大豆本身水分和蛋白质在研磨过程中散发的热量很容易导致局部异常、发热结块的问题,这是多年以来困扰豆奶行业的技术瓶颈,因此很多中小型豆奶生产企业选择了直接过滤掉豆渣来提升口感。但面对这一难题,南宁市六点半食品有限责任公司(简称六点半)的选择是迎着困难上,凭借着不断调整与创新,让品牌在二十余年的时间中仍焕发着顽强的生命力。

2000 年 11 月 3 日,秉持着"每天清晨六点半,将美味新鲜的豆奶送到消费者手中"的初心,六点半正式成立。接下来几年,六点半快速发展,但豆奶产品的走红吸引了更多竞争者的目光,很多小厂跟风加入豆奶市场,刚刚走上正轨的六点半就迎来了残酷而激烈的市场竞争之战。面对混乱的市场,六点半不改初心,坚定"敬畏客户,品质至上"的经营理念,坚持做美味新鲜的豆奶,同时申请了国家 QS 质量认证,并积极研发"全豆技术"。最终,坚持初心的六点半在这场"厮杀"中存活下来,一跃成为广西豆奶的主要生产商之一,并先后开发海南、湖南和湖北市场。

2008 年,六点半实行"承包经营"决策,只生产,不营销,将营销工作下放渠道。这一决策导致六点半刚积累起的品牌忠诚度和消费者信心被透支,产品销售额连续下降,给了六点半沉重一击。2010 年,六点半被迫重整旗鼓,改变了之前销售承包策略,不断调整生产和营销策略,在风雨飘摇中涅槃重生。随后,六点半逐步培育新产品,拓展新区域,开拓新渠道。随着新品周转玻璃瓶的上市,六点半稳步发展,2015 年销售额连续增长超过 30%。

消费 4.0 时代的到来为消费品牌的成长提供了空前的机遇,同时也对市场产品品质、营养价值、消费体验等提出更高的要求。此时,六点半的发展仍处于野蛮生长状态,缺乏明确的战略规划,全凭市场风向指引。随着市场环境的改变,市场定位不清晰使得六点半错失许多发展良机,市场份额被蚕食,最终在激烈的市场竞争中处于被动地位。于是,六点半开始在下沉市场寻求突破,将主战场逐步从省会城市南宁转向了周边的柳州、桂林、梧州等城市,并逐步延伸到城市周边的县城和乡镇。然而,市场规模的扩大却让六点半陷入了高营收低利润的发展怪圈里。此外,开拓下沉市场导致员工工作量激增,许多员工因缺乏获得感和幸福感而相继离职,这对六点半来说无疑是雪上加霜。面对如此内忧外患的形势,公司的管理层对未来的发展方向各执己见。这些问题犹如层层迷雾,笼罩在六点半头上,前路茫茫。

2020 年 10 月,党的十九大明确我国经济发展已由高速增长阶段转向高质量发展阶段。习近平总书记围绕为什么要推动高质量发展、什么是高质量发展、怎样推动高质量发展等问题发表了一系列重要讲话,阐述了高质量发展的科学内涵、核心要义和基本要求。给国内广大企业家解了心头之困,让大家明白了市场的需求已经从"有没有"转变成了"好不好"。在新的市场环境里,六点半开始推行高管深造计划——走进高等院校进行学习深造。在学习

深造中，六点半的管理者了解到：市场机遇期，企业自身自由发挥、野蛮生长也能赚大钱，而到了市场转型期的时候，踌躇不前只会绊倒自己，此时机会主义要向战略规划转型才能行稳致远。因此，公司邀请了高校专家，帮助管理层统一员工思想，用专业的授课方式让大家充分理解了战略是什么，具体该如何落地。并花重金聘请上海的迈迪品牌咨询公司对广西市场进行调研，结合专业的调研数据、管理层的研讨，六点半提炼出了“全豆”的概念，明确了深耕“全豆技术”的战略方向。此时的六点半，眼前有方向，脚下有力量。

此后，六点半在“全豆技术”上深耕不辍，其创新理念是敞开门来搞“联发”，而不是关起门来搞“研发”。通过组建专业研发队伍、技术跨界运用与集成、整合全球优质资源联合开发等手段，六点半将整颗豆子全部融入豆奶当中，保证大豆利用率高达99%，营养更全面。“全豆技术”的运用也为六点半在红海竞争中取得了成本优势。经过20余年的跨界创新与优化，六点半已在豆粉超细研磨技术上遥遥领先，现已申请通过22项“全豆技术”核心内容及相关技术专利，是全国第一家大规模运用“全豆技术”进行生产的企业。“全豆技术”为六点半豆奶品牌的升级提供了关键支撑。

资料来源：谢品，等.“全”新出发，“豆”志昂扬——广西六点半豆奶品牌升级之路.中国管理案例共享中心，并经案例作者同意授权引用，有删改。

讨论题

1. 六点半品牌不断升级的背后，体现出计划的哪些重要性？
2. 六点半品牌升级共经历了哪些品牌升级阶段？

第5章 组织设计与组织变革

学习导航

- 组织和组织结构的概念
- 管理幅度和管理层次的关系
- 组织中的集权、分权和授权，直线与参谋的关系
- 几种部门化的方法和特点
- 组织结构的几种基本类型及其优缺点
- 影响组织结构设计的几种权变因素
- 克服组织变革阻力的方法

引例 划船队的组织

有这样一则故事，甲乙两个划船队要进行划船比赛，经过长时间的训练后，进行了正式比赛，结果甲队落后乙队，输了比赛。甲队领导决定总结教训，在第二年比赛时一定要把第一名夺回来。通过反复讨论分析，发现乙队是八个人划桨，一个人掌舵；而甲队是八个人掌舵，一个人划桨。不过，甲队领导并没有看重这点区别，而是认为他们失败的主要原因是八个人掌舵，没有中心，缺少层次。于是，甲队重新组建船队。新班子结构包括四个掌舵经理、三个区域掌舵经理、一个划船员，而且还专设一个勤务员，为船队领导班子指挥工作服务，并具体观察、督促划船员的工作。然而，这一年比赛的结果仍是乙队获胜，而且差距拉得更大。

从管理学角度来分析以上问题，就可以发现本案例说明了三个问题：一是做一件事，比如参加划船比赛，必须要有一个组织；二是这些组织的内部成员应有不同的分工，比如上面的两个划船队里的成员都有不同的分工，由此形成其内部的一定结构，即组织结构；三是作为一个组织，其内部结构不同，其行为效果也会不同，例如，上面例子中的甲队两次输给乙队。由此可见，组织结构的合理设计对于保证组织计划的实施和目标的实现具有十分重要的意义。

资料来源：张根东，王兰芳，杜松奇，等.管理学原理.兰州：甘肃人民出版社，2008:307-308.有改动。

5.1 企业的组织结构

5.1.1 组织的概念

组织的含义可以从两个角度去理解。

其一,组织代表一个实体,是指人们按照一定目的、任务和形式编制起来的有一定结构和功能的社会团体,是为了完成一定目标而有意识地建立起来的人群集合体。组织一般具有以下三个特征:

(1)组织具有既定目标,即组织成员一致努力以求达成共同目标。

(2)组织具有既定分工,即组织成员通过分工而专门从事某项职能工作。

(3)组织具有既定秩序,即通过有关的规则设定所形成的成员之间的正式关系。

其二,组织是一个过程,又称为组织工作,是指人们为了完成目标而设计、建立组织结构,为适应环境的变化而维持和变革组织结构,并使组织结构发挥作用的过程。具体而言,组织工作包括以下四个方面:

(1)管理者要根据组织目标,设计和建立一套组织机构和职位系统。

(2)确定职权关系和信息系统,把各层次、各部门结合成为一个有机的整体。

(3)与管理的其他职能相结合,以保证所设计和建立的组织结构有效地运转。

(4)根据组织内外部环境的变化,管理者要对组织结构进行改革和创新或再构造。

综合上述两个层面的理解,组织的完整定义应该是:组织是相对静态的社会实体和动态的组织活动过程的统一。简言之,组织是静态结构及动态运行的统一。

5.1.2 组织结构的概念

企业的组织结构是企业全体员工为了实现企业目标,在工作中进行分工协作,在职务范围、责任、权力方面所形成的结构体系。就像人身上的骨骼系统,组织结构是企业组织的基本框架。正如人体的骨骼系统需要有机组合一样,不同的企业也会根据本企业的具体情况而选择不同的组织结构。如果企业的骨骼系统出现这样那样的毛病,就会影响到企业的经营业绩,严重的甚至会导致企业瘫痪。

组织结构的定义可以从以下三个方面来理解:

(1)设计组织结构的目的是实现企业的目标。组织结构是实现企业目标的一种手段,由于企业所处的内外部环境不断发生变化,企业目标也在不断调整,所以企业的组织结构不是一成不变的,而是需要适时调整的。

(2)组织结构的本质是员工之间的分工协作关系。专业化的分工,可以提高工作的质量和效率;分工的同时,又要进行部门间的协作配合,加强横向协调,发挥整体工作效率。

(3)组织结构的内涵是人们在职、责、权方面的结构体系。这个结构体系的内容主要包括:职能结构,即完成企业目标所需的各项业务工作关系;层次结构,即各管理层次的构成,又称组织的纵向结构;部门结构,即各管理部门的职责分工,又称组织的横向结构;职权结构,即各层次、各部门在权力和责任方面的分工及相互关系。

5.1.3 组织结构的特征

复杂性、规范性和集权性是组织结构的三个构成要素。这三个构成要素揭示了组织结构的真正内涵，是组织结构外在表现形式的决定因素。

1. 组织结构中的复杂性

组织结构中的复杂性是指组织机构内各要素之间的差异性，它包括组织内的专业分工程度、垂直领导的层级数、组织内人员及部门分工情况等。从内涵上分，它又可以分为横向差异性（Horizontal Differentiation）、纵向差异性（Vertical Differentiation）和空间分布差异性（Spatial Differentiation），其中任何一种差异性的变化都会导致组织结构的复杂性程度的变化。

（1）横向差异性

组织结构的横向差异性是指由于一个组织内成员之间受教育和培训程度、专业方向和技能以及工作性质和任务等方面存在差异而产生的组织内部部门与部门之间或单位与单位之间的差异程度。横向差异性主要体现在组织中专业化和部门化方面。一个组织的专业分工越细，部门就会越多，部门之间进行协调的难度也就越大，其组织结构的横向复杂程度自然也就增加了。

（2）纵向差异性

组织结构的纵向差异性是指组织结构中纵向垂直管理层的层级数及其层级之间的差异程度。管理层级越多，纵向沟通就越困难，层级之间信息传递失真的可能性也就增加，纵向的复杂程度也就越高。

（3）空间分布差异性

组织结构中空间分布差异性是指一个组织在其管理机构、部门及其人员的地区分布上形成的差异程度。这种分布包括分布距离的远近和分散数目的多少。空间分布越广，分布的数目越多，组织的沟通与协调就越困难，其组织结构的复杂性程度就越高。

上述三要素之间的关系：

横向差异性与纵向差异性两者相互关联，当一个组织的规模不变时，分工越细，沟通协调的任务就越为繁重，监督和控制也更为困难。解决这些问题，既可以通过缩小管理幅度，即减少横向差异性，提高纵向差异性的方法解决，又可以通过扩大管理幅度，即减少纵向差异性，增加横向差异性的方法解决。

空间差异性与横向、纵向差异性之间也存在关联。如果一个组织的不同层次机构分布在多个不同地区，当然它的管理要比对集中在一个地区的组织管理复杂得多。地区越多即空间分布越广，地区之间的环境差异越大，空间差异性的增加势必会带来横向、纵向差异性的增加，为此，整个组织结构的复杂性也会增加。

2. 组织结构中的规范性

组织结构中的规范性是指组织中各项工作的标准化程度。具体来说，就是指有关指导和限制组织成员行为和活动的方针政策、规章制度、工作程序、工作过程的标准化程度。对规范性的研究有以下几点结论：

（1）员工工作中的自由度与规范化程度成反比

在一个高度规范化的组织中，方针政策具体而清楚，规章制度严密，对每一项工作程序都有严格而详细的说明，在这样的组织中工作，一切都按规章制度办，员工本身没有多大自由选择的余地。相反，在规范化程度低的组织中，员工在工作中就有较高的自由度，他们的行为也就不那么规范化、程序化了。

(2)组织的规范化程度随着技术和专业工作的不同而产生差异

在大学中，教师的工作具有较大的自由度，而办公室行政人员不同，他们必须按时上下班，因此，他们工作的规范化程度就高。一般而言，一些技能简单而又有重复性的工作具有较高的规范化程度；反之，其规范化程度就较低。

(3)组织的规范化程度随着其管理层次的高低和职能的分工而有所差异

组织中的高层管理者日常工作重复性较少，所需解决的问题较复杂，因此，其工作的规范化程度就较低；相反，低层管理者日常工作的重复性较多，因此，其规范化程度就较高。

(4)对组织的不同成员规范的方式不同

对从事非技术性、简单而重复工作的人员来说，一般多采用诸如组织制定的工作规则、程序和制度来规范他们的工作和行为，并受到管理人员的监督。对于技术、专业人员则采用不同方式，因为这些员工往往受过良好的培训和教育，有较强的“内在”行为标准规范，所以，就应减少组织规制对他们的“外在”规范。

(5)提高组织结构中的规范性，可以提高组织的效益

实行标准化，可以减少许多不确定性因素。例如，著名的麦当劳快餐连锁店，不论在世界何地开设分店，麦当劳的汉堡包从外形到味道都是一致的，而且麦当劳对雇员的行为也进行了严格的规范。事实上，麦当劳的成功在很大程度上应当归功于它的规范统一。

3. 组织结构中的集权性

组织结构中的集权性是指组织内的决策权集中在组织结构中的哪一点上的程度与差异。高度集权，即决策权集中在组织的最高管理层中；低度集权即决策权分散在组织各管理层，乃至低层的每一个员工。因此，低度集权又被称为分权。该内容将在后面“5.2.5 集权和分权”一节中详细探讨。

5.2 组织结构的要素

管理者在进行组织结构设计时，必须考虑7个关键因素。

5.2.1 工作专门化

工作专门化的实质是：不是由一个人完成一项工作的全部，而是先把工作分解成若干步骤，每一个步骤由一个人独立去做。即每个人专门从事工作活动的一部分，而不是全部活动。例如，在麦当劳快餐店，管理人员们运用工作专门化来提高生产和售卖汉堡包、炸鸡的效率。通过重复性的工作，员工的技能会有所提高。而且从组织的角度而言，有利于提高组织的培训效率。挑选并训练从事具体的、重复性工作的员工比较容易，成本也较低。对于高

度精细和复杂的操作工作尤其是这样。例如,如果让一个员工去生产一整架飞机,波音公司一年能造出一架大型波音客机吗?

但是,好事做过了头就成了坏事。在某些工作领域,由于工作专门化,人的非经济性因素的影响(表现为厌烦情绪、疲劳感、压力感、低生产率、低质量、缺勤率上升、流动率上升等)超过了工作专门化所带来的经济性因素的影响。在这种情况下,通过扩大(工作扩大化)而不是缩小工作活动的范围,可以提高生产率。

5.2.2 指挥链

指挥链反映了组织中从上到下的职权关系。指挥链的设计应该符合"命令统一原则",即每个下属应该有一个并且仅有一个上级,要求在上下级之间形成一条清晰的指挥链。在设计中应该注意以下几点:

1. 指挥链不能中断

组织的指挥链如同人的血液循环系统,统一全体人员的思想和行为,使其为实现共同的管理目标而努力。中断了指挥链,会造成指令无法贯彻,信息无法反馈,使整个组织陷入瘫痪状态。

2. 切忌多头领导

进行组织结构设计时必须考虑总体协调,以保证命令统一。多头领导必然政出多门,容易产生矛盾,使下级疲于应付、摇摆不定甚至无所适从,严重影响工作效率。

3. 不要越级指挥

为了保证指挥链的完整,在通常情况下,上级对下级的指挥应逐级进行。进行组织结构设计时,要明确各层机构的不同人员的职责权限,各级做各级该做的事,这样才能有效地发挥组织效应。越级指挥的后果必然是:一方面浪费了领导者的时间和精力;另一方面又会挫伤直接下属的积极性和责任感。当然,也应当明确:上级对下级,不能越级指挥,但可以越级检查工作;下级对上级,不能越级请示,但可以越级反映情况。

5.2.3 管理幅度

管理幅度,也叫管理跨度或管理宽度,是指一个管理者所能直接而有效地领导与指挥下属的人数。由于任何一个人的知识、经验、能力和精力是有限的,因此能够有效地、直接地领导的下属人数也是有限的,若超过一定的限度,就会降低管理的效率。管理层次是指从组织最高一级管理组织到最低一级管理组织的各个组织等级。在组织规模一定的条件下,管理幅度与管理层次成反比关系。管理幅度越大,组织的管理层次就会越少,形成"扁平"型组织结构;反之,管理幅度越小,组织的管理层次就会越多,形成"高耸"型组织结构。例如,一个公司有 36 位员工,如果采用"扁平"型组织结构,就可建立两个管理层级,即总经理级和部长级。总经理领导 3 位部长(总经理的管理幅度为 3),每位部长管理 12 位员工(部长的管理幅度为 12),如图 5-1 所示。

如果采用"高耸"型组织结构,即在总经理下面设立两位副总经理,每位副总经理领导 3 位部长,每位部长领导 6 位员工,如图 5-2 所示。

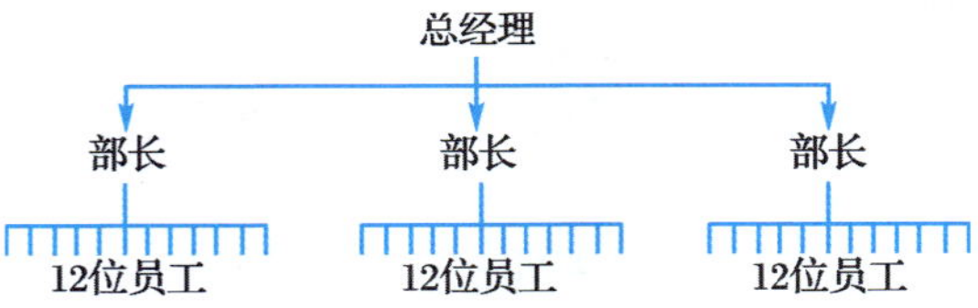

图 5-1 “扁平”型组织结构示意图

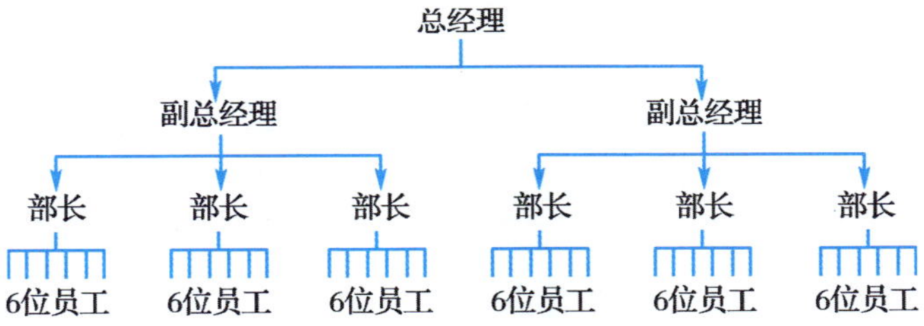

图 5-2 “高耸”型组织结构示意图

对一个组织来说，管理幅度是大一些好还是小一些好？当组织的管理幅度较大时，从组织整体来说，可以减少管理层次，精简组织结构和管理人员，使组织用于协调的时间和费用都会减少，而且信息的纵向传递较快，因而可以提高工作效率。但是管理幅度加大，也会使得管理人员对下属的具体指导和监督的时间相对减少。同时，因为管理层次少，下属被提升的机会就会减少。当组织的管理幅度较小时，组织形成的管理层次就较多。从每个管理者的角度看，由于管理的下属人数少，有利于上下属之间的沟通与协调，能够提高每个管理者的管理效率。从组织整体看，形成了紧密的管理层级，每一级管理层都可以把自己的下属置于自己严密的监督、控制和管理之下。但是，管理层级的增多，会使得管理人员增加，相互之间的协调工作难度加大，所花费的时间、精力和费用都要增加，而且纵向的信息传递容易发生遗漏、拖延和失真，降低工作效率。

管理幅度是组织结构设计中的一个重要问题，过大和过小都是不恰当的。

拓展阅读

管理幅度的选择

在每个机构中，必须决定一个管理人员能管理多少个下属的问题。管理学的学者们已经发现，对高层管理人员来说，能管理的下属通常为 4～8 人，而对较低层的管理人员来说，则为 8～15 人。例如，英国著名的顾问林德尔·厄威克发现，“对所有的高层管理人员来说，理想的下属人数是 4 人”，而“在组织的最低层次，下属人员的责任是要完成任务而不是管理他人，这时人数可以是 8～12 人”。另有人认为，一位管理人员可以管理 15～30 个下属。

在由美国的管理协会对 100 家大公司的调查中，向总裁汇报工作的人数从 1 人到 24 人不等，只有 26 位总裁拥有下属的人数为 6 人或不足 6 人，平均数字为 9 人。在被调查的 41 家小公司中，25 位总裁有 7 个以上的下属，最常见的人数是 8 人。

5.2.4 职权和职责

一个有效的企业组织系统来自对管理权限的清晰划分。在实现企业目标的过程中，每个员工都应负有一定的责任并应拥有完成责任所需的相应职权。既不能出现职责划分的重叠，也不能出现职责划分的空缺，同时企业内部的各个部门还应相互配合，否则会出现混乱局面。

1. 职权与职责的概念

职权，指与职位相联系的管理权限，包括指挥、命令等在内的各种完成工作所必需的权力。职权与组织中的职位有关，与管理者个人的特质无关。也就是说，管理者之所以能够发号施令，是因为他处在管理者这个职位上，一旦他被免职，失去了管理者的头衔，职权也随即消失。

当管理者被授予职权的同时，也被赋予了相应的义务。这种占据某职位、担任某职务时应履行的义务，称之为职责。生产经理授权车间主任管理工厂中的生产，那么他必须把相应的职责授予该车间主任，让他对生产出来的产品的质量负责。只授予权力，不授予职责是很危险的，因为这样就没有人对任务负责，谁也不必因为没完成任务而受到责罚，进而会导致权力的滥用。

2. 权责对等原则

权责对等，即职权和职责对等，是指一定的职权应当与一定的职责相一致。组织中的每个部门和部门中的每个人员都有责任按照工作目标的要求保质保量地完成工作任务，同时，组织也必须委之以自主完成任务所必需的权力。但是权力的授予与职责的授予是有区别的。管理者一旦把某项权力授予下属之后，就不能也不应当插手下属对该权力的使用；但是职责并不是如此，管理者把职责授予下属后，仍需为其授予的职责负责。如果任务失败了，下属固然难辞其咎，但其上司也不能以此作为推脱的借口。

管理者在授予职责的时候应该尽量避免出现以下两种情况：①职责的重叠，即两个以上的员工对同一项任务负责。这种重叠指的是同一管理等级上的责任重叠。比如主管人员把一项任务不加分工地同时交给两个人来完成，那么结果就可能是谁也不做（都觉得对方会做），或两个同时、重复地在做，或一个在做，另一个却不做。这样任务完成的效果肯定不好，员工的工作关系也可能因此而紧张起来。一般来讲，在同一管理层上，只应有一个人来对某项任务负责，如果必须几个人合作，则每个人要有明确的分工。②职责的空缺，即组织的一些职能根本没有人来负责。在组织的实际运作中经常发生这样的情况，有的事情应当做却没有人做，而有的事情不应做却有人在做，这造成了人员分配上的无效。经常对组织结构进行维护，将组织内部应予以重视的事情与当前组织开展的各项任务进行比较，可以发现是否有职责空缺的现象。

3. 直线职权、参谋职权与职能职权

直线职权是直线人员所拥有的包括发布命令及执行决策等的权力，也就是通常所指的指挥权。比如，车间主任的直接上司是厂长。厂长有权领导、监督、指挥车间主任进行工作，因此，厂长拥有直线职权，他是直线人员。而对于车间主任，他也有权指挥他的下属——班组长。因此，车间主任也拥有直线职权，也是直线人员。这样，从组织的上层管理者到下层职员之间，便形成了一条条权力线，即我们所说的指挥系统。在权力线中，职权的指向由上而下，颇像一座金字塔，通过指挥系统，信息自上而下、自下而上地传递，故指挥系统既是一条权力线，也是一条信息通道。

参谋职权是指参谋人员所拥有的辅助性职权，包括提供咨询、建议等。比如“田忌赛马”中，孙膑为田忌献策而战胜齐威王，孙膑所行使的就是参谋职权。参谋的种类有个人与专业之分。前者即参谋人员，他们是直线人员的咨询人员，协助直线人员执行职责。如果直线人员接受了这些参谋人员的建议，那么参谋人员就成功地施加了影响，拥有了权力。专业参谋，常为一个单独的组织或部门，就是一般的“智囊团”或“顾问班子”。专业参谋的出现，是时代发展的产物，它聚合了一些专家，运用集体智慧，协助直线人员进行工作。

参谋和直线之间的界限是模糊的。作为一个管理人员，他既可以是直线人员，也可以是参谋人员，这取决于他所起的作用及行使的职权。当他处在自己所领导的部门中，他行使直线职权，是直线人员；而当他同上级打交道或同其他部门联系时，他又成为参谋人员。例如医院院长在医院内是直线人员，但当卫生局为进行计划或决策而征询他的意见时，他便成为卫生局的参谋人员。又如，一个学校的教务处长，在教务处内他是直线人员，但当他在与校长打交道时，又成为校长的参谋人员。

职能职权是指参谋人员或部门的主管人员所拥有的原属于直线人员的一部分权力。在纯粹参谋的情况下，参谋人员所拥有的仅仅是辅助性职权，并无指挥权。也就是说，参谋人员要发挥作用只能先向直线人员提供建议，在直线人员采纳其建议之后，建议被下达给下属。参谋人员与下一级的直线人员之间没有直接的权力线。但是，随着管理活动的日益复杂，这种传达命令的方式会降低决策的效率。这时，为了改善和提高管理效率，直线人员就可以将权责关系稍稍变动，把一部分本属于自己的直线职权授予参谋人员，使得参谋人员可以直接指挥下一级直线人员去完成某项任务，由此便产生了职能职权。

直线职权、参谋职权和职能职权的关系，如图 5-3 所示。比如，组织中的质检部经理向他的直接下属——质检部经理助理——下达任务，行使直线职权；在主管生产的副总经理需要进行有关生产质量方面的决策时，质检经理就成为他的参谋人员，行使参谋职权；当质检经理需要制造部门提供相关产品信息时，按照传统的方法，他需要首先请示副总经理，然后由副总经理下达指令给制造部经理，制造部经理再让制造主管将产品信息交给质检部经理，过程繁琐，效率低下，而有了职能职权后，质检部经理可以直接要求制造主管提供相关产品信息。

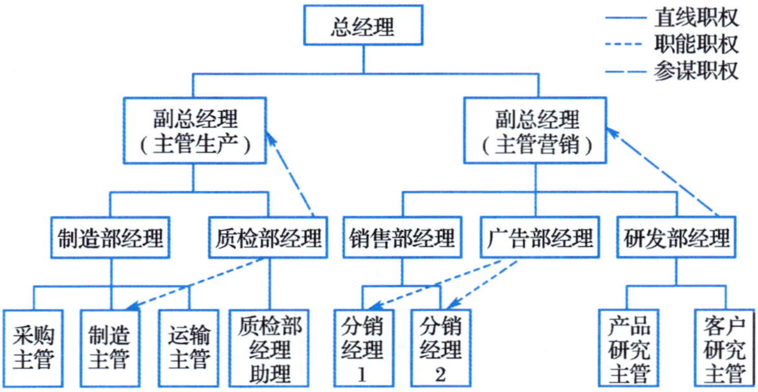

图 5-3　职权关系图

职能职权是有一定限度的，这表现在分销经理还是要服从销售部经理的命令，只在涉及广告方面的要求时，才听命于广告部经理。而广告部经理也只能下达广告方面的命令，如果广告部经理命令分销经理将某批产品销售给谁的话，显然是不合适的，因为这已经超出了其职权范围。

职能职权过多可能会引起混乱，如图 5-4 所示。因为它似乎违背了管理中的一个最基本的原则，那就是统一指挥原则。也就是说，任何一个企业想要做到权责明确，首先应当保证每个员工只服从一个上司，但是职能职权显然是多头管理。因此，职能职权的执行人应尽可能要遵守以下两条：①职能职权仅可在被指定的管理者的下一级行使，即财务副总的职能职权不能超过总经理；②分清职能上的领导和直线上的领导，即财务副总只能要求产品一、二、三、四部做财务方面的事，不能超过这个范围。

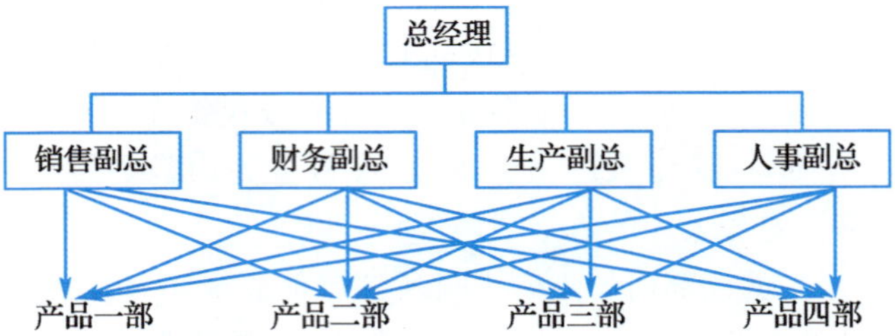

图 5-4 某企业职能职权的形式

直线职权、参谋职权与职能职权三者并不是相互孤立的，只有把三者统一起来才能最有效地完成任务。至于每个企业究竟怎么样组合这三种职权，则应当考虑企业的规模、管理人员的素质和企业的业务性质来定夺。

案例链接 5-1

一封辞职信

>>>>>>

5.2.5 集权和分权

在一个组织中，如果没有对管理者正确地授予职权，各个部门就不能成为为完成组织目标而顺利进行工作的协调一致的单位，无论是纵向还是横向的职权关系，都不能促进各部门协调一致地进行活动。

1. 权力的含义和来源

设计一个集权或分权的组织，分析某个组织主要是集权的还是分权的，需要解决的第一个问题是界定权力的含义。

“权力”通常被描述为组织中人与人之间的一种关系，是指处在某个管理岗位上的人对整个组织或所辖单位与人员的一种影响力，或简称管理者影响别人的能力。作为“影响力”的权力主要包括三种类型：专长权、个人影响权和制度权（或称合法权）。

专长权是指管理者因具备某种专门知识或技能而产生的影响能力，这是知识化的权威。如大学教授、医生、律师可以对别人有相当大的影响力，就是因为他们具有专门的知识而受到尊敬；一个员工如果增加了他对工作小组运行中至关重要的某种信息知识，而这些知识不为其他人同等程度地掌握，那么他的专长权就能够增加。个人影响权是指因个人的品质、社会背景等因素而赢得别人的尊重与服从的能力。非正式组织中的领导凭借其个人魅力和个人力量，进而影响着他人的行为。专长权和个人影响权都属于个人权力，与职位无关，但与占据该职位的人有关。

制度权是与管理职务有关、由管理者在组织中的地位所决定的。制度权的实质是决策的权力，即决定干什么的权力，决定如何干的权力，以及决定何时干的权力。制度权与组织中的管理职位有关，但与占据这个职位的人无关。生产经理一旦调任营销或财务经理，对原部门的管理人员就不再具有命令或控制的权力。即使赋予某人某一职位的权力，也并不意味着在某个时期占据该职位的管理人员对本系统的任何较低层次的员工都能直接指挥和命令：生产经理负责整个企业的产品制造活动的统一组织指挥，但这并不意味着他可以不通过车间主任或厂长而直接向某个工人分配任务。制度权只赋予占据某个职位的管理人员向直接下属发布命令的权力。

2. 集权与分权的特点

集权是指决策权在组织系统中的较高层次上的一定程度的集中，与此相对应，分权是指决策权在组织系统中的较低层次上的一定程度的分散。

衡量集权和分权的标志主要有四个：①决策的数量。组织中较低管理层级做出决策的数目或频度越大，则分权程度越高。②决策的范围。组织中较低层级决策的范围越广，涉及的职能越多，则分权程度越高。③决策的重要性。组织中较低层级做出的决策涉及的费用越多、影响越大，则分权程度越高。④决策的审核。上级对组织中较低层级做出的决策审核程度越低，则分权程度越高；如果做出决策后还必须报批，则分权的程度就小。集权和分权各有利弊，总结于表 5-1。

表 5-1　集权与分权的优缺点

	集权	分权
优点	1. 有利于集中领导，协调各部门间的活动，便于统一指挥 2. 有利于管理工作专业化，提高效率	1. 能调动中、下层的积极性 2. 最高层可以集中于重大决策 3. 对环境变化反应迅速
缺点	1. 中、下层管理人员积极性不高 2. 决策均需上级同意，决策周期长 3. 缺乏第一手资料，决策科学性差	1. 各部门间协调比较困难 2. 统一指标比较困难

总的来说，根据集权、分权的特点与优缺点，规模不太大、经营产品内容比较单一的企业适于采用集权制管理；而规模巨大、产品种类丰富的企业适于采用分权制管理。当然，这不是绝对的，中小企业会有适当的分权，大型企业也不会采用绝对的分权，两者只是侧重的程度不同罢了。但是一般而言，集权性和复杂性之间成反比关系，高复杂性总是与分权相伴随。一个组织的复杂性程度越高，由于其管理幅度和专业分工的限制，高层管理者必然要将部分权力分授给其下级去执行，这样才能有效地实施管理。这必然导致分权程度的提高。

3. 分权的途径

权力的分散可以通过两个途径来实现。一是在组织结构设计中进行权力分配（称为制度分权）；二是管理者在工作中的授权。

制度分权是在组织结构设计时，考虑到组织规模和组织活动的特点，在工作分析、职务和部门设计的基础上，根据各管理岗位工作任务的要求，规定必要的职责和权限。而授权则是担任一定管理职务的领导者在实际工作中，为充分利用专门人才的知识和技能，或在出现新增业务的情况下，将部分解决问题的权力，或处理新增业务的权力委任给某个或某些下属。

制度分权与授权的含义不同，决定了它们具有如下区别：

(1)制度分权是在详细分析、认真论证的基础上进行的，因此具有一定的必然性；而授权往往与管理者的个人能力、精力、拥有的下属的特长、业务发展情况相联系，因此，具有很大的随机性。

(2)制度分权是将权力分配给某个职位，因此，权力的性质、应用范围和程度的确定，需要根据整个组织结构的要求；而授权是将权力委任给某个下属，因此，委任何种权力，委任后应做何种控制，不仅要考虑工作的要求，而且要依据下属的工作能力确定。

(3)分配给某个管理职位的权力，如果对其进行调整，不仅会影响该职位或部门，而且也会影响该部门与其他部门的关系。因此，制度分权是相对稳定的。除非整个组织结构重新调整，否则，制度分权不会收回。相反，由于授权是某个主管将自己担任的职务权力因某种需要而委任给某个下属，这种委任可以是长期的，也可以是临时的。虽然长期的授权有可能制度化，在组织结构调整时成为制度分权，但是由于授权并不意味着放弃权力，在组织结构再设计之前，不管是长期授权的权力或是临时授权的权力，授权者都可以重新收回。

(4)制度分权主要是一条组织工作原则，以及在此原则指导下的组织结构设计中的纵向分工；而授权则主要是领导者在管理工作中的一种领导艺术，一种调动下属积极性、充分发挥下属作用的方法。领导者在对下属授权时，应注意做到：信任下属、接纳不同意见、乐于让下属放手干，并允许下属犯错误。

作为分权的两种途径，制度分权和授权是相互补充的。组织结构设计中难以详细规定每项职权的运用，难以预料每个管理岗位上工作人员的能力，同时，也难以预测每个管理部门可能出现的新问题。因此，这些不足之处需要各层次的领导在工作中进行授权来补充。

实战演练

经理该怎样指挥

游戏目的：

1. 让学生学会应该如何有效授权；
2. 让学生明确其可以授权的任务。

人数	8人	时间	30分钟
用具	眼罩4个、20米长的绳子1根		
游戏步骤	1. 教师选出一位总经理、一位总经理秘书、一位部门经理、一位部门经理秘书和四位操作人员。 2. 教师把总经理及总经理秘书带到一个看不见的角落，然后给他们说明游戏规则。 总经理通过秘书给部门经理授权完成一项任务，该任务就是由操作人员在戴着眼罩的情况下，把一根20米长的绳子做成一个正方形，绳子要用尽。 (1)总经理不得直接授权给部门经理，一定要通过总经理秘书向部门经理传达，由部门经理指挥操作人员完成任务。 (2)部门经理有不明白的地方不能直接请示总经理，需要通过自己的秘书请示总经理。		
问题讨论	1. 如果你是总经理，你会如何通过秘书给部门经理授权？ 2. 如果你是部门经理，你认为哪些事情可以授权给秘书，哪些事情不能授权？		

资料来源：王波，全琳琛. 员工能力培训游戏经典. 北京：人民邮电出版社，2009：238-239

如果你是一位主管，欲把某些权力授予其他人，该如何做？下面概括了你可以遵循的基本步骤：

(1)明确任务要求。从一开始就要决定要授什么权，给谁授权，授予他/她哪些权力。为此，你要找出最合适的人，然后考虑他/她是否有时间和愿意接受权力，完成任务。

(2)规定下属的权限范围。所授权力只应在限制条件下行使。你应对下属明确这些限制条件，以使下属明确无误地认清自己处理问题的权限范围。

(3)允许下属参与。负责人最清楚完成一项任务需要多大权力。允许下属参与决定授权的范围，即为完成一项特定任务该授予多大权力，目标的完成该达到何种标准，这样有助于增强员工的工作积极性、工作满意感，以及对工作负责的精神。

(4)把授权之事公之于众。在授权过程中，不仅你和下属需要知道具体的授权内容和权限范围，所有受到授权影响的其他人，也应该知道给谁授予了什么权力以及权力的大小。

(5)建立反馈机制。建立反馈机制以监督下属完成任务的情况，如果有严重的问题就可能被及时发现，以保证如期完成任务，并达到所预期的标准。

5.2.6 部门化

部门是指组织中的各类主管人员按照专业化分工的要求，为完成某一类特定的任务而有权管辖的一个特定领域。当组织的规模越来越大，人数越来越多，自然而然便会设立不同的部门。部门化(划分部门)是指按照一定的方法把组织中的人和事划分组合成管理单元的过程。管理者在劳动分工的基础上，把各项活动进行归类，使性质相同或相似的工作合并到一起，组成一个个专业的单位。其主要的划分方法有如下几种。

1. 按人数划分部门

简单地按照人数的多少来划分部门，即抽取一定数量的人在主管人员的指挥下去执行一定的任务。这种方法可以说是一种最简单、最原始的划分方法，曾是组织种族、部落和军队的一种重要方法。此方法在现代高度专业化的社会中有逐渐被淘汰的趋势，目前一般在劳动密集型企业组织结构的最基层划分部门时使用，比如说车间工人的班组等，再往上如果技术或管理的因素变得更重要时，单纯按人数的多少来划分部门的效果就不会太好。

按人数划分部门是大学组织结构设计常见的方法。例如，人数多的是大班，人数少的是小班。不同教学对象、不同教学任务需要不同的人数。在教学过程中，如果侧重于单向的信息交流，侧重于知识传授，则设计人数较多的教学单位；如果侧重于双向的信息沟通，则设计人数较少的教学单位。

2. 按时间划分部门

按时间划分部门是指由于经济的、技术的或其他一些原因，在正常的工作日内不能满足工作需要时所采取的一种划分方法。这种方法通常用于较低组织层次的部门划分。例如，一些工业企业按早、中、晚三班制进行生产活动，那么，部门设置就可以是三个，此外，发电、炼钢、化工、邮电、医院等组织也采用这种轮班制的方法来进行部门划分。图 5-5 给出一个纺织厂按时间划分部门的组织结构示意图。

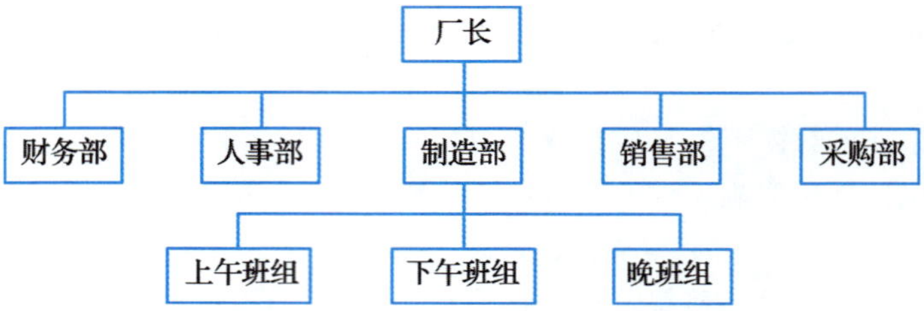

图 5-5　某纺织厂按时间划分部门的组织结构示意图

这种方法有利于连续、不间断地进行生产和提供服务，有利于设备、设施得到充分利用。但是，它会引起监督、效率以及协调等管理问题，另外，晚班的工人费用比较高。

3. 按职能划分部门

这种方法是根据生产专业化原则，以工作或任务的性质为基础来划分部门的。按职能划分部门是企业组织广泛采用的一种方法，几乎在所有的企业组织结构的某些层次中都存在职能部门的形式。图 5-6 给出了一个制造企业按照职能划分部门的示意图。

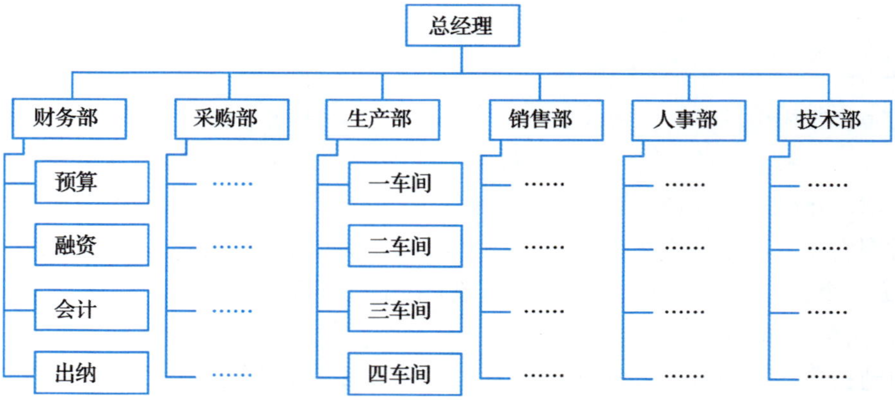

图 5-6　制造企业按职能划分部门示意图

中国青少年基金会的组织结构也是按照职能来划分部门的，如图 5-7 所示。

按职能划分部门最大的优点是，首先，按照专业化的原则进行了分工，将各专业人才集中在适合其发挥特长的部门内，发挥专业优势，节省企业的培训时间和费用，使得人力资源的利用更加有效。其次，由于各部门是在最高主管的领导下从事相互依存的整体活动的一部分，因此有利于维护最高行政指挥的权威，有利于维护组织的统一性。

但是，这种方法比较突出的一个缺点就是，职能部门的划分会使各部门各自为政，容易产生“隧道视野”，即各个职能部门之间就像各个隔离的隧道一样，互相看不到对方，缺乏沟通和联系，部门内的员工以实现本部门的目标为己任，而忽视了企业的整体利益。另外，由于各部门的负责人长期只从事某种专门业务的管理，对其他部门的事务不能插手，缺乏总体的眼光，因此不利于高级管理人才的培养。

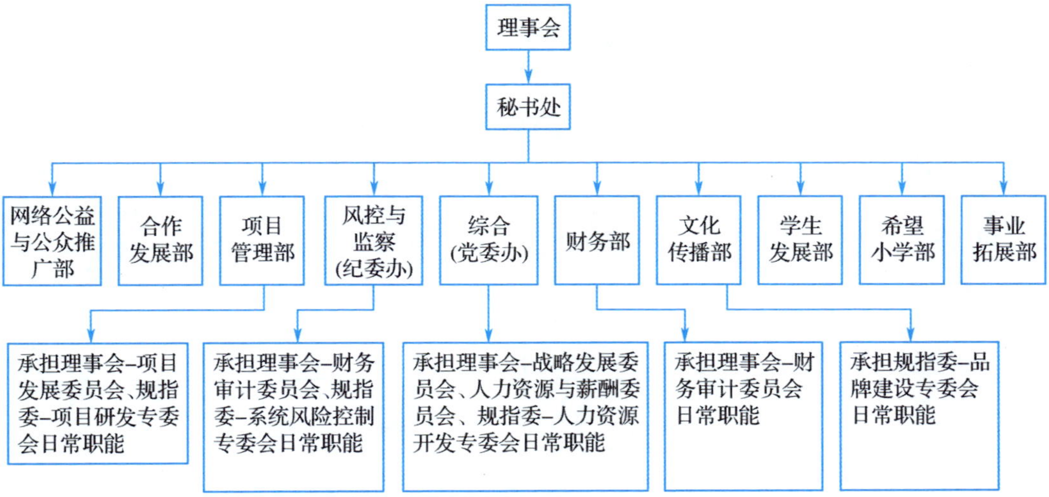

图 5-7　中国青少年基金会的组织结构示意图

管理故事

小敏的长裤子

有一天，舅舅给小敏买了一条裤子，小敏很高兴，可穿上一试，长了一点，于是他请奶奶帮忙把裤子剪短一些。奶奶说，她今天手上的活太多，让他去找妈妈。

小敏又去找妈妈，可妈妈也说没空，晚上同邻居约好了要去打麻将，让他去找姐姐。

小敏去找姐姐，但姐姐恰好晚上要同男朋友约会，马上就要走了。

小敏想，长就长一点吧，明天可以把裤腿挽起来穿，于是就睡觉了。

奶奶忙完手上的活以后，想起孙子的裤子，就把裤子剪短了一点；妈妈打完麻将回来，想起了儿子的事，也把裤子剪短了一点；姐姐约会完想起弟弟的事，又把裤子剪短了一点。

小敏第二天早晨起来一穿裤子，发现裤子太短了，大哭起来："这叫我怎么穿出去呀？"

资料来源：李石华. 趣味管理学. 郑州：郑州大学出版社，2007:145-146

在这个故事中，如果把小敏的奶奶、妈妈、姐姐三个人看作是三个部门的话，那么三个部门缺乏分工协作、协调和监督，才导致各自为政。

如果在这个家庭内部采用任何一种协调整合手段，就不会出现这种事情。在企业中也同样如此。管理者为了做好各部门的协调工作，应该做到：

(1)要在职能管理部门之间建立完善的信息沟通制度。信息除了在决策层与职能部门之间纵向传递外，在各职能部门之间的横向传递也十分必要。

(2)明确各职能部门之间的协作责任，特别是职能相关部门的协作责任。

(3)建立必要的协调制度，如有的组织定期召开各部门协调会，讨论管理过程中的协调问题，对重大问题取得一致的意见，共同采取措施，予以解决。

(4)划清各部门的权力与责任，这是最根本性的一条。特别是跨部门的综合性问题，应建立部门联合处理制度，避免出现各部门都不管或者都管不了的现象。

4. 按产品划分部门

这种方法是按照企业经营的产品或服务类型来组织业务活动的一种方法。采取这种形式的公司最初多是按企业职能进行组织分工的。然而，随着企业规模的不断扩大，企业所生产的产品或提供的服务类型越来越多，导致管理工作越来越复杂，职能部门可能会因为专业知识的缘故或是产品规模过大的缘故而出现许多新的问题，这就有必要按产品分工对企业进行改组，把生产同一产品的人和事划分为一个部门，由高层管理者授予该产品部门负责人生产、销售、采购等方面一定的权力。图 5-8 给出了一个按产品划分部门的典型例子。

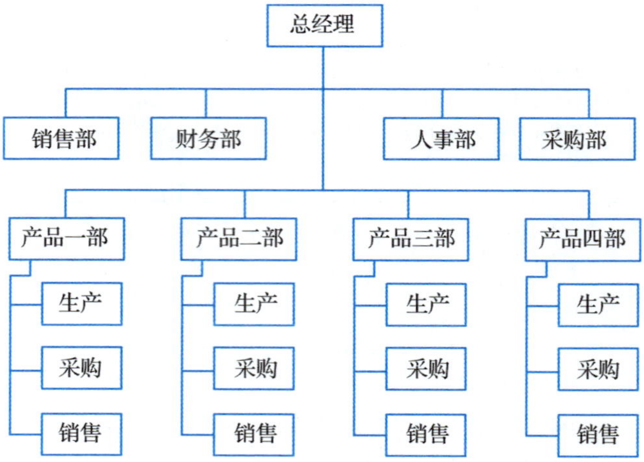

图 5-8 典型的按产品划分部门的组织结构示意图

经营第三产业项目及对外提供服务的企业也往往采用这种方法来划分部门。与一般生产企业不同的是，它们所提供的产品不是有形的物质，而是无形的服务。比如，某会计事务所根据其提供的服务类型划分为税务、审计、管理咨询等部门。图 5-9 是某会计事务所的组织结构示意图。

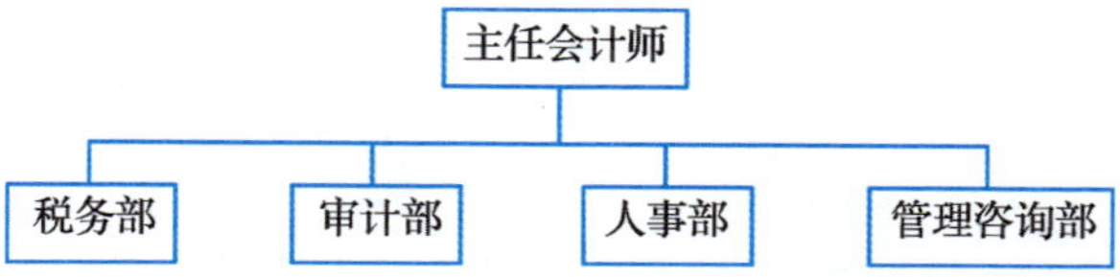

图 5-9 某会计事务所的组织结构示意图

按产品划分部门的优点是：①能使企业将多元化经营和专业化经营结合起来。整个企业向社会提供多种产品，而每个部门只专门生产一种产品或产品系列。因此，既可以使企业因多元化经营而降低市场风险，又可以使企业各部门因专业化经营而提高生产效率，降低劳动成本。②在产品部门里，由于产品经理要对本部门的生产、经营、销售负一定的责任，因而，它有助于培养企业全面的管理人才。③由于各产品部门对企业的贡献容易辨认，因此可以导致部门间的竞争，如加以正确引导，可以促进各部门努力改善工作，从而促进企业的成长。④由于在产品部门中汇聚了生产、销售、采购等职能，这样有利于各种职能活动的协调和配合。

按产品划分部门的缺点是：必须有较多的具有全面管理能力的人员；同时各个产品部门

的主管也可能过分强调本部门利益，从而影响企业的统一指挥；此外，产品部门中某些职能管理机构与企业总部的重叠会导致人力资源的浪费和管理费用的增加。

5. 按地区划分部门

按地区划分部门是指按照企业在地域上的部分来划分部门。采用这种方法划分部门的企业将一个特定地区的经营活动集中在一起，委托给一个管理人员负责。按地区划分部门的一个原因在于一个空间分布很广的企业，由于交通和信息沟通的困难，使得总部的管理人员很难及时了解各地区情况，进行正确合理的指挥；另一个重要原因是各地不同的文化环境造成了跨文化管理的困难，采用按地区划分部门的方法，可以更好地针对各地区的社会文化特点来组织生产经营活动。图 5-10 给出了典型的按地区划分部门的组织结构示意图。

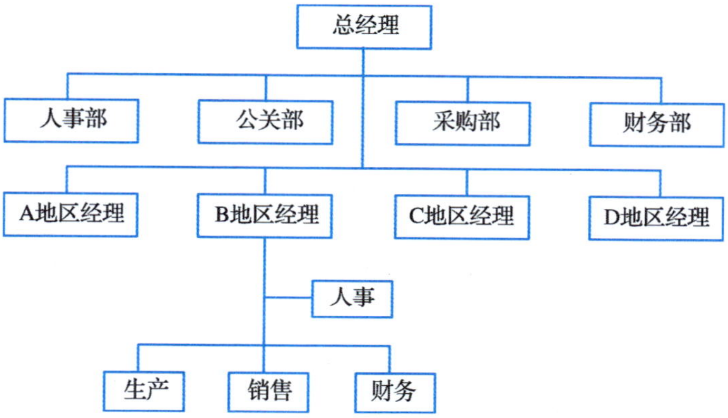

图 5-10 典型的按地区划分部门的组织结构示意图

按地区划分部门的优点在于地区部门能够更好地适应各地区的政治、经济、文化等因素，能同当地的利益集团和顾客更好地、面对面地直接联系；而且可以利用当地的人员和资源，就地进行生产和销售，以取得较好的地区经营的经济效益。但是，按地区划分部门需要更多的具有全面管理能力的人员；会造成一些机构的重复，使管理费用增加；而且地区之间往往不容易协调，加重了公司总部在协调控制方面的困难，给高层管理者的管理工作提出了挑战。

6. 按顾客划分部门

按顾客划分部门是为了更好地迎合特定顾客群体的要求，在将与某类特定顾客有关的各种活动集中起来的基础上划分部门的方法。比如说，一家服装厂可能会因为其服务的消费者不同，而将企业划分为老年部、青年部、儿童部等；一家制造计算机配件的公司可以把销售划分为两个部门，一个部门负责向计算机制造厂商进行销售，另一个部门则负责对零配件市场进行销售；在大学中，学生可分为研究生、本科生、大专生、接受再教育的成人，因此可以将部门划分成研究生学院、本科学院、专科学院、成人教育学院。在各种组织中，特别是在那些需要直接面对大量顾客的企业或部门中，为满足不同顾客利益而设置部门的做法十分普遍。图 5-11 是一家典型的按顾客划分部门的商业企业的组织结构示意图。

按顾客划分部门的最大优点是能够满足各类顾客的不同需要。但是，这类方法也有缺点，如按照这种方法组织起来的部门常常会以消费者特殊的需要为由要求公司总部对其给予特殊的照顾，从而使得各个部门之间以及和按照其他方法划分的部门之间的协调发生困

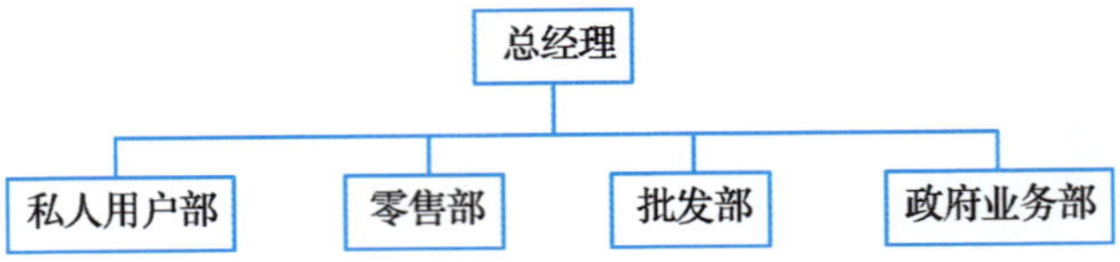

图 5-11 典型的按顾客划分部门的商业企业的组织结构示意图

难。此外，由于顾客类型和需求的不稳定性，这种方法有可能使专业人员和设备得不到充分的利用。

7. 按工艺流程划分部门

按工艺流程划分部门是指按照生产一种产品的过程和设备进行部门的划分。一些技术含量比较高、生产工艺比较复杂的生产型企业经常会采用这种方法。这样可以把这道工序生产所需要的专业化的材料和工人集中在一起，以便进行专业化的作业。图 5-12 是这种组织结构的一个典型例子。

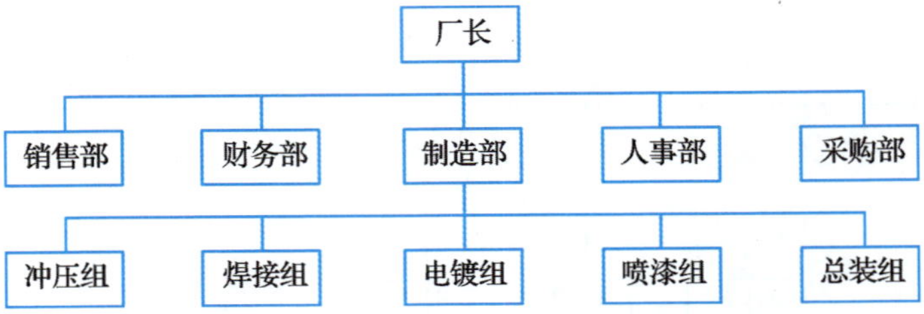

图 5-12 按工艺流程划分部门的典型例子

按工艺流程划分部门的优点在于能够经济地使用设备、充分发挥设备的效益，使设备的维修、保管以及材料供应等更为方便，同时也为发挥专业技术人员的特长以及上级主管的监督管理提供了方便。它的缺点在于培养出来的管理者往往更注重技术方面，而不是全面的管理人才；此外，这种按工艺划分部门的方法要求企业的最高层对公司的全部利润负责，而各道工序的负责人则对此不负有责任，从而加大了企业最高层的责任和压力。

• 案例链接 5-2

合理的就是最好的——小企业的组织结构设计

>>>>>>>

5.2.7 职务设计

职务设计就是根据实现组织目标的要求，在目标活动逐步分解的基础上，设计与确定组织内从事具体工作所需的职务类别和数量，分析每个任职人员应负的责任和应具备的素质。简单来说，就是将若干个工作任务组合起来构成一个完整的职位。

职务因工作任务组合的方式不同而各异，而这些不同的组合则创造了多种职务设计的选择。

1. 职务专业化

职务专业化是依据亚当·斯密的劳动分工思想，将职务划分为单一的、标准化的和专业化的任务，以提高生产率的一种职务设计方式。如建造一栋办公大楼所要求的专业化职务有：施工监工、木工、混凝土搅拌工、电工、焊工、装修工等。这种方法的好处是有利于提高员工的工作熟练程度，节约劳动时间，减少人员培训，降低劳动成本。但是其问题在于因为工作重复、枯燥、单调，员工们会表现出沮丧和厌烦，工作效率必然降低。

2. 职务轮换

职务轮换是通过横向的交换，使管理人员或员工从事不同岗位的工作。使他们在逐步学会多种工作技能的同时，也对组织中的其他活动有更多的了解，从而为担任更大责任的职务，尤其是高层职务做好准备。职务轮换的缺点是将一个员工从一个岗位转入到新的岗位，需要增加培训的成本。而且实行职务轮换，部门原有的工作关系可能被打乱，容易产生新的矛盾，可能使工作效率降低。

3. 职务扩大化

职务扩大化是指职务范围的扩大，从而给员工增加了工作种类和工作强度，使员工有更多的工作要做，减少了工作循环重复的频率。

职务扩大后员工要承担的工作与员工以前承担的工作内容非常相似，只是一种职务内容在水平方向上的扩展，不需要员工具备新的技能，并没有改变工作的枯燥和单调，所以在激发员工的积极性和挑战性方面并没有太大的意义。

4. 职务丰富化

职务丰富化是指从纵向充实和丰富工作内容，在工作中赋予员工更多的责任、自主权和控制权，使其体验工作的内在意义、挑战性和成就感。其实质就是将部分管理权限下放给下级人员，使其在一定程度上自主决定工作的内容、方法和进度等。职务丰富化的问题在于会为组织带来培训费用的增加，而且当员工承担了更多的责任的时候可能会引起工作报酬的上升。

5.3 组织结构的基本类型

组织结构包括横向结构和纵向结构。横向结构主要解决组织内部如何划分部门的问题；纵向结构主要解决如何科学地设计有效的管理幅度与合理的管理层次问题。在设计组织结构时，横向结构与纵向结构需综合考虑。

组织结构形式的变化发展，不仅同社会对劳动分工的发展和变化密切相关，而且还同人们对管理层级与管理幅度的认识与实践密切相关。常见的组织结构的类型包括直线型、职能型、直线职能型、事业部型、矩阵型、委员会型、网络型等形式。

5.3.1 直线型组织结构

直线型组织结构是最早使用的也是最为简单的一种结构，又称单线型或军队式组织结构。直线型组织结构中不设专门的职能机构，从最高管理层到最基层，实行直线垂直领导，每一个人只能向一个直接上级报告，如图 5-13 所示。

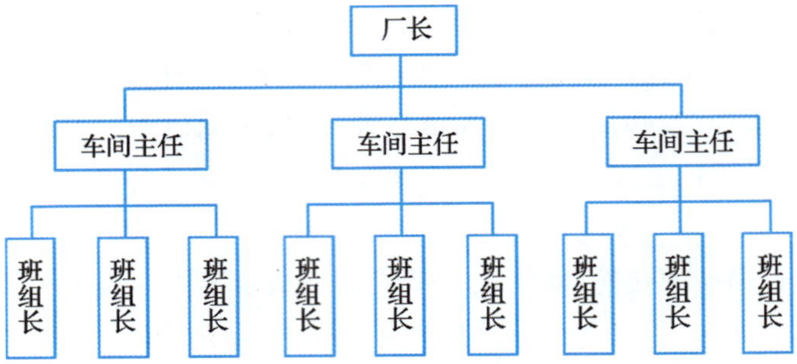

图 5-13　直线型组织结构示意图

这种组织结构设置简单、权责分明、命令统一、联系简洁、决策迅速，比较容易维护纪律和秩序。它的主要缺点是缺乏横向的协调关系，没有职能部门当领导者的助手，容易产生忙乱现象。所以，一旦企业规模扩大，管理工作复杂化，领导者势必因经验、精力不及而顾此失彼，难以进行有效的管理。

这种组织结构只适用于规模比较小，生产和管理工作都比较简单的企业。

5.3.2　职能型组织结构

职能型组织结构，又称多线型或 U 型组织结构，它在组织内除了直线部门之外，还根据分工的要求设置了一系列职能部门。各职能部门都有权在各自的业务范围内向下级下达命令和指示，如图 5-14 所示。

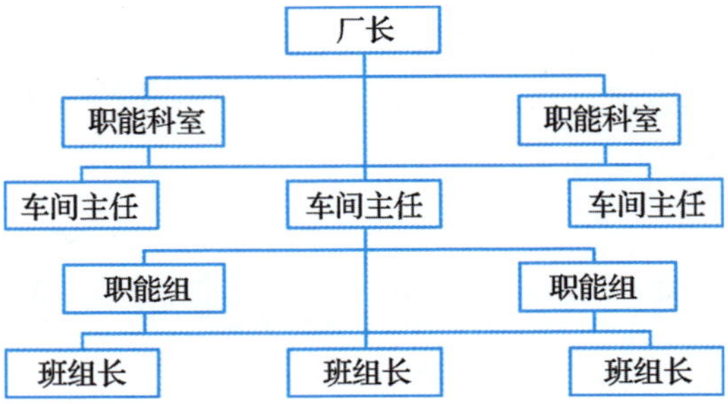

图 5-14　职能型组织结构示意图

这种组织结构的优点首先是适应了社会化大生产对分工的要求，有利于发挥专业人员的人力资源优势和技术优势，有利于企业劳动效率的提高；其次，由于组织设置了职能部门来取代直线主管的某些管理职能，因而，有利于减少直线主管的压力。其不足之处在于妨碍了组织中必要的集中领导和统一指挥，形成了多头领导；各部门容易过分强调本部门的重要性而忽视了与其他部门的配合，忽视了组织的整体目标；不利于组织培养全面的管理人才。

5.3.3　直线职能型组织结构

直线职能型组织结构，又称直线参谋型组织结构，是对职能型组织结构的改进。它是以直线型组织结构为基础，在各级直线主管之下，设置相应的职能部门，即设置两套系统：一套是按命令统一原则组织的指挥系统，另一套是按专业化原则组织的管理职能系统。它与职能型组织结构的最大区别就在于职能部门拟订的计划、方案以及有关指令，统一由直线主管批准下达，职能部门无权直接下达命令或进行指挥，只起业务指导作用，如图 5-15 所示。

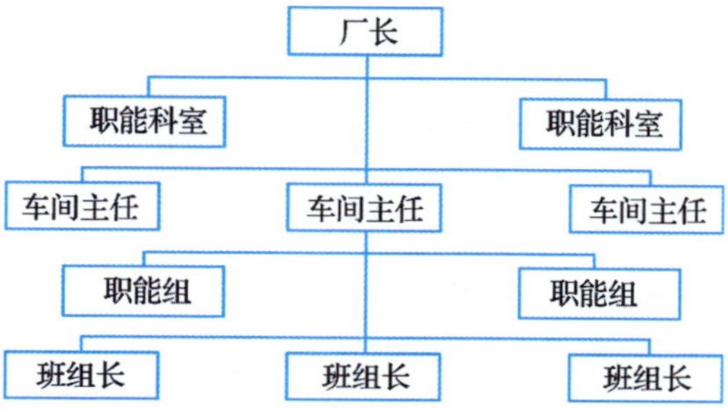

图 5-15 直线职能型组织结构示意图

这种组织结构形式，综合了直线型和职能型的优点。它既保证了组织的统一指挥，又加强了专业化管理，使组织管理水平大大提高了一步。在各国的组织中采用这种组织结构形式的比较普遍。我国目前的大多数企业，甚至机关、学校、医院等都较多采用直线职能型组织结构。

但是直线职能型组织结构也有不足之处：权力主要集中在上层直线主管手中，基层部门和职能部门的权限很小，主动性和积极性的发挥受到限制；当职能部门和直线部门之间的目标不一致时，容易产生矛盾，致使上层主管的协调工作量增大；各职能部门之间的横向沟通交叉，容易产生脱节与矛盾；信息传递路线较长，反馈较慢，使上层主管对新情况不能及时做出反应。

5.3.4 事业部型组织结构

事业部型组织结构首创于 20 世纪 20 年代，最初是由美国通用汽车公司总裁斯隆于 1924 年提出来的，目前已成为特大型企业、跨国企业普遍采用的组织结构形式。事业部型组织结构是一种分权制组织形式，也称为“联邦分权化”，是在产品部门化的基础上建立起来的，在公司总部下设立多个事业部，各事业部独立核算，自主经营。同时，事关组织的大政方针、长远目标以及一些全局性问题的重大决策集中在公司总部，以保证企业的统一性，如图 5-16 所示。

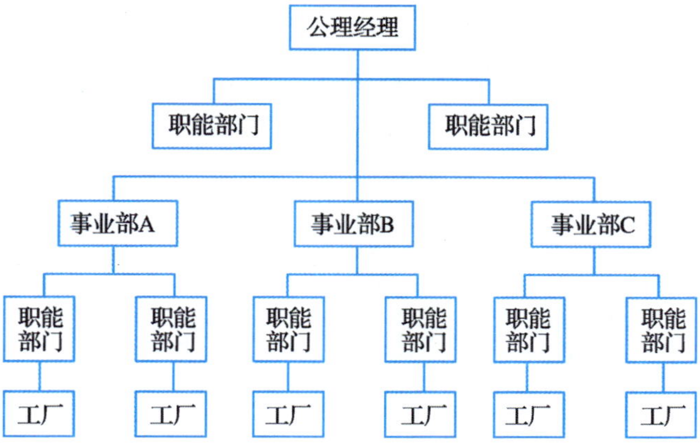

图 5-16 事业部型组织结构示意图

设置事业部型组织结构需要具备以下一些条件：①企业需要有多种产品，或者多个经营地点；②企业的产品需要有独立的市场，这样事业部才能按照各自的产品或区域进行生产经营，以达到企业高层设置的利润指标；③必须给事业部配备全面的管理人才。

事业部型组织结构的优点是：组织最高层摆脱了具体的日常管理事务，有助于使其集中精力做好战略决策和长远规划；由于各事业部单独核算，在生产经营上具有较大的自主权，这样既有利于调动各事业部的积极性和主动性，有利于培养高级管理人才，又便于各事业部之间展开竞争，从而有利于增强企业对环境条件变化的适应能力；各事业部专门从事某一产品的专业生产和经营，有利于提高部门的生产经营效率。

事业部型组织结构的缺点是：由于机构重复，造成了管理人员和管理费用的增加；由于各个事业部独立经营，各事业部之间要进行人员互换就比较困难，相互支援较差；各事业部在考虑问题时，容易忽视企业整体性而从自身局部利益出发。

5.3.5 矩阵型组织结构

企业部门之间的协调是组织结构设计的一个大问题。特别是在一些技术性、专业性很强的企业中，产品部门和技术、职能部门之间的协调问题就更突出。比如，在一个按项目划分部门的建筑企业中，一位电路工程师可能仅在工程完工阶段才会真正派上用场，可是如果按照传统的部门划分方法，这位工程师就不得不在这个项目部门全程驻守，这对人力资源而言是一种浪费。又如一名会计师可能更愿意待在财务部门而不是与技师、工人待在一个部门。但是有些时候，职能部门的人员参与到项目中却又是必需的。因此，如何在项目中将产品项目人员与职能人员组合在一起又不致浪费资源和挫伤员工的积极性？在这种背景下，一种新的组织结构形式——矩阵型组织结构——应运而生。

矩阵型组织结构的实质是在同一组织结构中把按照职能划分部门和按照产品划分部门结合起来。在矩阵型组织结构中，除设有负责职能工作的职能经理外，还同时设有负责若干个最终产品(或项目)的项目经理，从而形成一个项目系统。项目系统没有固定的工作人员，而是随着任务的进度，根据工作的需要，从各职能部门抽人参加，这些人员完成了与自己有关的工作后，仍回到原来的职能部门工作。图 5-17 显示了一个典型的矩阵型组织结构。

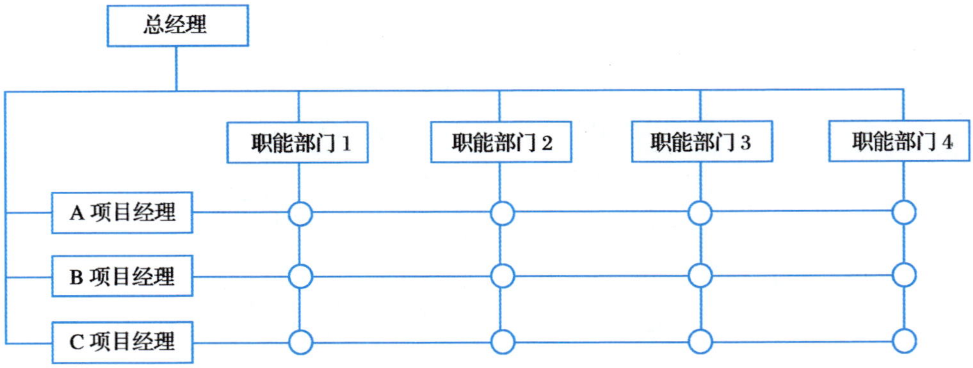

图 5-17　矩阵型组织结构示意图

矩阵型组织结构具有较大的弹性和适应性，可以根据工作的需要，集中各种专门的知识和技能，在短期内迅速完成重要的任务；由于一个项目小组的成员具有不同的专业背景，这可以促进新的观点和设想的产生，同时来自不同职能部门的成员还可以促进部门之间的沟通和协调。但由于项目小组成员是根据工作的进展情况临时从各职能部门抽调的，其隶属关系不变，从而不仅可能使他们产生临时观念，影响工作责任心，而且职能经理与项目经理之间容易产生矛盾，因为他们要争夺有限的资源（资金、人力等），这也会导致项目小组成员接受双重领导，在工作中可能有时会感到无所适从。

5.3.6 委员会型组织结构

委员会型组织结构也是一种常见的组织结构形式。委员会有多种形式，有决策型的，如董事会，也有执行型的，如为解决某一专项问题而成立的委员会；有常设的，也有临时的；有直线的，也有参谋的。委员会通常由各部门、各层次代表组成，各个委员的职权是平等的，依据的是少数服从多数的决策原则，具有集体决策和集体行动的特点。图5-18是大连理工大学关心下一代工作委员会的组织结构图。

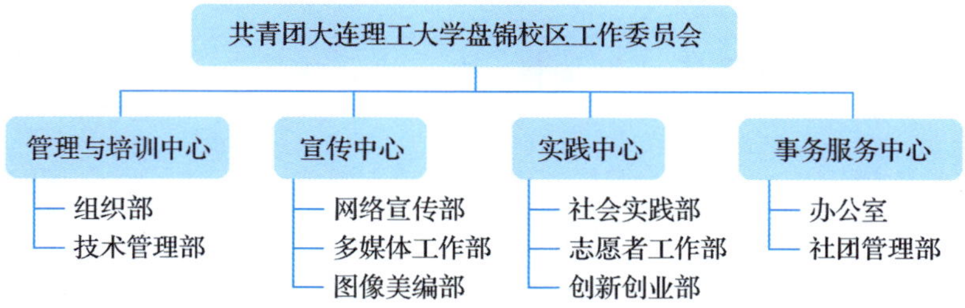

图5-18 大连理工大学关心下一代工作委员会组织结构示意图

我国的许多政府部门也已经实行委员会制，如国务院国有资产监督管理委员会、国家留学基金管理委员会、各地方政府设立的咨询委员会等等。

委员会型组织结构的优点在于能够集思广益、集体决策，可以防止个人专断和滥用职权；同时鼓励参与，便于沟通协调，民主气氛较浓，有利于充分发挥各部门和各级管理者的积极性。其缺点是：决策比较缓慢，尤其是委员来自不同部门，妥协折中，所做的决策不一定是最好的；采取集体决策的形式，个人责任不清。

5.3.7 网络型组织结构

网络型组织结构是利用现代信息技术手段而建立和发展起来的一种新型组织结构，它是一种只有一个很精干的中心机构，以合同关系的建立和维持为基础，依靠外部机构进行制造、销售或其他主要业务经营活动的组织结构形式。图5-19就是网络型组织结构的示意图。被直线联结的两个机构之间并没有正式的资本所有关系和行政隶属关系，而是以合同为纽带，通过一种互惠互利、相互协作、相互信

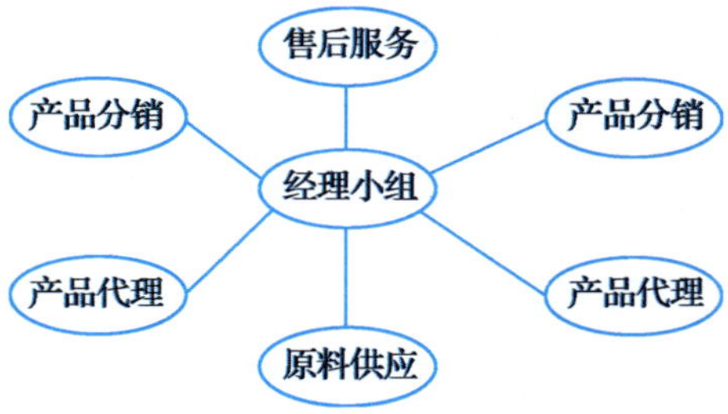

图5-19 网络型组织结构示意图

任和支持的机制来进行密切的合作。该组织实施的大部分活动都是外包、外协的，因此，公司管理机构中就只有一个精干的经理班子，负责监管公司内部开展的活动，同时协调和控制与外部协作机构之间的关系。

网络型组织结构的着眼点是，把企业的非核心职能逐步分离出去，简化机构，精简多余的管理人员或职能部门，精简企业中不经常发生，处于非核心地位的管理职能，使企业集中力量增强核心能力，增强竞争优势；同时组织结构简化后，可以降低管理成本、提高管理效率，加快对外部环境变化的反应能力。但是网络型组织结构的不足之处在于可控性比较差。因为这种组织结构的有效运作，是通过与其他机构广泛而密切的合作来实现的，一旦其他机构出现了诸如质量、提价、未能如期交货等问题，则会使本企业陷入被动的境地。而且一旦某一不可替代的合作机构因故退出，会使本企业面临解体的危险。

5.4 影响组织结构的权变因素

5.4.1 机械式与有机式组织结构

1. 机械式组织

机械式组织结构，也称官僚行政组织结构，是一种稳定的、僵硬的组织结构形式，它追求的主要目标是稳定运行中的效率。机械式组织结构具有正式的职权层级链，每个人只接受一个上级的控制与监督，同时它注重对任务进行高度的劳动分工和职能分工，并对分工以后的专业化工作进行严密的层级控制，因此组织要保持窄的管理幅度。这样就形成了一种高耸的、非人格化的结构，当组织的高层与低层距离日益增大时，无法通过直接监督来对低层次的活动进行控制，就会通过制定程序、规则和标准来确保标准作业行为得到贯彻。

2. 有机式组织

有机式组织结构，也称适应性组织结构，具有低复杂性、低正规化和分权化的特点。有机式组织结构是一种松散、灵活的具有高度适应性的组织结构形式。它因为不具有标准化的工作和规则条例，所以是一种松散式的结构，能根据需要迅速做出调整。大多数有机式组织结构都是小型的，并不需要高度复杂的正规结构设计，它们需要的是一种简单结构，即尽量降低复杂性的结构。

3. 两种组织结构的差异

机械式组织结构和有机式组织结构代表着一个连续统一体的两个极端，它们之间实际上存在着无数的中间过渡状态，可以表现为多种不同的具体形式。两种组织结构的特征和使用条件也有很大的差异。具体如图 5-20 所示。

每一个组织内外的各种变化因素，都会对企业的组织结构的设计产生影响，若干重要的环境型因素，包括组织战略、组织环境、组织规模和技术等，都对组织结构有比较明显的影响。权变理论强调，组织结构如果与这些因素配合得当，组织就可以发挥优势，提高效率。因此，管理者必须明确这些因素与不同组织结构之间的关系，从而合理地设计组织结构。

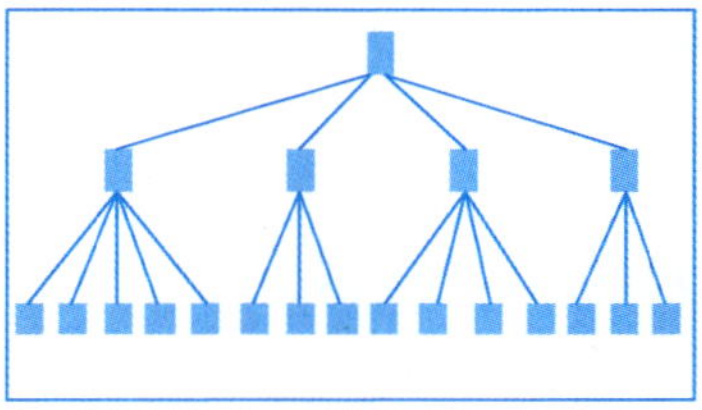

机械式组织结构

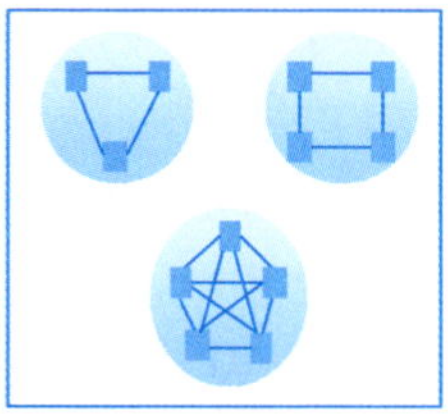

有机式组织结构

机械式组织结构		有机式组织结构	
特征	适用条件	特征	适用条件
• 任务被划分为独立的专业化部分； • 职责范围受严格精确限定； • 有明确的职权等级和许多程序规则； • 有关工作的知识及对任务的监控集中在组织上层； • 强调上级对下级的纵向沟通； • 协调和控制倾向于采用严密结构的层级组织。	• 环境相对稳定和确定，企业可以采用近乎封闭的方式来运作； • 任务明确且持久，决策可以程序化； • 技术相对统一而稳定； • 常规活动且以效率为主要目标； • 企业规模相对较大。	• 员工围绕共同的任务开展工作； • 职责范围在相互作用中不断修正； • 职权等级和程序规则少； • 有关工作的知识及对任务的监控分散在组织之中； • 强调上下级的双向沟通及横向和斜向的沟通； • 协调和控制经常依靠相互调整和具有较大灵活性的组织系统。	• 环境相对不稳定和不确定，企业必须充分对外开放； • 任务多样化且不断变化，使用探索式决策过程； • 技术复杂而多变； • 有许多非常规活动，需要较强的创造和革新能力； • 企业规模相对较小。

图 5-20 机械式与有机式组织结构

5.4.2 组织战略对组织结构的影响

组织结构是管理人员用来达到组织目标的一种手段。由于组织目标是由组织战略决定的，因此，组织结构应该服从组织战略。如果组织战略发生了重大变化，组织结构也应该进行相应的调整，以适应战略的变化。

1. 企业战略的几个演进阶段

企业的发展具有明显的阶段性。不同的发展阶段具有不同的战略，因而也有着不同的组织结构。

第一阶段：企业往往是一些单一的生产厂家或销售者，执行某个单一的职能。这时常见的是直线型组织结构，其特点是业主直接控制各雇员，并可根据情况随时改变经营策略，结构的变动也很简单。

第二阶段：随着企业规模的扩大，各单位间的协调及专业化要求的提高，具有分工协调和技术管理作用的职能型组织结构便应运而生。它适用于那些环境稳定、产品和服务单一集中的企业。

第三阶段：企业发展为垂直一体化和相关多元化。此时的企业已具有了相当的规模和多种经营体，组织结构呈半自治状态。在这种结构中，各经营体是一种半独立的分支机构，具有相对独立的自主权。这种半独立的分支机构又可分为事业部型、区域型等多种形态。

第四阶段：企业发展表现为多元化，特别是非相关多元化。此时企业往往采取独立经营体与职能部门共存的结构或集团型组织结构。这种组织结构的特点是各经营体除总战略和资金来源及使用方面受控于总部外，其余部分完全独立运作。

2. 企业战略影响组织结构的两个方面

第一，不同的战略要求不同的业务活动，从而影响管理职务和部门的设计，具体地表现为战略收缩或扩张时企业业务单位或业务部门的增减等等。

第二，战略重点的改变会引起组织工作的重点改变，从而导致各部门与职务在企业中重要程度的改变，并最终导致各管理职务以及部门之间关系的相应调整。

• 案例链接 5-3

Punchkick Interactive：让扁平化组织卓有成效

>>>>>>

5.4.3 组织外部环境对组织结构的影响

所有企业都在一定的环境中生存和发展，企业的行为必须顺应环境的要求。在现代经营环境快速变化的情况下，最能适应环境变化的企业才是最具竞争力的企业。因此，企业的组织结构设计必须充分考虑环境因素的影响。

1. 环境的不确定性

环境中存在不确定因素是必然的。环境的不确定性可以从两个维度进行考察：一是企业所面临环境的复杂性，二是企业所面临环境的稳定性。环境复杂性是指与企业经营有关的外部因素的数量多少和差异性。在一些复杂的环境情况下，许多种类不同的外部因素会对企业产生牵制和影响。环境的复杂程度可能来自企业所面临的环境因素的多样性（例如在不同国家经营的跨国公司），也可能来自处理环境影响所需的知识多寡（例如对一家航天公司的要求）。环境的稳定性指环境因素的变动程度，一个环境如经过一年或几个月仍然保持不变就是稳定的。而在不稳定的环境下，影响企业经营的因素会突然发生变化，如竞争对手对企业的市场行为做出了针对性或对抗性行为，这会导致竞争环境的不稳定性。

根据上述两个方面，可以构建一个四方格的模式，如图 5-21 所示。图中，每个方格均表示不同程度的环境的不确定性。

环境的变化性	简单	复杂
稳定	简单＋稳定＝低程度的不确定性 1. 外部因素较少，且比较接近。 2. 因素趋于稳定，如有变化也比较缓慢。 例如：啤酒批发商、容器制造厂和食品加工厂	复杂＋稳定＝低至中等程度的不确定性 1. 外部因素较多，且差异性大。 2. 因素趋于稳定，如有变化也比较缓慢。 例如：大学、家庭用品企业、保险公司
不稳定	简单＋不稳定＝中至高程度的不确定性 1. 外部因素较少，且比较接近。 2. 因素变化频繁，且无预见性。 例如：个人计算机公司、时装公司、玩具制造厂	复杂＋不稳定＝高程度的不确定性 1. 外部因素较多，且差异性大。 2. 因素变化频繁，且无预见性。 例如：电子、通信企业、航空公司

环境的复杂性

图 5-21　评估环境不确定性的模式

2. 环境的不确定性对组织结构的影响

环境的不确定性程度直接影响企业组织结构的设计，具体表现在对职位和部门、组织的分工和协作方式、控制过程及计划和预测等方面，如图 5-22 所示。

环境的变化性	简单	复杂
稳定	低度不确定 1. 机械性结构：正式、集中 2. 部门少 3. 高层管理者承担整合任务 4. 以现有业务为导向	中低度不确定 1. 机械性结构：正式、集中 2. 部门多，对外联系也多 3. 中间层承担一些整合任务 4. 有一些计划
不稳定	中高度不确定 1. 有机结构：团队结构，参与性强且结构分散 2. 部门少，对外联系也少 3. 中间层承担一些整合任务 4. 计划导向	高度不确定 1. 有机结构：团队结构，参与性强且结构分散 2. 部门多，专业化程度高，对外联系多 3. 整合任务多 4. 强化计划和预测

环境的复杂性

图 5-22　在不同环境的不确定性情况下的组织结构

5.4.4　组织规模对组织结构的影响

组织规模是组织结构设计时必须考虑的一个基本的和重要的因素。不同规模的组织表现出明显不同的组织结构特征。表 5-2 是在不考虑其他因素时，或假定其他因素相同时的不同规模企业的组织结构要素特征的差异。

表 5-2　　企业规模对组织结构的影响

结构要素	小型企业	大型企业
管理层次	少	多
部门和职务的数量	少	多
分权程度	低	高
技术和职能的专业化程度	低	高
规范化程度	低	高
书面沟通和文件数量	少	多
专业人员比率	小	大
中高层管理人员比率	大	小

企业规模大直接增加了组织结构的横向复杂性和纵向复杂性。一方面分工细化，部门和职务的数量增加；另一方面这种劳动分工差异大，管理层就会通过提高垂直差异的方式来协调。分工细化的结果是既提高了效率，有利于企业规模的进一步扩大，同时又增加了专业人员的比率，增大了协调的工作量，从而使书面沟通和文件数量增加。管理层次的增加，则促进了分权，导致对标准化程度要求的上升和中高层管理人员比率的降低。

5.4.5 技术对组织结构的影响

一个单位的技术因素不仅指机器设备和自动装配线，还包括其情报信息系统和人才教育培训等。

20 世纪 60 年代初，美国管理学家琼·伍德沃德首先对技术与组织设计的关系进行了调查与研究，然后重点分析了企业的技术与组织结构之间的关系。按照组织的“工艺技术连续性”的程度，她把技术分为三种类型：单件和小批量的生产技术（如服装定制和水力发电涡轮机生产）、大批和大量的生产技术（如电冰箱和汽车生产）、管理连续性的流水作业生产技术（如炼油和制药）。她对这三种技术类型的组织及其组织结构进行了比较和考查，并对管理的层次、管理人员的管理幅度，以及生产工人和管理人员的比例进行了比较分析，如表 5-3 所示。

表 5-3　伍德沃德的研究

生产类型	单件和小批生产	大批和大量生产	连续生产
结构特征	层次少；管理幅度宽，没有明确的等级；管理人员与作业人员的比例低	明确区分直线型和参谋型；职工对设计思想、工作专业化和指挥系统都比较明确	多层次；对组织设计的诸要素有中等的了解
最有效的结构	有机式	机械式	有机式

伍德沃德得出这样的结论：这三类企业中每一类都有其特定的组织结构形式，成功的企业是那些能够根据技术的要求而设计合理结构的企业。单件和小批生产、连续生产的制造企业采用有机式组织结构最为有效，而大批和大量生产的制造企业则采用机械式组织结构最为有效。

伍德沃德是组织管理学家中第一位研究组织结构与组织技术的学者。她的工作具有开创性的意义。不足的是，伍德沃德的技术分类方法仅局限于制造业企业。如果要使技术与结构关系的构想适用于所有的企业组织，就必须以一种更综合的方式对技术进行可操作性的研究。查尔斯·佩罗提出了一种可供选择的研究方法。

佩罗的研究强调的是“知识技术”而不是“生产技术”。他提议从两个方面对技术进行分类：①工作易变性，即组织成员在工作中遇到的例外的数量，例外少意味着常规化程度高；②问题解决的难易程度，即工作中遇到的问题是否可以用常规的推理分析来解决。佩罗使用这两维变量，将技术分为常规型、工程型、工艺型和非常规型，如图 5-23 所示。

常规型技术只有少量的例外，问题易于分析。工程型技术有大量的例外，但可以通过理性的、系统的方法进行处理。工艺型技术处理的是难度较大但例外情况较少的问题。非常规型技术则以诸多例外和问题难以分析为特征。佩罗提出的技术分类不仅能适用其他组织，而且还认为不同技术需要不同的控制和协调手段。常规技术使组织结构呈机械式结构特征，非常规技术使组织呈有机式结构特征。他的这种分类，以及对组织结构与技术关系的探讨对组织结构设计与选择具有指导意义。

工作易变性	易	难
不变	1. 常规型 钢铁业、汽车业、石油业等 严格控制，机械式结构	3. 工艺型 时装业、家具业等 适中的规范性，分权化
易变	2. 工程型 建筑业、会计事务组织等 规范性低，集权程度高	4. 非常规型 科研组织、咨询机构 专业化程度高，规范性低

问题解决的难易程度

图 5-23 佩罗的技术分类模型

5.5 组织变革

任何一个组织，无论过去如何成功，都必须随着内外部环境的变化而适时进行变革方能应对未来的挑战。组织变革属于组织设计的范畴，是指组织根据内外环境的变化，对组织结构、组织关系、职权层次、指挥和信息系统所进行的调整和改变，以适应组织发展的要求。

5.5.1 组织变革的原因

组织变革的原因可以分为组织外部原因和组织内部原因两个部分。

1. 组织外部原因

组织是从属于社会大环境系统中的一个子系统，它无力控制外部环境，只能主动适应外部环境。在外部环境的变化中，最主要的有以下几个方面会导致组织的变革。

(1)宏观经济环境的变化

宏观经济环境的变化当然会对几乎所有的组织造成影响，比如金融危机使得很多企业被迫改变了发展计划，也使很多企业收缩了自己的组织规模。

(2)国家政策和法律的变化

国家的一些关于经济发展政策的转变以及一些法律的调整，都可能给企业带来有力的甚至是强制性的变革。如国有企业的“三改一加强”改革方案、私营、民营企业的地位合法化的政策、公司法、消费者保护法等一系列的以市场为导向的政策和法律的出台，必将推动企业发生大规模的变革。

(3)技术的变化

技术的进步，深刻地影响着企业生产设备和技术的改进以及企业的发展，使企业的生产率得到明显提高，从而影响人们的工作态度和工作方式。如生产自动化和办公自动化技术的发展，特别是当前以网络技术为代表的高新技术的迅猛发展，会对组织的职务设置和部门划分、部门间的关系以及组织结构的形式产生相当程度的影响。

(4)市场竞争环境的变化

基于全球化的市场竞争将会越来越激烈，竞争的方式也将会多种多样。组织若想适应未来市场竞争的要求，就必须在竞争观念上顺势调整，争得主动，才能在竞争中立于不败之地。

2. 组织内部原因

(1)组织战略的变化

组织结构的设计必须与组织战略相一致。组织一旦根据需要而修订组织战略时,组织结构和组织的运行必然也会发生相应的变化。

(2)组织整体管理水平的变化

当组织的管理水平提高后,就有可能减少管理层次,大幅度地精简管理机构和管理人员,重新设置组织机构,重新划分职责范围,重新进行分工。

(3)克服组织低效率的要求

组织的长期一贯运行极可能会出现"非效率现象",其原因既可能是由于机构重叠、权责不明,也可能是人浮于事、目标分歧。组织只有及时变革才能进一步制止组织效率的下降。

5.5.2 组织变革的内容

组织可以从如图 5-24 所示的四个方面入手进行变革。

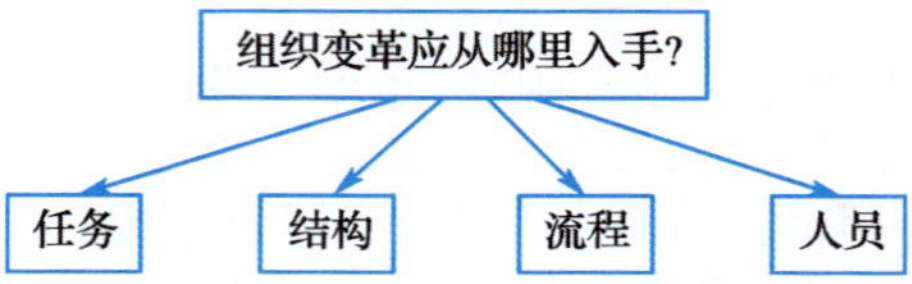

图 5-24　组织变革的内容

1. 任务变革

组织的任务主要指组织的运行目标和方向,也就是组织的长期发展战略或使命。当对组织的运行目标和方向进行调整时,组织的组织结构也要随之进行变革。如企业收缩业务,则必须剥离不良资产和非相关业务;又如企业要扩大战略,则要考虑并购的对象和方式,以及重构组织文化等问题。在复杂的组织系统内,尚有许多亚层次的目标存在,它们是为总目标服务的,这些亚层次目标实际上就是各个部门的具体工作任务和目标,这是决定各级部门机构设置的重要因素。当总目标发生变化时,亚层次目标也会随之发生变化,因此所涉及的部门机构的设置也会发生变化。

2. 结构变革

结构变革是对组织体制、机制、责任权力关系等方面的变革,是对权力和责任进行的再分配,使组织变得更为柔性灵活、易于合作。例如合并职能部门,精简纵向层次,拓宽管理幅度,从而使组织结构更为扁平;或者从一个简单的职能型组织结构转变为一个矩阵型组织结构。这种组织结构变革都需要管理者重新进行职务设计、丰富职务内容或实行弹性工作制、改变组织的报酬制度等来调动员工的积极性。

3. 流程变革

流程变革主要是指组织围绕组织目标和核心竞争力所采取的变化、革新措施和手段。对于企业而言,具体是指采用现代化的信息和手段对业务流程进行重新的构造,如更换设备、工艺、技术、方法等,以使企业产生变革。这种变革会对组织结构、用户服务、产品质量、成本等各个方面产生重大的影响。比如炼铝公司装配了更有效的操作设备、锅炉和压制机,从而降低了每吨铝的生产成本。由于科技的不断创新,组织管理者应与当今的信息革命相联系,注重在流程再造中利用最先进的计算机技术进行一系列的技术改造。同时,流程的变革还要求组织对组织中各个部门的工作任务进行重新组合。

4. 人员变革

上述所有的变革都离不开人员的变革。比如,技术的进步要求人的素质的提高,而人的素质的提高,又会反过来推动技术的进步、管理的改善、组织结构的优化乃至组织运行方向的改变,从而使组织对组织的任务与目标做出调整。人员变革主要表现在组织成员的态度、动机、行为、技术文化素养、职业道德水准等方面的变化。这类变革主要是通过组织对员工的培训、教育、激励政策等使他们能够在观念、态度和行为方面与组织的任务与目标保持一致。另外,也可以通过人员的更新,即组织成员在组织系统的进出、升降为组织带来新的活力。

5.5.3 组织变革的阻力与克服

1. 组织变革的阻力

组织变革是一种对现有状况进行改变的努力,任何变革都常常会遇到来自各种变革对象的阻碍和反抗。产生这种阻力的原因一部分来自传统的价值观念和组织惯性,也有一部分来自对变革后果的不确定性的担忧。变革阻力主要表现在以下几个方面:

(1)个人习惯

员工因长期处在一个特定的组织环境中从事某种特定的工作,就会自觉或不自觉地习惯于原有的一切管理制度、一切作业方式、一切行为规范。任何变革都将会使他们感到不习惯、不舒服、不自然,因而有恐慌感。他们宁愿抱残守缺,也不愿尝试变革,结果往往导致组织丧失变革的最佳时机,等到组织非变革不可的时候,变革的成本就增加了。

(2)对已有权力的威胁

组织变革的过程往往伴随着组织内部权力的重新分配以及资源的调整,一些管理者往往担心自己原有的权力及职位的丧失或者预算的减少,于是那些能从现有资源分配中获利的人群就会对组织变革持消极甚至反对的态度。例如,在组织中引入参与决策或自我管理的工作团队的变革,就常常被基层主管和中层管理人员视为一种威胁。

(3)对不确定性的恐惧

有时人们之所以反对变革,是因为变革使得已知的东西变得模糊不清和不确定。在组织中员工对不确定性有一种厌恶感,它会使得员工感到恐慌和不安。

2. 变革阻力的克服

为了确保组织变革的顺利进行,必须要针对变革中的种种阻力采取一些具体的管理对策。

(1)教育和沟通。通过与员工进行沟通,帮助他们了解变革的理由,能减少变革的阻力。沟通可以通过个别交谈、小组讨论、备忘录或报告来实现。这一策略需要投入较多的时间和精力,特别是当变革触及许多员工时,实行起来会比较困难。

(2)参与。一个人要是参与了变革的决策,他就不容易成为阻力。因此,在变革决策之前,应把持反对意见的人吸引到决策过程中来。如果他们的建议可行,管理者就应采纳,这往往还能提醒管理者注意那些先前被忽视了的重要问题。而且,积极地参与也为教育和沟通提供了良好的机会。但是,这种策略也有不足之处,即可能带来次等的决策,并耗费许多时间。

(3)促进与支持。变革推动者可以通过提供一系列支持性措施来减少阻力。当员工十分恐惧和忧虑时,给员工提供心理咨询和治疗、新技术培训或短期的带薪休假都有利于他们的调整。这个策略的不足之处是费时,另外,实施起来需要较多的时间和成本,并且没有成功的把握。

(4)谈判。谈判的目的在于以某些有价值的东西换取阻力的减小。这种方法针对阻力集中于少数有影响力的人中时比较适用。通过谈判可以商定一个特定的报酬方案,以满足他们的个人需要。但是其潜在的高成本是不应忽视的。另外,这种方式也有一定的风险,一旦变革推动者为了避免阻力而对一方做出让步时,他就可能面临着其他权威个体的勒索。

(5)操纵和拉拢。有时管理者们利用更微妙、更隐蔽的技巧来实施变革。比如歪曲事实使事件显得更有吸引力,封锁不受欢迎的信息,制造谣言使员工接受变革。如果工厂的管理者威胁说,员工要是不接受全面的工资削减方案,工厂就要关门,而实际上并无这种打算的话,管理层使用的就是操纵手段。拉拢是介于操纵和参与之间的一种手段,它通过让某个变革阻力群体的领导者在变革决策中承担重要角色来收买他们。例如,管理层可能会邀请工会领袖作为某一执行委员会的成员。一旦工会领袖成为变革中的一分子,他或她就不会对组织的工作那么不合作了。相对而言,操纵和拉拢的成本都较低,并且易于获得反对派的支持。但如果对象意识到自己被欺骗和被利用时,这种策略会产生适得其反的效果,一旦被识破,变革推动者会因此而信誉扫地。

(6)强制。有些管理者对反对分子动用惩罚措施或是以惩罚相威胁。如果在管理层真正下定决心并有足够的权力的情况下,这种方法可能奏效。例如,一个老板可能为了让下属对变革方案采取合作态度,而以失业、丧失升职机会或分派不好的工作相威胁。这种策略的缺点是,强制通常是不合法的,即使合法,强制也容易被看成是一种暴力行为,从而有损变革推动者的威信。

除了上述策略之外,库尔特·卢因还创造了一种“力场分析法”(Force Field Analysis)。他认为任何事物都处在一对相反作用力之下,且处于平衡状态。推动事物发生变革的力量是:驱动力,试图保持原状的力量是:制约力。为了变革,驱动力必须超过制约力,从而打破平衡。当变革遇到阻力(制约力)时,如果用强硬的手段压下去,可能一时平息,但是反抗的因素会积聚力量,卷土重来。因此他主张把支持变革和反对变革的所有因素采用图示方法进行排列,分析比较各自的强弱程度,然后采取措施,增强支持因素,减弱反对因素,使变革得以顺利进行。

拓展阅读

卢因的“力场分析”的实例

第二次世界大战期间,卢因碰到一家工厂要求全体女工戴防护眼镜而受到抵制的情况。他调查分析了正反两方面的因素,绘出了图 5-25。

对第一个反对因素,经过了解,只要多花 5 分美金就能调换一种比较轻而舒适的镜架。

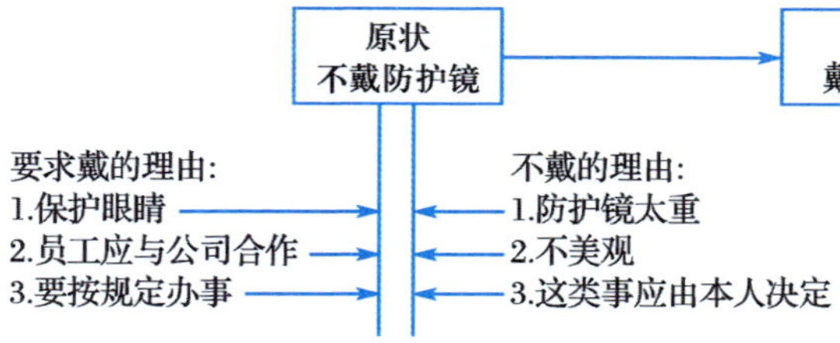

图 5-25　力场分析图

公司同意增加这笔支出。对第二种反对因素,他让女工自己设计美观合适的眼镜式样,并开展评比竞赛,引起了大家的兴趣。这样就使女工们对公司规定从反对变为支持。

（资料来源:张德,吴志明.组织行为学.大连:东北财经大学出版社,2002:476-477.）

5.5.4　推行组织变革的过程

卢因的三步模型是关于组织变革过程的经典模型,他认为成功的组织变革应遵循以下三个步骤:解冻——变革——重新冻结,如图 5-26 所示。

图 5-26　卢因的三步变革模型

解冻阶段是变革前的心理准备阶段,这一阶段的中心任务是改变员工的观念和态度,组织必须通过积极的引导与激励,动员员工接受变革并参与其中。

变革阶段是变革中的行为改变阶段,把员工的变革热情转化为变革行为,关键是要运用一些策略和技巧减少变革阻力,进一步调动员工的积极性,使变革成为全体员工的共同事业。

重新冻结阶段是变革后的强化阶段,目标是平衡变革驱动力和制约力,使新的组织状态保持相对的稳定和平衡。由于人们的传统习惯、价值观念、行为模式、心理特征等都并非一次变革所能彻底改变的,因此,变革措施实施后,还应该采取种种手段对员工的心理状态、行为规范和行为方式等进行巩固和强化,否则,稍遇挫折,便会反复,使改革的成果无法保持。

· 案例链接 5-4

石油公司组织变革案例

>>>>>>>

还必须明确的是,在组织变革的过程中,首先通过组织诊断,以确定变革的组织要素征兆。如通过对组织的职能系统、工作流程系统、决策系统以及内在关系等进行全面的诊断,发现组织效率低下的原因,并确定出需要变革的部门和人员。其次分析变革因素。如职能设置是否合理、决策中的分权程度如何、流程中的业务衔接是否紧密、员工参与变革的积极性如何等等。在此基础上制订多个可行的变革方案,由决策者来选择最佳方案,然后制定具体的变革计划并贯彻实施。最后在变革结束后,管理者必须对变革的结果进行总结和评价,及时反馈新的信息。对于没有取得理想效果的变革措施，应当给予必要的分析和评价，然后再做取舍。

复习思考题

1. 组织的含义是什么？
2. 制定管理幅度时应该考虑哪些因素？
3. 比较高耸型组织和扁平型组织的优缺点。
4. 什么是职能权力？组织中应如何运用职能权力？
5. 集权有效还是分权有效？
6. 如何发挥参谋的作用？
7. 比较职能型组织结构和直线职能型组织结构的异同。
8. 你认为什么情况下采用矩阵型组织结构比较好？
9. 机械式组织和有机式组织有哪些不同？分别在什么情况下设计这两种组织结构？
10. 阐述卢因的组织变革的三个主要步骤。
11. 画一幅你所参加或了解的学生会或学生社团的组织结构图，运用所学知识就现有的学生会或学生社团组织结构设置的合理性进行分析讨论，并根据讨论结果提出相应的改进建议。

案例讨论

金苹果公司的组织结构设计

金苹果公司是美国南部一家种植和销售黄橙、桃子两大类水果的家族式农场企业，由老祖父格雷夫于50多年前开办，农场有着肥沃的土地和明媚的阳光，特别适合种植这些水果。公司长期以来积累了丰富的水果存储、运输和营销方面的经验，能有效地向海内外市场提供新鲜、质好的水果。经过半个多世纪的发展，公司已初具规模。老祖父已将公司的经营管理大权于十几年前交给了儿子约翰逊，孙子卡尔几年前从农学院毕业后，回到农场成为父亲的助手。

金苹果公司大体上开展了以下三个方面的工作：一是生产工作，主要是一批工人和管理人员在田间劳动，负责种植和收获橙、桃；二是研究开发工作，主要是高薪聘请的农业科学家负责开发新的品种并设法提高产量水平；三是营销工作，主要由一批经验丰富的销售人员组成，负责走访各地的水果批发商和零售商。

约翰逊和卡尔对金苹果公司的管理一直没有制定出正式的政策和规则，对工作程序和职务说明的规定也很有限。但约翰逊相信，一旦人们对工作有了亲身了解后，他们就应当而且能够有效地开展工作。

金苹果公司的发展规模已经相当壮大，约翰逊和卡尔感到有必要为公司建立起一种比较正规的组织结构。约翰逊请来了他年轻时的朋友，现在已经成为享有一定知名度的管理咨询人员——布莱顿——来帮助他们。布莱顿指出，他们有两种选择：一是采取职能型组织结构形式;二是按事业部来确立组织结构。这两种不同形式的组织结构设计如图5-27所示,那么,他们应该选取哪种组织结构形式呢?

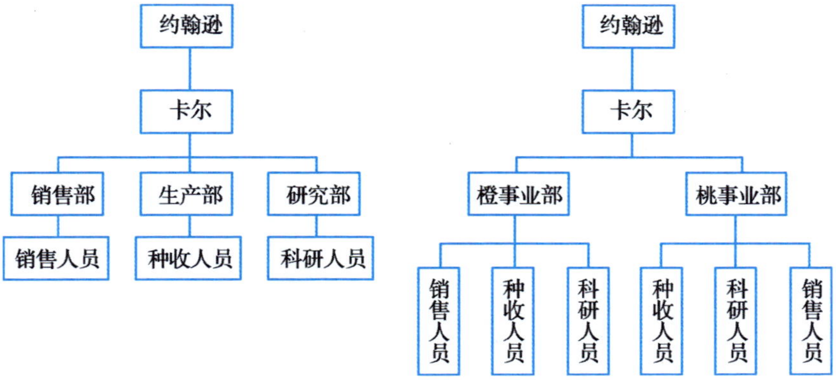

图5-27 金苹果公司组织结构设计

(资料来源:谢勇,邹江.管理学.武汉:华中科技大学出版社,2008:144-145.)

讨论题

1. 职能型组织结构和事业部型组织结构各有什么优缺点和适用条件?

2. 根据金苹果公司的发展状况,请在两种组织结构中选择合适的形式。

3. 假如该公司的规模进一步扩大,在目前选择的组织结构的基础上,应如何进行调整?

第6章 人力资源管理与开发

学习导航

- 人力资源及其相关概念
- 人力资源管理与人事管理的区别
- 人力资源管理中各项工作的主要内容
- 人力资源需求和供给预测的方法
- 人员招聘与选拔的程序和方法
- 各种绩效评估方法的内容和优缺点
- 薪酬体系设计的程序
- 人员培训与开发的各种方式及其作用

引例 海尔集团人力资源管理的理念

海尔集团明确提出"用亦疑"和"人人是人才，赛马不相马"的人力资源管理理念。

1. 赛马机制

对于管理人员，海尔集团实行"上岗靠竞争，届满要轮流，末位要淘汰"的制度。上岗靠竞争的制度，即空缺的职务都在公告栏里统一发布，任何员工都可以参加应聘，竞争上岗。届满轮流制度，即在一定的岗位上任期满后，由集团根据总体目标并结合个人发展需要，调任其他岗位。轮岗后，不管你原先职位有多高，都从基层做起。末位淘汰制度，即干部每年都有调整，能上能下。

对于普通员工，海尔集团实行"三工并存，动态转换"的竞争制度。具体而言，即在全员合同制基础上把员工级别分为优秀员工、合格员工、试用员工三种，根据工作绩效，定期在三种级别之间进行动态转化，并与个人报酬挂钩。

2. 监管控制

古人曰："用人不疑，疑人不用。"海尔集团却提出"用亦疑"的用人理念，通过赛马机制"赛"出来的人就用，但对所用的人一样要监督。海尔集团还提出：干部主观上要自我控制，自我约束，有自律意识；集团要建立控制体系，控制工作方向、工作目标，避免犯方向性错误；控制财务，避免违法违纪。

为了实现在职监控，海尔集团建立了较为严格的监管控制机制，任何在职人员都要接受三种监督，即自监（自我约束）、互监（班组内互相监督）、专监（业绩考核部门的监督）。一般来说，海尔集团对干部的考核指标有五项：自我管理；创新意识及发现、解决问题的能力；市场的美誉度;个人的财务控制能力;所负责企业的经营状况。对这五项指标分别赋予不同的权重系数,根据各项指标的评分情况计算出评价总分数,然后根据总分数的情况,将考核分为三个等级。每月考评一次,工作没有失误但也没有起色的干部也被归入批评之列,从而使在职干部随时都有压力。

(资料来源:李萍.管理学.西安:电子科技大学出版社,2008:194-195.)

思考题

1. 什么是人力资源管理? 它有何意义?

2. 人力资源管理有哪些重要内容?

6.1 人力资源管理概述

在经济学上,资源是为了创造物质财富而投入于生产活动的一切要素。世界上的资源可以分为若干种类,如自然资源、资本资源、信息资源、时间资源、技术资源、人力资源等。在所有资源中,人力资源是第一资源。1954 年,当代著名管理学家彼得·德鲁克在其《管理的实践》一书中首次提出了"人力资源"的概念。他指出:人力资源和其他所有资源的唯一的区别就在于它是人,是具有"特殊资产"的资源,并且拥有其他资源所没有的素质,即"沟通能力、融合能力、判断力和想象力"。由此可见,人力资源是一切资源中最为宝贵的资源,对于经济发展和保持竞争优势具有重要作用。

6.1.1 人力资源及其相关概念

人力资源的概念是和人口资源、劳动力资源、人才资源等概念相互联系而又相互区分的概念。

1. 人口资源

人口资源是指一个国家或地区人口的总体数量,即全部的自然人,既包括有劳动能力的人,也包括没有劳动能力的人。它是人力资源、劳动力资源、人才资源的基础,其主要表现是数量概念。

2. 人力资源

人力资源是指全部人口中有劳动能力的人。人力资源的概念有广义和狭义之分,广义的人力资源指智力正常的人;狭义的人力资源则指能够推动国民经济和社会发展的、具有智力劳动和体力劳动能力的人的总和,它包括数量和质量两个方面。

人力资源的数量又分为绝对数量和相对数量。绝对数量是指一个国家或地区中具有劳动能力、从事社会劳动的人口总数,它是一个国家或地区劳动适龄人口减去其中丧失劳动能力的人口,加上非劳动适龄人口之中具有劳动能力的人口的数量。相对数量是指人力资源率,即人力资源的绝对数量占总人口的比例,它是反映经济实力的最重要的指标。

人力资源的质量是指人力资源所具有的体质、智力、知识和技能水平,以及劳动者的劳动态度。与人力资源数量方面相比,其质量方面更为重要。人力资源开发的目的就在于提高人力资源的质量,为社会经济的发展发挥更大的作用。

3. 劳动力资源

劳动力资源是指一个国家或地区具有劳动能力并在法定劳动年龄范围之内的人口数量总和。劳动力资源一般是指 16 岁至 60 岁处于离休、退休之前具有劳动能力的人口数量。它偏重于劳动者的数量。

4. 人才资源

人才资源是指具有一定的知识和技能,能够进行创造性劳动,能在工作中取得显著成绩和做出积极贡献的人。人才资源强调的是人力资源中较杰出、较优秀的那一部分。它表明了一个国家和地区所拥有的人力资源的质量。

从上述概念的界定中可以看出,人口资源和劳动力资源突出强调的是人口的数量和劳动者的数量。人口资源是人力资源的基础,而劳动力资源是人力资源中处于法定劳动年龄范围之内的那部分。人才资源的侧重点强调人口的质量,是人力资源中突出的、优秀的那部分。人力资源则是对人口的数量和质量的统一,是对潜在的人力和现实的人力的统一。四者的关系如图 6-1 所示。

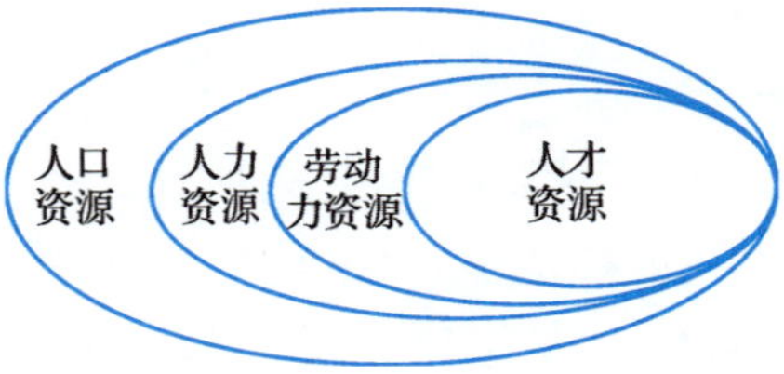

图 6-1　四种资源的包含关系

6.1.2　人力资源管理的概念和功能

人力资源管理是指在人本管理思想的指导下,为了完成组织的战略目标和满足发展需要,通过人力资源规划、招聘与配置、培训与开发、绩效管理、薪酬管理等管理形式对组织内的人力资源进行合理的管理与开发,以保证组织目标的实现和组织成员的发展。

现代企业人力资源管理,具有以下五种基本功能:

(1)获取。为了实现组织目标,人力资源管理部门根据组织结构确定职务说明书和员工素质要求,制订与组织目标相适应的人力资源规划,通过招聘、考试、测评、选拔,获取企业所需人员。

(2)整合。通过对企业文化、信息沟通、人际协调、矛盾冲突的化解等有效整合,使企业内部的个体、群众的目标、行为、态度趋于企业的要求和理念,使之形成高度的合作与协调,发挥集体优势,提高企业的生产力和效益。

(3)保持。通过薪酬、考核、晋升等一系列管理活动,保持员工的积极性、主动性、创造性,维护劳动者的合法权益,保证员工具有安全、健康、舒适的工作环境,以增进员工满意度,提高其劳动积极性和劳动生产率,增加组织的绩效。

(4)评价。对员工工作成果、劳动态度、技能水平以及其他方面做出全面考核、鉴定和评价,为做出相应的晋升、调动、奖惩、离退、解雇等决策提供依据。

(5)发展。通过员工培训、工作丰富化、职业生涯规划与开发,促进员工知识、技巧和其他方面素质的提高,使其劳动能力得到增强和发挥,最大限度地实现其个人价值和对企业的贡献率,达到员工个人和企业共同发展的目的。

6.1.3 人事管理与人力资源管理的区别

人力资源管理是一门新兴的学科，问世于20世纪70年代末。人力资源管理的历史虽然不长，但人事管理的思想却源远流长。从时间上看，从18世纪末开始的工业革命，一直到20世纪70年代，这一时期被称为传统的人事管理阶段。20世纪70年代末以来，人事管理让位于人力资源管理。

1. 传统的人事管理

人事管理一词源于Personnel Management，本意是“人员管理”。日本译为人事管理，后被普遍采用。早期的人事管理工作只限于人员招聘、选拔、分派、工资发放、档案保管等比较琐细的具体工作，后来逐渐涉及工作分析、绩效评估、奖酬制度的设计与管理、其他人事制度的制定、员工培训活动的规划与组织等。

传统的人事管理基本上属于行政事务性的工作，活动范围有限，技术含量较低，无须具有特殊专长的工作人员，因此工作的重要性并不被人们所重视，只属于执行层次的工作，很少涉及组织高层的战略决策。

2. 现代人力资源管理与传统人事管理的主要区别

第一，现代人力资源管理与传统人事管理的最根本区别在于前者较后者更具有战略性、整体性和未来性。传统人事管理基本上属于行政事务性的工作，很少参与企业决策。而现代人力资源管理部门则根据组织战略目标相应地制订人力资源的规划与战略，为企业的长期可持续发展提供合适的人力资源，同时也为企业在战略执行、实现以及企业长期稳定成长方面出谋划策，成为对组织战略与策略管理的具有决定意义的部门。

第二，传统人事管理比较强调管制、监督等控制方面的功能，忽视了对人的能动性的开发。这种管理模式对人的看法局限于人力是一种成本，在使用时以节约为目标，没有注意到员工的积极性和创造性，认为他们的存在无非是要满足组织工作性质的需要，与组织工作相比，人的地位是附属性的。而现代人力资源管理将组织中的人作为组织发展的主体，是以人为本的管理，将人看作企业的资本，认为他们身上所具有的知识、技能和体力是可以通过开发和管理得到升值的。现代人力资源管理更注重采用多种方式如工作内容的丰富化、岗位轮换、更多的培训机会、职业生涯的规划等对人力进行开发，使其更具有主动性。

第三，传统人事部门仅仅是众多组织部门中的一个，工作内容比较简单，主要从事人员的招聘、录用、考核、奖惩、工资发放、档案保管以及其他人事制度的制定等管理活动，对企业发展及目标确定只能起到传达的作用。而现代人力资源管理则站在企业战略高度来制定企业人力资源管理政策，及时、准确地为企业高层决策者提供有价值的人力资源决策的数据。现代人力资源管理不仅包括传统人事管理的基本内容，而且还重视和增加了一些新的内容，如工作设计、规划工作流程、人力资源的预测与规划、人员测评与甄选、人力资源的开发与培养、人力资源投资收益分析等等。

现代人力资源管理与传统人事管理的区别见表6-1。

表 6-1　　现代人力资源管理与传统人事管理的区别

项目	现代人力资源管理	传统人事管理
观念	视员工为有价值的重要资源	视员工为成本负担
目的	满足员工自我发展的需要,保障企业长远利益的实现	保障企业短期目标的实现
模式	以人为中心	以事为中心
视野	广阔,远程性	狭窄,短期性
性质	战略,策略性	战术,业务性
深度	主动,注重开发	被动,注重管理
功能	系统,整合	单一,分散
内容	丰富	简单
地位	决策层	执行层
工作方式	参与,透明	控制
与其他部门的关系	和谐,合作	对立,抵触
本部门与员工的关系	帮助,服务	管理,控制
对待员工的态度	尊重,民主	命令式的,独裁式的
角色	挑战,变化	例行,记载
部门属性	生产与效益部门	非生产、非效益部门

资料来源:余凯成,程文文,陈维政.人力资源管理.3版.大连:大连理工大学出版社,2006:21

6.2　人力资源规划

6.2.1　人力资源规划的含义

人力资源规划是指为实现企业的发展战略,完成企业的生产经营目标,根据企业内外环境和条件的变化,运用科学的方法对企业人力资源需求和供给进行预测,制定相宜的政策和措施,从而使企业人力资源供给和需求达到平衡的过程。

人力资源规划的主要目的是使企业在适当的时间、适当的岗位获得适当的人员,最终获得人力资源的有效配置,具体来说,人力资源规划的目的主要有以下几个方面:

(1)人力资源规划是为了确保企业在发展过程中对人力资源的需求。在当今社会中,所有企业均面对着一个不断变化的动态环境,如市场需求的迅速变化、生产技术的不断更新等。企业需要不断地开发新产品,引进新技术,才能在竞争中立于不败之地。相应的,企业对人力资源在数量、质量和结构上的需求也必然发生变化。企业如果不对其未来发展阶段的人力资源需求进行预测,提前做好准备,就会不可避免地出现符合企业需要的人力资源的短缺,影响企业正常的生产活动。

(2)人力资源规划是为了提高人力资源的利用效率。通过人力资源规划预测企业人员变化，逐步调整企业的人员结构，避免人力资源的浪费，使企业人员结构尽可能合理化，把企业人工成本控制在合理的水平上，可以大大提高企业人力资源的利用率。

(3)人力资源规划处于整个人力资源管理活动的统筹阶段，是企业制定各种具体人事决策的基础。例如，人员招聘、甄选、晋升、培训、薪酬和分配政策等。为了使企业从事政策决策准确无误，就需要提供准确的人力资源供求信息，企业通过人力资源规划，使得人员招聘计划、培训开发计划、薪酬计划和激励计划等人力资源管理具体计划能相互协调和配套。

6.2.2 人力资源规划的内容

人力资源规划的内容主要分为两个层次，一个层次是组织的人力资源规划，即人力资源总体规划；另一个层次是人力资源的各项具体业务规划。

1. 总体规划

人力资源总体规划是指在组织的总体战略目标的指导下，在一定计划期内，对人力资源开发的总目标、总战略、总措施以及总预算的安排。其主要内容包括：阐述在企业战略规划期内组织对各种人力资源的需求和对各种人力资源配置的总的框架；阐明有关人力资源方面的重要方针政策，如人才的招聘、晋升、降职、培训和发展、奖惩和工资福利等方面的重大方针和政策；确定企业对人力资源的投资预算。

2. 业务规划

人力资源规划的业务规划是指总体规划的具体实施和人力资源管理具体业务的部署。具体包括：

职务编制计划：陈述企业的组织结构、职务设置、职务描述和职务资格要求等内容。

人员配置计划：陈述企业每个职务的人员数量，人员的职务变动，职务人员空缺数量等。

人员需求计划：通过总计划、职务编制计划、人员配置计划可以得出人员需求计划。人员需求计划中应陈述需要的职务名称、人员数量、希望到岗时间等。

人员供给计划：人员供给计划是人员需求计划的对策性计划。主要陈述人员供给的方式、人员内部流动政策、人员外部流动政策、人员获取途径和获取实施计划等。

教育培训计划：包括教育培训需求、培训内容、培训形式、培训考核等内容。

6.2.3 人力资源规划的程序

人力资源规划的程序如图 6-2 所示，大致可以分为五个阶段。

第一阶段：分析和研究涉及企业的经营战略和经营环境的各种信息

制订企业人力资源规划的基础是企业的经营战略。不同的产品组合、不同的生产技术、不同的生产规模以及不同的市场等，都对所需的人员有不同的要求。而制订人力资源规划，又面临着一定的经营环境，即企业的外部劳动力市场供求状况、劳动者的文化素质、有关的法律政策以及本地区平均工资水平、人们的择业偏好等等，这些都会对人力资源规划的制订形成制约。因此，对这些经营环境方面的信息，必须有明确的认识和科学的分析，并将它们作为制订人力资源规划的重要依据。

第二阶段：分析企业现有的人力资源

企业现有人力资源的状况是人力资源规划的基础。实现企业战略，要立足于开发现有

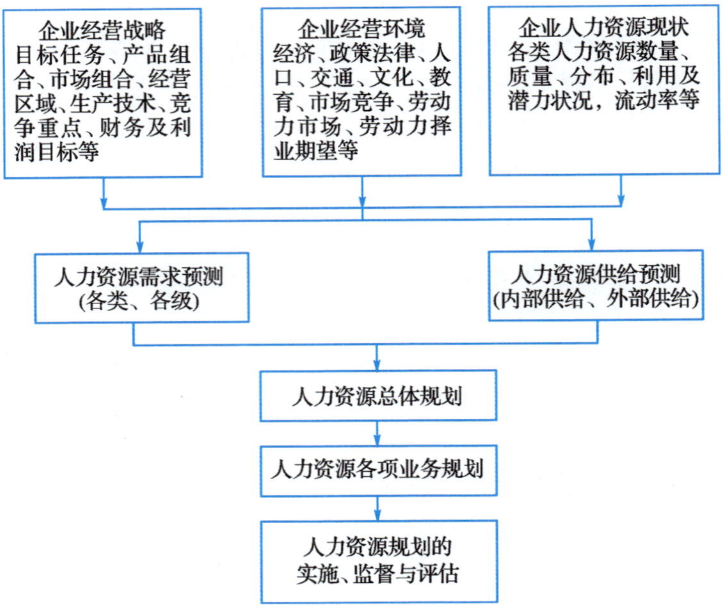

图 6-2　人力资源规划的程序

的人力资源，因此必须采用科学的评价方法。人力资源主要对本企业各类人力数量，质量，结构，利用及潜力状况、流动比率进行统计。

第三阶段：对企业人力资源需求与供给进行预测与比较

这是人力资源规划中较具技术性的关键部分。对人力资源需求的预测主要是根据企业发展战略规划和本企业的内外部条件，运用科学的预测方法，对企业发展所需的人力资源的数量、质量和结构进行预测。在现有的企业员工供给的基础上，根据企业经营环境、生产技术、市场规模等因素的变化，确定出在规划的各时间点上企业的员工人数，以及预测规划的各时间点上各类人员的可供给量，这包括对企业内部人员的供给情况加以预测，也包括对企业外部相关人员的供给情况加以预测。在此基础上，对未来某一时期内可提供人员的情况和相应所需人员的情况进行对比分析，从中可以测算出对各类人员的净需求量或净剩余量。

第四阶段：制订人力资源总体规划和各项业务规划

通过制订总体规划与各项具体的业务规划，分别提出各种具体的调整供大于求或求大于供的政策措施，使未来企业对人力资源的需求得到满足。

第五阶段：对人力资源规划的执行过程进行监督、分析和评估

一方面，采取各种措施保证计划的实现；另一方面，对人力资源规划进行分析和评估，找出计划的不足，进行适当的调整，以保证企业总体目标的实现。

6.2.4　人力资源需求预测

1. 影响人力资源需求的因素

人力资源的需求受宏观和微观两大因素的影响。这就是：

(1)宏观因素，即社会经济发展水平、产业结构、技术水平，以及国家对人力资源需求的总体规划等。

(2)微观因素,即从企业的角度考察,影响人力资源需求的主要因素是企业的业务量或产量、预期的人员流动率、员工的工资水平、企业的人力资源政策、进入新行业的决策、企业的生产技术水平、管理方式的变化等。

2. 人力资源需求预测的方法

总体来说,人力资源需求预测的方法包括定性预测方法(如经验预测法、德尔菲法)和定量预测方法(趋势外推法、回归分析预测法)。

(1)经验预测法

经验预测法是指企业根据以往的经验来预测未来的人力资源需求总量及其结构的方法。比如,根据以往经验,一家皮鞋厂每位工人平均一天能生产16双皮鞋,计划期内该厂每天的皮鞋需求量为500双,据此,企业即可预测出计划期内的工人需求量以及管理人员的需求量。经验证明,这种方法适合于技术较稳定的企业的中、短期人力资源需求的预测。

(2)德尔菲法

德尔菲法是用来听取专家们关于处理和预测某重大技术性问题的一种方法。这种方法的操作步骤包括:①将需要预测的问题提交给有关专家,并为专家提供充分的关于企业内外部环境的信息,请其对未来资源的供求变化趋势做出初步估计和预测;②搜集并综合专家意见后,再将意见反馈给专家,进一步做出分析和讨论;③将上述过程重复3～5次,最后形成比较一致的意见,即预测结果。

和其他方法相比,德尔菲法比较费时、费力,一般不适合对短期的或一般性的人力资源需求的预测,而是适合对长期的、有关技术人员或管理人员需求的预测。如在加入WTO之后,我国企业对涉外经贸人员和谈判人员需求的预测即是采用此种方法。

(3)趋势外推法

趋势外推法首先需要选择一个相关的因素,这个因素直接影响到企业对人力资源的需求,如销售额、生产率等。然后分析此因素与所需员工数量的比率,形成一种劳动生产率指标,如生产量/每人时等。根据以往五年或五年以上的生产率指标值,求出均值。最后,用相关变量除以劳动生产率得出所需人数。

例如,某制造企业2019—2023年的产量、劳动生产率和员工需求量如表6-2所示,预测企业2024年的员工需求量。

表6-2　　某制造企业各年员工需求状况

年份	产量(万台)	劳动生产率(台/人)	员工需求量(人)
2019	20	50	4 000
2020	30	55	5 455
2021	40	55	7 273
2022	60	50	12 000
2023	70	60	116 677
2024	80(预测数量)		

根据表6-2中的历史数据,算出2019—2023年的平均劳动生产率:

$$平均劳动生产率=\frac{50+55+55+50+60}{5}=54(台/人)$$

根据预测企业 2024 年的产量为 80 万台，可以推知 2024 年的员工需求量为

$$800\ 000\div 54=14\ 815(人)$$

(4)回归分析预测法

回归分析预测法包括一元线性回归、多元线性回归和非线性回归分析。这一方法的关键是要建立一个科学的回归方程式，以反映变量和变量之间的关系，在了解一个或一系列变量的基础上，预测出另外一个变量的数值。

例如，某公司过去 12 年的人力资源数量见表 6-3，假设公司今后仍保持这种发展趋势，试预测出今后第三年、第五年所需员工的数量。

表表 6-3　　某公司过去 12 年的人力资源数量

年度 X	人数 Y	年度 X	人数 Y
1	510	7	640
2	480	8	720
3	490	9	770
4	540	10	820
5	570	11	840
6	600	12	930

建立回归方程：

$$y=a+bx$$

根据公式：

$$a=\bar{y}-b\bar{x}$$

$$b=\frac{\sum_{i=1}^{n}(x_i-\bar{x})(y_i-\bar{y})}{\sum_{i=1}^{n}(x_i-\bar{x})^2}$$

$$\bar{y}=\frac{\sum_{i=1}^{n}y_i}{n}\quad \bar{x}=\frac{\sum_{i=1}^{n}x_i}{n}$$

得：

$$a=390.7,\ b=41.3$$

$$y=390.7+41.3x$$

可预测未来第三年所需人员的数量分别为

$$y=390.7+41.3\times 15=1\ 011(人)$$

未来第五年所需人员的数量分别为

$$y=390.7+41.3\times 17=1\ 093(人)$$

趋势外推法和一元线性回归法都有较大的局限性，因为企业的人力资源需求不可能只

受到一个因素的影响。事实上，对人力资源需求产生影响的因素大多数为两个以上，这就是多元线性回归所要解决的问题。如果某个因素与人力资源需求之间不存在线性相关的关系，就必须采用非线性回归的方法。多元线性回归法与非线性回归法通常需要计算机进行处理。

6.2.5 人力资源供给预测

企业人力资源供给来自两个方面：一是企业内部人力资源的供给，如晋升、调动等；二是企业外部人员的补充。

1. 企业内部人力资源的供给预测

(1)人员替代法

人员替代法就是通过一张人员替代图来预测组织内人力资源的供给情况。在人员替代图中要给出部门、职位名称、可替代人员姓名、每位员工的职位(层次)、每位员工的绩效与潜力，如图6-3所示。

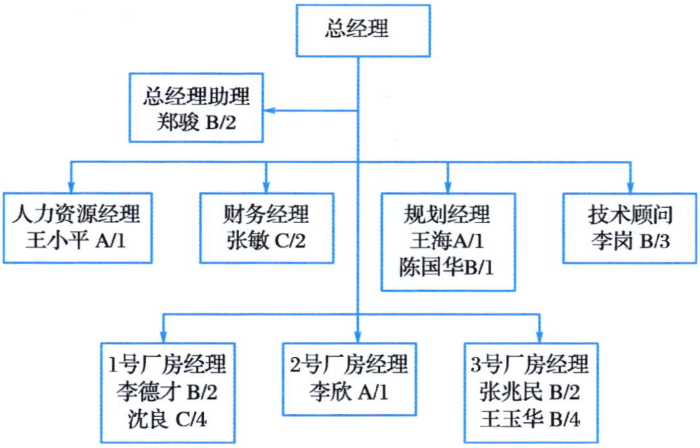

图6-3 人员替代图

框内名字代表可能接替岗位的人员，字母和数字含义如下：

A：可以晋升，B：需要培训，C：不适合该岗位；

1：绩效优越，2：良好，3：普通，4：欠佳

人员替代法将每个工作岗位均视为潜在的职位空缺，而该职位下的每个员工均是潜在的供给者。人员替代法以员工的绩效作为预测的依据，当某位员工的绩效很低时，企业将采取辞退或调离的方法；而当某一员工的绩效很高时，员工则将被提升替代其上级的工作。这两种情况均会产生职位空缺，空缺职位的工作则可由其下属替代。通过人员替代图，可以清楚地了解企业内部人力资源供给与需求情况，较好地为人力资源规划提供依据。

(2)马尔柯夫转移矩阵法

马尔柯夫转移矩阵法是一种统计预测方法，其基本思路就是通过对具体历史数据的收集，找出组织过去人事变动的规律，由此推测未来的人事变动趋势。

现以某会计公司的人事变动为例：

首先列出一个如表6-4所示的人员变动矩阵表。表中的每一个元素，表示任一时期某

特定岗位的雇员数量变化的历年平均百分比，一般以5～10年为周期来估计年平均百分比。

表 6-4　　某会计公司人力资源供给的马尔柯夫分析(a)

职位层次	初始人数	人员转移率				
		G	J	S	Y	离职
高层领导人(G)	40	0.80				0.20
基层领导人(J)	80	0.10	0.70			0.20
高级会计师(S)	120		0.05	0.80	0.05	0.10
会计员(Y)	160			0.15	0.65	0.20

表中，在任何一年里，平均80%的高层领导人仍然在该企业中，有20%退出；大约80%的高级会计师仍然留在原工作岗位，5%被提升为基层领导人，5%被降职为会计员，10%退出。

利用这些历史数据来代表每类人员转移流动的转移率，可以推算出人员变动情况。即将计划初期每一类人员的数量与每一类人员的转移率相乘，纵向相加就可以得到下一年各类人员的供给量，如表6-5所示。

表 6-5　　某会计公司人力资源供给的马尔柯夫分析(b)

职位层次	初始人数	人员转移率				
		G	J	S	Y	离职
高层领导人(G)	40	32	0	0	0	8
基层领导人(J)	80	8	56	0	0	16
高级会计师(S)	120	0	6	96	6	12
会计员(Y)	160	0	0	24	104	32
预计的人员供给量		40	62	120	110	68

从表6-4(b)中可以看出，该会计公司预计下一年将有同样数量的高层领导人(40人)，以及同样数量的高级会计师(120人)，但基层领导人将会减少18人，会计员将会减少50人。这些反映人员变动的数据与正常的人员扩大、缩减或维持不变的计划相结合，可以用来决策怎样使预计的劳动力的供给与需求相匹配。要做到这一点，可能需要向外部招聘基层领导人和会计员，并提拔更多的会计人员，或采取其他策略。

2. 企业外部人力资源的供给预测

企业所需的人力资源除了充分挖掘企业内部潜力进行补充外，从企业外部招聘引进也是一条不可或缺的途径。

外部人力资源的供给预测的内容主要包括：(1)宏观的经济形势和失业预期。一般来说，失业率越低，劳动力供给则越紧张，其招聘就越困难。(2)所在地区劳动力的供求状况。这主要包括劳动力供给的数量、质量、结构、层次等。(3)行业劳动力市场的供求状况。这主要是为了了解招聘某种专业人员的潜在可能性。

6.2.6 人力资源供需的综合平衡

人力资源需求与供给预测的结果，一般有三种情况：(1)人力资源供大于求；(2)人力资源供不应求；(3)人力资源供需总量平衡，但结构不平衡。针对这三种情况，管理者应该分别采用保持供需平衡的措施。

1. 供大于求的措施

在人力资源供大于求的情况下，即企业存在冗员时，首先应该通过企业自身的发展，扩大经营规模，开拓新的企业发展增长点来调整人力资源供给配置。其次，企业可以通过撤销、合并臃肿的机构，减少冗员。最后，企业也可以通过一些专门措施，如提前退休或内退、减少工作时间、降低工资水平、加强转业培训和辞退技术水平低、组织纪律性差的员工等方式来减少人力资源的供给。

2. 供不应求的措施

在人力资源供不应求时，必须增加人力资源的供给。第一，企业应当考虑从内部调剂，通过企业内部的人力资源岗位流动，把相对富余的人员调往空缺职位。企业也可以通过培训与晋升的方法补充空缺职位。第二，对组织内部无法满足的某些职位的人员需要，可通过外部招聘来满足。第三，制订聘用非全日制临时工计划，如返聘已退休者，或聘用小时工等。第四，进行技术创新，增添新设备，以提高员工的劳动生产率。第五，减少工作量或将一部分工作外包给其他公司。

3. 总量平衡而结构失衡的措施

结构性失衡是企业人力资源供需中较为常见的一种现象。一方面，一般性劳动力严重过剩；另一方面，企业发展所需的经营管理人才和技术人才严重短缺。这时，企业应根据具体情况制订出针对性较强的业务计划，如晋升计划、培训计划、人员接替计划、外部补充计划等，以改变结构不平衡的状况。

• 资料 6-1

东风本田如何动态平衡人力资源配置

\>>>>>>

6.3 人员招聘与选拔

6.3.1 人员招聘的渠道

所谓人员招聘，就是通过各种信息、多种渠道，把具有一定技巧、能力和其他特性的申请人吸引到企业空缺岗位上的过程。人员招聘对企业发展具有重要意义，只有选择出适合本企业、本岗位的人员之后所进行的一系列为满足企业战略需要、提高其绩效的培训、激励等手段才有意义。

一般来说，人员招聘有内部招聘和外部招聘两种渠道，它们各自采用不同的方法。

1. 内部招聘

企业内部招聘包括内部提升、横向调动、人员重聘等方法。

（1）内部提升

当企业中有些比较重要的岗位需要招聘员工时，让企业内部符合条件的员工从较低级岗位晋升到较高级岗位的过程就是内部提升。这种做法给员工以升职的机会，会使员工感到有希望，有发展的机会，有利于维持员工对组织的忠诚度。另外，从内部提拔的人员对本单位的业务工作比较熟悉，能够较快适应新的工作。其缺点是，可能会产生“近亲繁殖”现象，不利于吸收外部的优秀人才，导致自我封闭；同时可能会操作不公，造成内部矛盾，影响未被提拔的其他员工的工作积极性。

（2）横向调动

横向调动，即“平调”，可以使内部员工了解单位内其他部门的工作，与本单位更多的人员有深入的接触、了解。这样，一方面有利于员工今后的提拔，另一方面可以使上级对下级的工作能力有更进一步的了解，也为今后的工作安排做好准备。

（3）人员重聘

有些单位由于某些原因会有一批不在职位的员工，如下岗人员、长期休假人员（如曾因病长期休假，现已康复但由于无位置还在休假），已在其他地方工作但关系还在本单位的人员（如停薪留职）等。在这些人员中，有的恰好是内部职位空缺需要的人员。他们中有的人素质较好，对这些人员的重聘会使他们有再为单位尽力的机会。另外，由于这些员工对组织的熟悉和了解，对工作岗位能很快适应，可为组织减少培训等方面的费用。

内部招聘可以在企业局域网、墙报、布告栏、内部报刊上发布招聘信息，公布空缺职位的性质、职责及其所要求的条件等情况，允许企业符合条件的员工申请；也可以通过内部推荐的方法，由本组织员工根据组织的需要推荐其熟悉的合适人员，供用人部门和人力资源部门进行选择和考核。

2. 外部招聘

内部招聘虽然有许多优点，但它明显的缺点是人员选择的范围比较小，往往不能满足组织的需要。尤其是当组织内部现有人员的数量或技能不能满足空缺岗位的需求之时，就需要通过外部渠道进行招聘。

外部招聘的渠道主要包括广告招聘、学校招聘、就业中介、招聘会、网络招聘、员工推荐、竞赛招聘等。

（1）广告招聘

广告招聘是外部招聘最常用的方法。它通过各类媒体如报纸、杂志、广播、电视等向社会传播招聘信息，吸引对该职位感兴趣的人员前来应聘。其特点是信息传播范围广、速度快，应聘人员数量大、层次丰富，组织的选择余地大。

（2）学校招聘

高等学校和中等专业学校是企业进行外部招聘的主要途径之一。据美国企业的一项调查，少于三年工作经验的管理人员和技术人员中有50%是从学校直接招聘的。一些组织为了不断地从学校获得优秀人才，在学校设立奖学金、资助优秀或贫困学生、为学生提供实习机会，借此吸引学生毕业后去该组织工作。

(3)就业中介

随着人才流动的日益普遍，职业介绍所、劳动力就业服务中心等常设的就业中介机构应运而生。由于就业中介专门从事人员流动的中介工作，因而联系面广、掌握的信息较多。这样，利用就业中介，往往能够减轻招聘单位寻找、联系、筛选求职者等烦琐的工作。同时，就业中介机构也可以为求职者择业提供大量的信息。

猎头公司是一种比较特殊的就业中介机构，是为了适应组织对高层次人才的需求与高级人才的求职需求而发展起来的。高层次人才一般都有相对稳定的工作和可观的收入，极少在市场上流动。用人单位想要聘到真正符合要求的高层次人才，往往只能通过"猎头公司"代为寻觅。

就业中介机构通过提供就业信息和人才信息等服务而收取一定的中介费，尤其是猎头公司，收费非常高。

(4)招聘会

利用招聘会招聘的最大好处在于，在短时间内能够收集到大量的求职信息，供需双方能面对面地进行沟通，这有助于了解应聘者是否符合招聘单位及岗位的需求。招聘会又可分为综合性招聘会和专业性招聘会。综合性招聘会，是针对各行各业举办的大中型招聘会；专业性招聘会，如IT招聘会、建筑业招聘会、服务业招聘会等，则专门针对具体行业的人才供需而举办。

(5)网络招聘

网络招聘借助互联网和组织内部的人力资源信息系统，将申请过程、招聘过程及录用过程有机融合，形成一个全新的网络招聘系统，让组织能够更好、更快地并以更低的成本吸引并招聘到所需人才。目前，已经出现了各种广为人知的专业招聘网站，如中华英才网、智联招聘网、前程无忧网等，为网络招聘提供了良好的空间。

拓展阅读

网络招聘的优势和不足

典型事例 1

今年27岁的张蕾，三年前毕业于南京的一所大学，一个月前，处在婚期的她辞去了一家广告公司总监助理的职务，这已经是她来北京后第三次更换工作，她说，公司对婚期的要求十分苛刻，这让她感觉很累，索性趁着结婚好好歇一歇，再慢慢找工作。

在找工作期间，上网搜集信息，投简历，参加网络招聘会成了张蕾每天必做的事情，"传统的招聘会不是每天都有，而且浪费精力和金钱。"张蕾说，刚来北京找工作的时候几乎都是去参加各种招聘会，花费了她不少精力，但是后两份工作在网上成功找到后，她就改变了求职的方法，"一边休息一边找工作，不累。"张蕾说，在网上找工作不但范围更广，自己挑选的余地也大，网上招聘会要比传统招聘会方便。

目前，和张蕾一样青睐于网络招聘的求职者不在少数。近日，记者在一场招聘会上就"通常采用什么方式找工作"的问题进行了随机调查，在20位受访对象中，有13人表示通过网络招聘会或者网络求职信息找工作，有5位表示通过报纸杂志、电视信息来了解招聘信息，还有2位表示通过熟人介绍。

网络招聘的三大优势：

1. 信息社会网络可以提供大量的信息，不容置疑。

2. 快捷方便，招聘者不用去招聘会劳神，求职者也可以不出家门轻松求职。

3. 经济实惠，用人单位成本小，求职者也省钱。对于求职者来说参加网上的招聘会可以省去交通费和制作简历的费用，节约了很大的成本。

典型事例 2

20 来岁的小王是某名牌大学经济学专业的学生，明年即将毕业，但是对于今后工作的地点早在大一的时候就已经明确地锁定在了首都北京。“去大城市闯荡是避免今后留下遗憾的唯一选择”，小王信念坚定并且通过网络招聘会的形式开始了他的求职历程。几个月的时间，虽然由于没有工作经验而碰壁无数，但幸运的是，在一次网络招聘会中通过现场的了解以及考试，一家保险公司相中了他，并约他来北京参加公司一个主管工作的面试。

带着几许兴奋和对北京的憧憬，小王背着行囊来到了北京，但面试结果却让他有了上当的感觉，曾经许诺的主管职位竟然变成了卖保险。

“我相信到北京以后机会更多。”小王说，虽然出师不利但这次网上求职经历会让他在以后找工作时多个心眼，练就一双火眼金睛。

（根据网络资料整理）

网络招聘的三大不足：

1. 信息虚假。有些网站为了吸引人气，往往会发布一些过期的职位或某些虚假信息；有一些企业通过发布并不存在的职位来招聘销售人员，还有些企业则虚假抬高职位薪水。

2. 个人资料通过网络泄露带来不必要的麻烦。有些求职者可能会有这样的遭遇，莫名其妙地接到自己从来没投过简历的保险公司或传销公司的电话，不厌其烦地对其游说，更有甚者利用求职者的照片在一些不法网站上谋利。

3. 简历投出去就石沉大海，杳无音信。由于缺少与用人单位面对面的沟通，求职者在投递简历后很多都会陷入被动等待的状态，而且通常参加传统招聘会后求职者在一周之内就能得到回音，而网上招聘会的等待期较长，经常是简历发出后数十天才接到反馈，有些甚至石沉大海。

(6)员工推荐

员工推荐可以用于内部招聘，也可以用于外部招聘。当组织出现岗位空缺时，组织内部的员工可以推荐他们认为合适的外部人员应聘。一般情况下，推荐人对被推荐人的情况比较熟悉，不易发生重大失误，且招聘费用较低。

(7)竞赛招聘

这是近年来出现的一种新型招聘方式。用人单位通过组织竞赛活动，或与媒体合作举办竞赛节目，吸引、选拔应聘者，同时宣传、扩大组织知名度。此法通常用于招聘特色人才和中高层管理人才。如欧莱雅的“全球在线商业策略竞赛”、IBM的“高校商业挑战项目”就是竞赛招聘的成功典范；“超级女声”歌手选拔秀一度掀起收视新高，其实这也是某娱乐公司用以挖掘潜力歌手的一种方式。

外部招聘的优点在于招聘所需人才来源广，选择余地大，有利于招到优秀人才；新员工不受企业人文环境和其他因素的控制，可能带来新思想、新方法，有利于企业的创新。其缺点在于外部人员不熟悉企业情况，适应工作需要较长时间；企业对外部人员的了解可能不全面，容易找错人；企业对新进入的外部人员需要付出一定的培训费用。

• 资料 6-2

世界上最好的工作

>>>>>>

6.3.2 人员招聘的程序

人员招聘程序是指从出现职位空缺到候选人正式进入公司工作的整个过程，这个过程中通常包括制订招聘计划、选择招聘渠道和发布招聘信息、人员的选拔与评价、人员录用等一系列环节。

1. 制订招聘计划

招聘工作一般是从制订招聘计划开始的。招聘计划一般是由用人部门制订的，用人部门根据部门的发展需要，向人力资源部门提出需要的人员、岗位、要求，并解释理由；人力资源部门复核申请，最后由上级主管领导审批。

招聘计划的具体内容包括：①招聘的岗位、人员需求量、每个岗位的具体要求；②招聘信息发布的时间、方式、渠道与范围；③招聘对象的来源与范围；④人员选拔与评价方法；⑤招聘选拔与评价的实施部门；⑥招聘预算；⑦招聘结束时间与新员工到岗时间。

2. 选择招聘渠道和发布招聘信息

根据职位的不同、职位空缺的数量、需要补充空缺的时间限制等因素综合考虑，选择最有效而且成本合理的招聘渠道。招聘渠道通常有外部招聘和内部招聘两种。

招聘信息的发布可采用的方式有报纸、杂志、电视台、电台、布告、互联网信息等。信息发布的范围由招聘对象的范围来决定。信息发布的面越广，接收到该信息的人就越多，应聘者也就越多，这样可能招聘到合适人选的概率就越大。相应的，招聘的费用则会增加。

3. 人员的选拔与评价

通常来说，参与应聘的人数会多于所要聘用的人数，那么就需要对这些应聘者进行选拔，以便择优录取合适的人员。人员的选拔与评价的方法有很多，首先要对简历进行筛选，其次有面试、心理测验、知识技能考试、评价中心等多种方法，可以根据实际需要进行选用。

4. 人员录用

对于经过选拔与评价符合职位要求的应聘者，需要与之确定工资待遇、职位、到职时间等具体条件，另外通常会要求被录用的人员参加体检。如果应聘者的各方面情况都符合录用的要求，那么就可以办理正式的入职手续，并签订劳动合同。

6.3.3 人员选拔方法

在招聘过程中，运用各种科学方法和经验方法对应聘者加以客观评价与选拔是非常重要的一步。人员选拔的方法有很多，目前比较常用的方法有以下几种：

1. 面试

面试是最古老而又最重要的一种人才选拔方法，它通过面试者与应聘者双方面对面的观察、交谈，收集有关信息，从而了解应聘者的素质状况、能力特征以及动机等。

根据面试的组织形式可以将面试分为结构化面试和非结构化面试。结构化面试即面试官提前准备好问题和各种可能的答案，对所有的应聘者严格按照固定的框架做相同的提问。这种面试的优点在于对所有的应聘者均按照统一标准进行，便于进行比较，同时减少了主观性。但是其缺点在于形式过于僵化，使所收集信息的范围受到限制。非结构化面试通常没有必须遵循的既定格式，面试官可以完全任意地与应聘者讨论各种话题。不同的应聘者可能会被问不同的问题。这种面试的主要目的在于给应聘者充分发挥自己能力与潜力的机会。但是这种方法缺乏统一标准，不利于对不同的应聘者进行比较。

根据面试中提问的类型可以将面试分为情景面试、行为面试和压力面试。情景面试要求应聘者回答其在某种特定的情景下会有什么样的行为表现。比如面试官可能要求某位基层主管职位的应聘者回答如何处理连续 3 天迟到的下属。情景面试主要要求应聘者描述其在某种假定的情景下会如何反应，而行为面试则要求应聘者回答其如何处理以往的某种情景。这种面试是根据应聘者对以往有关行为提问的回答来推断其未来工作绩效的一种方法。比如面试官会提问："你与同事有过摩擦吗？举例说明"。压力面试是指有意制造紧张气氛，以了解应聘者将如何面对工作压力。面试官通过提出生硬的、不礼貌的问题故意使候选人感到不舒服，针对某一事项或问题做一连串的发问，打破砂锅问到底，直至使应聘者无法回答。其目的是确定应聘者面对压力的承受能力和面对压力的应变能力。例如某一个客户关系经理职位的应聘者正娓娓道来其最近两年中的 4 份工作时，面试官可能会告诉他，频繁地变换工作是不负责任和不成熟的行为表现。如果应聘者对工作变换的必要性做出合理的解释，就可以开始其他的话题。相反，若应聘者表示出愤怒和不信任，就可以将它看作是在压力环境下承受能力弱的表现。

2. 知识测试

知识测试主要是通过纸笔测验的形式，对应聘者的知识广度、知识深度和知识结构加以了解的一种方法。考试内容主要是与应聘职位有直接关系的专业知识和相关知识。如应聘的职位是化学方面的工程师，专业知识考试内容可以包括普通化学、有机化学、无机化学、分析化学等；如果应聘的职位是公共关系人员，则可以进行社会学知识、心理学知识、管理学知识等公共关系各方面的相关知识的测试。

3. 心理测验

心理测验是通过观察人的具有代表性的行为，对于贯穿在人的行为活动中的心理特征，依据确定的原则进行推论和数量化分析的一种科学手段。心理测验的目的是判断应聘者的心理素质和能力，从而考查应聘者对招聘职位的适应程度。招聘过程中常用的心理测验包括智力测验、职业能力倾向测验、性格测验、职业兴趣测验和情商测验等。

(1)智力测验。招聘过程中的智力测验一般是通过词汇、相似、相反、算术计算等类型的问题对应聘者的数字能力和语言能力进行测验。一般的,在智力测验中成绩较好的人,在今后的工作中会具有较强的关注新信息的能力,善于找出主要问题,其业绩也不错。

(2)职业能力倾向测验。它是用于测验从事某项特殊工作需具备的某种潜在能力的一种心理测验。这种测验可以有效地测量人的某种潜能,从而可以预测个体在某职业领域中成功的可能性。我国公务员考试所采用的行政职业能力倾向测验就是专门用来测量与行政职业有关的一系列心理潜能,包括知觉速度与准确性、判断推理能力、语言理解能力、数量关系与资料分析能力五个方面。

(3)性格测验。一个人的性格与其是否能适应某种职业有着很大的关系。比如开朗、活泼、热情的性格,比较适合从事新闻、服务、外贸以及其他同社会与人群交往较多的行业;好问、深沉、严谨的性格,比较适合从事科研、治学方面的工作。所以在招聘过程中往往通过性格测验,认清应聘者的性格特点,尽可能地使其性格与相应的职业和岗位相匹配。

(4)职业兴趣测验。职业兴趣测验揭示了人们想做什么和他们喜欢做什么。兴趣是成功的推动力,对于个人来说,如果能够选择到与自己兴趣爱好相符合的职业,将可能使自己的潜能得到充分的开发,使自己的主动性得到最大的发挥。职业兴趣测验一般是通过要求个体指出对诸如职业、学习、娱乐、业务活动等是否喜欢或不喜欢的程度,确定个体的兴趣类型。最常用的是霍兰德职业兴趣测试。

(5)情商测验。情商,即情绪商数,是20世纪90年代由美国哈佛大学心理学教授丹尼尔·戈尔曼提出的。EQ是组织领导人所必备的心理素质之一。EQ包含自我意识、控制情绪、自我激励、认知他人的情绪和人际交往技巧五个方面的内容,可通过相应的量表测定一个人的情商。

4. 评价中心

评价中心是近几十年来流行的一种选拔和评价管理人员,尤其是中高层管理人员的测评方法。严格地说,评价中心是一种测评程序而不是一种具体的测评方法。它是针对特定的岗位,事先设计一系列与工作高度相关的模拟情境,采用多种测评技术和方法,观察和分析应聘者在模拟的各种情境下的心理、行为表现,测量和评价应聘者的能力、性格等素质特征。

评价中心的与众不同之处在于它有效组合了各种评价方法,其中包括:面试、心理测验以及最能体现评价中心特色的情景模拟等方法,如无领导小组讨论、公文筐测验、角色扮演等。

(1)无领导小组讨论。无领导小组讨论是评价中心技术中经常使用的一种测评技术,采用情景模拟的方式对考生进行集体面试。它通过一定数目的应聘者组成一组(5～7人),进行一小时左右的与工作有关问题的讨论,讨论过程中不指定谁是领导,也不指定受测者应坐的位置,而是让受测者自行安排组织。主考官不参与讨论过程,而是通过应聘者在讨论中的言谈举止,观察每位应聘者的表现,从而评价他们的组织协调能力、口头表达能力,辩论说服能力等各方面的能力和素质是否能够达到拟任岗位的要求,以及自信程度、进取心、情绪稳定性、反应灵活性等个性特点是否符合拟任岗位的要求,由此来综合评价应聘者之间的差别。

无领导小组讨论作为一种有效的测评工具,和其他测评工具比较起来,具有以下几个方面的优点：①能观察到应聘者之间的相互作用；②能同时考查应聘者自身的多种能力要素和个性特质；③能使应聘者在相对无意之中暴露自己各个方面的特点，因此预测其在真实工作中的行为有很高的效度；④能节省时间，并且能对竞争同一岗位的应试者的表现同时进行比较。缺点在于：①编制出能够造成讨论分歧的测试题目的难度比较高；②对主考官的评分技术要求较高，主考官应该接受专门的培训；③应聘者有存在做戏、表演或者伪装的可能性。

(2)公文筐测验。公文筐测验，也叫公文处理，是对实际工作中管理人员掌握和分析资料、处理各种信息，以及做出决策的工作活动的一种模拟。公文筐一般由文件、备忘录、电话记录、上级指示、调查报告、请示报告等组成。要求应聘者以管理者的身份，模拟真实工作情境中的想法和行为习惯，在规定的条件和时间下，对各类公文材料进行处理，形成公文处理报告。处理完毕后，一般还要求应聘者说明处理的理由、原则和依据。通过观察应聘者处理公文过程中的行为表现以及分析应聘者对处理理由的说明，评价其计划、组织、授权、决策和问题解决能力等诸多方面的管理潜质。公文筐测验是把应聘者置于模拟的工作情境中去完成一系列工作，与通常的纸笔测验相比，显得生动而不呆板，较能反映应聘者的真实能力水平。但是测验的设计、实施、评分都需要较长的时间，投入的精力和费用比较大。

(3)角色扮演。角色扮演要求应聘者扮演一个特定的管理角色来处理日常的管理事务，以此来观察应聘者的各种能力，尤其是人际关系的处理能力。在这种活动中，主考官设置了一系列尖锐的人际矛盾与人际冲突，要求应聘者扮演某一角色去处理各种问题和矛盾。例如，让应聘者扮演某公司的部门经理，由招聘小组的成员扮演一名员工。在经理所分管的部门中，这名以前表现较好的员工最近总是上班迟到，并且他的同事常常抱怨他总是与他人发生争执。现在应聘者的任务就是扮演部门经理与这名员工进行谈话。角色扮演要求主考官必须经过严格的培训，否则难以保证对应聘者做出准确评价。

实战演练

无领导小组讨论

请 6～8 名同学参与下面的无领导小组讨论。

请用 5 分钟的时间，阅读以下材料并准备你的发言，如果有什么疑问请及时提出。正式讨论一旦开始，将不再回答你们的任何问题，也不干预你们的讨论。正式讨论时首先请每位同学轮流发言 3 分钟，然后集体讨论 20 分钟，最后选派一名同学汇报最终的解决方案。

[阅读材料]

程思影女士是西施化妆品公司的总裁。西施化妆品公司是一个发展中的中型民营企业。最近公司正在开展“抓绩效，抓文化，抓观念，抓素质”的四抓活动，程总期望通过此次活动的开展给公司全体员工带来绩效上的飞跃，文化上的认同，观念上的变化，素质上的提高。同时，还能大大增加员工的集体荣誉感，这对于西施化妆品公司的可持续发展而言尤为重要。

上个月，总裁程思影女士还特别抽空去了江苏和浙江两地，考察了一些优秀的企业，学到了不少有用的经验。虽说同是民营企业，可两地许多优秀的民营企业家都非常重视企业的外部形象，花园般的厂区，现代化的办公环境，这对吸引客户和增强员工归属感大有好处。程总深有感触，回来后首先装修总裁办公室，并要求在她办公室的墙上挂上 3 样最能体现公司形象和目前发展状况的物品。秘书为程总拿来16件物品供她挑选，她在这些物品前看了大半天也没能选出最合适的3样，她不知如何取舍。最后，程总决定将这件事委托给她的智囊团。现在假设你们就是这些智囊团成员，就这个看似小、意义却又很重大的问题展开讨论。为程总选择最为合适的3样物品。

这16样物品分别是：

(1)在上半年的表彰大会上，程总与20多位优秀员工的合影照。

(2)程总去年在市第九届妇女大会上发言的照片。

(3)某报记者拍摄的本公司一名员工舍己救人的现场照片，该照片曾在本市晚报上发表过。

(4)西施化妆品公司去年的业绩图。

(5)西施化妆品公司新近制定的员工素质规范条例。

(6)程总在母亲80寿辰时拍的全家合影照。

(7)程总上任时题写的“海纳百川，有容乃大”的毛笔字画，代表了公司的发展观念。

(8)一位大病初愈的公司员工，为感谢程总的关心及生活帮助而赠送给程总的一幅油画，画面是公司全景。

(9)公司最新提炼出的文化理念：“诚信、追求、务实”的宣传标语。

(10)市慈善基金会为表彰公司捐助山区希望小学建设而颁发的奖状。

(11)公司中长期规划图。

(12)程总办公室的规章制度。

(13)本市某位市领导去年来公司参观时的题词：“努力奋进”。

(14)公司董事长李长书的照片。

(15)公司部门结构图。

(16)公司员工在市职工运动会上荣获拔河一等奖的奖状。

请3～4位同学作为评价者，按照表6-6的标准给参与讨论的同学打分。

表6-6　　无领导小组讨论综合评分表　　考评者：＿＿＿＿＿＿

测评要素	影响力	分析能力	合作意识	成熟度
定义	控制全局，形成讨论方向，提高讨论效果，有效发言次数多，语言说服力、感召力强，善于消除紧张气氛，说服别人，促成讨论形成一致结论。	善于系统、全面地看问题，提出新的见解和方案，论据充分，推理严密，逻辑性强，能旁征博引，支持别人合理观点，对不同意见的反对能说出理由。	尊重别人，不以自我为中心，友好待人，照顾别人的需要，密切合作，倾听别人观点中的合理成分，调解争议，共同实现组织的目标。	言行举止老练，有风度，行为灵活，人际敏感，情绪稳定，礼貌待人，同时敢于坚持自己的意见，善于承受压力，有责任心。
评分	5分：符合上述定义的绝大部分；4分：符合上述定义的大部分；3分：符合上述定义的一部分；2分：符合上述定义的小部分；1分：不符合上述定义的绝大部分。			
姓名： 座号1	观察记录：	观察记录：	观察记录：	观察记录：
得分				

（续表）

测评要素	影响力	分析能力	合作意识	成熟度
姓名： 座号 2	观察记录：	观察记录：	观察记录：	观察记录：
得分				
姓名： 座号 3	观察记录：	观察记录：	观察记录：	观察记录：
得分				
姓名： 座号 4	观察记录：	观察记录：	观察记录：	观察记录：
得分				

6.4 绩效评估与管理

6.4.1 绩效及绩效评估的概念

1. 绩效的内涵与性质

员工的工作绩效，指工作主体在一定时间与条件下完成某一任务所取得的成绩和效果。对组织而言，绩效就是任务在数量、质量和效率等方面完成的情况；对员工个人来说，则是上级和同事对自己工作状况的评价。

绩效具有多因性、多维性和动态性。

（1）多因性

绩效的优劣不是由单一因素决定的，而要受制于主客观多种因素，主要包括能力、激励、环境三种因素，可以用以下公式加以表示：

$$P = f\ (A, M, E)$$

式中：f 为一种函数关系；P（Performance）表示绩效；A（Ability）表示能力；M（Motivation）表示激励；E（Environment）表示环境。

能力指员工工作的技巧和水平，它是保证其绩效优良的重要手段，它的高低取决于个人的天赋、智商和教育等。组织通过适时的、有针对性的培训，可以提高员工的能力。

激励指组织用来提高员工工作积极性的各类手段，需要根据员工的需求层次、个性、感知和价值观等个人特点来设计，有效的激励是员工努力工作的心理基础。

环境指影响绩效的外部因素，如企业内部的领导支持、工作环境、规章制度、组织文化等，也包括社会的经济和政治情况，劳动力市场状况等企业外部因素。

（2）多维性

对员工绩效需要从多种维度、多个方面去进行分析和评估。如车间工人的绩效评估包括产量、产品合格率、能源和原材料消耗率、出勤率等指标；公务人员的绩效评估包括德、能、勤、绩等多个方面。

（3）动态性

员工的绩效由于受到能力、激励以及环境多种因素的影响，其绩效经常处于动态变化中，即绩效低的员工可能随着时间的推移改善其绩效，而绩效高的员工可能由于某些因素的影响而使其绩效降低。因此，管理者不能凭借固有的印象来僵化地评定员工绩效，对员工的认识应该随着员工绩效水平的变化而改变。

2. 绩效评估的概念、内容与作用

绩效评估是按照一定的标准，采用科学的方法，全面系统地审核、考察了解、评价员工的情况，进而做出正确的人力资源管理决策的过程。绩效评估的主要内容包括：

（1）工作态度。员工的工作态度包括员工的工作积极性、遵纪守法的自觉性、事业心、责任心和忠诚度等。态度对一个人的行为具有重要的引导作用。组织在进行绩效评估的过程中不可放松对员工工作态度的要求，更应该将其作为考核的主要项目之一。

（2）工作能力。具有较高的工作能力是员工高绩效的必要条件。由于员工的工作能力是由各种具体能力组合而成的综合体，所以组织在对员工进行能力方面的考核时需要确定其与绩效相关的关键能力，并确定不同能力的重要性并赋予权重。

（3）工作结果。员工的工作结果包括对工作数量、工作质量、工作效率和工作效果的衡量。对于员工工作任务完成情况的考核是绩效评估系统当中最为重要的环节。

（4）品行。品行评估即指对员工的道德品质、思想、品格、修养、忠诚度和公正性等素质的评估。有时也指特定的心理素质方面的情感和意志因素，如坚定、果断、顽强等内容。

绩效评估的作用表现在：

（1）绩效评估的结果反映了员工工作的完成情况。绩效评估为组织做出新一轮的工作任务安排提供了依据，必要时，组织需要重新进行工作分析，修订职位说明书，完善员工招聘工作。

（2）绩效评估的结果是员工调动、升降、淘汰的重要依据。绩效评估有助于人力资源管理部门评估员工对现任职位的胜任程度，做出是否进行岗位调整或给予工作晋升的决策。

（3）绩效评估有利于企业提供个性化培训。通过绩效评估，企业对于员工的情况有了比较全面、深入的了解，发现员工的长处与不足、优势与劣势，从而根据员工培训的需要，制定具体的培训措施和计划。

（4）绩效评估是企业薪酬调整的基础。对企业内物质利益的分配必须遵循按劳分配的原则，报酬和贡献相匹配，才能使员工感到公平合理，从而激励员工多做贡献。这就需要对员工的绩效进行定期的评估，以获得必要的调整薪酬的客观依据。

（5）绩效评估有助于改进管理者与员工之间的工作关系。在考评过程中，上级主管将考核与评价的结果通过面谈或其他渠道，向被考核员工反馈，并听取员工的反映、说明和申诉。这样，绩效评估便具有促进上、下级间的沟通，了解彼此对对方期望的作用。

6.4.2 绩效评估的程序

绩效评估的程序包括制订绩效评估计划、确定绩效评估标准、选择绩效评估方法、实施绩效评估、反馈运用绩效评估结果等主要步骤。

1. 制订绩效评估计划

为了保证绩效评估能有效和顺利进行,必须事先根据绩效评估的目的和要求制订评估计划,明确评估对象、评估内容、评估时间和评估方法。同时应该向员工宣传绩效评估的目的和意义,使之端正对绩效评估的认识,克服抵触情绪。

2. 确定绩效评估标准

绩效评估必须有标准。绩效评估的标准可以分为绝对标准和相对标准。

(1)绝对标准。这种标准是以现实为依据,不随被考核者的不同而改变,有较强的客观性。如合格率达到99.9%,出勤率达到95%,工作场所内不准抽烟,企业财务主管必须具有高级会计师职称等。

(2)相对标准。例如在评定先进时,规定20%的指标。此时每个员工既是被评估的对象,又是评估的尺度,因而标准在不同的被评估者群体中具有差别。

3. 选择绩效评估方法

绩效评估的方法很多(将在6.4.3中具体介绍),每种方法都有其优缺点和适用范围。因此,在实际工作中,应根据具体的评估要求有针对性地加以选择。

4. 实施绩效评估

根据既定的评估对象、评估内容和评估方法,由经过培训的评估人员对被考核者的工作绩效,认真地进行考核、测定和记录,再与既定的评估标准相比较,给予被考核者最终的评估结果。

5. 反馈运用绩效评估结果

得到评估结果并不意味着绩效评估工作的结束。在绩效评估结束后,管理者需要及时把评估结果反馈给被考核者,这可以帮助他们找到问题、明确改进方向。同时,绩效评估结果也可以为各项人事决策,如任用、晋升、加薪、奖励等提供依据。

管理故事

小和尚撞钟

有一个小和尚担任撞钟一职,半年下来,他觉得无聊至极,“做一天和尚撞一天钟”而已。

有一天,住持宣布调他到后院劈柴挑水,原因是他不能胜任撞钟一职。

小和尚很不服气地问:“我撞的钟难道不准时、不响亮?”

老住持耐心地告诉他:“你撞的钟虽然很准时也很响亮,但钟声空泛、疲软,没有感召力。”

“钟声要起到唤醒沉迷的众生的作用,因此,撞出的钟声不仅要洪亮,而且要圆润、浑厚、深沉、悠远。”老住持说。

(资料来源:李石华.趣味管理学.郑州:郑州大学出版社,2007:48-49.)

老住持犯了一个常识性的管理错误，“做一天和尚撞一天钟”是由于住持没有提前公布工作标准。

如果小和尚在进入寺院的当天就明白撞钟的标准和重要性，他也不会因怠工而被撤职。

工作标准是员工的行为指南和考核依据。

缺乏工作标准，往往导致员工的努力方向与组织的整体发展方向不一致，造成大量的人力和物力资源的浪费。

因为缺乏参照物，时间久了员工容易形成自满情绪，导致工作懈怠。

同时，制定工作标准应尽量做到数字化，要与绩效考核联系起来，并注意其可操作性。

6.4.3 绩效评估的方法

绩效评估的方法很多，不同的方法其侧重点不同，分别适用于不同的评估要求。企业应根据员工特点和工作性质，选择适宜的评估方法。

1. 图表评分法

图表评分法是最简单且运用最普遍的方法之一。采取这种方法要注意三个因素：①考核指标，即要从哪些方面对员工的绩效进行评估；②指标权重，即不同的考核指标对于完成工作任务具有不同的重要性；③考核等级，即将每个考核指标分成几个等级进行评价。如表6-7所示。

图表评分法的优点是方法简单、容易操作，但是这种方法的考核标准可能不够明晰，而且受主观因素影响较大，因为每个考评者给予被考评者的分值都是依据个人的主观看法。

表 6-7 图表评分法举例

考核项目	考核指标	指标描述	考核等级				
基本能力 30%	专业知识 100%	是否具备现任岗位所要求的理论和业务知识	A	B	C	D	E
业务能力 45%	理解力 25%	能否直接理解上级的命令和指示，是否需要上级反复指导	A	B	C	D	E
	判断力 25%	能否充分理解上级指示，随机应变，灵活处理	A	B	C	D	E
	表达力 25%	是否具有现任职务所要求的口头和文字表达能力	A	B	C	D	E
	执行力 25%	是否对上级要求的各项任务贯彻到位，执行效率高	A	B	C	D	E

（续表）

考核项目	考核指标	指标描述	考核等级				
工作态度 25%	积极性 25%	是否对分配的任务主动积极，面对困难不退缩	A	B	C	D	E
	协调性 25%	是否充分考虑同事或者上下级的工作处境，能否就工作内容进行协调	A	B	C	D	E
	合作性 25%	能否与团队成员积极配合，并提出意见，采取行动	A	B	C	D	E
	纪律性 25%	能否严格遵守组织的各项规章制度，礼貌待人	A	B	C	D	E

2. 关键事件法

关键事件法是以记录直接影响员工工作绩效优劣的关键行为为基础的考核方法。考评者需要观察和记录这些关键事件，这样在评估一个员工的工作表现时，就可以利用这些关键事件作为衡量的尺度。关键事件记载的应是具体的事件与行为，而不是对某种品质的评判（如“此人是认真负责的”），关键事件既有好事（如某日提前多久完成了所分派给他/她的某项重要任务），也有不好的事（如某日因违反操作规程而造成一次重大的质量事故）。

关键事件法的优点：①为考核者向员工解释绩效评估结果提供了具体的、确切的、具有说服力的事实和依据；②此方法以整个考核周期之内员工的行为作为基础，而不是员工的短期表现；③具有动态性，可以全面了解员工是如何消除不良绩效、如何改进和提升绩效的。

关键事件法的缺点：①频繁地记录员工的关键事件会大量耗费管理层的时间和精力；②只能作定性分析，不能作定量分析；③很难区分员工工作行为的重要性程度；④很难用该方法对不同的员工进行比较。

3. 行为锚定评分法

行为锚定评分法为每一个岗位的各考核维度均设计了一个评分量表，并有一系列典型的行为描述语句与量表上的一定评分标准相对应，即“锚定”，为考评者对被考评者的实际表现评分提供了参考依据。

图 6-4 是行为锚定评分法的一个例子。在评分表上有各种典型的行为锚定点，这些行为代表从最劣绩效到最优秀绩效，使考评者在评价员工绩效时比一般性的、空泛的“优”“良”“中”“劣”更容易掌握，评价结果更为精确。同时这种方法也具有较好的反馈功能，可以作为员工绩效改良方向和未来培训开发的依据。

该方法的缺点在于准确描述员工的典型行为有一定的困难，而且由于员工日常的工作行为表现较多，导致考核比较复杂，花费的时间和精力比较多。

4. 360 度评估法

360 度评估法是一个可以用于员工全面考评和绩效评估的综合性方法。所谓 360 度就是被考评员工的上级、同事、下属、被考评员工本人以及客户，从各个方面、运用多种评价技术一起对被考评员工进行综合评估的方法。

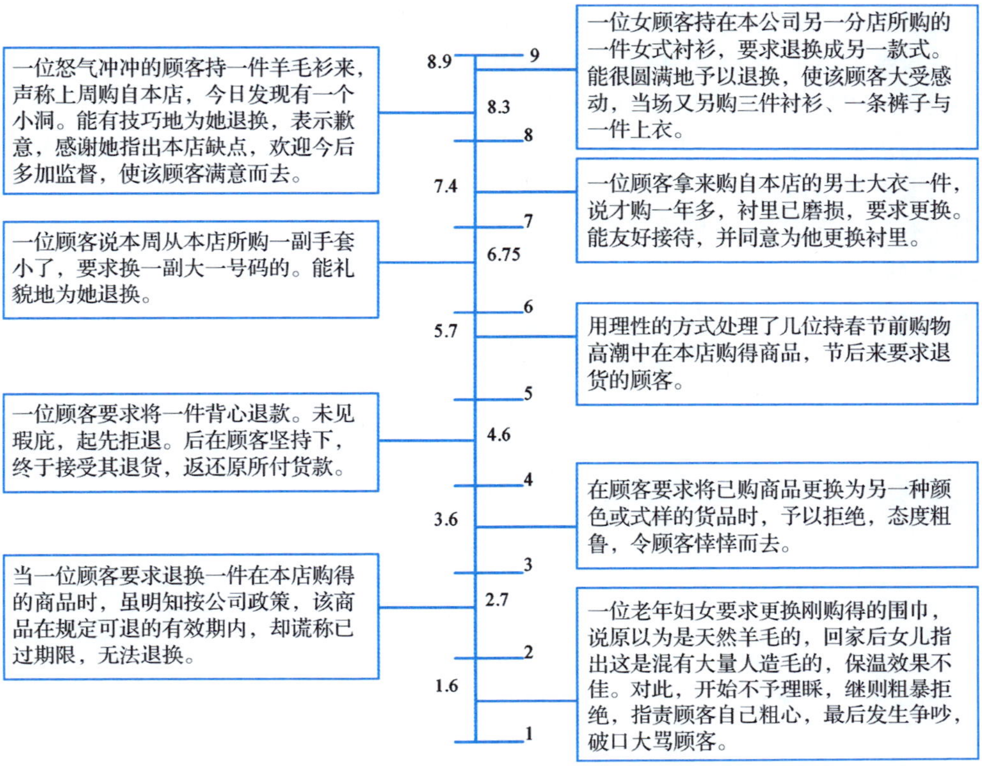

图 6-4 考核百货店售货员对待顾客投诉的处理态度与方式的行为锚定评分表

360 度评估法的优点在于可以进行多方位的绩效评估，避免一方评估的主观武断。但是这种方法比较复杂，评估起来比较费时费力，且容易出现“相互帮忙”或有意报复等不良现象（表 6-8）。

表 6-8 各考评源的优缺点比较

考评源	优点	缺点
上级	了解情况，监控密切	易掺带个人感情因素
同级	平日一起工作，工作性质相似，彼此最为了解	易受感情左右，使考核主观、片面；当具竞争性时，更易如此
下属	对自己上级的行为较为清楚、敏感	对上级有负面看法时，易因万一泄露而遭报复，心存顾虑
本人	最了解自己	有报喜不报忧的倾向
客户	对有密切联系的员工的工作行为与态度有更直观和真实的了解	不易将之纳入考核体系内

5. 关键绩效指标法

关键绩效指标是对传统的绩效评估理念的创新，是将组织宏观战略目标经过层层分解使其产生可操作性目标的评估方法。关键绩效指标是一套衡量、反映、考核组织业务状况的、可量化的关键性指标，通过关键绩效指标的牵引，使员工个人的工作目标与组织的战略发展目标之间达到同步。

确定 KPI 时，首先要明确组织的战略目标，找出组织的业务重点，再找出这些业务重点领域的关键绩效指标，将其定为组织级的 KPI。然后，将组织级的 KPI 分解到各个部门，转变为部门级 KPI。部门级 KPI 即部门主管人员的工作绩效评估指标。最后是由各部门主管人员将部门级 KPI 进一步细分，分解为更详细的职位绩效评估指标。这些指标就是部门员工考核的要素和依据。

确定有效的 KPI 需要遵循 SMART 原则，即 KPI 必须是具体的（Specific）、切中目标的；可测量的（Measurable）、量化的或行为化的；数据是可获得的，可实现的（Attainable）、只要付出努力便可达成的；现实的（Realistic）、可观察的；有时限的（Time-bounded）。表 6-9 列出了在设定关键绩效指标时常见的问题及纠正和解决这些问题的方法。

表 6-9　设定绩效指标的常见问题及解决方法

常见问题	问题举例	解决或纠正方法
绩效指标太多	列出了 15～20 项的绩效指标	合并同类项，把一些相似的工作绩效归到一个更高层的类别
绩效指标过于抽象，无法被证明	把工作质量作为一项绩效指标	应该具体明确工作质量的判断标准，如“速度不低于 100 字/分钟；提供美观、节省纸张的版面设计”。
对绩效指标的跟踪和监控耗时过多	在电话铃响第三次之前接听电话 正确回答客户问题的比率	采用抽查的方法，根据被评估者的行为采取纠正措施。 如果跟踪“正确率”比较困难，那么可以跟踪“错误率”。
绩效标准缺乏超越的空间	绩效标准中使用“零错误率”“100%”“从不”“总是”“所有”等	如果 100%的绩效标准是必须达到的，那么就将其保留；如果不是必须达到的，就修改绩效标准以留下超越标准的空间。

6. 平衡计分卡

平衡计分卡是由美国哈佛商学院罗伯特·卡普兰和复兴全球战略集团总裁大卫·诺顿经过与在绩效评估方面处于领先地位的 12 家公司进行的为期一年的项目研究后，于 1992 年首先提出来的。该方法从四个角度关注企业绩效：财务（Financial）、顾客（Customer）、内部业务流程（Internal Business Processes）及学习与成长（Learning and Growth）（图 6-5）。它可以避免其他评估工具仅仅关注某一方面的指标而导致员工的行为与企业发展战略偏离的问题。通过对长期目标和短期目标的平衡，财务指标与非财务指标的平衡，内部流程与客户关系的平衡，员工的努力方向将始终与企业战略相吻合。

平衡计分卡可以按以下步骤进行：

（1）建立企业的愿景与战略；

（2）从财务、顾客、内部业务流程、学习与成长四个方面对战略进行分解，并确定实现战略的目标因素；

（3）根据这些因素确定实现目标的具体业绩指标和绩效标准；

（4）加强企业内部的沟通和教育，使各层管理人员了解公司的愿景、战略、目标与业绩衡量指标；

（5）确定每年、每季度、每月的业绩衡量指标数字，并与公司的计划和预算相结合；

（6）将每年的薪酬奖励制度与平衡计分卡挂钩；

（7）经常采纳员工意见，积极修正平衡计分卡衡量指标，并调整公司战略。

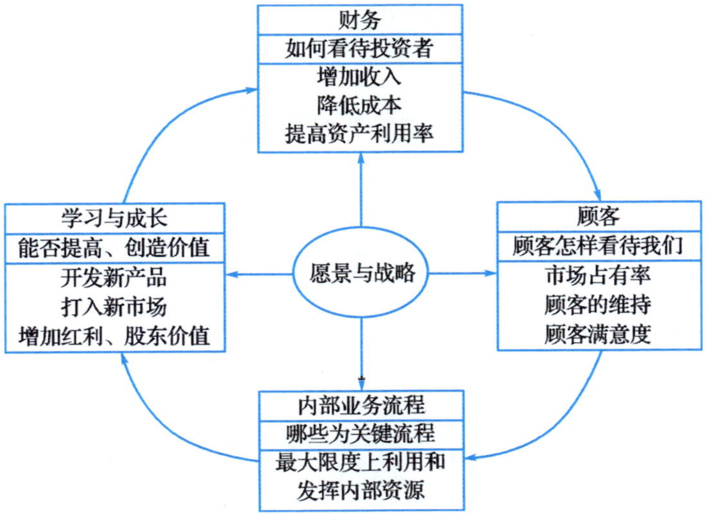

图6-5 平衡计分卡的基本框架

6.4.4 绩效管理

1. 绩效管理与绩效评估的区别

绩效管理是指为了完成组织的目标，通过持续开放的沟通过程，形成组织目标所预期的利益和产出，并推动团队和个人做出有利于组织目标达成的行为。在沟通过程中，双方可能就以下问题达成一致：

- 希望员工完成的实质性的工作职责；
- 员工的工作对实现组织目标的影响；
- 以明确的条款说明“工作完成得好”的标准；
- 维持、完善和提高员工绩效的手段；
- 工作绩效如何衡量；
- 指明影响绩效的障碍并清除之。

绩效管理与绩效评估有着相似的部分，但是两者在多方面存在着差异：

(1)绩效评估是事后考核工作的结果，而绩效管理是事先计划、事中管理和事后考核所形成的三位一体的系统。所以绩效评估只是绩效管理过程中的一个环节。

(2)绩效评估是对员工个人或部门绩效的评价，而绩效管理是把对组织绩效的管理和对员工绩效的管理结合在一起的体系，从战略高度对绩效进行管理，着眼于组织绩效和长远发展。

(3)绩效管理注重的是管理过程及其对组织的作用，而绩效评估则更多关注考核的结果。

2. 绩效管理流程

完整的绩效管理流程应该包括绩效计划、绩效执行、绩效评估、绩效改进和绩效评估结果的应用五个部分，如图6-6所示。这五个步骤相互影响，紧密相连，缺失任何一个步骤都不能构成完整的绩效管理。

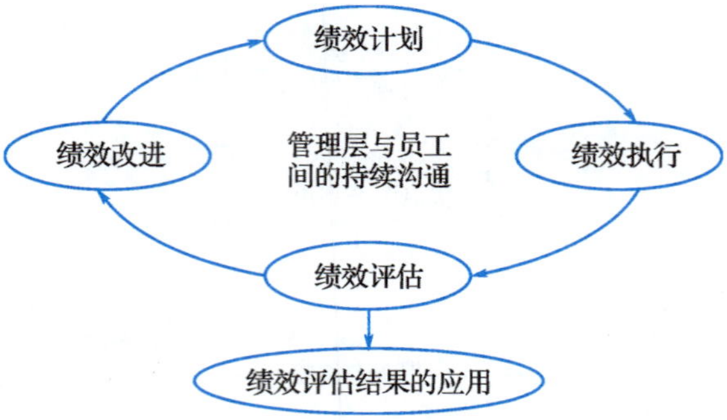

图 6-6　绩效管理流程

(1)绩效计划

绩效管理的第一个环节是绩效计划,它是绩效管理流程的起点。企业的战略要实现,必须先将战略分解为具体的任务和目标,落实到各个岗位上。然后再对各个岗位进行相应的工作分析、人员资格条件分析。这些步骤完成之后,管理者应该与员工一起根据本岗位的工作目标和工作职责进行讨论,搞清楚在绩效计划周期内员工所要达到的工作目标是什么,这些工作目标从哪些方面去衡量,评估的标准是什么,各项工作目标的权重如何,员工在完成工作时可以拥有哪些权力,可以得到哪些资源等等。在这个阶段,管理者和员工的共同投入与参与是绩效管理的基础,如果是管理者单方面布置任务,员工被动接受,就变成了传统的管理活动。如果能让员工参与绩效计划制订的过程,那么员工会更容易接受绩效计划并对此产生满意感。通常绩效计划都是以一年为期。

(2)绩效执行

绩效计划一旦形成,员工就开始按照计划开展工作。在工作的过程中,管理者要对员工的工作进行指导和监督,对发现的问题及时予以解决,并随时根据实际情况对绩效计划进行调整。绩效计划并不是在制订了之后就一成不变的,而是随着工作的开展会不断进行调整。在整个绩效执行期间内,都需要管理者不断地对员工进行指导和反馈,即进行持续的绩效沟通。沟通的内容包括工作进展情况、潜在的障碍和问题、可能的解决措施以及管理者如何才能帮助员工等。在这个过程中,管理者需要尊重和关心员工,员工也要积极地配合管理者的工作,这样才能保证绩效计划的顺利实施。

(3)绩效评估

绩效评估可以根据实际需要进行月考核、季考核、半年考核和年度考核。在这一阶段需要完成的工作包括确定和培训绩效评估者、选择绩效评估方法和实施绩效评估。

绩效评估者一般多为被考评者的直接上级,也可以选择同事、下属、客户或者员工自己。在进行绩效评估之前应该对绩效评估者进行培训,介绍绩效评估的内容、评估方法,以及应避免在评估过程中常犯的几种错误,见表 6-10。

表 6-10　　**绩效评估的常见错误类型**

错误类型	定义
晕轮效应	看见被考评者某一方面表现优异,就判定该员工别的方面一定也好,以偏概全,一好百好,不做具体分析。

（续表）

错误类型	定义
宽容或严格错误	给所有员工打分不是太高就是太低。
类己效应	对跟自己某一方面相类似的人有偏好而给予较有利的评估。
近因效应	对不久前发生的、时间较近的事件印象较深，因此在评估过程中只根据员工最近的行为表现进行评估。
比较性错误	把当前员工与先前已做评估的员工相比而产生的误差。
对人不对事	以对人的好恶作为评估该员工工作绩效的依据。

（4）绩效改进

并不是绩效评估打出一个分数就意味着绩效管理过程结束了，管理者还需要与员工双方共同对员工的工作绩效进行面谈审议，这种面谈又称为绩效反馈。绩效反馈之所以重要，在于它提供了一个正式的场合，让员工在这种场合下接受关于对自己绩效的反馈。在反馈的过程中，管理者需要对员工取得的优良绩效加以赞扬，并鼓励员工继续保持以及期待突破，但是更重要的是诊断不良绩效产生的原因，并制订绩效改进计划，指明员工绩效改进的方向，并通过指导、培训的方式来帮助员工实现绩效改进。

（5）绩效评估结果的应用

绩效评估完成以后，评估结果要与相应的其他人力资源管理环节相衔接。主要包括以下几个方面：

①薪酬与奖金的分配。一般来说，为了增强薪酬的激励效果，在员工薪酬体系中有一部分是与绩效挂钩的，即绩效工资。也有的组织采取在年度绩效评估结束时，依据绩效评估结果给员工发放不同等级的奖金的做法。另外，员工薪酬的调整也往往由绩效评估结果来决定。

②职务调整。绩效评估结果也可以为员工职务的变动提供一定的信息。如果员工经过多次评估，绩效优异，应该考虑给予晋升；相反，如果员工绩效不够好，有可能是目前所从事的职务并不适合他，可以通过职务的调整，使他从事更适合的工作；如果员工绩效始终无法达到绩效标准，则应该考虑将其解聘。

③培训与再教育。通过绩效评估，发现员工在某些知识、技能或能力方面有所欠缺，应该根据这种需求，组织员工参加培训或接受再教育，以帮助员工提高绩效。

经过上面的管理环节，就完成了一个绩效管理周期，之后应该开始一个新的绩效管理周期，从而形成了绩效管理的良性循环。这种循环的模式避免了绩效管理内容和形式的僵化，更有利于组织战略目标的实现，并使组织对外界环境的适应能力得到提高。

角色模拟

罗芸对老马的绩效评估①

罗芸在飞宴航空食品公司（简称“飞宴公司”）担任地区经理快一年了。此前，她获得了

① 余凯成. 人力资源管理. 大连：大连理工大学出版社，1999

一所名牌大学的MBA学位，又在本公司总部科室干过四年多职能性管理工作。她分工管理10家供应站，每站有一名主任，负责向一定范围内的客户销售和服务。

飞宴公司不仅服务于航空公司，也向成批订购精装中、西餐的单位提供所需食品。飞宴公司聘请所有自己需要的厨房工作人员，采购全部原料，并按客户要求的规格，烹制他们所订购的食品，不搞分包供应。供应站主任主要负责计划、编制预算，监控分管指定客户的销售服务员等活动。

罗芸上任的第一年，主要是巡视各供应站，了解业务情况，熟悉各站的所有工作人员。通过巡视，她收获不少，也增加了自信。

罗芸手下的10名主任中资历最老的是马伯雄。他只念过一年大专，后来进了飞宴公司，从厨房代班长干起，直到三年前当上了这个供应站的主任，老马很善于和他重视的人，包括他的部下搞好关系。他的客户都是“铁杆”，三年来没有一个转向飞宴公司的对手去订货的；他招来的部下，经过他的指点、培养，有好几位已经被提升，当上其他地区的经理了。

不过他的不良饮食习惯给他带来了严重的健康问题，身体过胖，心血管加胆囊结石，使他这一年请了三个月的病假。其实医生平时给他提出过警告，他置若罔闻。再则，他太爱表现自己，做了一点小事，也要打电话向罗芸表功。他给罗芸打电话的次数，超过其他9位主任的打电话总数。罗芸觉得共事过的人没有一个是这样的。

由于经营活动的扩展，已盛传要给罗芸添一名副手。老马已公开说过，站主任中他资格最老，他觉得地区副经理非他莫属。但罗芸觉得老马若来当她的副手，真叫她受不了，两人的管理风格太悬殊，再说，老马的行为一定会激怒地区和公司的工作人员。

正好年终的绩效评估开始了。公正地讲，老马这一年的工作，总的来说，是干得不错的。飞宴公司的年度绩效评估表总体是10级制，10分为最优；7～9分属良，虽然程度有所不同；5～6分属于合格、中等；3～4分是较差；1～2分是最差。罗芸不知道该给老马评几分。评高了，他就更认为该提升自己；评低了，他准会发火，会吵着说，对他不公平。

老马自我感觉良好，觉得跟别的主任比，他是鹤立鸡群。他性格豪迈，爱去走访客户，也爱跟手下人打成一片，他最得意的是在指导部下某种新操作方法时，卷起袖子亲自示范。跟罗芸谈过几次后，他就知道罗芸讨厌他事无巨细，老打电话表功，有时一天打两三次，不过他还是想让她知道自己做出的每项成绩。他也知道罗芸对他不听医生劝告，饮食无节制有看法。但他认为罗芸跟他比，实际经验少多了，只是多学了点理论，到基层来干，未见得能玩得转。他为自己学历不高，但成绩斐然而自豪，觉得这副经理的人选非他莫属，而这只是他实现更大抱负过程中的又一个台阶而已。

考虑再三，罗芸给他的绩效评了个6分。她觉得这是有充分理由的：因为他不注意健康，病假请了三个月。她知道这个分数远低于老马的期望，但她有充分理由来支持自己的评分。然后她开始给老马各项考评指标打分，并准备怎样跟老马面谈，向他传达考评结果。

要求：

分别请两位同学扮演罗芸和老马，再请一位同学对案例情境进行解说。剩余同学组成两个专家组，对案例中老马和罗芸的行为进行评价。具体解决以下问题：

1. 预计老马听了罗芸对他的绩效考评结果后，会做何反应？罗芸该怎样处理？
2. 如果你是老马，对罗芸的考评结果会采取怎样的态度和做法？为什么？
3. 你认为罗芸对老马的绩效考评是否合理？有什么需要改进的地方？

管理游戏

抓玻璃球的比赛

比赛目的

1. 让学生通过游戏了解绩效评估；

2. 让学生认识绩效评估应该尽量量化。

比赛要求、步骤

比赛的要求、步骤见表6-11。

将得分填入表6-12中。

表6-11 比赛要求、步骤

人数	10人	时间	10分钟
用具	一个上方有直径18厘米圆形开口的箱子、玻璃球、桌子、积分表		
步骤	1. 教师选出10名学生，分成甲、乙两组，每组5人。 2. 教师为学生讲述游戏规则。 (1)桌子上放有一个装有许多玻璃球的箱子。两组学生交替去抓玻璃球。 (2)每位学生在抓玻璃球前，先要估计出抓的数量。 (3)每人只能抓一次，每次所用时间不得超过10秒钟。 (4)每位学生的得分为抓到的实际球数减去误差数(估计数与实际数的差的绝对值) (5)小组的得分为小组所有5名学生得分的总和。 3. 在正式比赛前，每位学生可以试抓一次，不计入积分。 4. 比赛开始后，教师将学生所得到的数据记录在积分表(表6-10)中，得分最多的小组获胜。 5. 游戏结束后，教师组织学生进行讨论。		
问题讨论	1. 你认为这个游戏和绩效评估有何关系？ 2. 你认为应该如何实施绩效管理和绩效评估？		

表6-12 积分表

组名	小组成员	估计数(A)	实际数(B)	误差数(C=｜A−B｜)	得分(B−C)
甲组	(1)				
	(2)				
	(3)				
	(4)				
	(5)				
	总分				

(续表)

组名	小组成员	估计数(A)	实际数(B)	误差数(C=｜A−B｜)	得分(B−C)
乙组	(1)				
	(2)				
	(3)				
	(4)				
	(5)				
	总分				

资料来源：王波，全琳琛. 员工能力培训游戏经典. 北京：人民邮电出版社，2009：195-196.

启示

千斤重担人人挑，人人头上有指标。管理者要将绩效评估的指标量化、分解到企业里的每一个人。

6.5 薪酬设计与管理

6.5.1 薪酬与薪酬管理

1. 薪酬的含义与构成

薪酬有广义和狭义之分。广义的薪酬是指员工在企业中所获得的全部报酬或奖酬，包括经济性报酬和非经济性报酬(图 6-7)。狭义的薪酬是指员工为企业做出贡献之后得到的经济性报酬。本书主要采用狭义的概念来论述薪酬和薪酬管理的问题。

薪酬的表现形式多种多样，主要包括工资、奖励和福利等。

(1)工资。我国企业中较常使用的工资制是结构工资制，它由基本工资、岗位技能工资、工龄工资等构成。其中基本工资一般较低且平均，以保障所有员工都能维持最低生活水平；岗位技能工资基于按贡献分配的原则，是对员工履行其工作说明中规定的基本职责而给付的酬金，体现了岗位的价值；工龄工资的基本特点是随着员工工龄的增长，其人力资本存量(包括知识、技能和经验、人际关系等方面)积累得越多，员工对公司的贡献越大，工资水平相应提高。

(2)奖励。我国常采用的奖励形式有奖金、佣金、计件等形式。奖励可与员工的个人绩效挂钩，也可与团队、部门乃至整个企业的效益相结合。与薪酬的其他成分相比，奖励具有更强的针对性和短期刺激性，是对员工近期绩效的回报，故浮动多变。

(3)福利。福利在本质上是一种补充性报酬，但往往不以货币形式直接支付，而多以实物或服务的形式支付，如带薪休假、子女教育津贴、健康及医疗保健、以优惠价购买本企业股

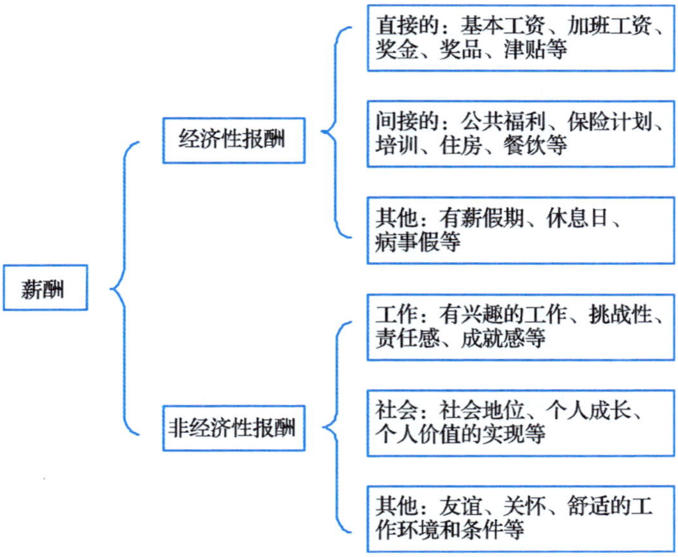

图 6-7　经济性报酬与非经济性报酬

票等。从支付对象上看，福利可分为全员性福利和只供某一特殊群体享受的特种福利及特困补助。全员性福利是所有员工都能享受到的待遇；特种福利是针对企业中的特殊人才而设计的，如针对有特殊贡献的人才设计的股票期权、股票优惠购买权、高级住宅津贴等，是企业对有特殊贡献的人才的激励形式之一；特困补助是为有特殊困难的员工提供的，如伤残补助、重伤补助等，体现了企业的特殊关怀。

2. 薪酬管理的含义与原则

薪酬是企业获取、保留、激励员工的物质手段。薪酬对企业员工和企业的重要性决定了薪酬管理的重要性。薪酬管理是指一个组织依据所有员工为组织所做的贡献来确定他们应当得到的报酬总额以及报酬结构和报酬形式的过程。在进行薪酬管理时应该始终贯彻如下基本原则：

(1)公平性原则。员工对薪酬发放是否有公正的认识与判断，将直接影响他们的工作积极性。因此公平性原则是现代企业设计薪酬制度和进行薪酬管理时首先要考虑的因素。员工对公平的感受主要涉及三个方面：一是将自己的薪酬与其他企业员工比较时产生的感受；二是将自己的薪酬与本企业内部员工比较时产生的感受；三是对企业薪酬制度及分配过程的严格性、公正性和公开性的感受。要实现薪酬管理的公平性原则，必须坚持按劳付酬。

(2)竞争性原则。在社会上和人才市场中，企业的薪酬标准要有吸引力，才足以战胜竞争对手，招到企业所需的人才，并留住人才。人们普遍认为，单一工资制缺乏竞争力，而多元化的、灵活的分配机制将引发人们的积极性，因而具有较强的竞争力。

(3)激励性原则。薪酬设计，必须从激励人力资源的积极性出发，通过薪酬设计来激励员工的责任心。要在企业内部各类、各级岗位的薪酬水准上，适当拉开差距，真正体现出薪酬的激励效果，从而提高员工的工作热情，使其为企业做出更大的贡献。

(4)经济性原则。提高企业的薪酬水准，固然可以提高其竞争性和激励性，但同时不可避免地导致企业人力成本的上升。因此，薪酬水平的高低不能不受经济性原则的制约，即要考虑企业的实际承受能力的大小。

（5）合法性原则。薪酬管理必须符合党和国家的政策与法规。《劳动法》关于工资管理的主要内容有：工资分配应遵循按劳分配原则，实行同工同酬；国家对工资总量进行宏观调控，使工资水平在经济发展的基础上逐步提高；企业可以根据本单位的生产经营特点和经济效益，依法自主确定工资分配方式和工资水平；国家实行最低工资保障制度，具体标准由各省市规定，企业支付的工资不得低于最低工资标准；工资应当以货币形式按月支付给劳动者本人，企业不得克扣或者无故拖欠劳动者的工资；劳动者在法定休假日和婚丧假期间，以及依法参加社会活动期间，企业应当支付工资；若劳动者加班，企业应当支付加班工资；国家实行带薪休假制度。随着我国劳动法律体系的逐步健全和完善，企业的薪酬管理，必须坚持合法性原则。

6.5.2 薪酬体系设计

要设计一个科学合理的薪酬体系，一般要经历如图 6-8 所示的几个关键步骤。

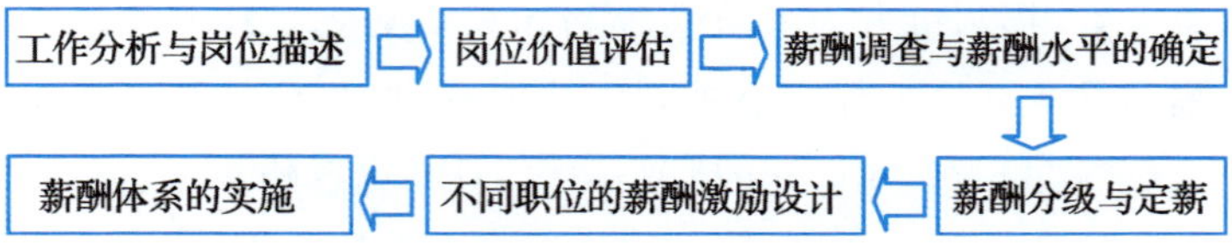

图 6-8 薪酬体系设计的过程

1. 工作分析与岗位描述

工作分析是确定完成各项工作所需知识、技能和责任的系统过程。它是薪酬体系设计不可或缺的基础。大多数情况下，在完成了工作分析之后，都要编写岗位说明书。岗位说明书是对有关岗位在组织中的定位、工作使命、工作职责、能力素质要求、绩效评估指标以及相关的工作信息所进行的书面描述。

2. 岗位价值评估

岗位价值评估是指在工作分析的基础上，采取一定的方法，对岗位在组织中的影响范围、职责大小、工作强度、工作难度、任职条件、岗位工作条件等特性进行评价，以确定岗位在组织中的相对价值，并据此建立岗位价值序列的过程。岗位价值评估是确保薪酬体系保证公平性的重要手段。

岗位价值评估的方法有很多，最常用的是因素计点法。这种方法要首先找出岗位中共同包含的“付酬因素”，即与履行指派的职责有关，因而企业认为应当并愿意为之支付报酬的因素，常用的付酬因素有工作责任、知识技能、努力程度与工作环境等；然后对每一付酬因素赋予等级不同的量化价值，将每一岗位在不同因素上的价值加起来，从而确定不同岗位之间的量化价值差距。

比如，表 6-13 是某企业的付酬因素的分值分配表。根据该表，生产部部长的岗位价值为 785 分，装配工的岗位价值为 289 分。依此可以将企业的全部岗位进行排序。

表 6-13 付酬因素的分值分配表

付酬因素	总权重（%）	子因素		子因素权重（%）	分值	级数	等级					生产部长等级	装配工等级
							1	2	3	4	5		
工作责任	40	指导监督		10	100	5	20	40	60	80	100	5	1
		风险控制		8	80	5	16	32	48	64	80	4	1
		内外协调		6	60	5	12	24	36	48	60	4	1
		岗位权限		8	80	5	16	32	48	64	80	4	1
		工作决策		8	80	5	16	32	48	64	80	3	1
知识技能	35	学历水平		5	50	5	5	10	20	35	50	4	1
		工作经验		5	50	5	10	20	30	40	50	5	2
		工作能力	决策能力	5	50	5	10	20	30	40	50	4	1
			协调能力	4	40	5	8	16	24	32	40	4	1
			应变能力	6	60	5	12	24	36	48	60	4	1
			创新能力	10	100	5	20	40	60	80	100	4	1
努力程度	20	工作负荷度		5	50	5	10	20	30	40	50	4	2
		工作复杂性		5	50	5	10	20	30	40	50	4	2
		工作压力		5	50	5	10	20	30	40	50	5	1
		工作单调性		5	50	5	10	20	30	40	50	2	5
工作环境		工作时间		1	10	5	2	4	6	8	10	4	2
		工作地点		2	20	5	4	8	12	16	20	4	4
		职业危害		2	20	5	4	8	12	16	20	3	4

合计：总分值为1000分

以知识技能下的学历水平子要素为例进行内涵界定

要素定义：本因素是衡量承担工作职位所必须具备的学历水平或相当于同等学力的水平。

水平	水平定义
1	高中毕业或相当于同等学力水平
2	大中专毕业或相当于同等学力水平
3	大学本科毕业或相当于同等学力水平
4	硕士研究生或相当于同等学力水平
5	博士研究生或相当于同等学力水平

3. 薪酬调查与薪酬水平的确定

企业要吸引和留住人才，不但要保证企业薪酬体系的内在公平性，而且要保证企业薪酬的外在竞争性，因此要组织力量开展薪酬调查。通过薪酬调查了解和掌握本地区、本行业的薪酬水平，特别是竞争对手的薪酬水平，进而为本企业确定有竞争力的薪酬体系。

薪酬调查的方法很多，企业可以通过和其他公司管理者非正式的交流获得薪酬信息，可以通过报纸、杂志、网络来搜集薪酬信息，可以通过薪酬调查问卷搜集薪酬信息，也可以委托专门的薪酬调查机构搜集薪酬信息。

4. 薪酬分级与定薪

通过岗位价值评估得到了企业的岗位价值排序，根据薪酬调查了解了本地区、本行业的薪酬水平状况，在此基础上，要根据本企业的薪酬总额预算，对本企业的薪酬进行分级与定薪。

比较常见的，不是给每一岗位都确定一个与其总计分相对应的薪酬额度，而是将所有的岗位合理组合，划分成一些职级，给每一职级指派与其价值相当的薪酬或薪酬范围，见表6-14。

表 6-14 岗位价值与薪酬额度转换表举例

职级	分数范围	月薪/元
1	101～200	1 600～2 100
2	201～300	2 000～2 500
3	301～400	2 400～2 900
4	401～500	2 800～3 300
5	501～600	3 200～3 700
6	601～700	3 600～4 100
7	701～800	4 000～4 500
8	801～900	4 400～4 900
9	901～1 000	4 800～5 300

5. 不同职位的薪酬激励设计

不同职位的员工因为从事的工作不同，应该设计不同的薪酬激励方案，比如生产人员采用超额奖金、业务人员采用业务提成、研发人员采用团队奖金、中高层人员采用期权或股权激励等，只有这样，才能使薪酬对员工的激励作用发挥得淋漓尽致。

6. 薪酬体系的实施

在实施薪酬体系之前，需要编写薪酬管理制度对公司薪酬体系的设计思路和实施的相关要求进行阐述和说明，使员工清楚薪酬的计算办法以及薪酬调整的相关规定。在实施过程中，人力资源部可以利用薪酬制度问答、员工座谈会、满意度调查、内部刊物等方式充分介绍公司的薪酬制度，使员工充分了解和掌握，这对薪酬体系的实施至关重要。

6.5.3 现代薪酬体系的发展趋势

现代企业的薪酬管理强调的是通过薪酬激励，提高员工的主动性和创新性的发挥，而不仅仅是给付员工工作报酬，或者对员工“偷懒”行为进行约束。现代薪酬理念认为：企业雇用的不仅仅是员工的劳动技能、知识和体力，更是一个完整的人，这种人不是机械人，也不是经济人，而是有着广泛社会需求的复杂人。员工不仅有生存、安全的需要，而且还有社交、尊重、社会地位及自身价值实现等方面的需要。企业必须以员工的多层次需要为立足点，创造使员工主动进行自我激励的环境。基于这种理念的薪酬设计是一种更为完善的薪酬激励方式，它更加强调从公平付酬转化到按业绩、技能、知识付酬，体现人性化的管理方式。

1. 宽带薪酬

所谓宽带薪酬是指通过减少薪酬等级，扩大等级内薪酬浮动范围，使之变成只有相当少数的薪酬等级以及相对较宽的薪酬变动区间。宽带中的“带”意指工资级别，宽带则指工资浮动范围比较大。与之对应的则是窄带薪酬管理模式，即工资浮动范围小，级别较多。目前国内很多企业实行的都是窄带薪酬管理模式。图 6-9 形象地解释了从窄带薪酬向宽带薪酬的转变。

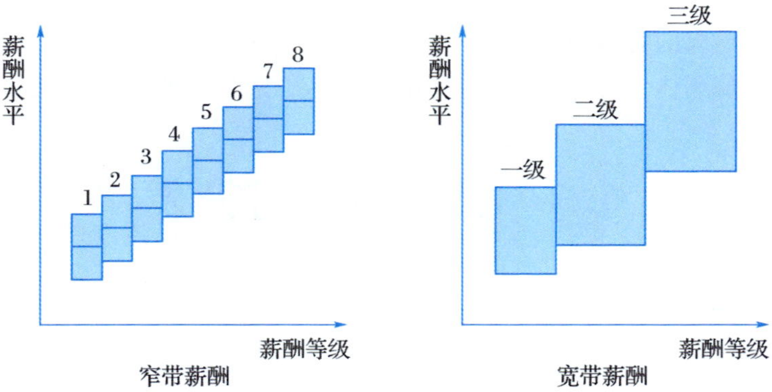

图 6-9 窄带薪酬与宽带薪酬

在宽带薪酬体系设计中，员工不是沿着公司中唯一的薪酬等级层次垂直向上走，相反，他们在自己职业生涯的大部分或者所有时间里可能都只是处于同一个薪酬宽带之中，他们在企业中的流动是横向的。随着能力的提高，他们将承担新的责任，只要在原有的岗位上不断提高自己的绩效，就能获得更高的薪酬，甚至可以享受和主管一样的薪酬待遇；即使是被安排到低层次的岗位上工作，也一样有机会获得较高的报酬。宽带薪酬体系突破了行政岗位与薪酬的联系，更加适应组织扁平化结构造成晋升机会少的客观事实。

宽带薪酬体系的优点在于：

(1)打破了传统薪酬结构所维护和强化的等级观念，减少了工作之间的等级差别，有助于企业组织结构向扁平化发展，使得企业变得更加有效率和灵活，提高了企业对外部市场竞争的适应能力。

(2)引导员工重视个人技能的提高。在传统的薪酬体系下，员工薪酬水平的提高只能依靠在职位上的提升而达到；而在宽带薪酬体系下，即使是在同一个薪酬宽带内，企业为员工所提供的薪酬变动范围也很大，员工只要注意培养企业所需要的技术和能力，并在本职岗位上不断提高绩效也可以获得较高的报酬。

(3)有利于职位轮换。在传统等级薪酬结构中，员工的薪酬水平与其所担任的职位严格挂钩，同一职位级别的变动并不能带来薪酬水平上的变化，但是这种变化又使得员工不得不学习新的东西，从而使工作难度增加、辛苦程度增大，因此，员工往往不愿意接受职位的同级轮换；而在宽带薪酬体系下，由于薪酬的高低是由能力来决定而不是由职位来决定的，员工乐意通过相关职能领域的职务轮换来提升自己的能力，以此来获得更高的薪酬。

2. 以绩效为基础的薪酬体系

企业在设计薪酬体系时，需要解决“干好干坏一个样”“干与不干一个样”等一系列问题。这种问题的解决，要求企业在设计薪酬体系的时候必须重点考虑绩效与薪酬的衔接。

在传统的薪酬体系设计中，虽然有过类似的岗位绩效工资制度，但是大部分企业的岗位绩效工资都表现为固定工资的形式，并不能真正起到激励作用。如今，为了更好地体现员工绩效的好坏，越来越多的企业采用浮动工资的方式，将员工薪酬与绩效评估的结果相挂钩。尤其是随着岗位层级的不同，固定工资与浮动工资的比例也有所不同。层级越高，其浮动工资的比例越大。甚至还有不少企业将员工的薪酬与部门绩效和企业绩效相挂钩，以鼓励员工努力达成组织的目标。

这种薪酬体系的优点在于：

(1)强化绩效导向的管理理念，使员工形成“拿多少由业绩说了算”的思想。

(2)通过绩效薪酬体系的激励，不仅提升员工个人绩效，也促进企业战略目标的实现。

6.6 员工培训与开发

6.6.1 员工培训与开发概述

1. 员工培训与开发的概念

员工培训与开发是保持组织活力和增强组织竞争力的重要途径，是优化企业人力资源结构，提高人才素质的重要手段。

员工培训与开发在很多情况下被统称为培训，实际上二者是有所不同的。培训(Training)是组织向员工提供各种培训项目，帮助员工提高知识、技能和业绩水平的活动。培训的目的在于让员工掌握培训项目中强调的知识、技能和行为，并让他们将这些知识、技能与行为应用于日常工作中。开发(Development)是指通过一定的途径使员工潜在的能力得到有效的呈现。开发着眼于长远目标，它可以帮助员工更好地适应新技术、市场和工作变化带来的挑战，提高员工向未来职位流动的能力和员工的可雇用性。表 6-15 比较了培训与开发的异同。

表 6-15　　培训与开发的异同

	培训	开发
不同	短期的绩效改进 持续时间短，具有集中性和阶段性 强制要求	使员工在未来承担更大的责任 持续时间长，具有分散性和长期性 自愿参与
相同	都是一种学习的过程 由组织规划 目的是通过把学习内容与所期望的工作目标联系起来，促成个人与组织的共同发展	

培训与开发是两个有所不同但是密切联系的概念，随着培训的日趋重要，培训与开发的界限将日益模糊。可以说开发是更广泛意义上的培训。

2. 员工培训与开发的原则

(1)按需培训原则

企业从普通员工到最高管理者所从事的工作不同，创造的绩效不同，个人能力所应当达到的工作标准也不同。所以,员工培训与开发工作应当充分考虑各自的工作性质、任务和特点,按照员工的工作需要进行有效的培训与开发,并且要针对员工不同的文化水平、不同的职务、不同的要求以及其他差异,区别对待。

(2)与企业的发展战略相适应的原则

不同企业在不同时期由于其发展目标、任务不同而有不同的培训需求。员工培训与开发工作首先要从企业的经营战略出发,确定培训与开发的模式、内容、对象;其次应适时地根据企业发展的规模、速度和方向,合理确定受训者的总量与结构。

(3)长期性原则

随着科学技术的日益发展和企业之间竞争的加剧,员工必须不断学习、不断接受新的知识。企业应该正确认识智力投资和人才开发的长期性和持续性,摒弃那种急功近利的培训态度,坚持员工培训与开发的长期性。

(4)实效性原则

为了通过培训提高员工的工作能力,就要求在培训内容设置上突出强调实效性,使员工在学习之后有用、能用、会用。培训设计时,以应用为目的,以必需、够用为度,干什么、学什么,缺什么、补什么。同时在培训过程中创造实践的条件,使受训者通过实践提高工作能力。

(5)全员培训与重点培训相结合的原则

全员培训就是有计划、有步骤地对在职的各级各类人员进行培训,这是提高企业全员素质的重要途径。但是全员培训并不等于平均使用力量,仍然要有培训重点,主要是对企业技术中坚人员、管理骨干,特别是对中高级管理人员要加大培训力度。

· 案例链接 6-1

华为公司的员工培训

>>>>>>

6.6.2 员工培训的方式

企业中员工培训的方式归纳起来有四类:一是新员工培训;二是在职培训;三是脱产培训;四是不脱产的学历教育。

1. 新员工培训

新员工到企业报到后,需要进行入职培训,也称为职前教育、导向教育,即对新员工将要从事的工作和组织情况作正式的介绍。让他们了解、熟悉组织的历史、现状、未来发展计划,以及他们的工作岗位、工作部门和整个组织的环境、企业的规章制度、工作的岗位职责、工作操作程序、组织文化、绩效评估制度和奖惩制度等,并让他们认识将来一起工作的同事等等。

新员工培训的主要内容包括:

(1)了解组织的基本情况。由了解企业情况的人员向新员工作介绍,或者播放介绍企业的影片,介绍的内容包括企业发展历史、组织机构、主要领导、经营方针和发展目标等;带领新员工在企业进行参观。

(2)完成新员工的角色转变。请新员工讲述对企业的感想,使管理者借此了解新员工在想些什么,想知道些什么,还可以让其谈谈对新岗位有何看法,希望企业能为其提供怎样的工作条件等。

(3)规章制度培训。新员工不可能一开始就熟悉企业所有的规章制度,在本阶段主要是要让员工了解他们最关心的以及不了解就难以开始工作的制度,例如考勤制度、请假制度、奖惩制度、薪酬福利制度、财务报销制度、人员调配制度、培训制度、考核制度、职称评定制度、晋升制度、岗位责任制度、安全规程、员工行为规范等。

(4)业务培训。它包括本企业产品或服务的基本知识、企业的基本生产经营特点、本部门的主要职能、基本的工作流程、工作要求及操作要领等。开展对新员工的"传、帮、带"活动,对新员工给予具体、细致、系统的指导。

2. 在职培训

在职培训是指在不脱离工作岗位的情况下,对员工进行培训,也称"在岗培训""不脱产培训"。在职培训旨在使员工的工作不受影响,可以边接受培训边进行工作。这一方法的实用性比较强,因为培训时的环境就是实际工作的环境,员工能够立即将培训的内容运用到实际工作中去,还能及时得到反馈。

在职培训的方法主要包括工作轮换、师带徒、工作指导。

(1)工作轮换

工作轮换是指在组织内部,让员工在类似或稍高一层次的工作岗位上分别工作一段时间,轮换的时间可长可短。员工可以通过这种方法了解企业内部的运作过程和各项功能。工作轮换比较适合对管理人员或潜在的管理人员的在职培训。

(2)师带徒

师带徒是由经验丰富的员工和新员工结成比较固定的"师徒关系",并由师傅对徒弟进行现场的指导和帮助。师带徒是最为传统的一种在职培训方式,多在那些需要一定技能的行业中使用,如机械师、木匠、印刷工等。

在师带徒的过程中,首先经验丰富的师傅常常会采用询问或要求演示等方法,来了解徒弟是否懂得某种操作技能,如果答案是否定的,那么他就会先口头传授,告诉徒弟应该做什么,怎么做,接着师傅会亲自示范,一边操作一边讲解动作或操作要领。在师傅认为已经将某一操作技能的要领完全告诉并示范给徒弟后,会要求徒弟练习或跟着做。最后,师傅检查徒弟的学习效果,并决定是否需要重新开始上述传授环节。

(3)工作指导

工作指导,也称为导师制,是指在工作中让有经验的员工作为指导老师,以一对一的方式,指导帮助其他员工更好地理解工作要求和一些工作中的注意事项,为员工工作能力的提高提供各种建议和指导。导师制和师带徒相类似,只不过,导师制更适用于组织内的管理类人员的在职培训。

3. 脱产培训

脱产培训是指让员工离开现任的工作岗位一段时间,接受集中培训。它更多地用于管理领域和专业技术领域的培训,而较少地用于非管理领域的技术、技能培训。这种培训方式主要用来培养企业紧缺人员,或为企业未来培养高层次技术人才、管理人才,或引进新设备、新工艺，由企业挑选员工脱产去国内外对口企业、高等院校、科研机构进修。这样培训的人才往往更切合本企业实际，回企业后能很快发挥作用。其形式有：举办短期的技术训练班、选送员工到正规院校或国外进修等。脱产培训花费较高，但随着企业人力资本投资比例的增加，组织对员工工作效率的日益重视，脱产培训在一些实力雄厚的大型企业和组织严密的机关事业单位会得到普遍采用。

4. 不脱产的学历教育

不脱产的学历教育是指员工一边工作，一边利用业余时间接受学历教育。如传统的电视大学、函授大学、夜大等，是帮助员工完成初中、高中、大专、大学的学历教育，使员工的文化素质提高一个层次。目前，很多大学针对高层次人才开办的工商管理硕士（MBA）教育、高级工商管理硕士（EMBA）教育、公共管理硕士（MPA）教育、工程管理硕士（MEM）教育等，也都是面向社会招收有工作经验的在职人员进入学校进行继续教育。这些学习班向管理人员讲授最新的管理理论和实务、发展趋势和案例研究经验。此外，也使学员之间能进行有益的交流，构建多方面的联系，从而拓展他们的社会资本。

6.6.3 员工的职业生涯发展

1. 职业生涯发展的含义

职业生涯发展（Career Development）简称职业发展，是指个人经过努力，遵循一定的方法途径，根据自己的兴趣、能力以及工作环境的变化，不断制定和实施新的职业目标，并逐步实现其职业生涯目标的过程。员工的职业生涯发展实质上是员工在个人和组织的共同努力下，为实现理想和职业目标，在组织环境提供的职业生涯道路上不断追求进步，提升个人的价值和地位，获得事业发展和成就感的相关活动。它包括了从一个人所参加的第一份工作开始的所有工作经历与活动的全部过程，是一个由一连串不同职位所构成的连续终身的过程。

2. 双轨制职业发展通路

组织为了保留优秀人才，应该为员工制定合理的职业发展通路。以往不少企业中，“管理独木桥”（图 6-10a）的现象非常严重，员工对自己未来的定位和发展不清楚。没有很多的职业发展规划的企业，正如“千军万马过独木桥”，很容易造成“撞车”，而且很多员工觉得自己得到晋升的可能性不大，就会失去动力，甚至离职。因此很多企业开始推行双轨制职业发展通路（图 6-10b）：一条是走职位发展通路，通过管理岗位承担更多的责任来实现职位晋升；另一条是走专业技术通路，通过员工在专业技术岗位上的经验和技能的提升，成为专家或高级技术人员，即员工可以不通过管理岗位获得高报酬，而是通过专业技术路径获得高报酬。

进行职业生涯规划，并不只是企业的事情，部门的主管领导、员工本人也同样需要承担一定的职责，具体分工如下：

（1）企业

①对员工制订的职业生涯规划应重视和鼓励，并结合组织的需求和发展，给员工以多方面的咨询和指导，通过必要的培训、工作设计、晋升等手段，帮助员工实现个人职业生涯目标；

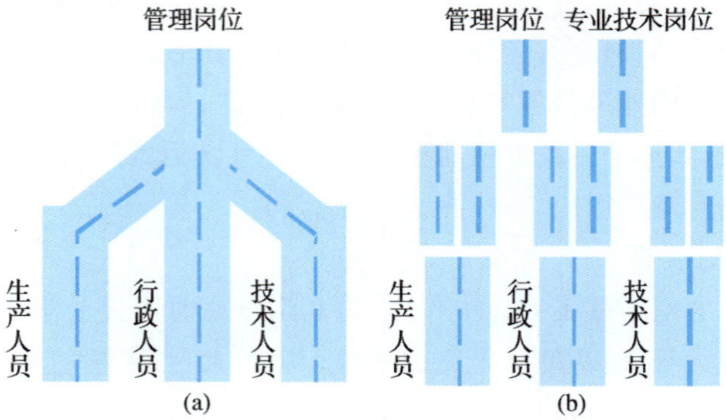

图 6-10 管理独木桥与双轨制职业发展通路

②制定和向员工传递组织内部所存在的职业选择，当空缺职位出现时，鼓励内部提升，并公开所有职位空缺信息让员工申请；

③给主管领导提供培训，使他们能有效地辅导、引导员工进行职业生涯发展的讨论；

④提供资源和工具以支持员工制订个人职业生涯发展规划，并对其进行能力评估。

(2)主管领导

①引导下属进行职业生涯发展的讨论；

②介绍职业生涯规划的程序，对职业生涯规划起到催化反馈的作用；

③鼓励和支持员工实践其个人职业生涯发展计划，如提供培训机会、辅导、职务调动，支持申请其他合适职位；

④对员工的工作表现、胜任能力提供开放和诚实的意见。

(3)员工本人

①从加入公司起，员工应该制订自己在公司的职业生涯发展方案；

②与主管领导沟通自己的事业目标并讨论职业生涯发展需要的支持；

③不断地跟踪和调整自己的职业生涯发展规划；

④开放和诚实地评估自己的能力和表现。

复习思考题

1. 怎样理解人力资源的数量与质量？

2. 简述人力资源规划的作用。

3. 内部招聘和外部招聘各有何优缺点？

4. 在人员选拔的诸多方法中，假如你是人力资源部门负责人，你会选择何种测试方法？为什么？

5. 绩效评估与绩效管理的区别是什么？

6. 薪酬管理应该遵循哪些原则？

7. 如果你是人力资源部经理，你将如何对员工实施培训？

8. 利用表 6-16 中的数据进行人力资源供给预测。

表 6-16　　某企业的人力资源变动矩阵表

职位层次		初始人数	人员转移率						
			管理类			技术类			离职
			A1	A2	A3	B1	B2	B3	
管理类	A1	20	0.70						0.30
	A2	20	0.15	0.65					0.20
	A3	100	0.02	0.07	0.75				0.16
技术类	B1	50				0.70			0.30
	B2	100				0.08	0.75		0.17
	B3	120				0.05	0.20	0.70	0.05

案例讨论

海底捞的用人之道

海底捞品牌创建于 1994 年。历经 20 多年的发展，海底捞国际控股有限公司（简称海底捞）已经成长为国际知名的餐饮企业。

截至 2019 年 6 月 30 日，海底捞已在中国（含香港、台湾地区）118 个城市，以及新加坡、韩国、日本、美国、加拿大等国家经营 593 家直营门店，拥有 4 380 万会员和 88 378 名员工。

海底捞的成功有目共睹，在它还没有一家海外门店的时候，已经成为哈佛商学院的经典案例。其中，最闪光的一点是海底捞的用人之道。

员工视海底捞为第二个家，为之真心付出，甚至为这个家拼命。海底捞出色的服务就是这么来的。海底捞员工与富士康员工来自同一群体，主体是“80 后”或“90 后”，家境不好、读书不多、见识不广、背井离乡。而且相比富士康的环境，在海底捞工作的待遇更低、地位更低。但员工没有跳楼，还能主动、愉悦地为客人提供看似有些“变态”的服务。

秘诀就隐藏在张勇（海底捞创始人）与众不同的管理思维和策略中。海底捞员工起初绝大部分来自四川简阳。为了让背井离乡的员工工作时无后顾之忧，公司出资千万元在简阳建了一所寄宿学校，让留守的员工孩子免费上学。公司还设立了专项基金，每年拨 100 万元用于治疗员工和直系亲属的重大疾病。海底捞不仅照顾员工子女，还想到了员工父母。公司每个月会将给员工的一部分奖金，直接寄给其远在家乡的父母，让父母一起分享孩子的进步和荣耀。

人不仅需要爱，还需要尊敬。对员工的尊敬就是信任。海底捞在管理上充分授权，并给予员工足够信任。在海底捞，从管理层到普通员工，都拥有超过一般餐饮企业员工所能得到的权力：200 万元以下开支，副总可以签字；100 万元以下开支，大区经理可以审批；而 30 万元以下开支，各分店店长就可以做主；一线服务员都有免单权。

海底捞对人的培养建立在师徒制传帮带基础上，并执行严格的内部晋升制度（传帮带），除了工程总监和财务总监之外，所有干部都必须从一线服务员做起。

杨小丽，家在四川农村。20 世纪 90 年代初，她的两个哥哥做蜂窝煤生意赚了不少钱，后来生意失败，欠了一屁股高利贷，杨小丽只好到海底捞干起了服务员。刚满 30 岁，她就成为海底捞的副总经理。

年仅 28 岁的袁华强，是海底捞北京和上海区的总经理。小时候，因为家穷没能上大学，19 岁离乡谋生，偶然的机会进入海底捞，从门童做起。

区域经理林忆只有 21 岁，掌管海底捞西单、牡丹园等三个店的店长王燕只有 22 岁，他们都没有受过正规大学教育，但不怕吃苦，拥有极其顽强的毅力、进取心和自信心，以及很强的学习能力和领悟能力，是典型的能力不等于学历的例子。他们是同类，同类自然容易彼此理解和欣赏。因此，他们一个带一个，相继成为海底捞管理骨干。凭借与众不同的人力资源管理模式，依靠“80 后”“90 后”新生代群体，海底捞缔造了新的商业传奇。

资料来源：王国顺. 管理学. 清华大学出版社，2020，有删改

思考题

1. 海底捞人力资源管理的与众不同，主要体现在哪些方面？
2. 海底捞的神话还能继续吗？未来在“人”的方面，将会面临怎样的问题或困境？

第7章 激励理论与应用

学习导航

- 激励的概念，内在激励和外在激励
- 两种人性假设理论模式，人性假设对激励理论和管理实践的意义
- 三种内容型激励理论的主要内容、需求层次论和双因素理论的主要贡献和局限性
- 公平理论和期望理论的主要内容及其在管理实践中的意义
- 强化理论的主要内容，及其在管理实践中的意义
- 管理实践中激励的三种基本方法
- 管理中各种激励理论的应用

引例 古井集团“90后”员工的激励之道

安徽古井集团有限责任公司(以下简称古井集团)为实现“区域化”向“全国化”的战略转变，决定开拓新疆市场，选派了一批以“90后”员工为主体的销售人员进驻新疆分公司。

但是艰苦的生活环境和销售难题，加上缺少有效的激励手段，导致多名“90后”员工同时提出离职申请，在公司内部引起很大震动。于是，集团决定进行激励机制改革，制定并执行了“新马游疆”授权激励政策，将“90后”员工比喻为骏马，让其在新疆“自由驰骋”，给予充分授权，允许员工在公司指定范围内自主制定销售策略和方法。激励政策颁布后，员工们仿佛被注入了一针强心剂，工作积极性犹如篝火般激情燃烧，纷纷创新销售方法，在新疆市场掀起了一股股销售热潮。

授权激励政策的实施很快提升了销售业绩。“90后”员工们满心期待会升职加薪，但没想到的是，有的岗级晋升了但薪酬未涨；有的销售业绩突出，但晋升又遇到诸如工作年限短、资历浅等绊脚石，导致员工士气十分低落，人心浮动。为了解决这一问题，公司颁布了“称薪快意”职务职级双晋升政策。“称薪”是指薪资待遇与职务调整相匹配，即职务升迁时，工资、绩效标准、提成和年度绩效会相应提高；“快意”是指员工只要业绩达标，就可以自动晋升到更高层级，不再受工作年限和上级批准的束缚，给予了员工更大的职业发展空间和机会。这让“90后”员工们斗志重燃，低迷的工作氛围逐渐消散。

年底，新疆分公司处于销售冲刺阶段的同时受疫情影响，员工们无法返乡。察觉到员工们的情感诉求，古井集团继而推出了“仁心义举”情感激励措施。“仁心”是指为缓解驻疆员工的相思之苦，古井集团实行“反向探亲”制度，即员工直系亲属可到新疆探亲，往返交通费用和住宿费用由公司报销。“义举”是指为关爱和保障“90后”员工的身心健康，古井集团在

当地设立“心灵驿站”,为员工提供心理咨询服务,缓解心理压力,同时为他们提供免费的体检福利,以发现潜在的健康问题。措施实行后,员工们感受到了公司对自身的关爱和支持,归属感和认同感大幅提升,全力以赴地推销古井贡酒。春节期间,白酒销售竞争进入白热化阶段,新疆分公司“90后”员工们多次组织客户品鉴会,加强与客户和经销商的沟通与合作,迅速提升了古井贡酒在新疆的知名度和信任度。

在古井集团的激励与支持下,新疆分公司“90后”员工们以真诚、耐心和专业的态度,为客户提供了优质的服务和产品,使古井贡酒在新疆市场的美誉度也随之提升。在集团公司内,新疆分公司的“90后”员工们被誉为一支“敢打硬仗、善打硬仗、能打胜仗”的销售铁军。

资料来源:杜鹏程,等.“古”舞人心,乐在“井”业:古井集团新疆销售分公司“90后”员工的激励之道.中国管理案例共享中心,并经案例作者同意授权引用,有删改。

7.1 激励概述

激励水平会影响员工的生产率,管理者的部分工作职责就是通过激励手段激发员工为实现组织目标而努力工作。对激励的研究有助于管理者理解是哪些因素促使员工主动采取行动,哪些因素影响他们的行动选择,以及员工为何会持续采取某些行动。

7.1.1 激励的概念

激励是指存在于人的内部或外部,能够唤起人们的热情和决心去执行某个行动方案的力量。激励是一种内在的、看不见的力量。我们不能直接衡量激励,但是我们可以观察行为并推测激励。在管理中,激励通常指调动人的积极性。管理者如果可以准确地应用激励理论,就可以充分地调动员工工作的积极性,从而增加企业的收益。由此可见激励理论的重要性。

激励可以分为两种类型:内在激励和外在激励。内在激励是指一个人在完成某个特定行为的过程中所获得的满足感,来自人们对工作本身的满意度。完成一个复杂的任务可以让人体验到一种愉悦的成就感;解决某个有益于他人的问题也会让人有一种完成个人使命的骄傲感。外在激励是指由他人(尤其是管理者)给予的奖励,来自与工作绩效相联系的奖励,包括升职和加薪等。虽然外在激励很重要,然而优秀的管理者也在努力帮助人们实现内在激励。现今的员工很少仅仅是被外在的奖酬所驱动的,他们希望从工作中获得的不仅仅是金钱,还有充实与满足。如今管理者也注意到这一点,正在寻求更好的激励措施来满足员工的成就感。

图7-1给出了一个简单的激励模型。人们有基本的需求,如食物、金钱、成就等,这些因素会转化为内在压力,驱使人们采取某些行为来满足这些需求。根据行为取得成功的程度,人们以需求得到满足的形式得到奖励。这种奖励同时告诉人们,这种行为是合适的,今后可以继续重复使用。如图7-1所示的激励的重要性在于,它能够激发带来高绩效的行为。管

理者可以运用激励力量来帮助满足员工的需求，同时鼓励员工高质量地完成工作。特别是在工作环境发生变化的情况下，管理者更应该竭尽全力地使员工专心工作并保持动力。管理者必须寻求将激励技巧和奖励结合在一起的方法，保证员工在各种环境下都能工作愉快并保持较高的生产率。

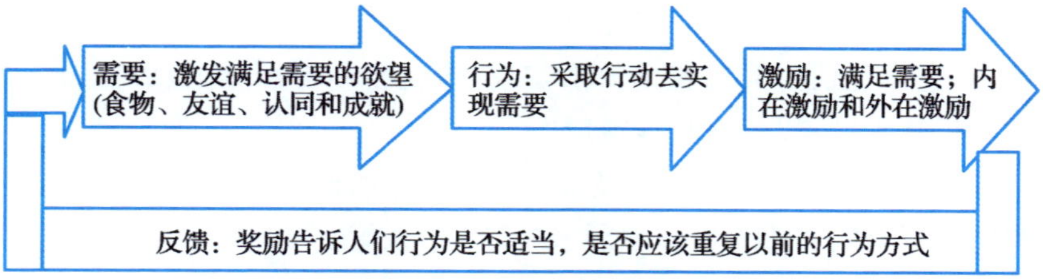

图 7-1 一个简单的激励模型

拓展阅读

班格尔的设计

克里斯托弗·班格尔是德国宝马公司的全球设计总监，他介绍了如何让董事会批准他为慕尼黑现代艺术博物馆设计展览。首先，班格尔自己为该项目投了一票——在他与他的工作团队努力设计新车的过程中，这个项目不会带来任何收益。但是，当他看到这个机会时，突然就可以想象出他们正在进行一个宏大的计划，也就是说，他创造了一个愿景，并使其他人能够把它当作自己的愿景。这是内在激励的第一步。接着，他找到了一种方法让董事会对这个项目产生自我满足感。他说这个项目"是设计欧洲最新、最大的博物馆，是一生只有一次的文化机会"。他不仅恳求董事们欣赏艺术，还要求他们能够渴望做一些可以长久保存下去的东西。最后，董事会不仅批准了这项工作，还非常热心地支持他。

7.1.2 激励的"人性假设"基础

管理者对于员工激励的假定以及运用奖励的方法取决于他对人性的看法。管理者希望了解"人为什么愿意做某事"，首先要了解"人是什么"，也就是要研究人的基本性质。每一个管理者，不管他们是否意识到，心中都会有一个关于"人是什么"的人性模式，而且一般来讲，他们都是根据其对于人性的认识来采取相应的管理行为的。根据心理学家和管理学家的长期研究，人们总结了如下几种典型的关于人性的理论模式。

1. 从"经济人"到"复杂人"的假设

"经济人"假设，认为组织中人的行为的主要目的是追求自身利益，工作动机是为了获得经济报酬。泰勒的科学管理把"经济人"假设作为他的科学管理体系的基石，主要研究怎样能够提高员工的生产率，并给予高绩效员工经济奖励。这种激励方法也使得人们去开发奖励工资体系，即严格根据劳动产出的数量和质量来支付员工的工资。

在管理者的头脑中，经济人逐渐被更加社会化的员工所取代。在霍桑试验中，梅奥提出了"社会人"假设，即人的行为动机不只是追求金钱，工人有强烈的社交需求。如果工人在企业、家庭、社会中与他人关系不协调，其工作情绪就会受影响。因此，管理者应重视工人在社会交往方面的需求。这一假设使得管理者开始重视工作本身对职工需求的满足程度，重视工作团体对职工的影响，改变传统任务导向型领导方式。

随着马斯洛需求层次论的提出，又出现了“自我实现人”假设，人除了有社会交往需求外，还有充分发挥自己能力的欲望。因此，员工重视的是工作的挑战性，只要某项工作有利于发挥他的能力，达到他认为的自我价值的实现，他就会不畏困难、积极努力。在此假设基础上，出现了“目标管理”“参与管理”等管理方式。

20 世纪 70 年代沙因进一步推进了经济人和社会人的概念，提出了“复杂人”的概念。该假设认为，人是复杂的动物，人的需求多种多样，同一个人在同一个时间内会有多种需求，并且会随着工作生活条件的变化不断产生新的需求。因此不存在一套适用于任何时代、任何组织和个人的普遍有效的管理方式。

图 7-2 直观地表现了人性假设与需求层次的联系。

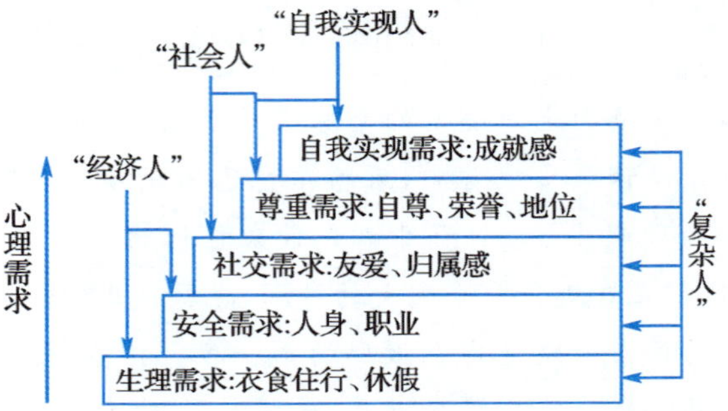

图 7-2 人性假设与需求层次①

2. X 理论和 Y 理论

关于人性的另一种分类是由麦格雷戈于 1960 年提出的两组假设，即所谓的“X 理论”和“Y 理论”。

X 理论认为，多数人生来懒惰，宁可被人指挥；多数人没有工作责任心，宁可被人指挥；多数人以自我为中心，不关心组织目标；多数人缺乏自制能力。因此，多数人不能自我管理，需要另外少数人从外部施加压力。根据 X 理论，组织为了完成既定的目标，必须对大多数人采取强制性的管理方式，管理者的主要职责是计划、组织、监督、控制，运用职权使下属服从，采用严格的控制、具体的规章制度来规范员工的行为，用金钱来换取员工的效率和服从。

与此相对应的是 Y 理论，Y 理论认为，工作和娱乐一样都是人的活动，人是否喜欢工作，要看工作条件如何；人不仅会接受责任，而且会主动要求责任；人能够自我控制和自我指导；个体目标与组织目标没有根本冲突，若有条件，个体会自觉地把个体目标与组织目标统一起来。根据 Y 理论，管理者的任务是创造一个使人得以发挥才能的工作环境，并对员工进行合理的引导，使员工在为实现组织目标贡献力量的同时也能达成自己的目标。在管理制度上，则应该赋予员工更多的自主权和信任，让下属参与管理和决策，并授予适当的权力。

---

① 汪克夷等. 管理学. 4 版. 大连：大连理工大学出版社，2006：253

7.2 激励理论

关于如何激发人们动机的研究成果很多，本节将着重研究内容型激励理论、过程型激励理论和强化型激励理论。

7.2.1 内容型激励理论

激励始于员工自我的动因和需求。在多数情况下，我们意识到自己的需求，但是动因则隐藏于表面之下，会引发情绪的变化，有时也会引导行为。内容型激励理论强调激励人们的那些需求。在任何时候，人们总是有一些基本的需求，如食物、成就或者金钱奖励。这些需求会转化为内在动力，并激发人们为了满足这些需求而采取的某些行为。一个人的需求就好像一份藏在内心的清单，只要管理者了解员工的需求，组织就可以据此设计奖励体系以满足这些需求，并指导员工将精力和重点放在实现组织目标上面以获得奖励。

1. 马斯洛的需求层次理论

美国心理学家马斯洛提出了需求层次理论，他把人的需求归纳为五个层次，如图7-3所示。按照从低到高的顺序可以分为以下层次：

(1)生理需求。生理需求是人类最基本的物质需求，包括食物、水和空气等。在组织环境中，这些需求表现为对足够的热量、空气和基本工资的需求，以维持人的生存。

(2)安全需求。安全需求是指人们对安全的、有保障的物质环境和情绪环境的需求以及人们不受威胁的需求，即不受暴力威胁及追求有序的社会环境的需求。在组织环境中，安全需求体现为人们对工作的安全性、额外福利和工作保障的需求。

(3)社会需求。社会需求是指人们渴望被社会接受、享有友谊、成为团体的一分子、被人所爱的需求。在组织环境中，社会需求体现为人们希望与同事建立良好的人际关系，参与团队工作、与上级友好相处等。

(4)尊重需求。尊重需求是指人们需求树立良好的自我形象，并赢得他人的关注、认同和欣赏。在组织环境中，尊重需求期望得到认同以及职责的扩大、地位的提高并因为对组织的贡献而获得荣誉。

(5)自我实现需求。自我实现需求是人类最高级的需求。它包括最大限度地发挥人的潜能，提高人的能力，成为更加优秀的人才。在组织环境中，满足自我实现需求有几种途径：为员工提供成长的机会；为员工提供发挥创造力的机会；加强培训，使员工能够承担富有挑战性的任务和适应晋升后的职位。

根据马斯洛的理论，应最先满足低层次的需求，然后才有可能满足更高层次的需求，只有这样才会对员工更有激励作用。马斯洛的需求层次理论对管理者的一个启示是：只有在需求没有得到满足时，提供额外的奖励才能够起到激励的作用。而且，在低层次的需求没有得到满足时，提供高层次需求是起不到激励作用的。马斯洛认为，唯一一种永远不能完全得到满足的需求就是处于最顶端的自我实现的需求。只要有机会，人们就会不断地学习和发展。充满乐趣和挑战的工作能够不断激励个人成长。表7-1是行为学家根据马斯洛的需求层次理论所提出的相应激励措施。

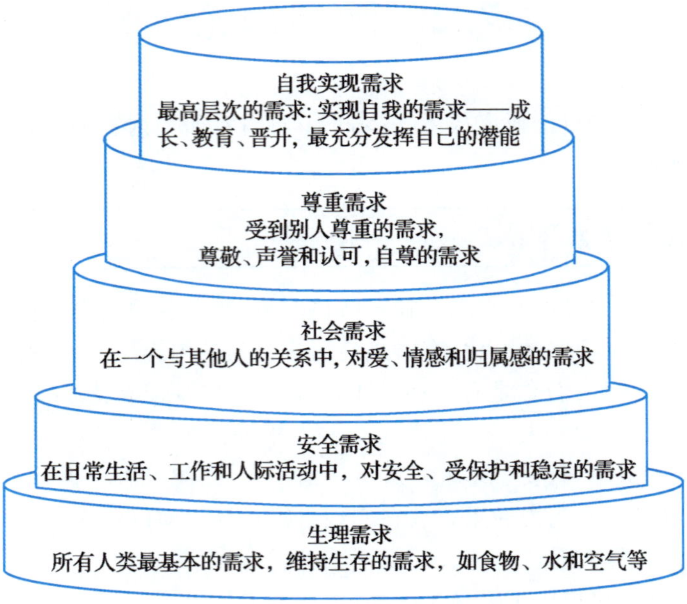

图 7-3　马斯洛的需求层次理论

表 7-1　　针对马斯洛需求层次理论采取的激励措施

需求的层次	追求的目标	管理的策略
生理需求	待遇 健康的工作环境 各种福利	工资、奖金 医疗保健制度 工作时间多少 住房等福利设施
安全需求	职业保障 意外事故的预防	雇佣保证 劳保制度 退休金制度
社会需求	友谊(良好的人际关系) 群体的接纳 组织的认同	群体活动计划 互助金制度 群众组织 教育培训制度
尊重需求	地位、名次 荣誉 权力、责任 与他人收入的比较	人事考核制度 晋升制度 表彰制度 奖励制度
自我实现需求	能发挥个体特长的环境 具有挑战性的工作	决策参与制度 提案制度 革新小组

资料来源:邢以群. 管理学. 北京:高等教育出版社,2007

目前,对于马斯洛需求层次理论,人们已经在以下两个关键点达成共识:①显著和突出的需求比不那么重要或不那么强烈的需求更能激励人;②管理者应该努力为员工提供自我实现的机会，因为个人的成长可能会持续使员工对学习和自我发展感兴趣。与低层级需求相联系的奖励（如高薪）的激励作用有限，除非工作本身是激动人心的。换句话说，要让人们长期努力工作，单靠外在的激励是远远不够的，人们希望从工作中获得的不仅仅是工资或奖金，他们还希望获得个人成长的意义。

马斯洛理论的局限：马斯洛需求层次理论并不能包含人们所有的需求。再者，马斯洛需求层次理论最大的局限，在于它假设每个个体都具有相同的需求层次，研究揭示这是个错误的假设。实际上，个体因为不同的价值观，会表现出不同的需求层次。需求是产生于能通过学习和社会力量得到增强或减弱的固有动因，它是一种自我意识到的不足。因此，一些个体将归属感放在最顶端，而还有个体可能会将身份地位视为最重要的。

2. 赫茨伯格的双因素理论

弗雷德里克·赫茨伯格提出了双因素理论，他对几百名员工进行了访谈，询问他们在哪些时候受到了高度的工作激励，哪些时候因为得不到激励而觉得不满意。他的关键发现是有两类相互独立的因素影响激励，从而影响员工的绩效，这也是双因素理论的核心。

第一类因素被赫茨伯格称为保健因素，对应的是马斯洛理论中较低层次的需求。保健因素指工作环境或工作的外在方面，例如，工资、额外福利、公司政策、工作环境以及与同事和上级的人际关系等。如果保健因素没有得到满足就会引起员工的不满。但遗憾的是，保健因素并不能激励人们出色地完成工作。要让员工更加努力，首先必须很好地管理保健因素。其次要为员工提供第二类因素，即激励因素，也就是来自工作本身的内在报酬。图 7-4 给出了双因素理论的图示。

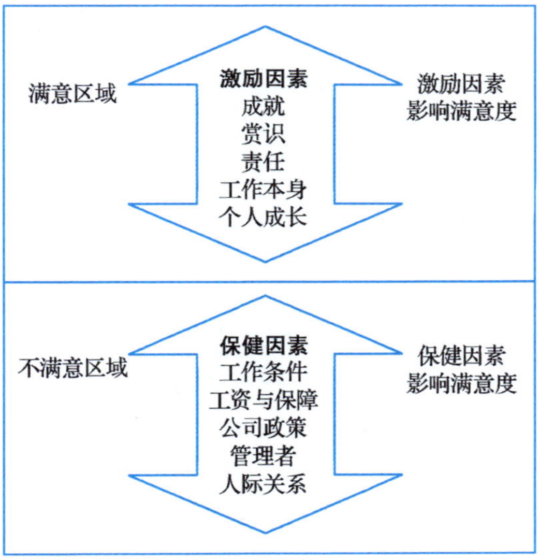

图 7-4　赫茨伯格的双因素理论

图 7-4 的中心地带是中性的，即员工对工作无所谓满意还是不满意。保健因素和激励因素可能导致员工对工作不满意，也可能不会。当保健因素不健全时，员工就会对工作产生不满。然而，良好的保健因素也仅能消除员工对工作的不满意情绪，它们本身并不会促使人们感到非常满意进而对工作产生激励作用。赫茨伯格认为，当缺乏激励因素时，员工对工作持无所谓的态度，但具备了激励因素之后，员工会立即感到强大的激励力量并对工作产生满

意感。因此,保健因素和激励因素代表影响激励水平的两种完全不同的因素。保健因素与工作的不满意有关。不安全或者嘈杂的工作环境会引起员工的不满,但解决了这些问题并不能使员工受到高度的激励并由此产生对工作的满意感。而在员工受到高度激励并取得优秀的业绩之前,必须先具备激励因素,如,有挑战性的工作、责任感和被赏识等。

双因素理论的概念非常独特,它认为只有内在因素才能激励人,这个观点是有争议的。加薪是一种外在报酬,或者说是一种保健因素,但它也是表达认可(一种内在报酬,或者说是一种激励因素)的一种形式。虽然这个理论的纯粹形式没有得到大多数研究的证实,但赫茨伯格提出的概念却被广泛传播。许多管理者认为这个理论对于分析工作中的激励问题是一种很有帮助的方法,它提醒管理者不要忽略内在报酬。双因素理论同时启示管理者,提供保健因素能够消除员工的不满情绪,但不能激励员工达到更高的成就水平。而赏识、挑战性和个人成长机会则是强有力的激励因素,能够提高员工的满意度和绩效。

案例链接 7-1

东风康明斯“清版赢分”——塑造挑战性工作激活员工

>>>>>>

3. 奥尔德弗的 ERG 理论

克莱顿·奥尔德弗发展了马斯洛的需求层次理论,使需求和需求的顺序变得比较灵活。经奥尔德弗发展后的需求层次理论叫作 ERG 理论,将人类的需求归纳为三种类型:

(1)生存需求,指维持生存的物质需求,对应的是马斯洛需求层次理论中的生理需求和安全需求。

(2)关系需求,指人们对社会支持、人际关系和他人的认可的渴望。这类需求大致和马斯洛需求层次理论中的社会需求和自尊需求相对应。

(3)发展需求,指涉及个人的成长,或者说是对利用和发展个人能力的内在渴望。发展需求与马斯洛的自我实现的需求有很多重合之处,其中也包括自尊需求中的某些因素,比如驱动人们成功的动力。

ERG 理论和马斯洛的需求层次理论很相似:两者都认为人类的需求是有层次的,人的需求随着层次结构逐步上升。然而,奥尔德弗将需求的层次减少到三层,并提出需求沿层次结构上升的过程是复杂的,反映了挫折-倒退原则,即如果未能满足较高层次的需求,将可能使人重新回到已经得到满足的较低层次的需求上。因此,一名未能实现个人发展需求的员工可能会重新回到较低层次的需求上,并将精力集中在追逐更多的金钱上面。因此,ERG 理论比马斯洛的需求层次理论更为灵活,它认为一个人因为满足自我需求方面的能力差异而可能沿着需求层次结构上升或下降。

需求层次理论有助于解释为什么组织总是需要赏识员工并鼓励他们参与决策。近期的一项研究发现,能够在工作中提出独到见解的员工更容易觉得受到重视,更有归属感,激励程度更高。此外,当员工的观点被采纳并获得一致认可时,往往会在工作场所产生广泛的激励效果。

4. 麦克利兰的成就需要理论

最后一种满足型激励理论是由戴维·麦克利兰提出的。他发现对管理者而言,最重要的需要是对成就、归属和权力的需要。这些需要并非与生俱来的，而是一个人通过自己的生活经历不断学会的。下面三种需要是研究得最为充分的：

(1)成就需要指想要完成某些困难的事情、获得高度成功、掌握复杂的技能和超越他人的欲望。它促使人们去完成任务，在这个过程中人们会因为个人的成就和目标的实现而得到巨大的满足感。

(2)归属需要指想要建立亲密的人际关系、避免冲突、建立温暖的友谊的欲望。高归属需要者渴望友谊，喜欢合作而不是竞争的工作环境，希望彼此之间的沟通和理解，他们对环境中的人际关系更为敏感。管理者必须具有相对低的归属需求，以使他们的选择和行为不会为符合某个人的需要而存在偏袒。

(3)权力需要指想要影响或控制他人、对他人负责、对他人行使职权的欲望。如果一个人不是单纯为了实现个人目标而追求权力，也不会把声望和影响力看得比卓越的绩效更重要，对权力的强烈需要是在管理岗位上取得成功的重要征兆。

麦克利兰的成就需要理论重复了需要可以被经历和社会影响强化或弱化的观点。我们从中了解到，管理者能够增强或减弱雇员的成就、归属和权力需要，例如通过建立成就导向的文化，奖励那些以成就为导向的行为，以及雇用从小受成就导向文化熏陶的员工。

总之，内容型激励理论强调的是人的潜在需求，并找出那些对人的行为有激励作用的特定需要。需要层次理论、双因素理论、ERG 理论和成就需要理论都有助于管理者了解能够对人的行为产生激励作用的因素。这样一来，管理者就能够对工作进行设计，以满足员工的需求，进而引发员工适当的、能够带来成功的工作行为。

7.2.2 过程型激励理论

过程型激励理论解释了员工如何采取其行为方式以满足自己的需求，并判定其选择是否成功。主要包括亚当斯的公平理论和弗隆的期望理论。

1. 亚当斯的公平理论

公平理论主要研究一个人对于与他人相比自己得到公平待遇的程度方面的知觉。由 J. 斯泰西·亚当斯提出的公平理论认为，人受到激励去追求绩效报酬方面的社会公平。亚当斯认为，人们是通过寻求人与人之间的社会公平(他们所得到的报酬与其绩效是否相称、合理)而被激励的。这里所谓的公平是指人们相对于他人的待遇，自己也受到了公平的对待。在这种评估中参照对象起着十分关键的作用。这里的参照对象通常是指个人所在单位中的某些群体或单位外的人们。

公平理论认为，人们对公平的感觉取决于他们对自己的投入和产出的评价。产出包括认可、晋升和工资等报酬。投入指努力、学习、特殊技能等贡献。员工都希望他们获得的产出或报酬与他们的投入成正比例。人们不是根据绝对值来判断的，而是把其他人作为参照。可以放在一起比较的人可能是公司内的同事或在其他公司工作的朋友。这种关系可以用下面的比例来概括：

$$\frac{\text{个人的产出}}{\text{投入}} \text{与} \frac{\text{其他人的产出}}{\text{投入}} \text{相比较}$$

当这两个比值相等时就实现了公平。这两个比值不相等时会产生一种叫作认知失调的心理现象，使人觉得不满意，并试图使两个比值恢复平衡。

公平理论包含了两个重要的概念。第一，激励主要取决于在用个人的贡献换取个人所得的过程中对公平的感觉。第二，人们会不断与他人比较。他们会把自己的投入产出比与其他人的相比较，他们看待这种比较结果的方式会影响他们的行为。作为一个管理者，可以公开一般的薪酬水平，从而避免员工在比较过程中造成的种种偏见。此外，管理者可以让员工意识到产出不是仅仅包括财务回报，还包括其他方面的回报，从而帮助他们感觉到投入产出的平衡。

公平理论对管理者而言显然是有教益的。首先，管理者用报酬或奖赏来激励员工时，一定要使员工感到公平和合理。个人的内部或外部报酬如果是和其绩效相称的，且他也认为这些报酬是公平的，则会产生满意的结果。其次，作为管理者应注意与其他组织做横向比较。公平理论表明，报酬是相对的，当然，职工对工资是绝对关注的，但是否满意则部分取决于他们比较的参照群体。再次，公平理论表明公平与否是源于个人的感觉。人们在心理上通常会低估他人的工作绩效，高估他人的收益，由于感知上的错误，就会产生心态上的不平衡。这种心态对组织和个人都很不利。所以管理者应有敏锐的感觉来体察员工的心情，如确有不公，则应尽快解决；如纯属个人主观上的认识偏差，也有必要进行说明解释，做好思想工作。

精明的管理者力图为员工创造一种公平感，从而使员工不断地受到激励。

案例链接 7-2

恼人的薪酬制度

>>>>>>

2. 弗隆的期望理论

美国心理学家 V. 弗隆的期望理论认为，人们是否会以某种特定的方式行动，取决于他们是否相信自己的行为能带来其认为有价值和有吸引力的结果。例如，如果员工相信通过努力工作可以得到更好的绩效评价和晋升，他们就会更努力地工作。基本上，期望理论是一种关于选择的模型。也就是说，人们投入到工作中的努力是他们自己选择的结果。

期望理论是基于个人的努力、绩效以及与高绩效相关联的预期回报之间的关系。这些构成要素及其相互间的关系如图 7-5 所示。期望理论的关键在于对于努力、绩效与回报之间关系的预期以及该回报对于个人的价值。

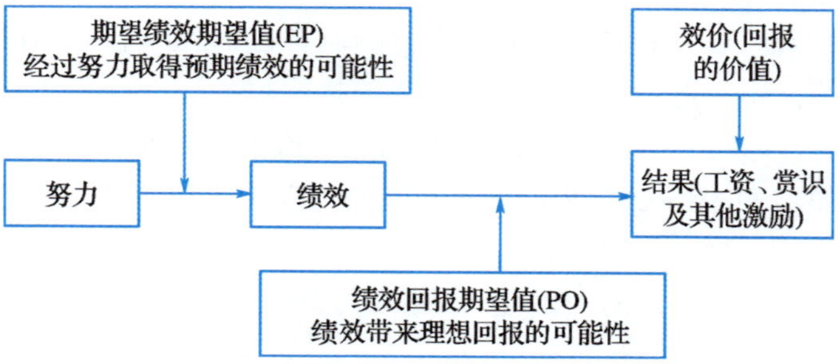

图 7-5　期望理论的主要构成要素

期望绩效期望值(EP)是指个人对一项工作付出努力能否换来出色的绩效的判断。这一期望值偏高，则说明一个人必须具备相应的能力、经验和必要的器械、工具和机会。例如，黄同学要想会计学的学业成绩得到B，如果他相信通过努力学习就能在期末考试中得A，他的期望绩效期望值就比较高。相反，如果他认为自己既没有能力也没有机会取得好成绩，那么他的期望绩效期望值就比较低，他的激励水平也就比较低。

绩效回报期望值(PO)是指出色的绩效能否带来预期的回报。如果一个人受到激励，期望得到与工作有关的激励，他的期待就是一种信念，即良好的绩效的确能够获得嘉奖。如果一个人的绩效回报期望值比较高，那么他所受的激励水平也较高。相反，如果一个人预期即使取得了出色的绩效也不会获得理想的回报，那么他就不会有任何动力。如果期末考试得A能够保证会计学的学业成绩得B，黄同学的绩效回报期望值就比较高。黄同学可能会和老师谈谈，弄清楚在期末考试中得A能否让自己的学业成绩达到B。如果答案是否定的，那么他为期末考试而努力学习的动力就比较小。

效价是指对一个人来说，回报的价值或者回报的吸引力如何。如果员工并不重视努力工作和出色的绩效所获得的回报，那么激励水平就会比较低。反之，如果员工很看重自己得到的回报，那么激励水平就比较高。

期望理论的意图并不是去界定各种需求和回报，而只是要说明这些需求和回报是客观存在的，并且因人而异。某个人可能希望被提升到权力更大的职位上，而另一个人则可能更重视与同事保持良好的人际关系。因此，前者会在这一信念的激励下努力工作以获得提升，后者则为谋求能够使自己有机会融入某个团队而努力。

期望理论是以员工的需求和目标为特征。管理者的职责是帮助员工在满足自我需求的同时实现组织的目标。管理者必须尽力使员工的技能和努力与工作要求相匹配。要提高激励水平，管理者可以阐明员工的需求，详细说明组织能够提供的回报，并确保每一位员工都具有实现预期成果所需的能力和支持(即时间和设备)。管理者可以利用期望理论的基本原理，设计一套有明确的组织成果要求的激励体系，并给每位员工提供相同的机会。

7.2.3 强化型激励理论

关于激励员工的强化型激励理论回避了满足型激励理论与过程型激励理论中所提到的员工需求和思维过程等问题。强化型激励理论只研究行为与其结果之间的关系。该理论强调通过适当运用及时奖励和惩罚来改变或者修正员工的工作行为。这里主要介绍斯金纳的强化理论。

强化理论是由美国心理学家斯金纳首先提出的。强化理论是基于一个简单的假设：一个行为的结果如得到奖励，该行为就会趋向重复；反之，一个行为招致惩罚，该行为就会减少重复。此方法是在训练动物时采用的，但是以斯金纳为代表的一些学者发现，它也同样适用于人类的行为。强化理论认为，人类的行为可以用过去的经验来解释，人们过去的行为结果对其行为有反作用。当行为的结果有利于个体时，行为就可能重复出现，反之则会消退并终止。这种情形在心理学中被称为“强化”，该理论也因此被称为强化理论。强化是指使某一行为得以重复发生或者被禁止的一切措施。常用的四种强化方法是：正强化、负强化、惩罚和消退。每一种强化方法都是某种令人愉快或者不愉快的行为的产物。图7-6对这四种强化方法进行了概括。

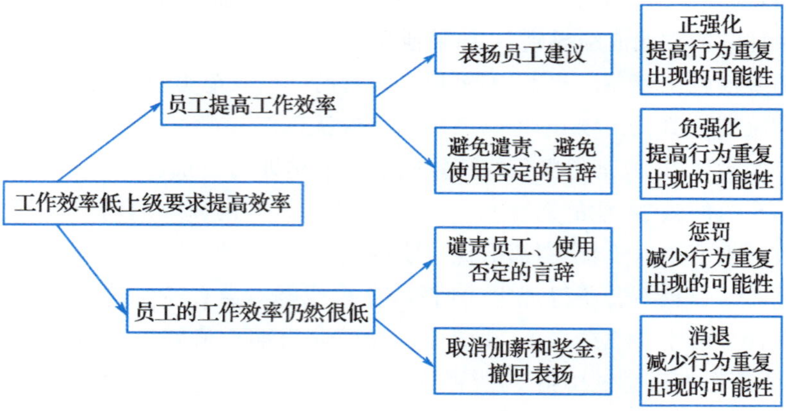

图 7-6　通过强化改变行为

（1）正强化，是对合意行为所给予的令人愉快的奖励性认可。这种令人愉快的结果会增加这一良好工作行为重复出现的可能性。

（2）负强化，是指通过避免人们不希望的后果而使行为得到强化。员工学着在做正确事情的同时避免出现令人不愉快的局面。如下级努力按时完成工作任务，就可以避免上级的批评，于是人们就一直努力按时完成任务。

（3）惩罚，是指把令人不愉快的结果强加给员工。惩罚通常是与不合意的行为相联系的。例如，员工因为工作方式不正确受到管理者的严厉斥责。管理者希望消极的结果能够作为惩罚措施来减少该行为出现的概率。人们对在组织中运用惩罚手段很有争议，因为惩罚并不能告诫员工什么是正确的行为方式。

（4）消退，是指对某种行为不采取任何措施，既不奖励也不惩罚。某种行为如果得不到正强化，它在未来重复出现的可能性就会减少。例如，如果某位经常迟到的员工总是得不到表扬和加薪，他就会开始意识到自己的行为不能带来合意的结果。如果该行为始终得不到强化，它就会逐渐消失。

强化理论说明，管理者应该把符合期望的结果（如加薪或晋升）与他们想鼓励的行为联系起来。管理者还应该努力减少与他们期望员工体现的积极行为相联系的消极结果。根据强化理论，必须认识到激励并不是仅仅针对员工本身，相反，激励是存在于行为和奖励的相互依赖之中的。从强化理论的角度看，一个人是否受到激励只不过是一种方便但并不准确的说法。激励存在于行为与结果的联系之中，没有必要去推测个体的内心世界。因此，从强化理论的角度看，激励主要是，甚至完全是由管理层创造的联系形成的。因此管理者应该谨慎地把经过选择的奖励与符合期望的行为联系在一起。

• 案例链接 7-3

联想集团的激励手段

>>>>>>

7.3 激励的基本方法

根据上述各种激励理论，在管理实践中，管理者可以采用多种方法激励下属，其中最为基本的方法有：工作激励、成果激励和培训教育激励。

1. 工作激励

工作激励是指通过设计合理的工作内容、分配恰当的工作来激发员工内在的工作热情。

（1）工作内容要考虑到员工的特长和爱好

每个人所拥有的知识和能力是不同的，而且工作对于人的知识和能力的要求也不同，要做到"人尽其才"，就必须根据每个人的不同才能结构来设计和安排工作，把人与工作有机地结合起来。这要求管理者在设计和安排工作前，首先对每个员工的知识和能力结构有一个比较清楚的认识，这是合理利用人力资源的前提。其次，在设计和分配工作时，要从"这位员工能做什么"的角度出发来考虑问题。充分了解每位员工的优势和劣势、长处和短处，在工作内容设计时，应合理地使用人力资源，扬长避短，力求使每个人都从事其最擅长的工作。由于一个人的工作业绩与其动机强度有关，因此，在设计和分配工作时，还要求在条件允许的情况下尽可能地把一个人所从事的工作与其兴趣爱好结合起来。根据双因素理论，当一个人对某项工作真正感兴趣并爱上此项工作时，他会千方百计地去钻研，克服困难，努力把这项工作做好。

（2）工作目标应具有一定的挑战性

根据成就激励理论，人们的成就需求只有在完成了具有一定难度的任务时才会得到满足。如果管理者把一项任务交给一位能力远远高于任务要求的员工去做，当他了解到任务的实质后就会觉得自己的潜力没有得到充分的发挥，随着时间的推移，他会对该项工作越来越不感兴趣，越来越不满意，工作积极性也随之迅速下降。反之，如果管理者把任务交给一位工作能力远远低于该项工作要求的员工去做，那么，这位员工也许一开始就觉得自己不可能完成这项任务而放弃一切努力；即使这位员工在管理者的鼓励下开始努力去做，也会因为经过几次努力未获成功后感到灰心，不愿再做新的尝试。因此，正确的做法是：把这项任务交给一个能力略低于工作要求的员工，或者说，应该对一位员工提出略高于其实际能力的工作要求与目标。如果这位员工不努力，那么这项任务将难以圆满完成；但只要员工在工作中愿意思考与努力，发挥出自己的潜能，这项工作就有可能完成，目标就有可能实现。这样，不仅能在工作中提高员工的工作能力，而且能使员工获得一种成就感，从而较好地激发出员工内在的工作热情。

2. 成果激励

内容型激励理论告诉我们，一位员工之所以愿意积极地从事某项工作，是因为从事这项工作能在一定程度上满足其个人的需求。工作本身给员工带来的需求的满足是即时的和直接的，它能使人感受到成功的喜悦、自我价值的实现和社会的承认等。同样，工作以外的奖励，如金钱、就业保障、晋升等也能在一定程度上满足人们的生理和心理需要。管理者应把奖励的内容与员工的需求结合，奖励的多少与工作业绩的高低挂钩，这样才能有效引导员工的行为向着有利于组织目标的方向行动。

(1)报酬必须能在一定程度上满足员工的需求

管理者要了解员工希望从工作中得到什么，即要了解员工的需求，据此确定合适的报酬。报酬具体可以分为经济性报酬和非经济性报酬。经济性报酬包括货币薪酬形式收益(如基本工资、绩效工资、津贴、补贴、奖金、期权等)和非货币形式物质收益(如福利服务等)；非经济性报酬包括认可、安全感、成就感、培训、晋升发展机会等。在现代，报酬的高低越来越成为工作是否令人满意的衡量标准。企业要留住员工，也不能单纯依靠薪酬的多少，而是要看总报酬的多少。与经济性报酬不同的是，非经济性报酬具有方向性，即与员工的需求相一致，若能够满足员工的需求，则非经济性报酬是正的，若与员工的需求不一致，则可能是负的。所以在实践中就会产生这样的现象：有的公司薪酬水平不高，但员工工作积极性和工作热情却非常高，因为员工从公司得到了很多非经济性报酬；而有的公司薪酬水平不低，但员工工作没有激情、士气低落，因为员工从公司没有或者很少得到非经济性报酬，得到的甚至是负的非经济性报酬。例如，管理者动不动就训斥员工，给员工带来心理压力和挫折感。

• 资料 7-1

注重非经济性奖励

>>>>>>

(2)报酬的多少应与员工的工作绩效挂钩

在实践中，管理者提出了各种各样的方法，常见的有以下几种：

①按绩分配：即直接根据工作绩效的大小支付报酬这是最古老的奖励方法，它使得每一位员工都专注于自己的工作，根据工作成果领取报酬，业绩越好，报酬越多。属于这类方法的有绩效工资制等。

②按劳分配：即根据其工作量支付报酬。虽然工作业绩与工作数量之间不一定存在必然的联系，但是事实上，很多工作无法用客观的标准来衡量业绩的大小，而且很多工作的完成得益于群体的努力，很难完全按照个人的工作业绩来进行奖励。在这种情况下，管理者只好根据工作量大小进行奖惩。例如，计时、计件工资制等。

③效益分享：即把奖励与员工的贡献直接挂钩。这是一种把组织生产率的提高与员工的收入相联系的管理方法，有助于鼓励员工群策群力，以积极的态度去解决组织在质量、生产率和其他方面存在的问题。根据其所带来的组织业绩的提高，员工将获得相应的报酬。例如，合理化建议奖、新产品开发奖、利润分享制、差额结算制等。

④目标考核法：即按照一定的指标或评价标准来衡量员工完成既定目标和执行工作标准的情况，根据衡量结果给予相应的奖励。这种方法比较适用于管理人员的考评。通过实现确定目标和考评标准，对实际业绩进行衡量，最终根据目标达成度给予相应的奖惩。例如，岗位责任制等。

不管采用何种方法，在对员工进行成果评价时都必须做到客观公正。因为按照公平理论，人们会对报酬进行比较，并将根据比较的结果采取相应的行动。

3. 培训教育激励

通过培训和教育，可以提高员工的工作能力、工作信心和工作热情，从而增强其自我激励的能力，是管理者激励和引导下属行为的一种重要手段。

首先，通过思想教育，可以帮助员工正确地认识自身的价值，树立正确的职业道德观，形成崇高的理想和抱负，从而促进他们在工作中认真负责、勇于进取、积极肯干。其次，通过培训还可以提高员工的业务知识和业务能力，从而激发员工的进取心和提高员工的工作业绩。最后，给予员工培训的机会，也可以成为一种精神上的鼓励，促使员工更好地为企业工作。

以上三种激励手段，不管采用何种方式，它们都是外在激励与内在激励的统一。

实战演练

访问学生社团

以小组为单位，访问学生社团中部长及部长以上的人员，询问他们在成员自愿参加、管理者没有太大权力的学生社团中，主要是通过什么手段来调动下属的积极性的，再调查相应社团中的成员，询问他们影响其工作积极性的因素。运用本章知识，归纳总结在学生社团中调动部属积极性的方法。

复习思考题

1. 内容型激励理论和过程型激励理论有何不同？
2. 为什么“大锅饭”会挫伤人们的工作积极性？
3. 常用的激励手段有哪些？它们各自的特点是什么？
4. 如果一位有经验的秘书发现自己的收入居然低于新来的门卫，她的反应将会怎样？在进行这种比较时，她会考虑哪些投入和产出因素？
5. 你愿意在哪种类型的上司手下工作：高度的成就感、高度的人际关系导向、权力欲望强烈？为什么？这三种类型管理者的优点和缺点分别是什么？
6. 运用期望理论来分析可能影响激励的因素。具体来说，有哪些因素可以影响期望水平？哪些因素可以影响手段、联系与效价？
7. 解释需求层次理论。假设你是一家大型快餐外卖店的经理，如何使用该理论来激励为你工作的员工？

案例讨论

案例1　华为的股权激励

华为自1990年创立以来，历经多次大型的股权激励计划变革，通过灵活的股权策略，推动公司稳步发展壮大。

在初创阶段，华为为扩大市场规模和加强科研投入，选择了内部融资的方式。1990年，华为正式推出“员工持股计划”，首次将员工持股和内部融资理念引入公司运营中。每股定价为10元，税后利润的15%用作股权分红。此时，员工的薪酬结构包括工资、奖金和股票分红，三者大致相当。这些股票在员工入职满一年后，依据其职位、绩效及任职资格等因素进行分配，通常通过员工的年度奖金购买。若奖金不足以购买，公司还提供银行贷款支持。这一举措不仅为公司带来了融资，降低了现金流风险，更增强了员工的归属感，稳定了创业团队。

2000年，网络经济泡沫来袭，IT行业遭受重创，融资变得异常困难。鉴于此，华为于2001年7月对“全员持股”进行了调整，转向“虚拟持股”模式。持有虚拟股的员工仅享有分红和股价增值的权益，不具备其他实质性权利，不能转让或出售，离职时自动失效。收益主要以现金或等值股票形式发放。相较于员工持股计划，在虚拟持股模式下，在员工未行使权益时，公司无须支付现金。虚拟股票的持有期限至少为3年，员工每年可逐步获得其权益。此外，华为还明确了员工分享股份的原则：30%的优秀员工集体控股；40%的骨干员工按比例持股；10%～20%的基层员工和新员工适度参股。

2008年，为给新员工创造更多发展机会，华为对虚拟持股模式进行了调整，引入了饱和配股制。这一制度设定了员工的配股上限，一旦达到该上限，员工将不再参与新的配股，从而为新员工留出激励空间。

到了2013年，华为进一步推出了TUP(Time-Based Unit Plan)计划，即时间单位计划。员工的年度收益由工资、奖金、TUP分配和虚拟股分红四部分组成，分配顺序依次为工资、奖金、TUP分配和虚拟股分红。其中，虚拟股分红由营业利润减去工资、奖金和TUP分配得出。工资、奖金和TUP分配属于薪酬所得，而虚拟股分红则属于资本所得，两者比例保持为3∶1。华为的5年TUP计划采用了“递延+递增”的分配方案如图7-7，旨在持续优化薪酬激励制度，激发企业的整体活力。

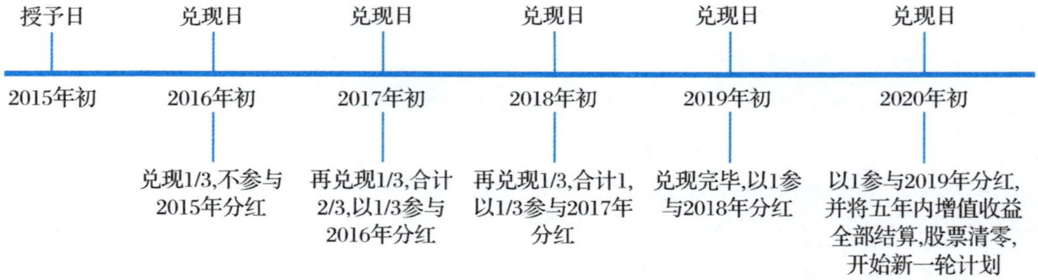

图7-7　华为TUP计划实施方式

2021年4月2日，据上海清算所网站消息，华为发布公告称，经内部决议，拟向股东分配高达614亿元的股利，这一巨额分红正是基于其员工持股计划。华为通过工会实施员工持股计划，截至2021年底，参与人数已达13万余人，均为在职或退休员工。

资料来源：根据网络资料改编(华为宣布2020年分红 回首历史五次股权变革.新浪财经，2021-02-05；周玲.华为拟向股东分红614亿元，13万持股员工人均超46万元.澎湃新闻，2022-04-02)。

讨论题

1. 比较华为在股权激励上的两次尝试，并说明它们之间的区别。

2. 华为的股权激励对员工会产生哪些影响？是否存在风险？如果存在，有哪些风险？

案例2 N公司的留人困境

N公司成立于2012年，专注于建筑规划设计、城市规划设计以及建筑装饰建设工程专项设计等业务，同时深入规划师培训领域，为城市规划行业从业者提供长达十年的知识服务。2021年6月，鉴于培训环境的变革，N公司进行了战略调整，成立了一个独立的研究院，将部分原有业务划归其管理，并赋予其相对独立的事业部经营管理权限。为配合业务的拆分，公司也对业务人员与行政人员进行了重新配置。鉴于研究院的稳定性，总经理盛总提出了加薪和持股计划以激励业务部的员工，具体名单由人力资源部刘经理负责确定。

经过一系列的面谈后，刘经理确定了持股计划的参与人员，主要为行政、人事等中后台员工，而大部分业务人员并未参与。考虑到业务人员对公司的重要性，人力资源部建议即便不参与持股计划，也应给予业务人员适当的加薪。然而，加薪方案一经实施，便在公司内部引发了广泛的不满。

其中，建筑规划设计业务团队的李经理的反应尤为激烈。作为N公司连续五年的销售冠军，她拥有近十年的丰富经验，与刘经理同于2012年加入公司，两人关系十分亲密。李经理在对话窗口中向刘经理表达了自己的不满："听说你们后台的薪资全都翻了一番？公司可真行啊！业务拆分后，大项目和客户基本被划到研究院，我们几乎就是从头开始。冒着这么大的风险留在业务部，结果我这个经理才多1千元，提成和绩效考核方式不变，业绩做不出，赚得还不如加薪前多，难怪我们这么多业务人员纷纷提离职。你看L公司，他们做业务的哪是这个待遇？你们倒好，就因为参与这个持股计划，工资直接翻倍。我们想着员工持股计划不是用来奖励员工的吗，要我们自己出资购买，不参加不也是人之常情？"

原本旨在通过持股或加薪留住人才的举措，却不料引发了公司内部的诸多怨言。

资料来源：李燚，等. 用什么把你留住？N公司组织变革中的留人困境. 中国管理案例共享中心，并经案例作者同意授权引用，有删改。

讨论题

1. 李经理为什么会抱怨？
2. N公司的激励手段为什么没能达到理想效果？
3. 你认为应该如何激励员工才能真正有效？

第 8 章 领导方式与沟通艺术

学习导航

- 领导的含义和构成
- 领导的权力基础
- 领导特征理论的主要观点，理解对领导特征理论的评价
- 勒温的领导作风理论、利克特的四种管理方式、四分图理论和管理方格理论的主要内容
- 领导方式连续统一体理论、领导生命周期理论、权变领导理论和“目标——途径”理论的主要内容
- 沟通的要素与过程
- 正式信息沟通和非正式信息沟通的差异
- 冲突的起因，了解减少和解决冲突的方法

引例 乔布斯的领导风格

史蒂夫·乔布斯是一位具有非凡艺术的领导者。他对优秀人才有着独特的识别能力，并通过创造环境来充分激发团队成员的创造力和潜力。他非常重视团队构建，并认为“A 级人才吸引 A 级人才，B 级人才吸引 C 级人才”，因而坚定着建立高效能团队的信念。

此外，乔布斯建立了一个平等和开放的团队文化，鼓励交流和挑战。尽管他以严格追求完美产品而著称，但他同样重视创意的重要性，并让团队成员在项目中对他的想法提出反对意见。这种方式不仅促进了决策过程的民主化，而且提高了团队成员的参与度和对产品的归属感。

乔布斯同时还非常注重团队成员的成长和发展。他会亲自挑选那些具有潜力的员工加以培养，使他们在压力和挑战下成长。他相信，通过赋予他们责任和信任，他们就能够超越自己的极限。在他的影响下，许多与他一起工作过的苹果高管都在科技界成为杰出领袖。

然而，乔布斯的领导方式并不总是受到赞扬，一些前员工和传记作者提到了他的领导风格可能极具争议性，有时甚至颇为独裁，尤其是当涉及产品的品质细节和对员工的高标准要求上。

资料来源：Schlender B, Newbern G, Tetzeli R. Becoming Steve Jobs: The Evolution of a Reckless Upstart into a Visionary Leader. Crown Business, 2015.

Pau L F. Inside Apple: How America's most admired — and secretive — company really works. Computing Reviews, 2013, 54(12): 741-742

8.1 领导概述

8.1.1 领导的含义和构成

“领导”一词通常有两种含义:其一,作为名词,是指领导人或领导者,即组织中确定和实现组织目标的首领。一个组织的领导者犹如一个交响乐队的指挥,他能影响乐队中的每个成员,并把他们的才能充分发挥出来。其二,作为动词,领导指的是一项管理工作、管理职能。通过该项职能的行使,领导者能促使被领导者努力实现既定的组织目标。

领导不是单方面的领导者行为,而是领导者与被领导者之间的相互作用关系和过程。侧重于人的因素及人与人之间的相互作用,是领导职能与其他管理职能的显著区别之一,领导是开展有效管理工作必不可少的一项职能,也是最充分体现管理工作艺术性的一项职能。领导作为一种人与人之间相互交往和作用的过程,它是由如下几个方面的工作构成的:

(1)权力或影响力的形成和运用。在一个组织内,一个人可能会利用职权的合法性而采用强制手段指挥命令他人做事情,这里他所依靠的只是自己所处的地位(职位)和职权的权威性,这样的人尚称不上是一个优秀的领导者。在某些情况下,某个人可能根本就没有合法的地位所赋予他的职权,但是他却能形成和发挥影响力,以个人的才能、魄力和威望来引导和促进他人努力工作。可见,领导者所借以影响他人的权力有多方面的来源。领导者基于职权运用各种来源的权力,去影响一个组织或全体成员实现既定目标的过程,则称为“引导”。有效的领导者必须设法拓宽自己的权力来源,以更好地引导属员的思想和行动。

(2)激励。激励与领导是密切相关的。领导者要取得被领导者的追随和服从,必须能够了解被领导者的愿望并帮助他们实现各自的愿望。可以说,领导者越是懂得什么东西在激励被领导者,以及这些激励如何发挥作用,并把它们在各项管理工作中反映出来,就越有可能成为有效的领导者。

(3)沟通。沟通是领导者和被领导者进行交往的不可或缺的活动。通过沟通,领导者不仅可以使其发布的命令、指示得到被领导者的准确理解和贯彻执行,而且能更好地察觉被领导者需要什么以及他们为什么会如此行事。虽然管理工作的各个方面都离不开信息沟通,但在领导职能中,沟通的作用尤其重要。

(4)营造组织气氛,建设组织文化。领导者不仅要对各种各样的激励因素做出反应,而且常常需要利用所创造的组织气氛和组织文化去激发或抑制某些激励因素,使被领导者保持高昂的士气和良好的工作意愿。组织氛围和组织文化的形成与沟通渠道、领导风格和激励措施等有密切关系。可以认为,广义的领导职能就是通过建立组织内外通畅的沟通渠道,采用适宜的激励措施和办法,以及不断改进和完善领导作风等方面的工作,以营造出一个人人愿意做出贡献的工作环境氛围,使组织目标顺利地实现。

8.1.2 领导的权力基础

从狭义的角度理解领导工作,它指的是领导者运用其拥有的权力,以一定的方式对他人施加影响的过程。“影响”意味着使他人的态度和行为发生改变。而要产生这种影响，领导者就必须拥有某种比被领导者更大的权力，这种权力是领导者对他人施加影响的基础。换句话说，领导的影响力是由权力派生而来的。

组织生活的一个现实是，权力在领导者和其他成员中的分配是不平等的。领导者通常拥有相对强大的权力，尽管他可能根本未行使这种权力。

在一个组织内部，权力可以按其来源不同分为五种：

(1)法定权力，指组织内各领导职位所固有的、合法的、正式的权力。这种权力可以通过领导者利用职权向直属人员发布命令、下达指示来直接体现，有时也可借助组织内的政策、程序和规则等而得到间接体现。工人对不符合质量标准的产品要进行返工，是因为他知道质量标准是必须遵守的，返工是合法的要求。连队士兵听从连长指挥向敌军阵营发起猛攻，因为连长具有这种人们所接受的合法的职权。同样，企业中的各级管理人员对其下属也有法定权力，这种权力是组织的等级指挥链所固有的。

(2)奖赏权力，指提供奖金、提薪、升职、赞扬、理想的工作安排和其他任何令人愉悦的东西的权力。由于被领导者感觉到领导者有能力使他们的需求得到满足，因而愿意追随和服从他。可以说领导者所控制的奖励手段越多，而且这些奖励对下属越重要，领导者拥有的影响力就越大。

(3)强制权力，指给予扣发工资奖金、降职、批评乃至开除等惩罚性措施的权力。强制权力和奖赏权力一样，都是与法定权力密切相关的，如采购员可以向生产现场提前或拖延供应急需的零部件而发挥影响力，交通警察可以对违反交通规则的驾驶员发出违章罚款单或扣留驾驶执照，这些权力的行使都是与其所承担的工作和职务相关的。

(4)专家权力，指由个人的特殊技能或某些专业而产生的权力。如律师、医生、大学教授和企业中的工程师可能拥有相当大的影响力。与之相反，一个身居领导职位的人因为缺少某种专门知识，就可能缺乏相应的专家权力。提倡“内行当家”，其道理之一就在于此。

(5)感召和参考权力，这是与个人的品质、魅力、经历、背景等相关的权力。感召权力亦称为个人影响力。除这种权力之外，有些人因为与某领导者或某权威人物有着特殊关系，可能因此具有与普通人不同的影响力，称为参考权力。如董事长的夫人虽然不在公司担任职务，却可能对该公司内的员工产生影响力。

总之，一个领导者获得影响力的途径是多样的。我们将主要依靠法定权力、奖赏权力和强制权力而形成的影响力统称为职位权力，而与个人因素相关的专家权力、感召和参考权力统称为个人权力。正式组织中有效的领导者应该是兼具有职位权力和个人权力的。仅有职位权力的领导者只会是指挥官，而不能成为令人信赖和敬佩的领袖。非正式组织的领导者并不拥有职位权力，却能使周围的人对他一呼百应，其影响力就主要来源于其个人权力。这从一个侧面说明，正式组织的领导者应该加强个人素质的培养，以便在拥有职位权力的同时，获得更大的个人权力。

拓展阅读

纽尔密谈领导者和管理者的区别

芬兰管理学家雷默·W. 纽尔密认为：经理人员可以通过任命的方式产生，但经理人员的领导地位必须自己在工作中树立。领导不是组织中的某一个职位,而是一种积极的、有影响的力量。领导地位的获得不是基于某个职位或者身份,而是基于领导者的威信和声望。领导地位可能来自个人的热情、权威、可信、知识、技能或者超凡的魅力,总而言之,它来自领导者对其下属所产生的影响力。

管理者意味着完成、主持工作或者承担责任以及指挥等,而领导者则是影响和指明方向、方针、行为、观念。管理者是指那些正确行事的人,而领导者则是指那些指导正确的行动的人。这种差别可以总结为:领导者在规划远景和评价工作中体现其影响力,而管理者则关注提高日常管理工作的效率。

一名管理者在多大程度上也是一名领导者与他如何来诠释他的角色有关。通常,那些成功的人士都把自己看作是领导者,而不仅仅是管理者。这就是说,他们从各个方面关注其所在的组织,关注它如何成长为优秀的团队。他们的观点都是以组织的远景为导向的。他们没有将自己的注意力局限在"怎样去做"或者"一个萝卜一个坑"这样的事情上。他们考虑的是所要采取的行动应该具有的特点,以及"做正确的事情",尤其是那些与客户的需求、创新的培育以及组织成员的培训和与开发有关的事情。在今天的国际管理中,判断领导者的领导是否成功,就要看他能否在最大限度上给予公司员工发展的机会。

资料来源:邢以群.管理学.北京:高等教育出版社,2007

8.2 领导特征理论

早期对领导成功的原因的分析主要侧重于领导者的个人性格或者特征。特征是指领导者与众不同的个性特征,如智力、价值观、自信和外貌等。早期的研究侧重于那些已经取得巨大成功的"大人物"。这种想法相对比较简单:找出那些使人获得成功的特征,然后根据这些特征寻找未来的领导者,这些人或者已经表现出相同的特征,或者可以通过培训来开发这些特征。一般而言,早期研究发现个性特征与领导者的成功之间关系并不显著。

近年来,关于对领导特征的研究再次兴起。除了个性特征以外,研究人员还研究了领导者的生理特征、社会特征以及与工作有关的特征。然而,这些特征并不是孤立存在的。某一特征或者某一组特征的使用取决于领导的情景。同样的特征并不能保证对任何组织在任何情景下都适用(图8-1)。

生理特征	个性特征	社会特征	与工作有关的特征
能量 精力 智力和能力 知识 判断力、决断力	自信 诚实与正直 热情 领导的愿望 独立	社交能力、人际交往能力 合作意识 参与合作的能力 策略、外交能力	成就动机 实现动机的责任感 克服阻碍的耐心、坚忍不拔 社会背景 教育 流动性

图8-1 领导特征

资料来源:理查德·达夫特.管理学.7版.北京:清华大学出版社,2009

8.3 领导方式理论

在引导的过程中，领导人的用权方式称为领导方式或领导风格。人类历史上记载了领导人的各种不同的领导方式，如从彻底的独裁至完全的民主。领导方式的基本问题是在组织目标的实现过程中如何平衡以工作为中心和以人为中心这两者的关系。解决这一基本问题的思路有三个方面：第一，将任何工作视为两个“端点”，探讨两个端点之间此消彼长的平衡关系；第二，将任何工作视为两根坐标，探讨两根坐标在平面上的不同交点的平衡关系；第三，探讨人和工作两者之间是否存在具有一般性的最佳平衡点。

8.3.1 领导行为理论

1. 勒温的领导作风理论

德国心理学家勒温把领导者的基本领导方式分为三种类型：第一种是独裁式领导。独裁式的领导人做决定时不与他人商量，自作主张，一旦决定就要求下属贯彻执行。第二种是民主式领导。民主式的领导人鼓励下属参与决策。例如，一位民主式的销售经理往往允许销售员参与制定销售指标，而独裁式的销售经理则仅仅向各销售员分配指标。第三种是放任式领导。放任式的领导人主张无为而治，让下属做极大部分的决策，而自己则做最低限度的监控。

独裁式领导的特点可以归纳为：上级独断专行、强行维护权威，下级奉命行事，领导安排一切，上下保持距离；民主式领导的特点可归纳为：决策时同下属协商、照顾个人需要，下级自主工作，运用领导职能，上下消除距离；放任式领导的特点为：各种权力都很少用。心理学家勒温曾就独裁式、民主式、放任式三种领导方式进行试验，试验结果表明，放任式的效率最低，民主式的效率最高。

但现在许多管理学者都认为，采取何种领导方式，应视具体情况而定。一名主管在紧急状态下必须十分果断，如消防队队长指挥灭火，很难想象他会用民主协商的办法，用很多时间在灭火现场和队员商量灭火的最佳办法。另外，当主管人员在只有他们能对某些问题提供答案时，也可能采用独裁式。

2. 利克特的四种管理方式

美国密歇根大学社会研究所前所长伦西斯·利克特的研究理论认为，在所有管理工作中，对人的领导是最重要的中心工作。基本的管理制度可分为四类，分别定名为系统Ⅰ、系统Ⅱ、系统Ⅲ和系统Ⅳ。

系统Ⅰ(即第一类领导方式)是所谓的“专权命令式”。所有决策由管理者自己制定，他可以决定做什么，由谁去做，如何做以及何时完成。在这种系统中，管理者对下属很少信任，下属也很难与上级沟通。下属如不能按指令完成任务时将会受到惩罚。利克特认为系统Ⅰ反映了传统的管理理论。

系统Ⅱ(即第二类领导方式)被称为“温和命令式”。在这种系统下，管理者以家长式的恩赐态度对待下属，双方的信任程度形成“主仆”间的信赖关系。决策由上级制定，但下属在执行中有不同程度的自由和灵活性，有时也允许下属参与决策，并根据任务完成的情况给予奖惩。

系统Ⅲ(即第三类领导方式)属于“协商式管理”。这类管理中领导对下属有较大的信心,但又不完全放心。在管理工作中下属可较自由地发表意见,领导做决策前也常常征求下属的想法。在奖惩问题上,管理当局以奖励为主,惩罚为辅。

系统Ⅳ(即第四类领导方式)被称为“参与式管理”。在这种系统中管理者对下属充分信任、上下级处于平等地位,共同协商探讨问题,下级广泛参与重大决策过程。鼓励群体参与制定既具挑战性又切合实际的目标,控制过程分散在整个组织之中,强调自我控制和解决问题。

前三种都属于权力型领导方式,其区别在于对决策、信任、奖惩、沟通等四种方式的掌握程度。第四种方式称为支持关系模式,它要求组织中的领导关系和其他程序必须保证如下的最大可能性:组织中每个成员在与组织的所有成员相互影响和相互合作中,根据各自的背景、价值观和期望,会把这些影响与合作看成是支持性的,并会使每个人树立和维持其个人价值和重要性的意识。利克特认为第四类领导方式效率最高。

选择第四类领导方式的管理者在处理上下级关系时能够做到:①支持他人,对人充满善意而不是敌意,愿意帮助人。管理者善意而严格,从不威胁他人,真正关心下级幸福;尽力以易于感受的、体贴的方式对待人;即使不是宽宏大量的,也要是正直公正的;既为下级也为公司的最佳利益而努力服务。②管理者要表现出对下级的诚实、能力和动力的信任而不是怀疑和不信任。③管理者对下级的信任使其对他们的绩效水平产生高的期望。④管理者认为每个下级都需要经过适应特殊工作的良好训练。管理者应努力帮助下级提升工作能力,方法是训练其适应高一层次的工作。这包括给予他们有关的经验,当有机会时多给他们以指导。⑤管理者要指导和帮助那些绩效处于标准之下的下级和职工。对于不适合当前工作岗位和不能胜任自己工作的下属,应努力找出适合他们的位置并将他们安置好。

受如上因素影响的组织,应该具有如下特征:组织中的每个人都是组织中名副其实的具有强烈自我意识的成员,因此管理者能够充分利用人力资源的全部潜力。这种组织应是高效发挥作用的小组,表现出有高度的群体意识、有效的影响技能以及高绩效的目标。

3. 四分图理论

美国俄亥俄州立大学工商企业研究所对大型组织的领导行为做了一系列深入研究。他们用高度概括的方法,通过对一千多种描述领导行为的因素进行筛选,最后归并为两类主要的领导行为:一类称为主导型(关注组织),由领导确立组织目标并严格要求下属,促使其努力达到目标;另一类为关心型(体贴员工),领导和下属的相互关系体现为互相信任,互相尊重,领导关心并考虑下属的意见和感情,通过让下属参与管理来调动他们的积极性。

主导型和关心型互相结合可形成四种基本的领导方式。管理者可能是高主导兼高关心型,也可能是低主导兼低关心型,或此高彼低型。用四分图研究领导行为是将工作和人以两根坐标的方式考察领导方式的首次尝试,为研究领导行为指出了一个新的途径(图8-2)。

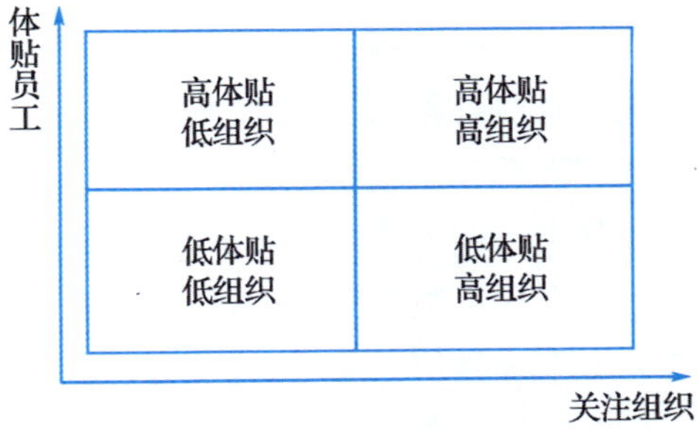

图8-2 领导方式四分图

4. 布莱克和莫顿的管理方格理论

在四分图理论的基础上，布莱克和莫顿提出了管理方格理论。他们用一张九等分的方格图组成一个两维矩阵(图 8-3)。横坐标表示管理者对生产的关心程度，纵坐标表示管理者对人的关心程度。纵横共组成 81 个小方格，每一个方格代表一种领导方式，其中有 5 种典型的领导方式分别是：

(1)1,1 型，疲沓型管理：管理者对生产和对人都很少关心。

(2)9,1 型，任务型管理：管理者对生产高度关心，但对人则很少关心。

(3)1,9 型，娱乐型管理：和 9,1 型正好相反，管理者友好待人、态度轻松，但对生产则很少关心。

(4)5,5 型，折中型管理：管理者折中地在关心人和关心生产两者间取得平衡。

(5)9,9 型，完美型管理：管理者对生产和人的关心都有较高标准的要求。通过与职工的互敬互信，依靠群体协作来取得成果。

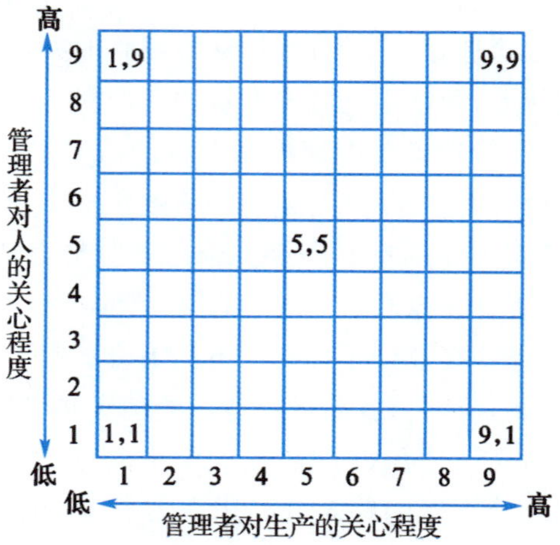

图 8-3　管理方格图

该理论认为 9,9 型是最有效的管理方式。前四种管理方式，无论是具有依从关系的 9,1 型，具有折中性质的 5,5 型，还是具有安全感和舒适感的 1,9 型或放任不管的 1,1 型，都不是最理想的领导方式，与 9,9 型的领导方式相比，从长远看都有弊端。

首先，9,9 型领导方式也被称为完美型管理或团队型管理，认为在组织的生产需求与人们对丰富的有偿工作的需求之间有内在联系。一个选择 9,9 型领导方式的管理者在期望对组织做出贡献时，会同时联想到必须使其他人一起参与、合作，并通过他们来实现目标。在完成明确而具有挑战性的目标时，这种想法促进了各种资源的合作，以及团队的自主性、开放性和责任分担。

其次，9,9 型管理方式的激励来自要为组织做积极贡献的强烈愿望，因而就需要探索和追求个人和组织的共同目标，使个人在工作过程中有一种做出重大贡献时的喜悦、热情和兴奋。一个人越接近成功，这种心理上的成就感就越大。

这种领导理论实际上强调在组织的任务和个人对能充分满足自己需要的工作的需求之间存在着内在联系，而个人对工作的高度参与和对自我实现的高标准是这种领导方式的基础。因而,不断地探索、追求和实现既是个人的愿望同时又是共同的目标,而富有挑战性的组织目标,正是9,9型领导方式取得成功的关键。

· 案例链接8-1

纳德拉与鲍尔默的领导方式比较

>>>>>>

8.3.2 领导权变理论

这种理论也可称为领导环境理论。领导环境是指领导工作所涉及的有关因素以及因素之间的相互关系。领导环境理论认为领导方式的完善不存在固定方向,应该根据特定的领导环境灵活考虑。

1. 坦南鲍姆和施密特的领导方式连续统一体理论

坦南鲍姆和施密特指出,领导方式是包括独裁式和民主式两种极端的领导方式在内的连续统一体,他们把领导方式看作是上级享有最大限度自由和下级享有最大限度自由这两个极端之间的一个连续的函数。这一理论列举了七种典型的领导方式:

(1)上级决定,下级执行;

(2)上级“宣传”自己的决定,并说服下级执行;

(3)允许下级对上级所做的决定提出问题和看法;

(4)上级提出初步方案,经过下级讨论后再决定;

(5)上级提出问题,下级据此提出意见和方案,然后上级再做决定;

(6)下级在上级规定的范围内自己做出决定;

(7)上下级在组织规定的范围内共同做出决定。

采取何种领导方式(包括统一体内这七种典型的方式以外的所有其他方式)往往取决于领导者个性、下属个性、组织内外环境三个主要因素,即:

领导风格=f(领导者个性,下属个性,组织内外环境)

领导者个性因素有:性格特征、为人准则、对下级的信任度、应对各种情况的能力等。

下属个性因素有:独立性、承担责任的愿望、决策能力、对问题感兴趣的程度、对组织环境和任务的认识程度等。

组织内外环境因素有:组织面临的形势、组织的目标和任务、组织机构、组织队伍、问题的性质和解决的时限等。

这种理论强调领导工作是否成功,既不在于领导方式是否强硬,也不在于是否放任,而在于领导者是否善于估计、是否适当地使用各种力量,并且依照估计采取行动。

2. 科曼的领导生命周期理论

该理论认为有效的领导应该根据下属成熟程度以及情景的需要采取不同的领导风格。此理论模型和领导方式四分图相类似,区别在于领导生命周期理论的模型在四分图的两个坐标之外又加上了第三个坐标,即下属的成熟程度。这里所谓的成熟程度不能用年龄或生理状态来衡量,而是指心理和工作的成熟度。成熟程度高应符合以下各点:①有取得成就的向往(目标定得较高,但又能达到);②乐于承担责任,并有独立工作的能力;③有教育背景和经验以及相应的技术技能,能适合具体工作。美国管理学家阿吉里斯在他的“不成熟—成熟的连续体”中,列举了人的个性中七个方面的两种相反状况:被动性还是主动性;依附性还是独立性;办事方法很少还是办事方法很多;兴趣狭隘还是兴趣广泛;眼光短浅还是眼光长远;安于从属地位还是追求显要地位;缺乏自知之明还是具有自知之明,能自我控制。

根据这一理论,四分图中“高关心、高主导”的领导方式不一定有效,“低关心、低主导”也不一定无效。领导的有效性应按照下属的成熟程度的具体情况具体分析。

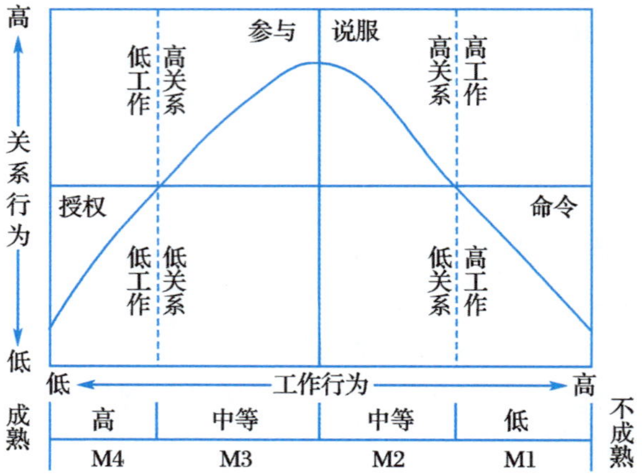

图 8-4 领导生命周期理论

根据下属成熟度从低到高的四种不同情况,可以对应四种不同的领导方式,如图 8-4 所示。

成熟度低:低关心,高主导(指示型领导方式);

成熟度中低:高关心,高主导(推销型领导方式);

成熟度中高:高关心,低主导(参与型领导方式);

成熟度高:低关心,低主导(授权型领导方式)。

对于成熟度低的下属,他们通常由于缺少工作经验,因此不能也不会对工作自觉承担责任,这时应使用指示型领导方式,领导可以采取单向沟通的方式,明确规定其工作目标和工作规程,告诉他们做什么,如何做,在何地、何时去完成它。

对于成熟度中低的下属,虽然他们已开始熟悉工作,并愿意担负起工作责任,但他们尚缺乏工作技能,不能完全胜任工作,这时,推销型领导方式更为有效,领导人应以双向沟通方式给予直接指导,并对他们的意愿和热情在感情上加以支持,这种领导方式通常仍由领导者对绝大多数工作做出决定,但需把这些决定推销给下属,通过解释和说明获得下属心理上的支持。此时的领导者应对其下属充分信任,并不断给予鼓励。

对于成熟度中高的下属,他们不仅具备了工作所需的技术和经验,而且也有完成任务的主动性并乐于承担责任,由于他们已能胜任工作,因此不希望领导者对他们有过多的控制与约束。这时,领导者应减少过多的工作行为,以双向沟通和耐心倾听为方式,加强交流,鼓励下属共同参与决策,继续提高对下属在感情上的支持,不必再去具体指导下属工作。因此参与型领导方式是恰当的。

授权型领导方式则适合于度成熟高的下属。由于下属不仅具备了独立工作的能力,而且也愿意并具有充分的自信来主动完成任务并承担责任。此时，领导人应充分授权下属，放手让下属“自行其是”，由下属自己决定何时、何地和如何做的问题。

总之，领导生命周期理论为情景理论提供了又一个有用而易于理解的模型，该理论再次说明了并不存在一种万能的领导方式能适合各种不同的情景，管理的技巧需要配合下属目前的成熟度，并帮助他们发展，加强自我控制。因此，各种领导风格必须因势利导、灵活运用。

角色模拟

哪种领导方式合适[①]

针对下列各种不同情形，请选择一种合适的领导方式。

情形1 你所领导的跨部门任务小组正在致力于完成一项全厂范围内的调研报告。任务小组中有一个成员出席过去的五次会议一直都迟到，他对此既不道歉也不做解释。而且，他迟迟没有交来他所在部门的成本数据。现在他必须在3天内将这些数据交到任务小组。此时，你是否应当：

(1)明确告诉他希望他做什么，并严密地监督他完成这份工作？

(2)同他讨论他为什么一直迟到，并对他完成该任务的努力予以支持？

(3)强调何时该交来这些成本数据，并对他的努力给予支持？

(4)认定他会准备好这些成本数据并交到任务小组？

情形2 你手下的一位员工不断地给你制造许多的麻烦。她一直没精打采的，只有在你不断地推动之下才勉强完成任务。然而，最近你感到她发生了变化。她的工作表现改善了，你也越来越少提醒她要按时完成任务。她甚至还提出了改进其工作绩效的若干建议。此时，你是否应当：

(1)继续指导和严密监督她的工作？

(2)继续监督她的工作，但听取她的建议并采纳那些合理的建议？

(3)采纳她的建议，并支持她的想法？

(4)让她对自己的工作承担起责任？

情形3 你的部门因预算的限制，有必要进行整编。你请了部门中一位经验丰富的人负责这项工作。她在你部门的每个领域都工作过，并一直渴望着能为部门提供帮助。你感到她有能力履行这一使命，可她却似乎对这项任务的重要性反应漠然。此时，你是否应当：

(1)自己担起整编的担子，但积极听取她的建议？

(2)将这项任务授予她，让她自己决定如何完成任务？

(3)同她讨论部门的情势，鼓励她以她的能力和经验大胆地接受这项任务？

(4)自己担起整编的担子，并明确指示她要做什么和严密地监督她的工作？

情形4 你的员工要你考虑对他们的工作进度做一调整。过去你一直鼓励和支持他们提建议。这次，你的员工已清楚地意识到需要做这一更改，并且已经准备好另一进度方

---

① 王凤彬，朱克强. MBA管理学教学案例精选. 上海：复旦大学出版社，1998

案，建议你试行。你的成员都十分能干，而且作为一个群体配合得非常好。此时，你是否应当：

(1)准许员工参与制订新的进度方案并支持小组成员的建议？

(2)你独自设计和推行新的进度方案，但听取员工们的建议？

(3)允许员工们自己制订和执行新的进度方案？

(4)你独自设计新的进度方案，并严密地指导它的实施？

3. 费德勒的权变领导理论

费德勒(Fred E. Fiedler)提出的权变领导理论认为，领导行为的有效性依赖于两种相互作用的因素：领导方式和情景因素。领导方式可分为倾向于注重人际关系和倾向于关心工作两种类型。这两种类型可通过应用LPC(对最不喜欢的同事的描述)评分进行测试后所得到的结果来划分。根据评分值大小，在两种类型当中还可以有不同程度之分。

LPC评分表的测试项目包括：

令人愉快	8、7、6、5、4、3、2、1	令人讨厌
不友好	1、2、3、4、5、6、7、8	友好
抱认可态度	8、7、6、5、4、3、2、1	抱拒绝态度
使人失望	1、2、3、4、5、6、7、8	对人有帮助
热心	8、7、6、5、4、3、2、1	不热心
紧张	1、2、3、4、5、6、7、8	松弛
关系密切	8、7、6、5、4、3、2、1	关系疏远
冷淡	1、2、3、4、5、6、7、8	热情
善于合作	8、7、6、5、4、3、2、1	不善于合作
怀有敌意	8、7、6、5、4、3、2、1	支持态度
有趣	8、7、6、5、4、3、2、1	乏味
争吵	8、7、6、5、4、3、2、1	和睦
自信	8、7、6、5、4、3、2、1	犹豫
无效	1、2、3、4、5、6、7、8	有效
欢快	8、7、6、5、4、3、2、1	忧郁
谨小慎微	1、2、3、4、5、6、7、8	坦率开朗

情景因素包括上级职位权力的强度(职位权力)、任务规定的明确程度(任务结构)、上下级关系的状况(上下级关系)三个基本方面。

职位权力是指赋予领导与职位相关联的权力。如果该领导对下属职工的工作分配、奖惩及职务升降有决定权的话，其职位权力则强；反之，职位权力则弱。

任务结构是指群体工作任务规定的明确程度。当任务是例行性的、明确和容易理解的，以及有章可循的，则任务结构属于明确的或高的；反之，若任务是复杂而又无先例的，或者没有标准程序的，或含混不清的，则属不明确的或低的任务结构。

上下级关系是指领导人和其工作群体间关系的性质。假如双方是高度信任、互相尊重、互相支持和友好的，则相互关系是好的；反之，则是差的。

费德勒根据三种情境的不同和组合，形成八种不同的环境类型。

费德勒力图把 LPC 评分值不同的各种领导方式与情景因素结合起来，找出每一种情况下哪一种领导方式最为有效，如图 8-5 所示。

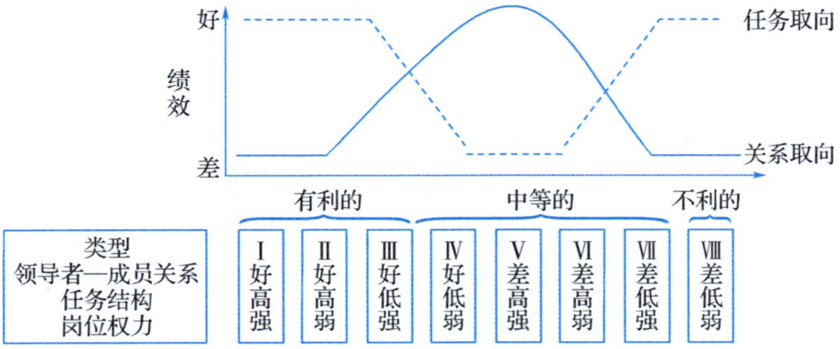

图 8-5　费德勒权变领导模型

根据费德勒的观点，由于领导行为是和该领导的个性相联系的，所以领导人的风格或领导方式基本上是固定不变的。当一个领导人的领导风格与情景不相适应时，费德勒认为解决办法是改变情景，使之与自己的风格相适应。总之，此理论有助于管理者认识情景因素的重要性，并需努力使之适应自己的领导风格。

4. 埃文斯和豪斯的目标-途径理论

目标-途径理论是由加拿大多伦多大学教授埃文斯及其同事豪斯等提出和发展的。此理论以期望理论及领导行为四分图为依据，提出领导的主要职能是使下属搞清哪些行为能导致目标实现并获得有价值的奖励。他们认为“高主导”和“高关心”的组合不一定是最有效的领导方式，但也不赞成领导生命周期理论单纯以员工成熟度来决定采用何种领导方式，认为应该根据下属的个人特点和工作环境来选择领导行为。

他们把领导方式分为四种类型：

(1)指示型领导方式

让下属明确任务的具体要求，怎么做及安排好工作日程，决策都由领导做出。

(2)支持型领导方式

与下属友善相处、平易近人，关心下属福利，公平待人。

(3)参与型领导方式

与下属商量，征询下属建议，允许下属参与决策。

(4)成就导向型领导方式

提出有挑战性的目标，要求下属有高水平表现，鼓励下属并对下属的能力表示出充分信心。

与费德勒理论不同的是，目标-途径理论认为领导人的领导方式是可以改变的，并使之适应特定环境。例如一个新上任的项目经理，开始他可采用指示型的方式，建立明确的任务结构，并明确告诉下属做些什么；随后他可采取支持型的行为来增强群体的凝聚力并形成积极的群体氛围；当项目小组成员对任务熟悉后，在遇到新问题时，则可让下属一起参与做出一些决定；最后，则可运用成就导向型的行为来鼓励下属不断取得更高成就。

和其他领导情景理论一样，目标-途径理论提出的领导方式要适应环境因素。该理论特别关注两类环境因素：一类是下属的个人特点；另一类为工作环境。

下属的个人特点主要包括下属对自身能力的认识以及其控制轨迹这两个重要特点。假如下属认为自己能力不强，则他们更喜欢指示型的领导方式；反之，有的人自视甚高，则可能对指示型的领导方式表示愤懑。控制轨迹也属个人特点，持受内因控制论的个人往往把发生的结果归因于运气、命运或"制度"；相信内因决定论的人喜欢参与型的领导方式；相信外因决定论的人则认可指示型的领导方式。管理者对下属的个人特点是难以影响或改变的，但是管理者对于环境的塑造及针对不同个性采取不同的领导方式是完全可能的。

工作环境非下属所能控制，它包括任务结构、正式职权制度和工作群体的性质。当任务结构很明确时，如采用指示型领导方式效果会比较差，对于一些很平常的工作，人们并不需要其上司总是喋喋不休地吩咐该如何去做；正式职权制度是另一个重要的环境特点，如果正式职权都规定得很明确，则下属会更欢迎非指示型的领导方式；工作群体的性质也会影响适当的领导方式，如果工作群体为个人提供了社会上的支持和满足，则支持型的领导方式就显得多余了。

目标-途径理论对领导过程进行了合理良好的描述，沿着这一研究方向，将会使我们发现更多有关领导与激励之间的联系。

8.4 信息沟通

8.4.1 沟通的含义与重要性

沟通是人与人之间传达思想感情和交流情报信息的过程。沟通对于组织，就好比血液循环对于生命有机体。血液向有机体细胞提供氧气。没有氧气，细胞机能就要失常乃至死亡。类似的，沟通则确保组织内的各部门、各员工获得工作所需的各种信息，并增进相互间的了解和合作。缺乏必要的沟通，组织内各部门、各员工的工作将发生紊乱，这样整个组织的运转也会发生故障。沟通在管理人员的工作中占有非常重要的地位，尤其对于领导工作具有特别重要的意义。但要达到有效沟通并不那么容易。

沟通是很重要的，但不是所有的沟通都是有效的。要提高沟通的效果，就必须研究沟通的基本过程与障碍。

8.4.2 沟通的要素与过程

任何沟通都是"双方"之间的一种交流和联络。例如，一个学生在图书馆阅读某一作家的作品，这是学生与作家之间的沟通。根据参与沟通的"双方"性质的不同，沟通可以表现为人与人之间的沟通（亦称人际沟通）、人与机之间的沟通（如个人在操作计算机）以及机与机之间的沟通（如两台传真机之间的信息传递）。其中，人与人之间的沟通在管理中具有典型意义。人际沟通并不仅仅是单纯的情报和信息的交流，还包括情感、态度、思想和观念的交流（我们仍将这些交流内容统称为信息）。不妨假设你是一个车间主任，你属下的一位工人要求请一周假去看望生病的母亲，你回答时所采取的态度将会使这位员工的情绪产生积极或消极的影响，若你的态度不好，即使准假也能使这位工人产生消极影响。可以说，态度情感问题贯穿于管理沟通的整个过程，管理者必须高度重视这个问题。

沟通必须具有有效性。所谓有效的沟通，就是指发送的信息与对方收到的信息在内容上能达到相互一致或基本接近。可以说，只有使信息接收者最终达成了正确的理解，才能说这次沟通是有效的；不能达成正确理解的沟通，则被认为在信息沟通中发生了障碍。

信息沟通包含四个基本要素：信息的发送者、信息的接收者、信息沟通的内容以及信息沟通的渠道。信息沟通就是发送者通过一定的渠道将特定内容的信息传递给接收者的过程。这个过程可以划分为如下几个步骤：

(1)信息的发出。信息沟通过程是从信息的发出和发送开始的。发送者具有某种意思或想法，但需纳入一定的形式之中才能予以传送，此即为编码。编码最常用的是口头语言和书面语言；除此之外，还有借助面部表情、声调、手势等表现出来的身体语言和动作语言等(统称为非言语语言)。根据这些编码符号的不同，信息沟通分为口头沟通、书面沟通及非言语沟通三种。如聋哑人就常依靠身体语言来进行非言语沟通。正常人也可以使用非言语沟通来配合表达某种思想，如对于不喜欢的人，人们通常可以采取避开、背对或斜靠的方式来表达内心真实感受，这样非言语沟通就补充和支持了言语沟通。但有时，非言语沟通也可能弱化或抵消言语沟通。例如，某位经理一向非常专权，而这次开会却宣布要从现在开始实行民主式管理。正当他做这一宣布时，他忽然手握拳头在主席台上重重一捶，以示决心。这种言行不一致的做法势必冲淡言语沟通的效果。另外，在使用口头或书面语言进行编码时，由于受发送者自身语言表达能力的限制、语义模糊不清或者有意过滤信息(如报喜不报忧)，都可能造成信息沟通的障碍。

(2)信息的传递。它就是通过一条连接信息发送者与接收者双方的渠道、通道或路径而将信息发送出去。传送信息可以通过一席谈话、一次演讲、一封信函、一份报纸、一个电视节目等来实现。不同的沟通渠道适用于不同信息的传递。比如在大楼着火时，使用书面方式传递这一信息显然是不合适的。沟通过程有时需要兼用两条甚至更多的沟通渠道。例如，对员工绩效的评价，管理者在做了口头评估之后，可以再提供一份书面材料。再如，面对面交谈可以同时使用口头表达与身体语言表达两种方式。在现代通信技术迅速发展的今天，一条沟通渠道通常可以同时传送多种形式的信息，如可视电话会议和其他多媒体技术可将语言、文字、图像、数字等配合在一起传送，这大大便利了复杂信息的传递。但也应当看到，信息传递中的障碍也会经常出现。沟通渠道选择不当，沟通渠道超载，或者沟通手段本身出现问题等，都可能导致信息传递中断、失真或无法传送至接收者。

(3)信息的接收。严格来说，它是指信息的接受。从沟通渠道和路径传来的信息，需要经过接收者接收并接受之后，才能达成共同的理解。信息的接收实际上包括了接收、解码和理解三个小步骤。首先，接收信息的人必须处于接收准备状态，才可能接收传来的信息。其次，解码，即将收到的信息符号理解、恢复为思想。最后，用自己的思维方式去理解这一思想。只有当信息接收者对信息的理解与信息发送者传递出的信息含义相同或近似时，才可能产生正确的信息沟通。缺乏共同语言、先入为主和心理恐惧等，都可能导致接收者对信息产生错误理解。如一个员工在受到主管的数次责备后，可能会对该主管某句赞赏的话从反面去加以理解，认为这是在挖苦自己。另外，有些人在沟通时喜欢使用专门术语和行话，这往往会造成外行人在理解上的困难和障碍。

• **资料 8-1**

身体语言解读一二

>>>>>>

（4）信息的反馈。为了核实、检查沟通是否达到预期效果，信息沟通往往还需要有反馈的环节。只有通过反馈，信息发送者才能最终了解和判断信息的传递是否有效。但并不是所有的信息沟通都会伴随着信息的反馈。我们将不出现反馈的信息沟通称为单向沟通，出现反馈的信息沟通称为双向沟通。在信息反馈过程中，信息的原接收者变成了发送者，原发送者则成了接收者，而反馈信息传递的渠道则称为反馈渠道。不难看出，信息反馈过程中也同样可能面临信息传递过程的障碍。

8.4.3 沟通的形式、渠道与网络

在一个组织中，就像存在正式组织与非正式组织一样，也存在着两种类型的信息沟通：一是正式信息沟通（正式沟通）；二是非正式信息沟通（非正式沟通）。

1. 正式沟通的含义和渠道

正式沟通是通过正式的组织程序，依照组织结构所进行的信息沟通。这种沟通的媒介物和线路都是经过事先安排的，因而被认为是正式而合法的。从信息的流通方向来看，正式沟通可以有如下几条渠道：

（1）纵向信息沟通。即沿着组织的指挥链在上下级之间进行的信息沟通。它可以区分为自上而下和自下而上两种形式。自上而下沟通亦称下行沟通，指组织内部同一系统的较高层次人员向较低层次人员的沟通，如命令的发送、计划的下达和程序规则的颁布等。自下而上沟通亦称上行沟通，如请示、汇报、要求和意见申述等。在专制式领导方式下，上级与下级之间的沟通多是自上而下的单向沟通，有时纵然有些自下而上的沟通，但也只限于工作报告，这种报告纯粹是为领导者提供监督和控制之用。专制式领导方式下的领导者与下属的沟通关系如图 8-6(a)所示。相反，放任式领导方式下的沟通方式则主要是自下而上的单向沟通，领导者与下属之间只是偶尔有些信息联系，且处于被动地位，其沟通关系可表示为图 8-6(b)。实行民主式领导方式下的领导者与下属的沟通关系如图 8-6(c)所示，该方式鼓励领导者与下属双向沟通。

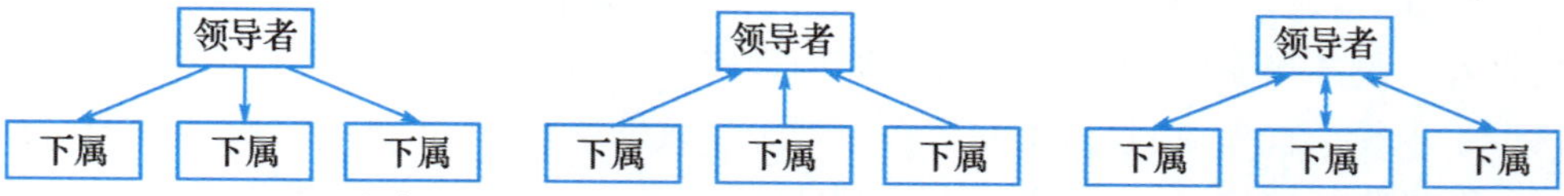

(a)专制式领导方式　(b)放任式领导方式　(c)民主式领导方式

图 8-6　纵向信息沟通的形式

（2）横向信息沟通。这是指组织内部同一层次人员之间的沟通，亦称为平行沟通。这种沟通主要是为了促成不同系统（部门、单位）之间的协调配合和相互了解而运用的。例如，高层管理者之间、中层管理者之间、直线人员与参谋人员之间、生产工作者与设备修理工之间

以及任务小组和专案小组内部发生的沟通就属此类。

(3)斜向信息沟通。这是发生在组织内部不同系统且不同层次人员之间的沟通。斜向沟通对组织中的其他正式沟通渠道会起到一定的补充作用。例如,一家大公司的审计师要进行一项销售成本分析,倘若以销售人员与审计师之间沟通取代传统的经由销售部门主管传递信息的办法,则沟通线路和传递时间会大大缩短。但斜向信息沟通容易在部门之间,尤其是在直线职权与参谋职权之间造成矛盾。

以上横向沟通和斜向沟通都是脱离组织的指挥链而跨系统发生的。在一些严格、正规的机械式组织中,它们并不被承认是正式的、法定的沟通形式,因而常常亦被作为非正式沟通渠道来看待。

2. 非正式沟通的特点和作用

所谓非正式沟通,包括非正式组织内部的沟通和正式组织中不按照正式组织程序而进行的沟通两种。非正式沟通的特点是,信息传递的媒介和路线均未经过事先安排,具有很强的随意性、自发性。尤其在非正式组织中,成员间的社会交往行为主要采用这种非正式沟通渠道,各式传闻或小道消息就是其具体表现。非正式沟通的主要优缺点是,信息传递速度快,但失真比较严重。

非正式沟通经常发生于人与人之间的社会交往中,但它也可用来辅助组织中工作关系的协调。对非正式沟通,组织的管理者宜采取一种管理的态度来进行引导和利用,以更好地扬其所长而避其所短。

3. 信息沟通的网络

领导者除了要在日常工作中汇总选择合适的沟通渠道进行有效的信息沟通外,还要善于将其周围相关人员借以信息沟通渠道妥善地组织起来,形成一个相互关联的网络,以改进和提高整个组织的沟通效果。信息沟通网络实际上是由若干信息沟通按一定的方式集结而成的。具体集结方式有链式、轮式、Y 式、环式和星式几种。前三种网络的信息传递需经过某个中心人物并在此形成信息的集中,因此称此类沟通网络为核心网络。

其中,链式网络的信息是单线、按顺序传递的,沟通保密性好。在轮式和 Y 式网络中,信息的传递都是经由中心人物而同时向周围多线联系的,两者不同的方面在于,前者沟通的中心环节是领导者本人,而后者则是所增添的帮助筛选信息的秘书或助理等。Y 式网络实际上可被看作是由轮式网络与链式网络混合而成的一种伞状形态的网络,所以亦称为伞式网络。以上沟通网络的基本特征是,组织成员在获得和传递信息方面具有不同的机会,沟通网络在中心人物处容易出现信息超载。

与核心网络不同,非核心网络在沟通过程中不存在任何中心人物,每个成员都有均等的机会参与沟通,彼此分享信息,因而可以获得较高的满足感。其具体形式有环式和星式两种,在环式网络中,信息是一次传递的,因而沟通速度较慢,准确性也较低。星式网络可以多渠道和全方位地传递信息,成员之间直接、全面沟通的结果会使信息传递速度和准确性获得提高。与核心网络相比,非核心网络中很难有某个人物能成为沟通过程的关键人物,也没有哪个成员会有特别的信息超载感觉。如果说核心网络适用于解决相对简单的例行性问题,那么需要充分信息的、较为复杂的问题则适宜以非核心网络进行沟通和解决。非核心网络是在民主式的群体决策中经常采用的一种沟通渠道的结构模式。

· 资料 8-2

电子邮件十诫

>>>>>>>

8.5 冲突管理

组织内和组织间的冲突是很常见的。冲突是指两个或多个群体之间由于意见不同所导致的相互对立。

8.5.1 冲突的起因

很多因素可能引起冲突,下面讨论其中的几种:

1. 沟通因素

管理者们将组织中很多冲突归咎于不良的沟通。如果我们把沟通定义为在接收者和发送者的脑海里形成完全一致的图画,那么最良好的沟通是不存在的。很多原因会导致误解,不成功的沟通所引起的冲突和真正的冲突不同,但是同样具有破坏力。比如,因为管理者没有清楚交代哪一位下属在自己不在期间负责一项令人厌倦的任务,就可能在回来时发现下属们身陷冲突中,任务却没有完成。

2. 结构因素

当员工面对事情怎样发生或者进程中似乎有些麻烦的时候,会有一种不舒服的感觉。这种不舒服感可能就来自组织结构方面。

(1)规模

组织越大,其冲突越多。规模增大会导致组织目标的清晰度降低,形式化、专门化增加,最终导致信息的扭曲。

(2)参与

似乎依靠更多员工参与来降低冲突水平是可行的。从人际关系的角度来看,邀请员工参与满足了员工介入的需求。但是,研究表明,越多的员工参与会产生越高的冲突水平,这是由于增加的参与行为提升了个体差异的程度。但是,更多的参与导致的冲突不一定是负面的,其同时也可能提升工作绩效。

(3)直线与参谋的区别

一个经常提到的冲突原因就是直线和参谋之间的区别。直线和参谋部门之间产生冲突是因为他们的功能、目标、成员价值观和背景都不一样。直线部门通常更注重操作,而参谋部门则与核心活动部门直接相关。直线人员更支持公司,而参谋人员更可能表示反对。实际上,参谋人员与其专业领域的联系更紧密。最后,两者关注的时间范围不同,参谋部门更关注长期事件,直线部门更关注短期及每日事件。有了这些差异,直线与参谋人员之间的冲突水平很高也不足为奇了。

(4)奖励制度

如果奖励一名员工或者一个群体是以牺牲其他员工或群体的利益为代价的，冲突就会产生。比如，参谋人员的职责是建议和引进变革，他们会因创新或识别变革需要而得到奖励。相反，直线人员可能会抵制变革，因为变革会破坏他们行为的连续性。事实上，直线人员常常是因为连续的生产行为而得到奖励的。直线人员与参谋人员就可能会产生冲突。

(5)资源依赖

一般来说，群体间会相互竞争以获取更多组织资源，如果资源足够多，那么冲突就可以避免，但是组织的资源通常是有限的。于是群体间可能会缺乏配合与协作，并产生各种冲突。

(6)任务相互依赖性

两项任务的相互依赖性也会造成冲突。一种是顺序依赖，就是个体或部门依赖于另一个体或部门。比如，侍者更加依赖于厨师而不是反过来，因为侍者需要厨师们及时制作出美味的食物。第二种是任务依赖，其形式是相互依赖，即个体与个体、部门与部门、个体和部门之间相互依赖。比如采购人员需要生产人员提供具体的说明书以降低购买成本。生产人员需要采购人员提供有具体特征的特定质量的材料，这样更容易区分不同品牌。

(7)权力分配

权力分配有可能导致冲突。如果A认为他没有获得应得的权力，或者认为B掌握了太多的权力，A就会向B挑战。如果表面上平等的部门之间的权力不均衡，不满就会产生。比如，参谋人员必须调整他们的行为，理解直线人员的问题，然后与其协作。直线人员无须面对这些问题，因为通常他们的权力要大一些。这样的不平衡会导致在有困难的情况下双方形成紧张情势。

3. 个人因素

另一种冲突来源是个人因素。员工的价值观和理解力不同会导致冲突。比如，一位管理者可能会认为他们在一个较低的职位上做了几年，别人也可以从同样的经验中获益，但是让激进的下属做这件事会导致很严重的冲突。同样，在某些情况下，管理者们的偏见也会导致一些冲突。当然，也可能是因为有些人喜欢争辩和抗争。那些冲突倾向较强的人会觉得生活是充满敌意和战争的。

8.5.2 减少和解决冲突

由于管理者们不能逃避冲突在群体间的传递，他们必须将其解决，所以，我们要研究解决有负面影响的群体间冲突的技巧。多数人推崇冲突群体之间的交流，认为建设性的协商可推进决策的进程。

(1)改变环境因素。减少冲突的一个方式是改变环境中导致冲突的因素。

(2)追求高级目标。如果过度的冲突很难避免，管理者们可以让员工重新关注高级目标。这是需要所有人支持和努力的主要目标。例如，保证组织的生存和击败主要的竞争者。高级目标的达成依赖于对每个部门的足够重视。

(3)使用人际冲突模式。除了改变环境因素和追求更高的目标以外，人际模式也可以解决冲突。管理者可以用五种人际模式来减少或解决冲突：

①回避。希望冲突会消失或不会造成太大破坏而忽略或者抑制冲突。

②迁就。通过允许他人的愿望得以实现来解决冲突,实际上就是管理者不情愿地允许他人愿望的实现来取代冲突。

③竞争。试图通过牺牲一方,让另一方在冲突中取胜。

④妥协。通过让每个人牺牲一些期望或利益来解决冲突。妥协可以包含个体之间的讨价还价,它需要一个可以允许所有个体的地位都上升或者至少不比冲突解决之前差的环境。通过妥协,每个人都赢得了一些重要的东西,也失去了另外一些东西。

⑤协作。通过想出让所有个体都取得预期结果的方法来解决冲突。换句话来说,这个方法让每个个体至少在其重要事件上都能获得预期结果。协作需要创新精神,以达到双赢或多赢。

• 案例链接 8-2

诺基亚与阿尔卡特朗讯合并后的沟通挑战

\>>>>>>

管理游戏

制定沟通的策略

假定你是一家大型全国性公司的一个分支机构的经理,你对地区事业部经理负责。你的分支机构有 120 名员工,在他们与你之间有两个层次的管理人员——作业监督人员和部门负责人。你所有下属人员都在本分支机构的所在地工作。请对下面描述的四种案例情形分别制订出有效的沟通方案或策略,并说明你采取这种策略的理由。

(1)你的 1 名新任命的部门经理所带领的部门明显地没有达到该部门预算的目标。成本控制人员的分析报告表明,该部门在大上个月,原材料和设备费、加班费、维修费和电话费等项目超支了 40%。当时你没有说什么,因为这是部门经理就任的头 1 个月。但这次你感到必须采取某种行动了,因为上个月该部门的开支又超出预算 55%。而其他部门并没有这样的问题。

(2)你刚刚从地区事业部经理的电话中听说,你们的公司已被一家实力雄厚的企业收购。这项交易在 1 小时内就会向金融界宣布。事业部经理不知道具体的细节,但要求你尽快将这一消息告诉你手下的人。

(3)一项新的加班制度将在 1 个月内生效。过去,作业监督人员在确定加班人选时,是当面或通过电话并按工龄长短的次序征求个人意见后敲定的。这样,资历较长的工人便享有加班工作的优先权。这种做法已被证明为慢而低效,因为过去几年内不少资深的工人已经减少了加班时间投入。而新的制度将在加班任务安排方面给各位作业监督人员以更大的变通性,即要提前 1 个月征得工人们对加班的允诺。你发现部门经理和作业监督人员都明确赞成这项新的制度,且大多数的工人也都喜欢这项制度,但一些资历较深的工人可能对此有意见。

(4)你的上司曾在你的职位上工作过多年。这次你了解到,他越过你而直接同你的两位部门经理进行了沟通。这两位部门经理向你的上司报告了几件对你不利的事情，并使你受到了轻微的责备。你有些惊讶，因为尽管他们所说的是事实，但他们并没有向你的上司全面地说明情况。否则，你又会处于有利的地位，而不会受到这种待遇。你的上司两天后要来分支机构考察，你想将这一误会向他做个解释。

（资料来源：徐国良，王进．企业管理案例精选精析．2 版．北京：经济管理出版社，2003.）

角色模拟

贺芬迟到

如何才能把下级的某些不恰当的行为转变为规范的行为，历来都是管理工作中比较难办的事。许多管理者认为，只要不去理这个问题，它自然会渐渐消失，越重视，反而越不行；或认为只要鼓励它好的一面，把它引到积极的一面来就行，或以为在会议上不痛不痒地、含糊地暗示一下，点到为止，员工就会自觉改正；或认为发一通火训一阵，勒令马上改正就能奏效，等等。其实这都不够，不足以保证达到目的。现在提出一种模拟情景，让你进入角色，亲身体验一下，利用你已学的知识试着处理这一情况。

这项练习要有人扮演女职员贺芬，另有人扮演她的上司张广泰。在练习之前，扮演者只能读自己的角色说明，不要读对方的角色说明。扮演前要根据自己的角色说明，设计好自己的表演方案，其他学生则充当观察员，观察扮演者在扮演过程中的表现，以备在事后的讲评讨论中提出问题。

甲角色说明

张广泰科长

贺芬到你手下工作不过三个来月。你对她了解不太多，只知道她离过两次婚，经过艰难而伤心的过程，如今是位中年单身妇女，与两个前夫的一男一女两个孩子都判归她，这也是她自己情愿的，她不想成第三次家，下决心把两个孩子抚养成人就行了。此外，据说她已退休的老母亲也跟她住，有点残疾，又老生病。总之，日子够艰难的。

她的问题是早上经常迟到，有时 10 分钟左右，有时 20 来分钟。

你是一家煤气公司用户服务科的科长，这个科里是很忙碌，有点乱哄哄的。从 8 点钟一上班起，电话就响起来，一个接一个的也不知道哪来这么多用户有事要找上来。公司强调“用户第一，服务至上”，来了电话就得马上接并尽快答复和处理。可是这个贺芬老是迟到，于是你就只好代她接电话，这就打乱了你自己既定的工作计划。今天早上的你特别恼火，现在都快 8 点 25 分了，竟还没见她的影子，要是有事不能来，也得先来个电话请个假呀。由于你老是不断被迫去接本该她应接的电话，你的上司布置给你中午前一定要完成的一项紧急任务，看来是很难如期赶完了，说不定得挨上级一通训，真冤！想到这点，你更上火。这个贺芬怎么总是拖拖拉拉的！

当你正在电话里跟一位怨气很大的用户进行一场很不愉快的谈话时，你从窗户里瞧见贺芬正匆匆忙忙地迈上公司大门的台阶。你暗想：“简直太荒唐了，我非得制止她这种迟到行为不可。也许我得威胁她一下，要是她不改掉这毛病，就炒她的鱿鱼，让她另谋高就去。不过进一步想想，这么办不太实际，何况她这人能力并不算差，干活也还算卖劲，人事科里好几个人对她的处境挺同情的……”

说实话，贺芬只要在班上，还算是个不错的职员。她工作自觉负责，应付那些难缠的用户，尤其有两下子。可是在掌握计算程序，调阅用户档案上，她却不知怎么这么迟钝。她常常让用户在电话里等待，等她向同事求援，帮她查找。这种干扰使她跟办公室其他同事本已不太融洽的关系更紧张了。那些人也都是女的，但都比她年轻多了，一块工作的时间不短，她却不大能跟她们合得来。贺芬是这里好久没来新人后新招的第一个人，那些人不适应夹进来的陌生者。

有三个姑娘来告状，说贺芬不断地来问这问那，而且一来就要她们立刻放下自己手中的活去帮她，使自己工作效率降低了。她们说本以为增加个人可以减少大家的工作量，不料反加了个包袱。过去对新来的部下你都花不少时间，亲自培训，手把手地教她们，这回偏偏你的上司布置了一项大项目，要一年左右才能完成，顾不上培训新手这类事了。

贺芬进办公室时显然颇为狼狈和尴尬，蓬头散发的，带着歉疚的表情，你一边做手势要她赶快来接过电话，一边随手在一张便条上草草写了一句话留给她："下午一点整到我这里来一趟！"是可忍孰不可忍，本来这儿好好的工作秩序，如今给搅得一团糟，非解决不可了。

乙角色说明

煤气公司用户服务科女职员贺芬

天哪，今天是怎么回事，一大早就这么不顺利！三个来月以前，你好不容易才在煤气公司找到这么一个职员的工作，虽然算不上是美差，但比起原来的工作强多了。首先是离家不算太远，四站公共汽车，再走一小段路就到了；其次，福利等待遇不错，就是活忙点，这你不怕。你的老母亲，一直跟你相依为命，退休后，虽然有条腿因为工伤不太好使，但本来白天干点家务还没啥问题，偏偏上个月又病倒了，大夫诊断是心脏有毛病。老人家自己还挣扎着起来干家务，好让你没有后顾之忧，可是你这孝顺女儿怎么放得下心。咬咬牙，请来个农村小保姆，帮忙照顾家里生病的老母，做一顿中饭。为了节省开支，你把三岁的女儿小丽从街道幼儿园接回来，让小保姆也给附带照看着，也省了你每天一早一晚到幼儿园里送接。可是这小保姆虽然还算老实、勤快，但太年轻，又头回进城里住，没文化，胆子小，也笨了点，啥事还得你指点关照，手把手教她。她不敢上街，也不愿去买菜，说是不会算账。

昨晚一回家，家里看着不对头，乱糟糟的，小保姆也不见。老母亲说，下午乡下有人捎信来，说她爸病重，要她赶紧回去看看，她马上慌慌张张收拾点东西就走了，说是请一礼拜的假，撂下这一老一小就没影了。于是你马上去幼儿园，但发现幼儿园已经闭园没人了，于是又赶到园主任家，好说歹说园主任才同意把小丽暂时再收进去一礼拜(谁叫你自个儿把孩子接回去，人家还不把别的孩子马上补进来？这下好，名额没了！)。你那 11 岁的儿子小昌，是区少年象棋队小选手，昨晚正碰上区际竞赛，好晚才回家，又说今天头一堂要考数学，得复习，闹到很晚才上床睡觉，临睡前还再三叮嘱今早早点叫醒他。今早你起个大早，先去买了菜，洗好切好，又做了早饭，再叫醒小昌，他还直埋怨你叫迟了，匆匆吃几口早饭，拎着书包就跑了。今早小丽又不听话，挑了好几件衣服才勉强穿了。送她入园回来，把母亲早饭安顿好，已经比原定该出发上班时间晚了 10 来分钟。公共汽车又等得久了，开了两站多，又出故障，老半天没修好，不少乘客等不及都下车走了，你一急也下了车，急忙往前赶，那车偏又修好了，开过去了。真倒霉！一边憋气，一边想："该怎么向张科长解释呢？他肯定对我老是迟到十分恼火。不仅如此，他对我掌握计算机操作技术那么慢也很不满意，而且那些丫头一定会向他告状，怪我老问她们，拖了她们的后腿。"你觉得这回应聘考试能通过，是幸亏你先上了两个月夜校的计算机初级技术短训班。可是那班上学的东西对掌握你现在工作要使用的微机程序来说，好像用处不大。“这套玩意实在太复杂了，一团乱，我怎么总搞不清楚呢？”

“我怎么去对张科长说明我为什么上班迟到的次数这么多呢？”这可没个容易的答案，太糟了。“也许过一段时间等我和我一家人都适应了这套生活秩序以后能好些。早上准备好早饭，买好菜，把老的、小的全侍候好，再赶20分钟车，8点整赶到办公室，这实在太难了。不知道科长会不会同意我每天8点半来上班。午餐和休息的1小时，我保证挤出半小时，补上早上那迟到的半小时。”你一边快步走着，一边胡思乱想。“哎呀，这怕不行，且不说不会让我一个人特殊，而且中午用户电话照例比早上少多了。要是我每天晚下班半小时，行不行？呀，计算机到15点就断电了，除非加班是干些文字性的活，不用靠计算机的，可哪能肯定每天有足够这类活可以加班干呢？……”

那么计算机，还有跟那些丫头们的关系问题呢？“科长迟早会来跟我算这些账的。可是我不喜欢计算机能怪我吗？有人也许坐在那摆弄上两小时就会了，可我不行。是不是该求谁在这方面帮我补补课，给我点培训？……但愿那些姑娘有点同情心，别那么抱团，那么排外，愿意拉我一把。难道如今的年轻人真没有一个能想想我这老大姐的难处么？她们赶明儿不也会变老吗？为什么会是这样子的呢？是她们怕把经验传了给我，我就会变得跟她们一样熟练么？希望张科长能有多点时间教教我，可是他看来总是那么忙，老是开会……”

“好了，总算就要到了。我的天，都8点28分了，我可从来没到得这么迟过。真有点不好意思进办公室的门，可硬着头皮也得进呀。也许这饭碗会给砸了吧？老天爷保佑！”

资料来源：余凯成，陈维政，张丽华. 组织行为学·人力资源管理案例与练习. 大连：大连理工大学出版社，2001.

复习思考题

1. 什么是领导？领导的权力基础可以分为哪几种？
2. 简述独裁式、民主式、放任式领导方式的区别。
3. 利克特的管理方式可分为哪四类？
4. 布莱克和莫顿的管理方格理论由哪两个维度构成？
5. 简述坦南鲍姆和施密特的领导方式连续统一体理论的七种领导方式。
6. 简述科曼的领导生命周期理论成熟程度高应具备的条件。
7. 费德勒模型的主要内容是什么？怎样根据下属的成熟度选择合适的领导方式？
8. 简述埃文斯和豪斯的“目标-途径”理论的四种类型。
9. 非正式沟通与正式沟通有何区别？
10. 什么是冲突？导致冲突形成的因素有哪些？
11. 解决和减少冲突的方式、方法有哪些？

案例讨论

皮尔斯的苦恼

玛丽卡·皮尔斯是雅培实验室的科学研究员。她因在药物开发方面显示出非凡才华而获得晋升机会，最终被升任为研究实验室的领导。作为一名研究员，她的技术知识无可挑剔，她在实验室中凭借创新方法和对细节的专注赢得了同事的尊重。然而，在成为领导者之后，玛丽卡面临了意想不到的困难。

尽管她具备了对研究的深入了解和技术专长，但缺乏必要的管理技能来带领一个多元化的团队。她在管理团队的人际关系、协调多个项目同时进展，以及在压力下做出战略性决定方面感到不适应。她在进行有效沟通、建立团队士气以及激发团队成员潜在能力方面的能力不如她在科学研究方面的能力出色。

玛丽卡的管理方法更像是研究方法的延伸——她倾向于关注数据和结果，而不是人员和过程。她难以理解为什么她无法以同样方式管理人员，就像管理实验室中的实验过程一样。

最终，玛丽卡的团队产生了不满，因为团队成员感觉她不够支持，无法提供必要的指导和反馈。一些成员离开了，项目进展受挫。这不仅影响了团队的士气，也对玛丽卡个人的职业发展造成了影响。

思考题

(1)玛丽卡为什么没有成为一名合格的团队领导者？

(2)根据领导权变理论，你认为玛丽卡和实验室上级领导应该如何做？

三种不同的领导方式

杰弗里·伊梅尔特和通用电气：杰弗里·伊梅尔特担任通用电气的首席执行官近16年(从2001年到2017年)，以果断和富有远见的领导风格驰名。伊梅尔特常常亲自做出战略决策，并推动公司朝他认为正确的方向发展。在伊梅尔特的指导下，通用电气进行了大规模的重组，关闭或出售了不核心的业务部门，如塑料、保险和广播业务。伊梅尔特推崇实行统一决策，而且通常是自上而下的执行策略，这提高了决策效率但也减少了下层管理的自主性。

杰克·韦尔奇和通用电气：在20世纪八九十年代，杰克·韦尔奇领导通用电气成为全球最有价值的公司之一。韦尔奇鼓励开放式沟通和团队参与决策。他推动了在通用电气内工作界限的减少，与员工进行直接对话，并设立了著名的"讲实话"文化。这种文化提倡员工在企业内部分享观点，无论其地位高低。这种领导风格提高了员工的士气、参与度和产品创新意识。韦尔奇被视为是一位浓缩了公司力量的领导者。

梅普尔和福特汽车：梅普尔作为福特汽车的总裁和首席执行官(从2006年到2014年)，成功地避免了财政危机并重振了这家传奇汽车制造商。他将自己视为员工的助手和指导者，而非传统意义上的命令下达者。梅普尔推行了"福特ONE"战略，强调团队合作和共同目标。他本人也参与到每周的管理会议中，倾听问题并协助解决难题，而不是简单地指派任务。梅普尔在公司内部建立了一种积极互助的结果导向文化。

资料来源：Thomas G，Ted M，Lights Out：Pride，Delusion，and the Fall of General Electric. Houghton Mifflin Harcourt，2020

Jack W，John A B. Jack：Straight from the Gut. Business Plus，2001

Bryce G H. American Icon：Alan Mulally and the Fight to Save Ford Motor Company. Crown Publishing Group，2012.

讨论题

1. 请根据管理方格论中提出的领导行为方式类型，试分析三个案例中不同领导者的领导方式。

2. 你认为哪种领导方式最有效？为什么？

联合制造公司的困境

联合制造公司总经理奥斯特曼对随时把本公司经济上的问题告诉雇员们的重要性非常了解。她知道，由于市场价格不断跌落，公司正在进入一个困难的竞争时期，同时她也清楚，为了保住她的市场份额必须降低本公司产品的出售价格。

奥斯特曼每月向所有雇员发出一封名为"来自总经理部的信"，她认为这是传递信息的一种好方式。然而，一旦出现了重要情况，她还要把各部门负责人召集到那个简朴的橡木镶板的会议室里。在她看来这样做会使这些负责人确实感到他们是管理部门的成员并参与了重大决策的制定。根据会议的礼仪规定，所有与会人员都要在预定时间之前就座，当奥斯特曼进来时要起立致意，直至得到允许后再坐下。这次会议，奥斯特曼进来后只简单地点了点头，示意他们坐下。

"我叫你们都来，是想向你们说明我们所面临的可怕的经济形势。我们面对的是一群正在咬我们脚后跟的恶狼一样的对手，他们正在迫使我们以非常低的价格出售我们的产品，并且要我们按根本不可能实现的日期交货。如果我们这个大公司——自由企业的一个堡垒——还打算继续生存下去，我们所有的人就都要全力投入工作，齐心协力地干。下面我具体地谈谈我的意见。"

奥斯特曼用严厉的目光向在座的人扫视了一下，似乎在看是否有人要讲什么。没有一个人说话，因为他们都知道，发表任何意见都会被奥斯特曼看成持有不同意见。

"首先，我们这里需要想象学。我们需要积极思考的人，而且所有的人都应当通力合作。我们必须要使生产最优化，在考虑降低成本时，不能对任何一个方面有所疏忽。为了实现降低成本的应急计划，我在公司外聘请了一个高级生产经理。

其次，最大限度地提高产品质量。在我们这个企业里，质量就是一切。每部机器都必须由本部门的监督员按计划进行定期检验。只有经过监督员盖章批准后，机器才能运转，并投入生产。在质量问题上，再小的事情也不能忽视。

在我的清单上所列的值得认真考虑的第三个问题是增强我们推销员的力量。顾客是我们这个企业的生命线，尽管他们有时不对，我们还是要态度和气地、灵活地对待他们。我们的推销员必须学会做生意，使每一次推销都有成效。公司对推销员的酬报办法是非常公正的，即使如此，我还打算通过提高滞销货的佣金率来增加他们的奖金数额。我们想使这个意见在董事会上得到通过，但是，我们必须保住成本，这是不能改变的。

最后，我要谈谈相互配合的问题。这对我们来说比其他任何问题都更加重要。要做到这一点，非齐心不可。领导就是配合，配合就是为同一目标共同努力。你们是管理部门的代表，是领导人，我的目标你们是知道的。现在让我们一起努力工作，并迅速地把我们的这项复杂的事情搞好吧！要记住，我们是一个愉快的大家庭。"

奥斯特曼结束了她的讲话，参加会议的人都站了起来，静立在各自的椅子旁边。奥斯特曼收起文件，离开会议室朝她的办公室走去。

资料来源：田丙强，胡守忠. 管理学[M]. 复旦大学出版社：2018

讨论题

1. 在这个案例中，构成沟通障碍的除了语言因素之外，还有什么因素？
2. 假若这次会议由你安排，你打算怎样保证双向沟通？

第 9 章 控制的原理与方法

学习导航

- 控制的基本概念和基本原理
- 常见的控制类型
- 有效控制的前提和要求
- 控制的过程
- 常用的控制方法

引例 为什么又没有做好?

王利华是大三学生,一年前与几个同学在学校创办了创业者社团。由于适逢社会掀起创业热,社团规模得以不断扩大。但是,由于社团在运作和管理方面主要凭经验,所以在社团活动开展方面经常出现一些意想不到的问题。这在一定程度上影响了社团成员的士气,社团发展有走下坡路的趋势。

为此,王利华和几个负责人商量在今年一定要搞好几次活动以振士气。经过王利华的努力,社团终于争取到了校学生工作部(简称"学工部")举办的创业策划大赛的承办权。这是一次宣传社团的绝佳机会,王利华与社团的几个主要负责人踌躇满志,摩拳擦掌准备好好地大干一番。

经过了一周多的讨论,社团制订了详细的活动计划并上交给校方审核,学工部对该活动计划非常满意,并表示一定全力支持社团把活动办好。于是,王利华按照活动计划,组织了社团各部门负责人会议,落实了各部门任务:实践部负责活动的组织和与各参赛队的联络;外联部负责邀请知名教授和企业家担任大赛评委;宣传部负责海报设计和网络宣传;办公室负责财务预算与支出管理。王利华要求各位部长千方百计调动部员的积极性,全力完成各部门的任务,并许诺,如果能够圆满完成这次活动,他一定请大家大吃一顿。会上,各部门负责人也士气高昂,纷纷表示一定要搞好这次活动。

就在王利华认为一切已经安排就绪,这次一定能很好地完成大赛,从而大大提高社团的影响力时,各种问题开始不断出现:实践部部长是个急性子,办事风风火火,在许多具体的比赛规则还没有通过集体讨论、向学工部汇报的情况下,就擅自拍板将比赛规则发送给了各参赛队;外联部在邀请企业家时遇到了困难,却一直没有及时向上反映,导致宣传海报迟迟不能定稿;而办公室对各个部门花钱根本没加以控制,预算完全成了一张废纸。

当王利华发现这些问题的时候,已经到活动计划开始的时间了。尽管他对具体比赛规则的制定非常不满，但是由于已经对外发布，也只能自己向学工部老师检讨，最终说服了老师就按照这些规则把比赛办下去。企业家请不到预订的数量，就只好减少评委数量，否则宣传海报就迟迟不能展出。

活动在校方的支持下还是办了下来，但是不少参赛队对于比赛规则提出了异议，最后决赛的评委数量、知名度和宣传效果也不尽如人意，支出与预算相比严重不符，而且整个活动时间由于组织不力延长了近半个月。

在社团活动总结会上，王利华认为这次活动的组织不理想是由于实践部擅自确定比赛规则，外联部没有及时汇报情况。至于超支问题，主要是办公室主任没有履行好监管职责。对此，各部门负责人提出了异议。实践部部长认为，社里明确由实践部负责比赛的具体组织，事先又没有说比赛规则需要经学工部审批，自己是一心想办好活动，现在却成了"罪魁祸首"；外联部部长也认为社长没有事先明确什么事情在什么时候要汇报，自己一直在与企业家联系，对方当初也没有明确拒绝，最终对方不能来也不能责怪外联部。办公室主任也觉得很委屈，认为各个部门不事先申报，在花销时以自己部门买的东西是比赛用品，办公室应予以报销，否则影响比赛效果要由办公室承担责任为由要挟，加上原来的计划中也只是列出了大致费用类型，社长也没有具体明确哪些该报、哪些不该报，只说要保证会议的资金使用，自己也自然只能给予报销。

王利华想不通，为什么这次活动事先制订了计划，明确了各部门之间的分工，而且大家也确实比较投入，但最终还是出了这么多问题呢？问题到底出在哪里？

不少组织在加强管理的过程中，根据专家的意见或在管理咨询公司的帮助下，明确了企业的经营理念，制定了组织的发展战略，规范了组织结构和岗位设置，形成了一整套规范的管理制度，但在实际运作中，就像王利华做好了计划、组织和领导，却仍然出现了很大问题一样。不少组织常常发现文化理念仅仅停留在领导人的口头和组织的宣传中，组织手册、业务流程和各项制度只停留于形式，质量保证体系写一套做一套，辛辛苦苦制定出来的规范的管理制度也并没有能够在组织运作中发挥应有的作用。

为什么王利华他们没有取得预期的效果？为什么很多组织的文化没有落到实处、制度流于形式、质保体系写一套做一套？关键之一就在于王利华在明确了计划、落实了分工以后，各类组织在明确了组织文化、制定了制度和建立了质保体系以后，没有跟进控制工作。

9.1 控制概述

9.1.1 控制的概念

控制一词原意为"驾驭、支配"。一般意义上的控制是任何系统都必须具备的职能。控制是组织在动态环境中为保证既定目标的实现而采取的检查和纠偏活动或过程，是为确保活动能产生期望的结果而进行的工作。控制既可以理解为一系列的检查、调整活动，即控制活动，也可以理解为检查和纠偏的过程，即控制过程。

理解控制的含义需要掌握以下几点：

（1）控制是组织的一项重要管理活动。一个组织为了生存和发展，需要管理。管理活动主要由计划、组织、领导和控制等构成，控制是对组织活动进行监控，确保其按计划完成的一项必不可少的重要活动。

（2）控制是一个检验计划执行成效和计划正确性的过程。由于管理环境和条件的不断变化，管理活动可能会偏离计划和目标，出现各种偏差。对管理者来说，不仅要执行计划，还要对计划执行过程进行监控，以便及时发现问题，分析原因并采取有效措施加以解决。所以说，控制是一个检验计划执行成效的过程。同时也是检验计划正确性和合理性的过程。

（3）控制要遵循一套科学的程序。控制活动包含三个基本步骤，即拟定标准、衡量成效、纠正偏差。没有标准就无法衡量工作成效，无法衡量工作成效也就无法制定纠正偏差的措施，控制也就因流于形式而变得无任何意义。因此说，控制要遵循一套科学的程序。

（4）控制具有明确的目的。控制的目的是要保证组织目标的实现。具体来说，控制的目的是：防止偏差的产生和扩大；增强组织适应环境的能力；处理组织内部的复杂局面；降低成本，节约资源。

在现代管理活动中，控制既是一次管理活动的终点，是保证计划得以实现和组织按既定方针发展的管理职能，又是新一轮管理循环的起点。

9.1.2 控制的重要性

控制的重要性可以从三个方面来理解。

（1）任何组织、任何活动都需要进行控制。组织活动一般都建立在计划的基础上。组织计划是对未来的预测，由于人的认识的局限性、未来的不确定性和不可预见性，预测不可能完全准确，计划在执行中必然会出现问题和偏差，这时控制就成了执行和完成计划的保证，并不可缺少。控制可以为主管人员提供有用的信息，使之了解计划执行中出现的偏差及其程度，及时分析原因，加以纠正。

（2）控制是管理职能不可分割的组成部分。控制工作通过纠正偏差的行动与管理的其他几个职能紧密结合在一起，使管理过程形成一个相对封闭的系统。只有计划、组织、领导职能，不能保证管理的有效进行和管理目标的实现。

（3）控制是管理创新的一种推动力量。控制过程不仅使主管人员能通过控制活动及时发现偏差并加以纠正，实现管理的目标，而且可以使主管人员通过反馈的信息，受到启发，激发创新的灵感。

9.1.3 控制职能与其他管理职能的关系

控制与其他管理职能之间存在着密切的关系，计划、组织、领导职能是控制的基础，控制是在这三者的基础上对具体组织活动进行检查和调整的过程，离开一定的计划、组织、领导，控制就无法正常进行，控制要以计划为依据，有计划、有组织地进行；反之，控制是计划、组织、领导得以有效进行的必要保证，离开了适当的控制，计划、组织、领导都可能流于形式，没有实效。

组织要顺利地实现管理目标，一要通过计划职能制定出科学合理的目标，二要让控制职能在计划实施过程当中起到保障作用。而在控制当中用来衡量绩效的标准，则来自计划。

在控制过程中所采用的控制措施，则要通过组织结构中的每个层次贯彻下去。而组织结构的高效运作，为控制措施顺利执行提供了组织保障。组织结构的设计也要考虑到控制职能的需要，明确命令执行的路径和各级管理者的职责。

控制措施的贯彻和实施除了靠正式的组织结构外，也离不开各级管理者充分发挥领导作用。尤其是对下属工作绩效的控制，更离不开管理者的指挥和激励。

同样，有效的控制系统也为管理者充分发挥领导作用提供了有力的保障。

9.1.4 控制的基本条件

实施管理控制活动，需要三个基本条件：

(1)必须确定标准。这里讲的标准是指评定管理绩效的尺度；标准是用来比较将来、目前和过去行动的准则。标准可以具有多种形式。

(2)必须能够获得表示实际结果与标准结果之间偏差的信息。这些信息必须是可以说明具体工作的执行情况并可以按照标准来评定的信息。一般来说，这类信息应当便于收集，如评价企业各部门的活动就可以获得较为明确的信息(产量、产值、利润、税收等)。

(3)必须能够采取措施来纠正实际结果与标准结果之间的偏差。这一步骤是在断定必须采取行动纠正偏差，并且具有纠偏能力的情况下采取的行动，否则，控制就无法实现。

上述三个条件之间存在着逻辑的联系，没有标准就不可能有衡量实际情况的依据；没有信息就无法判断形势；不采取措施纠正偏差，整个控制过程就无法进行，也没有任何意义。

9.2 控制方法及控制类型

在组织控制系统的构建过程中，由于控制的对象、内容、性质不同，可采用多种控制方法和手段，这些控制方法和手段又可从不同角度出发划分成不同的控制类型。要进行有效的控制，就应了解控制的方法和类型，以根据实际情况做出合适的选择。

9.2.1 控制方法

控制方法是指管理者在对控制对象实施控制的过程中所采用的方法和手段。从总体上而言，根据控制主体的不同，控制方法可分为两大类：传统的控制方法(组织控制方法)和基于责任感的控制方法(自我控制方法)。

传统的控制方法通常是以某种方式从外部施加影响来保持员工的行为协调一致。组织中最常见的传统控制方法按照对象的不同，可分为资金(财务)控制、时间控制、数量和质量控制、安全控制、员工行为控制和信息控制。

1. 资金(财务)控制

一个组织中，业务活动的开展几乎都伴随着资金的运作，因此，管理控制中最广泛运用的一种方法就是资金控制。资金控制是通过对一个组织中资金运作状况的监督和分析，来对组织中各部门、人员的活动和工作实施控制。最常见的资金(财务)控制方法有预算、财务审计、财务报表分析等。

(1)预算是一种以货币和数量表示的计划,是关于为完成组织目标和计划所需资金来源和用途的一项书面说明。预算可以控制各项活动的开展,并为工作效果评价提供检验标准。

(2)财务审计是通过对财务成本计划和财务收支计划的审查,以及对会计凭证和账表的复核,及时发现会计中存在的问题,以便及时采取纠正措施。财务审计可分为内部审计和外部审计。外部审计是由组织雇用的外部专家对组织会计、财务和运营系统的独立评估,重点在于确定组织的会计程序和财务报表编制是否以客观的和可核实的方式合法进行。内部审计由组织内部的员工进行,审计目的和外部审计相同。

(3)财务报表是用于反映组织期末财务状况和计划期内的经营成果的数字表。几乎所有的组织都会使用的最基本的财务报表是资产负债表、现金流量表和损益表。财务报表分析就是以财务报表为依据来分析判断组织的经营状况,从中发现问题。

2. 时间控制

时间是一种重要的资源,从某种意义上来说,时间是比人、财、物等更加重要的资源。任何组织的活动都是在一定的时间内进行的,对时间进行控制的目的是使组织对其实现目标过程中的各项工作做出合理的安排,以求按期实现组织目标。因此,时间控制也是管理控制的一个重要方法。

时间控制的关键是要确定各项活动的进行是否符合预定进度表中的时间安排。在时间控制中,甘特图和网络图是最常用的工具,它们都有助于物资、设备、人力等在指定的时间到达预定的地点,使之紧密地配合以完成任务。

3. 数量和质量控制

管理人员只有心中有"数",才能纵观全局。绝大多数组织的投入和产出都可以用各种数量和质量指标来衡量,因此,加强对数量和质量的控制对于控制组织活动十分重要。

数量和质量控制,关键是要事先确定数量和质量的控制标准。数量控制标准的制定可通过动作分析和时间研究、过去的经验、同业的资料比较等来确定;质量控制标准则可从工作需要和顾客价值出发来确定。

数量和质量是一个问题的两个方面,对数量的控制很重要,但其前提是要有一定的质量水平。质量上不合格的次品是不能计入产品数量的。没有质量也就没有数量,没有质量也就没有效益,粗制滥造,必然废品成堆,造成产品积压、经济亏损。因此,通常而言,数量和质量相比较,质量更为重要。

加强质量控制是一项需要花费大量时间和精力的工作。随着影响质量的因素的复杂化,提高质量需要组织中每一个人、每一项工作的配合,因此,在质量控制过程中,必须实行全员参加的全面质量管理。努力提高全体人员的责任心和工作能力,树立认真负责、严谨细致、用户至上、质量第一的风气,建立质量经济分析制度,开展质量管理小组活动,对于加强质量控制都是十分必要的。

常用的数量和质量控制方法是统计分析法,即通过对以前发生的情况进行统计分析,制定相应的控制措施。

4. 安全控制

安全控制包括人身安全、财产安全、资料安全等方面的内容。由于这些直接关系到组织人心的稳定、财产的保障、组织的前途,因此安全控制也是经营控制中的一个重要方面。

(1)人身安全控制

人身安全控制的核心是控制各种工伤事故和职业病的发生。在我们的社会财富中,人是最宝贵的,作为管理者有责任保证组织成员的人身安全。为此,要努力营造安全的工作环境,建立定期体检制度,设置安全控制保护系统,采取措施消除可能产生的各种隐患;要加强对全体人员的安全教育,使之遵守安全操作流程;对于已发生的事故,应做好调查和记录工作,深入分析原因,防止重犯。

(2)财产安全控制

组织中的各种财产是组织各项工作得以开展的物质保证,对于组织中的各种物资要进行妥善保管。要建立适当的保管制度,根据不同物资的特性确定不同的保存要求,防止变质、丢失、火灾等事故的发生;要建立警卫制度,对保存有重要物资的部门设置安全门、警灯等系统及其他警备设施;要建立检查制度,定期或不定期地清点各类物资,做到账物相符,并检查各种设备是否保持正常状态,以便在需要时能及时投入使用。

(3)资料安全控制

各种文件、资料、档案、数据库,都是对历史、商业情报和组织知识的记录,对于组织工作和各类问题的处理极为有用。有些资料在不同的时期对不同的人具有一定的机密性,或因为时机不成熟不宜公开,或因可能产生副作用而需要加以保密,或因竞争需要而需实施封锁。因此,对于各种文件档案资料,均应通过制度力求妥善地加以保管。有些资料对知道的人来讲似乎微不足道,而对想了解的人来讲则可能举足轻重。由于思想麻痹、言行随意而泄露机密,会造成许多意想不到的损失,因此,组织中的各级人员都要注意资料的安全控制。

5.员工行为控制

控制工作从根本上来说是对人的控制,因为任何组织活动的开展都有赖于员工的努力,其他几方面的控制也都要靠人来实行和推行。怎样选择员工和怎样使员工的行为更为有效地趋向于组织目标,涉及对员工行为的控制问题。由于人的行为是由人的价值观、性格、能力、社会背景等多种因素综合作用的结果,而这些因素本身又很难用精确的方法加以描述,这就使得对员工行为的控制成了控制中最复杂和困难的部分。

在员工行为控制中经常用到的控制方法是理念引导、规章约束和工作表现鉴定。

(1)理念引导

文化理念表明了一个组织对组织运作过程中所涉及的各个方面的主张和组织的共同价值观,通过明晰和强化企业文化理念,有助于引导员工的思想趋向于组织所希望的方向。

(2)规章约束

规章制度规定了在一个组织中员工必须遵守的行为准则。无论是上班迟到还是工作不尽心,都会给组织目标的实现带来麻烦,正因为如此,绝大多数组织都有一整套的规章制度,表明组织可以接受的行为限度和组织倡导与鼓励的行为,并认真地考核员工遵守规章制度的情况,以规范员工的行为。

(3)工作表现鉴定

对员工的工作表现制定评价标准,定期鉴定,并根据鉴定结果进行奖惩,是最重要的组织控制手段之一。常用的绩效评价方法有鉴定式评价法和指标考核法。

6.信息控制

任何组织的活动一般表现为三种运动形式:物流、资金流和信息流。

物流是指组织中物质形态的输入(资源)变成物质形态的输出(成品)的过程。物流是反映组织活动的基本运动过程,由于物流运动纷繁复杂,通过直接控制物流的方式来加强管理有可能使管理者陷入日常事务中无法脱身。

资金流是组织中物流的反映,通过资金流来控制物流,有助于摆脱物流中具体形态的纠葛,从而提高管理的效能。但资金流的控制并不能完全代替物流的控制,而能够综合反映物流和资金流的信息流。

信息流可以表现为各种文件、指示、合同、制度、报告等。信息流一方面伴随着物流和资金流的运作而产生,另一方面又对物流和资金流的方向、速度、目标起着规划和调节的作用,使之按一定的目的和规则运作。通过掌握和控制信息流就可以掌握和控制物流和资金流的情况,分析和掌握物流和资金流的运作规律,从而实现对物流和资金流的控制。

常见的信息控制方法有管理信息系统、会议和报告制度、合同评审等。

在经济全球化时代,距离的增加导致了行为控制难度加大,而太多的外部控制则可能导致相反的结果。事实上,管理者并不能仅仅依靠外部的控制来保持员工的工作协调有序。随着员工越来越多地得到管理者的授权,在复杂多变的环境中,基于责任感的控制方法得到了越来越多的重视。

基于责任感的控制方法通过员工的责任感和自我控制来保持对事务的控制。它强调的是自我控制,前提假设是员工自己想要正确地工作。管理者通常通过使用激励方法、倡导正确的信仰和价值观、建立员工责任感来培养自我控制。受到高度激励的员工通常会更自觉地做好他们的工作;而当员工树立了"每件事都要做到最好"的价值观时,他在工作中也一定会尽力往"做得最好"的方向努力;当员工确实感受到公司的使命就是自己的使命,或拥有一个团结协作的团队时,员工也会自觉地努力工作。

• 案例链接 9-1

顺丰速运公司战略成本控制

>>>>>>

9.2.2 控制类型

从不同的角度出发,可以将控制划分成不同的类型。其中最常见的划分方法是按控制点、控制性质、控制方式划分。

1. 按控制点划分

按照控制点的不同,可分为事前控制、事中控制、事后控制。

事前控制,是指一个组织在一项活动正式开始之前所进行的管理上的努力。事前控制主要是对活动最终产出的确定和对资源投入的控制,其重点是防止组织行为偏离目标,防止所使用的资源在质和量上产生偏差。事前控制是一种面向未来的控制,强调"防患于未然"。事前控制的基本目的是:保证某项活动有明确的绩效目标,保证各种资源要素的合理投放。可以说,计划是典型的事前控制,另外,市场调查和可行性分析、入学考试和体检、对投入要素的检查等,都属于此类。

事中控制，又称过程控制、现场控制、实时控制，是在某项活动或工作进行过程中的控制，如管理者在现场对正在进行的活动给予指导与监督，以保证活动按规定的政策、程序和方法进行。事中控制的目的是及时处理例外情况、纠正工作中发生的偏差。它是一种面对面的领导，由于一般在现场进行，信息的及时反馈、管理者的工作作风和领导方式对事中控制效果有很大的影响。生产过程中的进度控制和生产报表、课堂上老师的提问检查、学生的家庭作业和期中考试等均属此类控制。

事后控制发生在行动或任务终了之后，关注组织的产出。这是历史最悠久的控制类型，传统的控制方法几乎都属于此类。例如，传统的质量控制往往局限于成品的检查，把次品和废品挑出来，以保证出厂的产品都符合质量标准。事后控制的主要特征是根据事先确定的控制标准对实际工作绩效进行比较、分析和评价。事后控制的最终目的是把好最后一道关，并根据对实际工作绩效的评价，为未来的事前控制和事中控制打下基础。

2. 按控制性质划分

根据控制性质可以把控制分为预防性控制和纠正性控制。

预防性控制是在事情发生之前所进行的管理上的努力。采取预防性控制是为了避免产生错误，尽量减少今后的纠正活动，防止资金、时间和其他资源的浪费。例如，国家强调法治，制定详细的法律条文并大力宣传，就是预防性控制措施。人人知法、人人懂法，可最大限度地减少那些由于不知法、不懂法而导致的违法行为。一般而言，规章制度、工作程序、上岗培训等都起着预防控制的作用。在设计预防性控制措施时，人们所遵循的原则都是为了更有效地达成组织目标，但要使这些预防性的规章制度等能真正被遵从，还要有良好的监控机构加以保证。使用预防性控制，要求对整个活动的关键点有比较深刻的理解，能事先预见到问题并提出相应的对策措施。

纠正性控制是在事情发生之后所进行的管理上的努力。在实际管理工作中，纠正性控制使用得更普遍。采用纠正性控制往往是由于管理者没有预见到问题，其目的是，当出现偏差时采取措施使行为或活动返回到事先确定的所希望的水平。例如，根据审计制度对企业定期进行检查，以及时发现问题、解决问题等。

3. 按控制方式划分

按控制时所采用方式可分为集中控制、分散控制和分层控制。

集中控制就是在组织中建立一个控制中心，由它来对所有的信息进行集中统一的加工、处理，并由这一控制中心发出指令，操纵所有的管理活动。如果组织的规模和信息量不大，且控制中心对信息的取得、存储、加工效率及可靠性都很高时，采用集中控制的方式有利于实现整体的优化控制。企业中的生产指挥部、中央调度室都是集中控制的例子。

当组织规模和信息量极大时，就难以在一个控制中心进行信息存储和处理。在这种情况下，集中控制会拉长信息传递的时间，造成反馈时滞，使组织反应迟钝、决策延误时机，并且一旦中央控制发生故障或失误，整个组织就会陷入瘫痪。由于无其他替代系统存在，风险很大，在这种情况下就宜采用分散控制的方式。

分散控制对信息存储和处理能力的要求相对较低，易于实现。由于反馈环节少，所以反应快、时滞短、控制效率高、反应能力强；由于采用分散决策方式，即使个别控制环节出现了失误或故障，也不会引起整个系统的瘫痪。但分散控制可能会带来一个严重后果，即难以取得各分散系统的相互协调,难以保证各分散系统的目标与总体目标的一致性,从而会危及整体的优化,严重的甚至会导致失控。

分层控制是一种把集中控制和分散控制结合起来的控制方式。它有两个特点:一是各子系统都具有各自独立的控制能力和控制条件,从而有可能对子系统的管理实施独立的处理;二是整个管理系统分为若干层次,上一层次的控制机构对下一层次各子系统的活动进行指导性、导向性的间接控制。在分层控制中,要特别注意防止缺乏间接控制、自觉不自觉地滥用直接控制,并多层次地向下重叠实施直接控制的弊病。

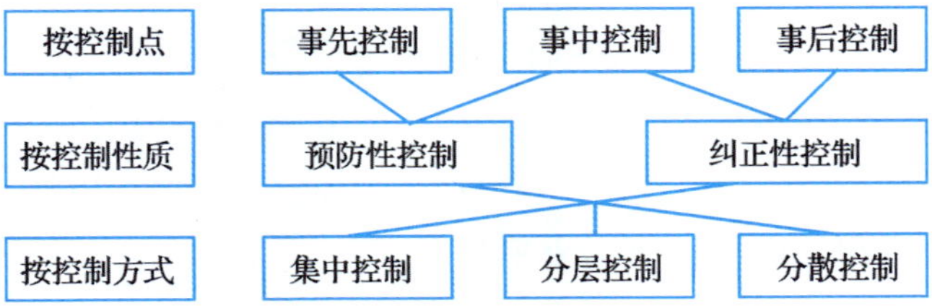

图 9-1 三种划分方式下控制类型之间的关系

上述三种划分方式下控制类型之间的关系如图 9-1 所示。在某种程度上,这些控制类型之间是相互关联的。例如,预防性控制通常在事先或事中进行,纠正性控制一般在事中或事后进行,并都可以采用集中、分层、分散控制的方式,不同的是划分或认识的角度。作为管理者不仅应当正确认识每种控制类型的特点和作用,而且应当能够结合组织的特点对各种控制类型进行有效地运用和协调。

9.3 控制的原理和要求

9.3.1 控制的原理

任何组织要实现计划目标,都必须建立一个有效的控制系统,而要构建一个有效的控制系统,应遵循以下原理。

1. 反映计划要求的原理

这项原理可以概括为:控制的最终目标是实现计划。控制是实现计划的保证,因此,计划越明确、全面、完整,控制系统越能反映计划,则控制越有效。这是因为,控制系统和控制工作的操作程序虽然相同,但由于任何一项计划和工作都有自己的特点,针对不同计划和工作的控制也必然具有特殊性。在确定控制标准、收集信息、控制关键点、选择控制对象及采取纠正措施方面都要符合计划和工作的特点,控制才能真正有效。比如,人力资源控制系统和产品质量控制系统虽然处于同一组织系统,二者的控制要求却是截然不同的。所以,在设计控制系统时,每个管理者都必须围绕计划进行,要根据计划的特点确定控制标准、衡量方法和纠偏措施。

2. 控制关键点原理

这项原理可以概括为:为实行有效控制,主管人员需要特别注意在根据计划来衡量工作成效时有关键意义的那些因素。因为控制不可能面面俱到、事无巨细同等对待，因此，在控制过程中，管理者必须选择需要特别关注的地方，以确保整个工作按计划要求执行。那些需要管理者特别关注的地方就是关键点。它们或是经营活动中的限制性因素，或是能够比其他因素更能体现计划是否得以有效执行的因素。管理者掌握了这些关键因素，不仅可以保证计划目标的实现，还能够大大提高控制的效率。如果一个主管人员，对计划执行的每一个细节都要一一考察，不仅会造成时间和精力的大量浪费，导致管理效率的低下，甚至还可能出现“丢了西瓜，捡了芝麻”这样得不偿失的结局。事实上，控制了关键点，就控制了全局。

3. 未来导向原理

这项原理可以概括为：对控制全局的主管人员来说，至关重要的是控制现状所预示的趋势，而不是现状本身。所谓趋势是多种复杂的因素综合作用的结果，是在一段较长时间内逐渐形成的，并长期影响管理工作的成效。趋势往往被现象所掩盖，受到一些不确定因素的干扰，从而不容易被观察和发现，也不易控制和扭转。

一般来说，当某种趋势已经形成规律，再控制便已经迟了。控制趋势的关键是在趋势初露端倪时就敏锐地发现并采取措施进行纠正。因此，从某种意义上讲，有效的控制系统应当在控制标准中体现预警功能，在出现某种危险的信号时迅速采取措施。

4. 组织适宜性原理

这项原理可以概括为：有效的控制系统必须适应特定的组织结构和主管人员的特点。众所周知，计划需要人来执行，控制也需要人来执行，组织结构决定了组织成员的职责和分工，因此，控制标准的设计必须符合组织结构的要求。只有组织结构的设计明确完善，控制系统符合组织的职责分工，控制的效用才能充分发挥。例如，如果产品成本不按照制造部门的组织结构进行核算，如果每个车间主任都不知道该部门生产产品的成本目标，那么，他们就不可能知道实际成本是否合理，也就不可能对成本负责，更谈不上成本控制了。同时，控制系统还需要适合主管人员的个性和特点。也就是说，在设计及控制系统时，要考虑主管人员的职务、知识水平和业务能力，提供给主管人员的信息和技术手段要让他能够理解和有效运用，唯有如此，控制系统才能更加有效。

5. 控制的例外原理

这项原理可以概括为：为实行有效的控制，主管人员必须对超出一般情况的特殊点，也就是对那些特别好或特别坏的情况给予足够的关注。主管人员对这些特殊点关注越多，则控制效果越好。例外原理在企业的产品质量控制中被广泛应用。企业产品质量控制的关键是工序控制，工序控制的目的是检查生产过程是否稳定。一般认为，如果影响产品质量的主要因素，例如，原材料、工具、设备、操作工人等性能或状态保持稳定，工序质量就处于控制之中。在工序控制中常常使用“平均值控制图”来判断工序质量是否处于控制状态，对超出平均值以外的特殊情况予以关注。

值得注意的是，仅仅注意例外情况是不够的，并非所有的例外情况都是至关重要的，有时微不足道的偏差可能预示着更严重的后果。例如，河堤上出现的蚁穴，虽然很小，却可能造成河堤的崩溃。所以在实际控制中，必须注意把控制的例外原理与控制关键点原理相结合。控制关键点原理强调选择控制点，而控制的例外原理强调观察控制点以外的异常偏差，注意不要混淆这两个原理。

6. 直接控制原理

相对于间接控制的滞后性而言，直接控制更胜一筹。直接控制原理可以概括为：主管人员及其下属的素质越高，越能在事前觉察出偏离计划的偏差，并及时采取措施来预防偏差的发生，控制的效果越好。所以，控制系统应当重视直接控制，注重提高主管人员和下属的素质，使他们能熟练地应用管理的原理、技术和方法来改善他们的管理工作，防止因管理不善而造成不良后果。而间接控制虽然可以追究管理人员的责任，但偏差已经在组织内部造成了损失。因此，就控制方式而言，直接控制要优于间接控制。

9.3.2 有效控制的前提和要求

控制的目的是保证组织的活动符合计划的要求，以有效地实现预定目标。尽管不同的组织目标和计划各不相同，所采用的控制系统也有差别，但是，一般认为，有效的控制系统应当具备一定的前提条件，满足特定的要求。

1. 有效控制的前提

(1)控制要有计划。控制与计划是一体两面的关系。①计划是控制的标准，没有计划就谈不上控制，实现计划是控制的最终目的。计划制订得越详细、越明确、越可行，控制就越容易。所以，要做好控制工作，首先要做好计划工作。②控制本身也需要有计划。对于主管人员来说，不仅要建立控制标准，还需要明确控制工作的步骤、重点、方法和目标。

(2)控制要依据准确的信息。控制本质上是个信息反馈的过程。信息是组织活动的要素，也是控制的基础和前提，所以控制必须依据准确的信息。所谓准确的信息是指信息必须真实准确、及时、全面完整和适量。为保证获得准确的信息，控制系统必须建立起完善的信息传递网络和机制，保证信息传递畅通，必须建立必要的信息处理机构，运用电脑等先进技术存储、加工和处理信息，建立科学的报告制度、及时传递信息。只有确保信息的准确性，控制才能产生积极的效果。

(3)控制要有组织。这里包含两层含义：①为保证组织管理的控制职能，应建立起专门的控制机构，配备专职的控制人员，授予权力，明确职责；这说明控制是在组织中进行的，控制需要组织。②控制应注意协调。在一个组织中，控制是多方面的，各方面的内容和目的都不一样，为了保证组织的根本目标得以实现，各个部门的步调必须一致。所以，控制中必须充分注意协调。

(4)控制必须建立起明确的责任制。要使控制的标准得到落实，控制必须建立起明确的责任制。通过责任制，使组织中的每个人都明白自己的职责和要达到的标准，并自觉遵守，从而使系统控制转变为自我控制，使控制活动更加有效。

拓展阅读

海尔的斜坡球体定律和OEC管理法

海尔公司认为，企业管理好比斜坡上的球体，向下滑落是它的本性，要想使它往上移动，需要两个作用力；一个是制动力，保证它不向下滑，这好比企业的基础工作；一个是拉动力，促使它往上移动，这好比企业的创新能力，且这两个力缺一不可。这就是海尔的斜坡球体定律。

为解决企业从斜坡往下滑的问题，海尔创造了著名的 OEC(Overall Every Control & Clear)管理法，即 Overall(全方位)、Every(每人、每天、每件事)、Control & Clear(控制和清理)，总结起来叫"日清日高"。

海尔从 1989 年开始搞日清日高管理，主要针对当时企业管理上普遍存在的一个问题，即管理控制粗放，浪费严重。为解决这一问题，海尔提出实行日日清，即每天对各种消耗和质量进行清理，找出原因和落实责任，做不到日清，不准下班回家。不仅如此，在"日清"的基础上，还要求"日高"，即每天都有所进步，各方面工作都必须持续改善。这就是日清日高管理法的雏形。张瑞敏发现这是一种非常实用而有效的办法，于是加以推广，并在其他工作中应用。海尔在通过 ISO9001 认证后，这一管理思想和方法得到完善，形成了现在的 OEC 管理法。

海尔的 OEC 模式点滴：

(1)一踏进海尔冰箱公司厂区，便发现每条道路、每个花坛、每块草坪旁都挂着"负责人×××、检查人×××"的牌子。这种现象到了车间就更普遍了，电梯、玻璃窗、消防器材、每台设备都张贴或悬挂着同样的标示。这样事事、物物都有人管，大到一台设备，小到一块玻璃都规定了具体的责任人，并有人监督检查，以保证企业每一环节的运行不出偏差与纰漏。

(2)走进海尔生产车间，一眼便看到入口处和作业区最显眼的地面上，有一块 60 厘米见方的特别图案，红框、白芯，白芯上醒目地印着一双绿色大脚印，这是海尔特有的现场管理"6S 大脚印"。站在"6S 大脚印"往前方看，一块写有"整理、整顿、清扫、清洁、素养、安全"大字的牌子映入眼帘，这就是"6S"的内容。这六个词的英文拼写第一个字母都是 S，因此简称"6S"。每天下班的时候，班长都站在此处，总结当日"6S"工作和当日要求，并且要将昨日"6S"工作和当日要求做得较差的员工请到"脚印"上检讨自己的工作，以求今后改进。

(3)在车间里，还可以看到每个班组都挂着一块醒目的牌子，牌子上写着班组每位员工的名字，名字下面大都贴着绿色圆标签，偶有出现黄色圆标签，则说明该工位工作出现偏差，需要尽快纠正。这种"绿色工位认证"不仅起到了激励作用，还使车间主任和其他管理人员能够及时掌握各工位工作状态，便于加强管理。

(4)海尔的 OEC 管理把每位员工的积极性、创造性调动起来形成合力，通过管人达到管事的目的。在海尔冰箱二厂总装车间门体预装工序上，有一面以操作工高云燕命名的"云燕镜子"。高云燕以前负责给冰箱钻孔时，须翻过门体才知道孔眼钻好没有，影响质量和效率。后来，她在钻台前面放置一面镜子，操作时一目了然，大大提高了加工质量和进度。一个小发明，一片爱厂心。后来"小玲扳手""启明焊枪"等 11 项小发明均以员工命名，它鼓舞着海尔员工在质量上精益求精。

2. 有效控制的要求

(1)适时控制。所谓适时控制是指一个控制系统实施有效控制，一旦发生偏差，系统能够迅速检测并做出反应。适时控制要求：

①控制系统必须能够提供偏差产生及其严重程度的准确信息。如果控制系统提供的信息不准确，可能会导致管理者在应该采取行动时没有行动，而在不存在问题时却大动干戈。

②控制系统必须提供及时的信息。如果控制系统提供的信息不及时，直到偏差已经非常严重，给组织造成了无法挽回的影响时，才显示偏差产生的信息，那么即使这种信息非常具体、准确，对纠正偏差也没有任何意义。

③控制系统要能够提示管理者纠正偏差的措施。即控制系统不仅能够指出偏差产生的信息，而且还能够建议如何纠正这种偏差，以便管理者及时采取措施予以纠正，防止偏差造成的不利影响继续扩大，甚至在未出现偏差时，就能未雨绸缪，预警可能产生的偏差，防患于未然。

总之，适时控制强调控制系统提供及时、准确的信息，并能够提示管理者应采取什么手段予以纠正，以使管理者能及时出台纠正措施。只有如此，才可以使得各方面的损失降到最小，控制最有成效。

(2)适度控制。适度控制是指控制系统在控制的范围、程度和频度等几方面要做到恰到好处，也就是要适度。适度控制要注意以下问题：

①防止过度控制或控制不足。控制常使组织中的被控制对象感到不舒服，但是组织目标的实现又离不开控制。因此，有效的控制系统应该权衡控制的利弊，既保证对组织活动进行监督和检查，以实现组织目标，又要防止引发组织成员的不满和敌对情绪。这就要做到适度的控制。

②控制的程度或频度要适当。通常控制的程度和频度要考虑被控制对象的特点、控制活动的特性、组织结构的特性等多种因素。一般来说，对体力劳动、技术熟练程度低的人员的控制程度和频度应高于对脑力劳动、技术熟练程度高的人员的控制。例如，对科研院所的控制程度和频度应低于生产部门，以便营造一个宽松的环境，激发科研人员的创造性。

③注重重点控制。任何组织的管理层都没有足够的精力，也不可能对组织的每一个部门、每一件事进行全面的控制。全面控制不仅不可能而且不必要。适度控制要求组织在建立控制系统时，充分利用管理分析技术，找出影响组织的关键性活动、作业和事件，进行重点控制。也就是说控制的重点应放在容易出现偏差的地方，或偏差可能造成很大危害的地方，而不必要实施全面控制。

④控制要有全局观念。在组织结构中，各个部门及其成员都在为实现个别的或局部的目标而努力，这时，要处理好组织的整体目标与局部目标的关系。不可一味追求局部利益而忽视整体利益。

⑤控制要有经济合理性。任何控制的实施都是有成本的，无论是控制系统的各组成部分，还是控制过程的各个环节，都需要支付一定的费用，这就是控制的成本。由于控制在一定范围内、一定程度上纠正了组织活动的偏差，也会给组织带来一定的收益。只有当一项控制所带来的收益超出其实施的成本时，才具有经济上的合理性。因此，一项具体控制方案的实施必须基于其预期收益大于控制成本的原则。

(3)客观控制。所谓客观控制是指控制工作应该切合组织的实际情况。即要求控制标准合理，检测技术和手段符合实际，纠偏措施切实可行，避免主观臆断。控制的标准至关重要，它既不应该过高，也不应该过低，否则会失去激励作用。客观的标准应该是一套富有挑战性、能激励员工努力工作的标准，而且是合理的并且能够达到的标准。此外，为避免使用过多的主观因素进行控制，控制标准还应尽可能予以量化，以便于把握。作为管理控制过程中衡量绩效的标准，检测技术和手段能否客观地反映组织在时空上的变化程度与分布状况，能否准确地评价和衡量组织各部门、各环节的工作与计划要求相符合或偏离的程度也至关重要。只有在依据客观、准确和适用的控制标准衡量和检测工作成效的情况下，才能产生客观的纠正措施，实现控制的客观化。

(4)弹性控制。弹性控制即有效的控制系统应具有灵活性以适应各种不利的变化,尤其是当组织遇到突发的、无力抗拒的变化时,控制系统仍能发挥作用,维持组织的正常运营。要使控制系统在突变的情况下仍能发挥作用,必须实行弹性的计划和弹性的标准。因此,要增加组织管理控制的弹性,就需要适当地制订多种应对变化的方案和留有后备力量。决不能机械地将控制强硬地与某个计划联系在一起,以免在整个计划失策或发生突变时,控制也随之失效。

9.4　控制过程

控制的过程或基本程序包括拟定标准、衡量和比较、纠正偏差并改进工作三个步骤。

9.4.1　拟定控制的标准

控制标准的制定是控制能否有效执行的关键。控制标准的形式多种多样,控制标准的制定方法也较多,并有其特定的要求和环节。

1. 控制标准的特点和要求

控制标准是组织控制的基础,控制标准要体现以下几方面的特点和要求。

(1)源于目标、具有目标的许多特征并与目标保持一致。控制的标准是衡量实际业绩的尺度,目的是实现组织的目标,因此,控制标准不仅要带有目标的诸多特征,而且要与组织目标保持一致。

(2)反映计划的要求。计划是实现目标的手段和步骤,是目标的分解和具体化,因此,控制标准要符合计划的特点和要求。

(3)通俗易懂。一个不为主管人员和员工理解的控制标准是无价值的,并且会导致不必要的错误,挫伤员工的积极性。

(4)控制标准应当客观、明确,具有可操作性,也就是尽可能使量化的程度高一些。

(5)控制标准应当既有可行性,又有先进性,就是说标准应该是富有挑战性、是人们经过努力才能够实现的目标。

(6)控制标准要有一定的弹性,要能够适应组织环境条件的意外变化,使组织管理者在遭遇突发事件时不致束手无策。

(7)控制标准要多样化。在实际工作中,单一的控制标准难以对组织及其成员的工作绩效做出客观的评价,而多种控制标准能够较为准确地衡量工作绩效。

(8)标准相互间应协调一致,不致因相互矛盾而使人无所适从。

(9)标准应当相对稳定,可以有一定的弹性,但不能无原则地朝令夕改。

2. 控制标准的形式

由于组织和部门的性质存在差异,许多组织和部门都有其特殊性,有待衡量的产品和服务的种类繁多,有待执行的计划方案也有很多,因此控制标准不可避免地呈现出多种不同的形式。理想的标准是以考核目标直接作为标准,但更多的情况往往是某个计划目标分解为一系列的标准。尽管控制标准具有多样化的特点，但基本上可以分为两大类：定性标准和定量标准。

(1)定量标准。定量标准是较为明确的数量化的标准，便于度量和把握。定量标准主要表现为以下几种：

①实物标准。实物标准有明确的数量，是计划工作的主要表现形式，如各级公安部门办案的数量，高等学校的招生人数，国家拟投资建设的高速公路里程数等。

②货币标准。货币标准反映了组织的经营和发展状况，包括成本标准、利润标准、资金标准等，适用范围广泛。如国家的货币发行量、财政收入、关税收入；企业的产品成本、销售收入、资金拥有量、利润等。

③时间标准。时间标准为工作提供了时间限定，表现为工时定额、工程周期等一系列的时间指标。如我国全国人民代表大会每届任期五年，政府机关工作人员八小时工作制等，都表现为时间标准。

④综合标准。主要表现某一行业或工作的比率情况。如劳动生产市场占有率，全国纪检机关立案率，城镇失业率，GDP 增长率等。

(2)定性标准。主要是质量标准，可分为工作质量标准和产品质量标准。一般用于某些不能用数量来衡量的方面，如政府的行政效率，某个领导者的工作能力等。

3. 制定控制标准的关键环节

制定控制标准涉及几个关键环节。一般来说，对于组织规模较小，活动较为简单的管理活动，主管人员可以通过亲自观察下属的工作来实行直接的控制。然而，在多数管理活动中，由于组织的规模大、组织活动内容丰富导致管理的复杂性，管理者通过直接观察实现控制几乎是不可能的。这时要实现有效控制，主管人员应该遵循下面的步骤：首先，选择控制对象；其次，要找出一些需要特别注意的控制点，也就是关键点；最后，对其进行深入的观察，以确保整个控制活动按照计划进行。

4. 制定控制标准的具体办法

在实际工作中常用的制定标准的方法有以下三种：

统计方法，即根据工商企业历史数据记录或对比同类企业的水平，用统计学的方法确定标准。这种方法常用于拟定与工商企业经营活动和经济效益有关的标准。

工程方法，即指以准确的技术参数和实测的数据为基础制定的标准。工程方法主要用于测量生产者个人或群体的产出的定额标准。例如，科学管理的代表人物泰勒所倡导的时间研究和动作研究就是一种工程方法。又比如确定机器的产出标准，就是根据设计的生产能力来确定。

经验估算法，即指由经验丰富的管理者来制定标准。这种方法通常是对以上两种方法的补充。

标准的制定是全部控制工作的第一步，一个周密完善的标准体系是整个控制工作的质量保证。

9.4.2 衡量和比较

确定了完整的标准体系，接下来的控制工作就是衡量和比较。衡量就是要采集实际工作的数据，了解和掌握工作的实际情况。比较则是将实际情况与控制标准进行对比和分析，以发现是否存在不妥的偏差，为后续的控制工作提供依据。

1. 衡量工作

在衡量工作中，核心的两大问题是衡量什么及如何衡量。衡量什么的问题应该说在进行衡量之前就已经得到了解决，因为管理者在确立控制标准时，随着标准的制定，计量对象、计算方法以及统计口径等也就相应地被确立下来了，所以简单地说，要衡量的是实际工作中与已制定的标准所对应的要素。

如何衡量的问题是一个方法问题，即运用什么方法去采集实际工作的数据和信息，以掌握工作的实际情况。常用的衡量方法有以下四种：

(1)个人观察。个人观察提供了关于实际工作的最直接的第一手资料，这些信息未经过第二手而直接反映给管理者，相当程度上避免了可能出现的遗漏、忽略和信息的失真。尤其是通过走动式管理，管理者甚至可以获得面部表情、语调以及懈怠这些常被其他方法所忽略的信息。但是个人观察方法也有许多局限性：首先，这种方法费时费力，需要耗费管理者大量的劳动；其次，仅凭简单的观察往往难以考察更深层次的工作内容；再次，由于观察的时间占工作总时间的比例有限，往往不能全面了解各个方面的工作情况；最后，工作在被观察时与未被观察时往往不一样，管理者得到的有可能只是假象。

(2)统计报告和图表。统计报告就是将在实际工作中采集到的数据以一定的统计方法进行加工处理后而得到的报告，它不仅包含文字和数据，还包含有各种图形和图表。统计报告的应用价值受两个因素的制约：一是真实性，即统计报告所采集的原始数据是否正确，使用的统计方法是否恰当，管理者往往难以判断；二是全面性，即统计报告中是否全部包括了涉及工作衡量的重要方面，是否遗漏或掩盖了其中的一些关键点，管理者也难以肯定。

(3)口头报告和书面报告。口头报告的优点是快捷方便，而且能够得到立即的反馈。其缺点是不便于存档查找和以后重复使用，而且报告的内容也容易受报告人的主观影响。相比之下，书面报告要比口头报告来得更加精确全面、更加正式，而且也更加易于分类存档和查找，但速度会慢一些。

(4)抽样检查。在工作量比较大而且工作质量又比较平均的情况下，管理者可以通过抽样检查来衡量工作，即随机抽取一部分工作进行深入细致的检查，以此来推测全部工作的质量。这种方法最典型的应用是产品质量检验。在产品数量极大或者产品检验具有破坏性时，这是唯一可以选择的衡量方法。此外，对日常事务性工作的检查来说，这种方法也非常有效。

2. 比较工作

衡量工作的结果是了解和掌握了工作的实际进行情况，那么接下来的工作就是要将标准与实际工作的结果进行对照，并分析其结果，为进一步采取管理行动做好准备。比较工作中，“对照”“比较”是基础，“分析”是关键。

比较的结果无非有两种可能：一种是存在偏差，另一种是不存在偏差。实际上并非与标准不符合的结果都被归结为偏差，往往有一个与标准稍有出入的浮动范围。一般情况下，工作结果只要在这个浮动范围之内就不认为是出现了偏差。

一旦工作结果在浮动范围之外，就可认为是发生了偏差。这种偏差可能有两种情况：一种是正偏差，即结果比标准完成得还好；另一种是负偏差，即结果没有达到标准。

出现正偏差当然是件令人高兴的事，但高兴之余也应对其进行详细分析：仅仅是因为运气好，还是因为员工的努力工作？原来制订的计划有没有问题？是否是因为标准太低？这些问题有进一步分析的必要。在实际工作中，甚至可能出现结果是好的（只是一些偶然因素造成的），但工作过程和水平却乏善可陈、不容乐观的情况，而糟糕的工作过程和水平势必影响今后的工作成果。在这种情况下，就不能简单地沉醉于偶然得到的好结果，也不能天真地认为控制工作做到了位，而应客观、冷静地分析工作中的不足，这样才能真正地保证控制工作的质量。

如果工作结果出现负偏差，那么当然更有进一步分析的必要。正因为工作的结果是由各方面因素确定的，所以偏差的原因也可能是各种各样的。例如，某公司的季度销售额发生滑坡，原因可能是营销部门工作的放松，也可能是制造部门产品质量的下降，也可能是竞争对手实力的加强，也可能是宏观经济调整引起的行业性需求疲软，还可能是因为本季度计划的制订不切合实际。因此，管理者就不能只抓住工作的结果，而应该分析出偏差出现的原因。一般来讲，原因不外乎三种：一是计划或标准本身就存在偏差；二是由于组织内部因素的变化，如营销工作的组织不力、生产人员工作的懈怠等等；三是由于组织外部环境的影响，如宏观经济的调整等。虽然各种原因都可以归结为这三点，但要做出具体分析，不仅要求有一个完善的控制系统，还要求管理者具备细致的分析能力和丰富的控制经验。

对比较的结果进行分析是比较工作中最需要理智分析、也最具有挑战性的工作，是否要进一步采取管理行动以及采取怎样的管理行动就取决于对结果的分析。因此，其对于后续的控制工作到底该怎样展开具有关键的作用。

9.4.3 采取“纠偏”等管理行动

控制过程的最后一项工作就是采取管理行动。具体采取何种管理行动取决于之前的比较分析。这里有三种情况：其一，如果比较分析的结果表明没有偏差或只存在健康的正偏差，那么控制工作事实上不需要采取任何管理行动；其二，如果存在不健康的正偏差以及纯粹是工作不力造成的负偏差，这些偏差我们统统称为不妥的偏差，就需要采取“纠偏”的控制措施了；其三，由于种种原因（可能是计划或标准本身的原因也可能是外部环境方面的原因），原先确定的标准是不适当的，这时候就需要采取修订标准的管理行动。

1. 纠偏以改进工作绩效

如果分析衡量的结果表明，计划是可行的，标准也是切合实际的，问题出在工作本身，管理者就应该采取纠正行动。这种纠正行动可以是组织中的任何管理行动，如管理方法的调整、组织结构的变动、附加的补救措施、人事方面的调整等。总之，分析衡量结果得出是哪方面的问题，管理者就应该在哪方面有针对性地采取行动。

按照行动效果的不同，可以把改进工作绩效的行动分为两大类：立即纠正行动和彻底纠正行动。前者是指发现问题后马上采取行动，力求以最快的速度纠正偏差，避免造成更大损失，行动讲求结果的时效性；后者指发现问题后，通过对问题本质的分析，挖掘问题的根源，即弄清偏差是如何产生的，为什么会产生，然后从产生偏差的地方入手，力求永久性地消除偏差。可以说前者重点纠正的是偏差的结果，而后者重点纠正的是偏差的原因。在控制工作中，管理者应灵活地综合运用这两种行动方式，特别注意不应满足于“救火式”的立即纠正行动，而忽视从事物的原因出发，采取彻底纠正行动，杜绝偏差的再度发生。

2. 修订标准

在某些情况下，偏差还有可能来自不切实际的标准。因为标准定得过高或过低，即使其他因素都发挥正常也难以避免与标准的偏差。这种情况的发生可能是由于当初计划工作的失误，也可能是因为计划的某些重要条件发生了改变等等。不切实际的标准会给组织带来不利影响。过高的实现不了的标准会影响员工的士气，而过低的轻易就能实现的标准又容易导致员工的懈怠情绪。所以，如果发现标准不切实际，管理者应该修订标准。但是管理者在决定修订标准时一定要非常谨慎，要防止标准的“灵活性”被用来为不佳的工作绩效进行开脱。管理者应从控制的目的出发做详细分析，确认标准的确不符合控制的要求时，才能做出修正的决定。

控制过程基本上是一个确定标准、衡量和比较以及采取管理行动的连续过程。根据比较阶段的结果所采取的管理行动可以是不采取任何行动、纠偏以改进绩效或修订标准（图 9-2）。

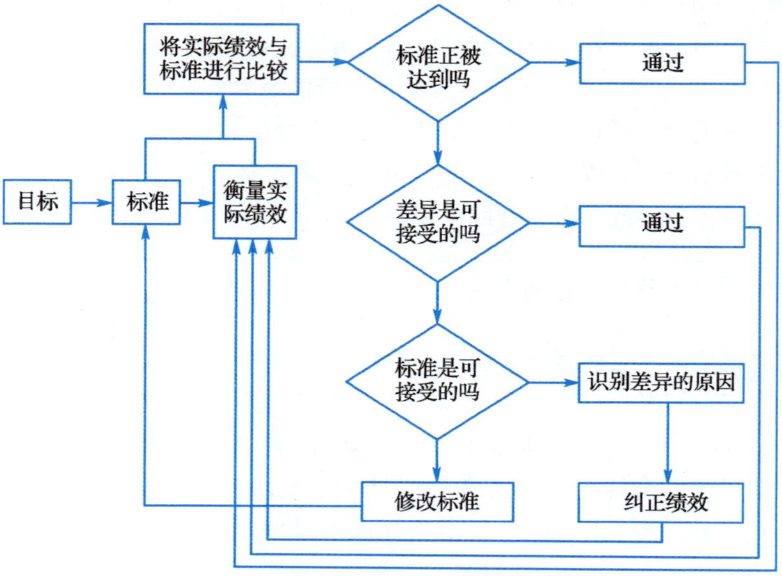

图 9-2　控制过程图

复习思考题

1. 什么是控制？控制的过程是怎样的？
2. 控制工作须遵循的基本原理有哪些？
3. 控制在管理工作中有什么作用？
4. 其他管理职能对控制职能有什么影响？
5. 目标管理法是一种控制方法吗？请说明理由。
6. 著名的质量管理大师戴明反对依靠大量检验来进行质量管理，你认为他说的话有道理吗？为什么？

案例讨论

安全事故发生之后

桂林机务段是隶属于铁道部柳州铁路局的一个基层单位，拥有职工1 300人，担负着柳州至水州区段的列车牵引任务。该段有两大主要车间：运输车间和检修车间。运输车间负责76台内燃机车的牵引任务，共有正副司机700多人。检修车间负责全段机车的检修任务，共有职工200多人。

段长张广明毕业于上海交通大学，在该段工作了近30年。2008年11月3日，全段实现了安全运输生产8周年，其成绩在全局名列前茅，因此段长召开了全段庆功大会，并请来了局里的主要领导。可是会开到一半，机务处打电话给局长：桂林机务段司机由于违反运输规章，造成冒进信号的险性事故。庆功会被迫停开，局长也阴沉着脸离开会场。

其实段长早感觉到在运输的过程中存在许多安全隐患，但由于该段实现安全生产的时间较长，因此存在着麻痹思想。他连夜打电话通知各部门主任，查找本部门的安全隐患，第二天召开全段中层干部会议，要求各部门主任会上发言。

第二天，会议在严肃的气氛中召开。

段长首先发言："这次发生险性事故主要责任在我，本人要求免去当月的工资和奖金，其他副段级领导每人扣400元，中层干部每人扣200元。另外，我宣布原主管安全的副段长现分管后勤，他的职务暂时由我担任。"

随后，各部门主任发言。

运输车间主任说："这次事故主要是由于司机严重违反规章操作所致。其实车间一直努力制止这种有章不循的现象，但效果一直不明显。主要问题是：第一，司机一旦出车，将会离开本单位，这样车间对司机的监控能力就会下降；司机能否完全按章操作，基本上靠其自觉程度，而司机的素质目前还没有达到这种要求。第二，车间共有管理干部和技术干部20多名，我们也经常要求干部到现场，但由于司机人数较多，并且机车的利用率很高，因此对司机的监控具有很大的随意性和盲目性。第三，干部中好人现象严重。干部上车跟乘时，即使发现司机有违章操作行为，也会替其隐瞒，使司机免于处罚。"

检修车间主任说："这次事故虽然不是由于机车质量造成的，但是检修车间还存在很多安全隐患。职工队伍不稳定，业务骨干时有跳槽。因为铁路局是按照机修车间定员160人发工资，而检修车间现员230人左右，超员近70人，这样摊到我们头上的工资就很少了，这是职工不稳定的主要原因。"检修主任继续说："火车提速后，对机车的质量要求更高，而我段的机车检修水平目前还达不到这种要求。第一，机车的检修作业标准较为过时，缺乏合理性、实用性、可控性。工人按此标准，劳动效率不高，而且漏检漏修现象时有发生。第二，车间的技术人员多是刚毕业的大学生，虽然有理论知识基础，但解决实际技术问题的能力不强。第三，对发生率较高的机车故障难题一直没有解决好。"

培训部主任说："这次事故反映了我段职工素质不高。目前，我段的职工培训工作开展得不是很顺利，各车间都以生产任务繁重为由不肯放人脱产学习。因此，每年的职工脱产学习计划很难实现。另外，每年一次的职工业务考试没有起到真正督促职工学习的作用。考试结束后只是将成绩公布而已。"

人事部主任说:“这次事故从某种意义上说是由于司机疲劳所致,因为现在的司机经常请假,造成司机人手不够。因此在岗司机连续工作,休息时间不能得到保证。司机经常请假的原因是吃大锅饭,干多干少一个样。”

段长说:“几位主任讲得都很好,将我段管理上存在的一些弊病都找出来了,会后各有关部门要针对这些弊病迅速制定整改措施。我相信,只要我们共同努力,工作的被动局面会很快扭转的。”

(资料来源:余敬,刁凤琴.管理学案例精析.武汉:中国地质大学出版社,2006)

讨论题

1. 案例中的控制类型是什么?说明其特点。
2. 事故发生后段长的一系列措施说明了什么?
3. 对会上几位主任的发言中所提到的难题,你有什么解决办法?

参考文献

[1] 斯蒂芬·P. 罗宾斯. 管理学. 11 版. 北京：中国人民大学出版社，2012

[2] 齐丽云，汪克夷. 管理学. 3 版. 北京：清华大学出版社，2022

[3] 杨会良. 管理学. 科学出版社，2020

[4] 肖智润，郝皓. 管理学. 3 版. 北京：清华大学出版社，2021

[5] 李维刚，李冰. 管理学. 2 版. 北京：清华大学出版社，2022

[6] 杨会良，等. 管理学. 北京：科学出版社，2020

[7] 刘丽珍. 管理学：数字时代的观点. 北京：北京大学出版社，2023

[8] 齐丽云，汪克夷. 管理学. 3 版. 北京：清华大学出版社，2022

[9] 鲁渤. 管理学. 大连：大连理工大学出版社，2023

[10] 仝允桓，贾峰. 绿色管理. 北京：经济管理出版社，2016

[11] 陈建成，李华晶. 绿色管理. 北京：中国林业出版社，2013

[12] (美) 斯蒂芬·罗宾斯，(美) 玛丽·库尔特. 管理学. 北京：中国人民大学出版社，2022

[13] 王丽丽，卢小君，母睿. 公共管理学：理论与实务. 北京：科学出版社，2022

[14] (美) 弗雷德·戴维，(美) 福里斯特·戴维，(美) 梅雷迪思·戴维. 战略管理：建立持续竞争优势. 北京：中国人民大学出版社，2021